马克思主义研究文丛

马克思十大理论创新

王东◎著

中央编译出版社
Central Compilation & Translation Press

图书在版编目（CIP）数据

马克思十大理论创新／王东著. —北京：中央编译出版社，2018.8（2022.9 重印）
ISBN 978-7-5117-3576-8

Ⅰ．①马⋯
Ⅱ．①王⋯
Ⅲ．①马克思主义理论－研究
Ⅳ．①A81

中国版本图书馆 CIP 数据核字（2018）第 113095 号

马克思十大理论创新

责任编辑	杜永明
美术编辑	王洪广　吴成英
责任印制	刘　慧
出版发行	中央编译出版社
地　　址	北京市海淀区北四环西路 69 号（100080）
电　　话	（010）55627391（总编室）　（010）55627319（编辑室）
	（010）55627320（发行部）　（010）55627377（新技术部）
经　　销	全国新华书店
印　　刷	佳兴达印刷（天津）有限公司
开　　本	710 毫米×1000 毫米 1/16
字　　数	415 千字
印　　张	28.25
版　　次	2018 年 8 月第 1 版
印　　次	2022 年 9 月第 2 次印刷
定　　价	99.00 元

新浪微博：@中央编译出版社　　　微　信：中央编译出版社（ID：cctphome）
淘宝店铺：中央编译出版社直销店（http://shop108367160.taobao.com）（010）55627331

本社常年法律顾问：北京市吴栾赵阎律师事务所律师　闫军　梁勤
凡有印装质量问题，本社负责调换，电话：（010）55626985

五月五 🤝

马克思何时成为马克思？马克思理论创新起点在哪里？马克思理论创新最初阶段、最初成果在哪里？

正是为了追根溯源地弄清这个大问题，引导我们把理论注视的目光，首先集中投影到1843年底、1844年初，从德国小城克罗茨那赫来到欧洲政治之都、文化之都、革命之都巴黎的马克思，从1844年巴黎手稿开始的马克思理论创新40年历程，19世纪40年代提出新唯物论世界观，创立唯物史观的哲学创新历史过程。

这是马克思理论创新的开篇，或叫上篇，也是马克思理论创新的第一个阶段，马克思思想的第一次飞跃，取得的第一大成果。

细致分析起来，这一阶段有三个最重要的历史关节点，堪称是马克思前期、19世纪40年代三大理论创新，或叫马克思主义哲学形成三部曲：第一，《1844年经济学哲学手稿》，其思想精髓不仅是前人所讲的异化观、异化劳动观，更重要的是新唯物主义实践观最初雏形，这乃是马克思哲学创新，乃至整个马克思主义理论体系创新的真正起点，既是历史起点，又是逻辑起点。

第二，1845年春天马克思在布鲁塞尔会见恩格斯之际，写成的《关于费尔巴哈的提纲》，正是在这里，以实践观为细胞，生发出新唯物主义世界观萌芽。

第三，1845年至1846年间马克思与恩格斯合作写成的两卷本书稿《德意志意识形态》，尤其是其第一章《费尔巴哈章》，第一次提供了唯物史观原生态的理论雏形。

这三大理论创新思想成果的公开问世，是在其后1847年马克思批判蒲鲁东的论战性著作《哲学的贫困》，还有1847年底、1848年初马克思、恩格斯合作写成，并且影响重大的《共产党宣言》中。

上 篇

19世纪40年代哲学创新
——马克思理论创新第一次飞跃

自序　马克思没有死
——开创新时代的首要源头活水

世纪之交、千年之交，中国与世界向何处去？这成为举世瞩目的焦点问题。在这个中国大历史、世界大历史的十字路口上，马克思思想究竟是死东西还是活东西，对于21世纪与当代中国马克思主义理论创新意义何在？在2018年5月5日，马克思200周年诞辰之际，这个问题日益突出地摆在国人世人面前，可以称之为"新时代焦点问题"。

我从1963年起开始自学研读马克思著作，十年动乱期间也未曾中断，改革开放近40年来一直在北京大学从事这方面教学研究，并长期担任中国马克思恩格斯研究会副会长、中国辩证唯物主义学会副会长、列宁思想研究会会长。

《马克思十大理论创新——开创新时代的首要源头活水》这部学术专著，集中荟萃了我近55年来研究马克思思想的学术成果精华，对于上述"新时代焦点问题"，试图作出富于时代精神、民族特色、学术个性的新回答。

"马克思一生主要的理论创新是什么——对于新时代理论创新意义何在"，对于这个"时代焦点问题"的理论回答，构成了这部新著的正副主题。本书对于恩格斯关于马克思一生"两大发现"的著名论断，作出了不同于前人的创新理解，认为正是这"两大发现"，标志着马克思理论创新的两次飞跃、两大成果，再加上作为"《资本论》续篇"的晚年文本群，构成了马克思一生理论创新的三个阶段，如同一部书的上中下三篇，其中的闪光思想凝聚为十大理论创新，由此构成21世纪与当代中国马克思主义理论创新的首要源头活水。

由此决定，这部新著为三篇结构，共十章。

上篇为《19世纪40年代哲学创新——马克思理论创新第一次飞跃》，讲了马克思前期三大理论创新：作为哲学创新、理论创新起点的实践观—新唯物主义世界观—唯物史观；

中篇《〈资本论〉剩余价值学说——马克思理论创新第二次飞跃》，讲了《资本论》及其三大手稿中的三大理论创新：1857年至1858年《资本论》第一手稿中的三大社会形态论—1861年至1863年《资本论》第二手稿中科学、技术、制度综合创新论—《资本论》中的劳动、资本、国家三元结构论。

下篇《作为〈资本论〉续篇的晚年文本群——马克思理论创新的晚年升华》，以马克思晚年文本群为主，讲了马克思贯穿一生的四大理论创新：世界史观—国家观—价值观—自由个性观。

从自然生命来说，我与中华人民共和国大体上是同龄人；而从学术生命来说，则与改革开放是同路人。改革开放40年，也是我哲学寻梦40年，哲学创新40年。

我治学之道的核心理念，是综合创新，或者说以马克思列宁主义为指导，走"古今中外，综合创新"的大道。

我治学方法的鲜明个性，是重在"抓两头"："立足时代与中国，抓住源头与潮头"；"占领制高点，探寻生长点"。

我认定，当代世界与中国面临的时代主题，都是改革创新，以大综合，求大创新。融汇中西马，创造新文化——这是我们这一代人的神圣历史使命。其中，马克思主义创始人的思想，尤其是《资本论》及其三大手稿中的理论创新、哲学创新，则是21世纪与当代中国马克思主义理论创新的首要源头活水。改革开放、中国特色社会主义，尤其是习近平新时代中国特色社会主义思想，乃是21世纪与当代中国马克思主义理论创新的时代潮头。

本书的思想主旨，是学习借鉴并根本超越苏联马克思学、西方马克思学，开创面向新时代的中国马克思学，把马克思一生最富于原创性与生机活力的十大理论创新，系统地发掘出来，为习近平新时代中国特色社会主义思想，为21世纪与当代中国马克思主义理论创新，开掘最富于生机活力的源头活水。

这部新著，有助于我们把握马克思思想精髓，有助于更好地把握习近平新时代中国特色社会主义思想源头，有助于我们更加深入地开掘21世纪与当代中国马克思主义理论创新的源头活水。

本书有幸由中央编译出版社编入《马克思主义研究文丛》，力图做到有较高学术价值，集中反映了当代中国马克思研究的新成果、新水平。

同时本书力争写得深入浅出，便于雅俗共赏，适宜专业工作者与广大读者阅读，并与2018年5月纪念马克思200周年诞辰、第二届世界马克思大会在北京大学召开之际，在国际学术平台上发出中国学者声音。

目 录
CONTENTS

上 篇
19世纪40年代哲学创新
——马克思理论创新第一次飞跃

第一章 实践观
——《1844年经济学哲学手稿》中的创新起点 ············ 3
第一节 马克思哲学实践观上篇
——《1844年经济学哲学手稿》哲学篇新考证 ············ 3
第二节 1844年手稿实践观三大层面、十个要点
——自然存在前提论、对象化活动论、异化劳动论 ············ 7
第三节 马克思哲学实践观下篇
——《关于费尔巴哈的提纲》 ············ 10
第四节 实践前提新论
——生态环境是劳动实践的外部前提与自然基础 ············ 14
第五节 实践中介新论
——主客体的三大中介系统和双向互动 ············ 19
第六节 实践逻辑新论
——从客观逻辑到思想逻辑的中介桥梁 ············ 25

第七节　实践目的新论
　　——天人和谐的新型生态文明 ………………………… 31

第二章　新唯物主义世界观
　　——1845年春《关于费尔巴哈的提纲》中新世界观萌芽 ………… 39

第一节　《提纲》的写作时间与写作动机
　　——超越陶巴之争回到恩格斯 ………………………… 39

第二节　马恩哲学世界观的根本一致
　　——两份稿本的基本概况 ……………………………… 42

第三节　恩格斯哲学世界观个性特征
　　——恩格斯精心加工的修订稿 ………………………… 44

第四节　从马克思原稿看其哲学世界观独特价值
　　——比较两个稿本的两处微妙差异（第三条、第十一条）………… 47

第五节　根本一致，个性差异
　　——马恩哲学世界观比较研究的三点结论 …………… 51

第六节　新时代新世界观的五大生长点
　　——系统论、过程论、符号论、关系论、互主体论 …………… 52

第三章　唯物史观
　　——《德意志意识形态》第一章原生态新解读 ……………… 66

第一节　唯物史观原生态何处寻
　　——从三种流行观点说起 ……………………………… 66

第二节　唯物史观原生形态
　　——《费尔巴哈》章文本结构分析 …………………… 68

第三节　研究起点论：现实个人
　　——《费尔巴哈》章四大理论构件之一 ……………… 71

第四节　历史发展论：三大形态
　　——《费尔巴哈》章四大理论构件之二 ……………… 74

第十七节　机器革命与制度创新
　　——18世纪英国产业革命中科学、技术、制度综合创新论 …… 149
第十八节　创新理论源头在哪里
　　——马克思与熊彼特比较研究 …………………………… 153

第六章　"劳动、资本、国家"三元结构论
　——《资本论》中蕴含的现代史观 ………………………… 163
第一节　唯物史观、现代史观、世界史观
　　——马克思历史观创新三部曲 …………………………… 163
第二节　剩余价值发现使唯物史观发展为现代史观
　　——《资本论》历史观的一大哲学创新 ………………… 165
第三节　劳动、资本、国家：三元结构论
　　——现代史观的系统结构 ………………………………… 167
第四节　三元结构的三种模式
　　——由此决定的现代化三条道路 ………………………… 175
第五节　国家制度创新滞后
　　——当代危机的问题症结 ………………………………… 189
第六节　解放劳动、创新国家、驾驭资本
　　——中国特色的三元结构 ………………………………… 194
第七节　中国创新的源头活水
　　——马克思《资本论》的最大生长点 …………………… 205

下　篇
作为《资本论》续篇的晚年文本群
　　——马克思理论创新的晚年升华

第七章　世界史观
　——马克思晚年思想升华 …………………………………… 211
第一节　晚年马克思文本群
　　——写出"《资本论》续篇"的四组准备材料 ………… 211

第二节 从唯物史观到世界史观
　　——马克思晚年文本群：哲学创新新阶段 236
第三节 追求自我超越的更大理想目标
　　——马克思与爱因斯坦：晚年思想共性比较 241
第四节 全球化理论真正源头
　　——马克思世界史观新发现 249
第五节 什么是全球化
　　——世界历史本质论 253
第六节 全球化前提、过程、机理
　　——世界历史过程论 255
第七节 全球化近期后果与发展远景
　　——世界历史前景论 259
第八节 全球化理论的三大流派
　　——自由主义、新"左"派、马克思主义 261
第九节 面对"三先"挑战，抓住"三后"机遇
　　——中国应对全球化新方略 269

第八章　国家观
　　——重新发现马克思理论创新的一条红线 277
第一节 马克思国家观方法论精髓
　　——以劳动二重性理论分析国家二重性 277
第二节 马克思国家观基本理论
　　——国家起源二重性 283
第三节 马克思现代国家论纲
　　——十大关系 311
第四节 人民主权论
　　——人民主体、主权在民 313
第五节 市民社会基础论
　　——国家与市民社会关系新论 315

第六节　法治国家论
　　——从人治走向法治 ·· 320

第七节　国家体系论
　　——国家对外、国际关系 ·· 327

第八节　马克思首倡新型国家观
　　——立足1848年革命实践的理论创新先声 ················ 332

第九节　1871年马克思再次阐发新型国家观
　　——在巴黎公社革命实践基础上写成的《法兰西内战》 ···· 335

第十节　无产阶级专政论
　　——特殊过渡时期的特殊国家形态 ·························· 340

第九章　马克思价值观十大创新
　　——《资本论》哲学底蕴新发掘 ······························ 350

第一节　价值体系的总体创新
　　——从"商品世界"到"自由人联合体" ·················· 351

第二节　价值主体的重新建构
　　——从资本主宰下的孤立个人到人类社会的自由个性 ···· 355

第三节　价值本位的时代更新
　　——从人身依赖性、相对独立性到自由个性 ·············· 359

第四节　价值目标的根本革新
　　——从物质利益最大化到自由个性全面发展 ·············· 360

第五节　价值尺度的时代变迁
　　——从金钱尺度到自由时间 ···································· 365

第六节　价值观念的时代更新
　　——从金钱拜物教到新型价值观 ······························ 366

第七节　人与自然的新型关系
　　——从异化对抗到和谐共处 ···································· 368

第八节　人与人的新型关系
　　——从异化关系到人际和谐 ···································· 372

第九节　人与自我的新型关系
　　——从自我异化到自我解放 ⋯⋯⋯⋯⋯⋯⋯⋯⋯⋯⋯ 375

第十节　价值形态的现代升华
　　——从物欲世界到自由王国 ⋯⋯⋯⋯⋯⋯⋯⋯⋯⋯ 381

第十章　马克思人类解放、自由个性观
　　——21世纪创新理论首要源头与哲学基础 ⋯⋯⋯⋯ 386

第一节　源头活水何处寻
　　——回到马克思，发展马克思 ⋯⋯⋯⋯⋯⋯⋯⋯⋯ 386

第二节　人类解放、个性自由
　　——马克思主义理想目标和基本原则 ⋯⋯⋯⋯⋯⋯ 387

第三节　人的自由和谐全面发展学说
　　——哲学底蕴与科学内含 ⋯⋯⋯⋯⋯⋯⋯⋯⋯⋯⋯ 395

第四节　人的解放的历史条件
　　——时代潮流与时代精神 ⋯⋯⋯⋯⋯⋯⋯⋯⋯⋯⋯ 404

第五节　个人发展的三大形态
　　——自由个性的历史前提 ⋯⋯⋯⋯⋯⋯⋯⋯⋯⋯⋯ 410

第六节　为人的自由全面发展扫清道路
　　——全面深化改革新阶段的新使命 ⋯⋯⋯⋯⋯⋯⋯ 413

第七节　教育创新，培养新人
　　——改革新阶段的支撑点和归宿点 ⋯⋯⋯⋯⋯⋯⋯ 417

索　引 ⋯⋯⋯⋯⋯⋯⋯⋯⋯⋯⋯⋯⋯⋯⋯⋯⋯⋯⋯⋯⋯⋯⋯ 422

第五节 矛盾动力论：发展源泉
——《费尔巴哈》章四大理论构件之三 ………………… 78

第六节 社会结构论：复杂系统
——《费尔巴哈》章四大理论构件之四 ………………… 80

中 篇
《资本论》剩余价值学说
——马克思理论创新第二次飞跃

第四章 三大社会形态论
——《资本论》第一手稿《1857—1858年手稿》的五大
哲学创新 ………………………………………………… 87

第一节 新唯物主义实践观的新探索
——劳动二重性理论的第一次系统治定 ………………… 89

第二节 异化观的新发展
——异化劳动三个新规定的提出 ………………………… 91

第三节 现实个人与世界历史三大形态论
——《资本论》第一手稿思想总纲新发现 ……………… 94

第四节 社会形态发展理论的重大创新
——"前资本论"与"后资本论"的两大补充 ………… 96

第五节 自然、劳动、社会、人四元一体的复杂系统发展
——社会有机体理论的全新视野 ………………………… 101

第六节 两个马克思，还是二次飞跃论
——《1857—1858年经济学手稿》意义何在 …………… 103

第五章 科学、技术、制度综合创新论
——1861—1863年《资本论》第二手稿新发掘 ……… 107

第一节 重新发现马克思科学创新论
——且看恩格斯当年的"盖棺论定" …………………… 107

第二节　1000年之后四大发明中蕴含的科学创新思想萌芽
　　——走向近代科学创新的最初原点 …………………………… 109

第三节　1500年前后文艺复兴时代
　　——近代科学创新的思想铺垫 ………………………………… 111

第四节　18世纪英国产业革命时代
　　——近代科学创新的黄金时代 ………………………………… 112

第五节　重新发现马克思技术创新论
　　——《资本论》及其第二大手稿中的"机器篇"、《工艺史笔记》 … 115

第六节　11世纪以来火药、指南针、印刷术三大发明
　　——近代技术创新前提 ………………………………………… 119

第七节　文艺复兴时代水磨钟表两大发明
　　——近代技术创新的两大物质基础 …………………………… 120

第八节　18世纪英国近代技术革命、产业革命
　　——两个阶段、两次飞跃 ……………………………………… 122

第九节　原始社会与古代社会的技术创新
　　——晚年马克思、恩格斯的两大补充 ………………………… 127

第十节　重新发现马克思制度创新论
　　——微观、中观、宏观三个层面 ……………………………… 130

第十一节　微观层面：企业制度创新论 ……………………………… 131

第十二节　中观层面：经济制度创新论 ……………………………… 136

第十三节　宏观层面：社会制度与国家制度创新论 ………………… 138

第十四节　科学、技术、制度现代化的综合创新论
　　——马克思创新论精髓新发现 ………………………………… 140

第十五节　三大发明与制度创新
　　——公元1000年现代化原点上的科学、技术、制度综合
　　　创新论 ………………………………………………………… 142

第十六节　水磨钟表与资本萌芽
　　——1500年前后文艺复兴时代的科学、技术、制度综合
　　　创新论 ………………………………………………………… 144

第一章　实践观
——《1844 年经济学哲学手稿》中的创新起点

马克思这部早期手稿，也称"巴黎手稿"，生前并没有发表。恩格斯在世时也没有发表出来。20 世纪 30 年代先后在东西方首次发表后，立即引起轩然大波、广泛争论，一直持续到今天。苏联马克思学与西方马克思学的主流思潮，是各执一端的：

苏联马克思学者，多半把《1844 年经济学哲学手稿》，斥为"不成熟著作"，从根本上否定其理论创新意义；

而西方马克思学者（除阿尔都塞等少数人），多半却把这一手稿抬到天上，认为这是马克思思想顶点。

作为一个中国的马克思学者，我认为，《1844 年经济学哲学手稿》必须重新科学定位，既不能简单化地贬低为"不成熟著作"，也不能盲目地拔高为"马克思思想顶点"，实事求是地讲，这是马克思哲学创新、理论创新的真正起点。

第一节　马克思哲学实践观上篇
——《1844 年经济学哲学手稿》哲学篇新考证

毫无疑问，新唯物主义实践观，既是马克思哲学创新逻辑起点、思想起点，又是马克思哲学观的核心理念。但是，对于马克思哲学实践观思想确立的历史时期和文本依据，目前学术界却是众说纷纭的。我们认为，简单化地将《1844年经济学哲学手稿》（以下有时简称为《手稿》）打入马克思早期的不成熟著作冷宫的观点是根本站不住脚的。马克思哲学变革的历史起点最早可追溯到《手稿》时期。《手稿》是马克思哲学思想发展史上的"黑格尔论纲"时期，稍后的《关于费尔巴哈的提纲》是马克思思想发展史上的"费尔巴哈论纲"时期。唯有如此，我们才能全面认识马克思哲学思想发展的历史轨迹和丰富内涵。

马克思哲学革命是一个过程，而不是一次性行为。马克思哲学革命的起点是《1844年经济学哲学手稿》。这里的起点有两层含义：历史起点和逻辑起点。所谓历史起点，意指马克思实现哲学革命的历史开端应被前溯到1844年4—8月，尤其是8月写作《手稿》的第四手稿部分，即对黑格尔哲学进行批判这一时期。所谓逻辑起点，是指马克思哲学体系建立的初始范畴和理论基石应是实践范畴，而马克思第一次初步系统表达自己的实践观思想是在《手稿》中。

在讨论《手稿》的实践观思想之前，我们首先来探讨一个版本学的问题。我们认为，《手稿》中文版将马克思的手稿分为三个笔记本，并将对黑格尔哲学进行批判的部分放入"笔记本III"的做法并不科学，不能真实再现马克思思想变革的进程。马克思对黑格尔哲学的批判，应单独成为《手稿》的"第四笔记"或"第四手稿"，理由如下。

20世纪初，苏联的梁赞诺夫在马克思《巴黎笔记》手稿的照相版文本中，发现十个笔记本中有几个是相对独立的理论文本，即后来的《1844年经济学哲学手稿》。1927年，苏联以俄文出版的《马克思恩格斯文库》第三卷附录将这部分手稿中的一部分发表出来，也即后来的"笔记本III"的内容，但误认为它是《神圣家族》的准备材料。1932年，阿多拉茨基主编的德文版《马克思恩格斯全集》（历史考证版1，即MEGA^1）第一部分第三卷发表了全部手稿，并命题为《1844年经济学哲学手稿。国民经济学批判。附关于黑格尔哲学的一章》。在MEGA^{1}中，手稿被分为四个部分，其中第一至第三部分以"国民经济学"为题，第四部分是黑格尔《精神现象学》的摘录。1982年，新的历史考证版的《马克思恩格斯全集》（即MEGA^2）发表《手稿》时同时采用了两种方式编排。第一种以马克思写作《手稿》的原本时间、阶段的顺序编排，这是原始文本版。第二种按《手稿》的思想内容和逻辑结构编排，并由编者加了标题，这是逻辑改编版。

中文的几种主要版本，如《马克思恩格斯全集》42卷版，刘丕坤译版，中央编译局2000年版，大都是按逻辑改编版译出的。逻辑改编版相对于原始文本版而言，更能反映出马克思思想发展的历史进程和逻辑环节。但是，逻辑改编版是后来的研究者加工整理的结果，这无疑也增加了"误读"的可能性。因此，我们今天研究马克思哲学革命的历史进程和逻辑起点，必须将现有的中文版本与 MEGA 版中的原始文本版加以比照。这既是一个版本学的问题，更是一个涉及还原马克思哲学思想发展进程的本来面目的问题。

根据 MEGA 版的英文版译者 T. B. Bottmore 的研究，在原始文本版中，《手稿》由四个笔记本组成。第一笔记本有18页张，共36页，马克思用罗马数字 L—XXXVI 标注。第二笔记本只有四页，即 XL—XLIII。第三笔记本有34个页张，共68页，即 LLXVII。第四笔记本也只有两个页张，题为《黑格尔〈精神现象学〉"绝对知识"章的摘要》，这部分的页码编排用的是与前三个笔记本的罗马数字不同的阿拉伯数字，因此是相对独立的部分。然而，第四笔记并没被任何一个中文版的译本收入。根据对 MEGA^1 和 MEGA^2 中的原始文本版的考察，我们认为，在新的逻辑改编版中，应将手稿中涉及黑格尔哲学批判的三部分内容（第11—13页、第17—18页、第23—24页）独立出来，和最后两个关于黑格尔绝对知识的单独插页合并在一起，构成《手稿》的"第四笔记"或"第四手稿"。这种改编方法更能反映出《手稿》主题思想和马克思当时思想发展的逻辑进程。T. B. Bottmore 也注意到了这一问题，并引证了马克思在第38页"序言"中的一段话："我认为，本著作的最后一章，即对黑格尔的辩证法和整个哲学的剖析，是完全必要的。"①

马克思对黑格尔哲学的批判虽然在《手稿》的最后部分，但根据"研

---

① 马克思：《1844年经济学哲学手稿》，人民出版社2000年版，第4页。

究的顺序和叙述的顺序相反"的原则，可以认为，马克思对黑格尔哲学的批判及由此确立的以实践观为核心的哲学观点是他批判国民经济学（第一、第二笔记）和阐述共产主义思想（第三笔记）的理论前提。因此，马克思的实践观思想是《手稿》的哲学基石与主题思想。

以上是从版本学的角度论证《手稿》中关于黑格哲学批判的部分应被独立出来，且其主题思想应是实践观思想。若从《手稿》的组成内容去考察，也会发现，尽管《手稿》的术语新旧参差，内容庞杂，但其中却有一条一以贯之的思想红线——实践观思想。

一般认为，异化劳动学说似乎是《手稿》的最主要的部分。然而，就异化劳动的概念而言，它在理论前提上附属于另外两个问题的思考：第一，关于人的本质的哲学思考。如果说异化世界的本质不过是人的本质的异化，那么如何理解人的本质？第二，异化的扬弃。这里要回答的问题是，处在异化世界的人的归宿是什么？或者，这个否定的世界将如何达到它的否定之否定？显然，要回答这两个问题，仅从异化劳动本身出发是无能为力的，它需要从更高的理论视界出发。我们看到，马克思在《手稿》中，是从人的"自由自觉的活动"，从"实践"出发来回答上述问题，进而展开他的理论探讨的。他首先确立了实践活动的自然前提，即实践观的存在论基础；其次，他将实践活动的本质内容归为"对象性的活动"；再次，他探讨了实践活动在当时世界的歪曲表现形式，即异化劳动；最后，他前瞻了实践活动的未来表现形式，即在扬弃"异化劳动"中实现"自然的人化"和"人的自然化"的高度统一，实现人类和自然的解放。也就是说，《手稿》的庞杂内容是被实践观这一思想红线串联起来的，马克思在《手稿》中的实践观思想表现为有机统一的四个方面：实践的自然前提、实践的本质内容、实践的歪曲形式及实践的未来表现。这四个方面组成马克思实践观思想的内在理论构件，即自然前提论、对象性活动论、异化劳动论和人化自然论。其中，自然前提论是这一理论体系的起点，其展开环节是对象性活动论，变异环节是异化劳动论，复归环节是人化自然论。

第二节 1844年手稿实践观三大层面、十个要点
——自然存在前提论、对象化活动论、异化劳动论

在《手稿》中,马克思实践观思想具体表现在以下十一个方面(类似于后来的"费尔巴哈提纲"的十一条)。

第一条,实践观的理论来源。黑格尔精神现象学和逻辑学中有"双重错误",也有其合理内核,即"作为推动原则和创造原则的否定性"辩证法,以及"把人的自我产生看作一个过程","把对象性的人、现实的因而是真正的人理解为他自己的劳动的结果"的思想。①

第二条,实践观的唯物基础和"激情本体"。"没有自然界,没有感性的外部世界,工人什么也不能创造"。"植物、动物、石头、空气、光等等","都是人的意识的一部分,是人的精神的无机界"。"如果人的感觉、激情等等不仅是本来意义上的人本学规定,而且是对本质(自然)的真正本体论肯定",那么,"只有通过发达的工业,也就是以私有财产为中介,人的激情的本体论本质才在其总体上、在其人性中存在;因此,关于人的科学本身是人自己的实践活动的产物"。②

第三条,实践观的本质内容——对象性活动。"当现实的、肉体的、站在坚实的呈圆形的地球上呼出和吸入一切自然力的人通过自己的外化把自己现实的、对象性的本质力量设定为异己的对象时,设定并不是主体;它是对象性的本质力量的主体性,因此这些本质力量的活动也必须是对象性的活动"③。

第四条,人及其实践活动的显著特征——受动和能动的结合。人"作为有生命的自然存在物,一方面具有自然力、生命力,是能动的自然存在

---

① 马克思:《1844年经济学哲学手稿》,人民出版社2000年版,第101页。
② 马克思:《1844年经济学哲学手稿》,人民出版社2000年版,第53、56、140页。
③ 马克思:《1844年经济学哲学手稿》,人民出版社2000年版,第105页。

物";另一方面,人"同动植物一样,是受动的、受制约的和受限制的存在物"。"人作为对象性的、感性的存在物,是一个受动的存在物;因为它感到自己是受动的,所以是一个有激情的存在物。激情、热情是人强烈追求自己的对象的本质力量"。①

第五条,实践活动的对象性和创造性——内化和外化的结合。"眼睛成为人的眼睛,正像眼睛的对象成为社会的、人的、由人并为了人创造出来的对象一样"。"当物按人的方式同人发生关系时,我才能在实践上按人的方式同物发生关系"。"同样,别人的感觉和精神也成为我自己的占有。因此,除了这些直接的器官以外,还以社会的形式形成社会的器官"。②

第六条,实践活动中人与自然、人与人的关系。"自然界的人的本质只有对社会的人来说才是存在的","只有在社会中,自然界才是人自己的人的存在的基础,才是人的现实的生活要素"。"个体是社会存在物。因此,他的生命表现,即使不采取共同的、同他人一起完成的生命表现这种直接形式,也是社会生活的表现和确证"。③

第七条,劳动二重性的思想——特殊劳动和一般劳动的统一。"从经济学观点即惟一合理的观点来看,农业同任何其他一切生产部门毫无区别,因此,财富的本质不是某种特定的劳动,不是与某种特殊要素结合在一起的、某种特殊的劳动表现,而是一般劳动"。④

第八条,实践活动及运动的环节——家庭—市民社会—国家—世界历史。黑格尔法哲学是观念运动过程,即"扬弃了的私法=道德,扬弃了的道德=家庭,扬弃了的家庭=市民社会,扬弃了的市民社会=国家,扬弃了的国家=世界历史"。但是,抛开黑格尔思想的观念外衣,我们就看到了人的存在及其实践活动的现实环节,即"在现实中,私法、道德、家庭、市民社会、国家等等依然存在着,它们只是变成环节,变成人的存在和存在方式"。⑤

---

① 马克思:《1844 年经济学哲学手稿》,人民出版社 2000 年版,第 105、107 页。
② 马克思:《1844 年经济学哲学手稿》,人民出版社 2000 年版,第 86 页。
③ 马克思:《1844 年经济学哲学手稿》,人民出版社 2000 年版,第 83、84 页。
④ 马克思:《1844 年经济学哲学手稿》,人民出版社 2000 年版,第 76 页。
⑤ 马克思:《1844 年经济学哲学手稿》,人民出版社 2000 年版,第 110 页。

第九条，实践活动的目的性。"正像无神论作为神的扬弃就是理论的人道主义的生成一样，而共产主义作为私有财产的扬弃就是要求归还真正人的生命即人的财产，就是实践的人道主义的生成"。然而，"无神论、共产主义决不是人所创造的对象世界的消逝、舍弃和丧失"，"它们倒是人的本质的或作为某种现实东西的人的本质的现实的生成，对人来说的真正的实现"。①

第十条，人化自然论——自然的人化和人的自然化的统一。"社会是人同自然界的完成了的本质的统一，是自然界的真正复活，是人的实现了的自然主义和自然界的实现了的人道主义"。"历史本身是自然史的即自然界生成为人这一过程的一个现实部分。自然科学往后将包括关于人的科学，正像关于人的科学包括自然科学一样：这将是一门科学"。②

第十一条，共产主义及异化的扬弃。"共产主义是私有财产即人的自我异化的积极扬弃，因而是通过人并且为了人而对人的本质的真正占有"，"它是人和自然界之间、人和人之间的矛盾的真正解决，是存在和本质、对象化和自我确证、自由和必然、个体和类之间的斗争的真正解决"。③

这十一条中，第一、第二，涉及实践观的来源和自然前提问题，属于实践观的自然前提论；第三、四、五条涉及实践观的本质内容问题，属于对象性活动论；第六、七（第八、十一条的部分）条涉及实践活动的异化形式和劳动的二重性问题，属于异化劳动论；第八、九、十、十一条涉及实践活动的目的、发展环节及未来走向问题，属于人化自然论。

将马克思对黑格尔哲学批判的部分独立出来，构成"第四笔记"，并将《手稿》的主题思想确立为实践观，这样做的积极意义在于：首先，突显"对黑格尔的辩证法和整个哲学的批判"在《手稿》中的中心地位，确认《手稿》的思想红线为实践论。其次，弥补以往研究马克思实现哲学变革过程中的逻辑缺环，全面体认马克思哲学是如何从以黑格尔和费尔巴哈为代表的德国古典哲学脱胎而来的。最后，合理解答当前学术界关于

---

① 马克思：《1844 年经济学哲学手稿》，人民出版社 2000 年版，第 112、113 页。
② 马克思：《1844 年经济学哲学手稿》，人民出版社 2000 年版，第 83、90 页。
③ 马克思：《1844 年经济学哲学手稿》，人民出版社 2000 年版，第 81 页。

《手稿》的主题思想和历史地位的争论。

第三节　马克思哲学实践观下篇
——《关于费尔巴哈的提纲》

马克思的《关于费尔巴哈的提纲》是马克思哲学革命过程中的展开环节。它将《手稿》时期形成的实践观外化到对存在观、世界观、历史观、哲学观的思考中,并在"十一条论纲"中作了提纲挈领的表述,从而构成马克思哲学实践观论纲的下篇或叫外篇。

《提纲》的第一条是马克思将实践观应用到存在观的思考中的思想产物。

对世界的存在论基础,旧唯物主义理解为物质实体;新唯物主义则理解为"感性的人的活动"、"实践"、"对象性的活动"。这种对世界的本体论理解,是对《手稿》中有关思想的提炼。在《手稿》中,马克思坚决拒斥传统的形而上学问题。他明确指出:关于"谁产生了第一个人和整个自然界这一问题",关于"这一无限过程",请你"不要那样想,也不要向我提问,因为你一旦那样想,那样提问,你就会把自然界和人的存在抽象掉,这是没有任何意义的"。真正有意义的问题是:"整个所谓世界历史不外是人通过人的劳动而诞生的过程,是自然界对人说来的生成过程。"(第92页)这种对世界的本体论理解,是对哲学史上一切形而上学本体论的根本颠覆。正如海德格尔所言,他的哲学革命得益于马克思把不变的"在者"(德文的"DasSeiende"或英文的"thing")变成当下带着动词"being"的关系存在。日本学者广松涉所言的关系本体论,或美国学者G.古德的"关系中的个体本体论"(ontology "individuals-in—relation"),或可以说,在一定程度上把握了马克思思想的实质。但是,我们认为,马克思的存在论思考不仅是以"being"形式出现的,而是以"我动故我在"的"to be"形式出现的。这里的"动"应理解为具体的、历史的、现实的社会物质活动。这些物质活动的总体,就是作为社会历史存在论基础的

"实践"。这种本体论，并不是严格意义上的本体论概念，它以"批判的、革命的"姿态出现，它促成从"thing"到"being"的转变，并最终指向"to be"，在解构对象世界时也解构自身。

《提纲》的第二条是马克思将实践观应用到世界观的思考中的思想产物。

一般认为，第二条是马克思将实践观引入认识论，从而解决了认识论层面的真理标准问题。即，对于"人的思维是否具有客观的真理性"这一认识论史上的经典问题，必须在实践活动中加以解决。也即，"人应该在实践中证明自己思维的真理性"①。但是，我们还应看到，这一条还隐含着马克思对传统哲学致思方向的批判，并带来了哲学致思方向的根本转向。马克思在此处发现，思维的真理性问题，不是像费尔巴哈那样简单地将黑格尔头首倒立的主谓逻辑关系颠倒过来就可解决。联系第一条，人的认识活动实际上是以实践的感性活动为基础的。这样，黑格尔的错误在于：首先把人的实践感性活动变成人的认知活动，再把这种认知活动及结构变成逻辑的本质（概念、范畴等），实践的此岸性就等于概念的彼岸性。相反，费尔巴哈把黑格尔颠倒过来时，实践同样被丢弃了，认识被建基于抽象的人和自然之上，客观现实和概念范畴一起"被当作污水泼掉"。所以，要实现哲学致思方向的根本变革，就不再是唯物和唯心的颠来倒去，而必须注意到"创造这一切、拥有这一切并为这一切而斗争的，不是'历史'，而正是人，现实的、活生生的人"②。据此，马克思认为，思维的此岸性和现实性是一个实践的问题。正是在实践的基础上，彼岸世界和此岸世界的分裂才被真正扬弃，唯物和唯心的各执一端才被真正弥合。以往哲学从理想化状况出发的价值预设的彼岸性（"应该"）才第一次被彻底消除。从实践出发，就是从"此岸性"的"是"出发，对现实进行批判的改造。从彼岸的"应该"回到现实的"是"，这种致思方向的转变，被后来的现象学主义者发挥，成为现象学马克思主义的理论基石，并与后期维特根斯坦主义者主张的"回到生活本身"相一致。综合对第一、第二条的理解，

---

① 《马克思恩格斯选集》第 1 卷，人民出版社 2012 年版，第 134 页。
② 《马克思恩格斯全集》第 2 卷，人民出版社 1995 年版，第 133 页。

我们可以看出，马克思的哲学在哲学基本的本体论问题和思维方式上已远远超出近代哲学，并科学地预示了现代哲学的发展方向。正是在此意义上，我们才说，马克思哲学既超越了近代哲学，也超越了现代哲学。

《提纲》的中间七条是马克思将实践观应用到历史观的思考中的思想产物。

首先，人与环境关系（第三条）。马克思认为，旧唯物主义者总是陷入一种二律背反的境地：一方面，"人是环境和教育的产物"；但另一方面，"环境正是由人来改变的，而教育者本人一定是受教育的"。旧唯物主义者要想突破这一怪圈，就"必然会把社会分成两部分，其中一部分高出于社会之上"，社会的变革就要靠这些有"理性"、有"教养"的人，这无可避免地陷入唯心史观。马克思指出，用实践的观点看，决定着人的那个环境实际上是人类世世代代的实践活动的产物，正是人们改变环境的社会历史实践决定着人的活动方式和性质。由此，马克思说："环境的改变和人的活动的一致，只能被看作并合理地理解为革命的实践。"

其次，宗教的本质（第四条）。马克思既肯定费尔巴哈致力于把宗教世界归结于它的世俗基础的功绩，又指出他未能揭示宗教产生和存在的社会根源，找不到解决宗教问题的真正途径。马克思指出："世俗的基础使自己和自己本身分离，并使自己转入云霄，成为一个独立王国，这一事实，只能用这个世俗基础的自我分裂和自我矛盾来说明。"要消灭宗教，就要消除宗教赖于存在的社会阶级对立和矛盾，并使它们"在实践中得到革命改造"。

再次，人的本质（第六、七条）。马克思在这里第一次科学地阐述了"人的本质"的内涵，它有三层含义：（1）人的本质不是他的自然属性，而是其社会属性；（2）人的本质不是由社会关系的某一方面决定的，而是由"全部社会关系的总和"决定；（3）人的本质是"属于一定社会形式的"，是具体的历史的。

最后，社会生活的本质（第五、八、九条）。马克思认为，社会实践是社会生活的本质和基础，社会实践决定社会意识，一切宗教邪说和唯心主义思辨哲学都能在社会生活和社会实践中找到根据。旧唯物主义之所以走向唯心史观的根源在于他们"不是把感性理解为实践活动",不懂得社会生活在本质上是实践的,所以对处在一定"市民社会"关系中的人只能作孤立、直观的理解。

《提纲》的最后两条是马克思建基于实践观基础上的新哲学观宣言。

第十条讲哲学的社会基础和阶级本质:旧唯物主义的立脚点是"市民社会",即资产阶级社会;新唯物主义的立脚点是"人类社会或社会的人类",即共产主义社会或无产阶级,超越了阶级对立的人类社会共同体。

第十一条讲哲学的现实作用和历史使命:这条既有一般性,又有针对性。它首先批判从亚里士多德以来的西方传统哲学重在"解释世界"的倾向。如亚里士多德《工具论》的理性超越者姿态;黑格尔"存在就是合理"的辩护者姿态;费尔巴哈"最高的实践是感性直观"的旁观者姿态。马克思提出,新哲学的最本质功能是"改变世界",并要求新哲学与工人阶级的历史使命相结合。这是一种介入、批判、革命的姿态。

基于这种哲学创新使命观,我们就可以理解,即便在1845年,当费尔巴哈已公开宣布向共产主义转变后,马克思仍然一针见血地指出,费尔巴哈哲学的立脚点仍是"市民社会",仍带有浓厚的资产阶级意识形态特征。同样,对于当时喧嚣一时的赫斯的行动哲学,马克思尖锐地指出,"尽管满口讲的都是所谓'震撼世界的'词句",但"他们只是用词句来反对这些词句",而"绝对不是反对现实的现存的世界"。①

将《手稿》和《提纲》加以比较,我们发现两者贯穿着同一思想红线——实践观思想。正是在这一红线的指引下,两部著作在诸如世界的存在论基础、人的本质、社会生活的本质及哲学的历史使命等重大问题上都有一致之处。可以认为,《手稿》其实是马克思对黑格尔哲学进行全面清算的产物,这是马克思思想发展史上的"黑格尔论纲",也是马克思哲学实现革命变革,建立实践观思想的上篇,或叫内篇。而稍后1845年春天写成的《关于费尔巴哈的提纲》,则是马克思对费尔巴哈哲学进行全面清算的产物,这是马克思思想发展史的"费尔巴哈论纲",也是马克思哲学

---

① 《德意志意识形态》(节选本),人民出版社2003年版,第10页。

实现革命变革，建立实践观思想的下篇，或叫外篇。

第四节　实践前提新论
——生态环境是劳动实践的外部前提与自然基础

从20世纪到21世纪，人类社会实践活动本身，正在发生着巨大的历史性变化，表现出前所未有的巨大特点。

一是科学性：现代科技革命使生产成为科学在工业上的运用，而当代社会主义改革更成为在马克思主义理论指导下的有目的的实践活动；

二是社会性：实践活动主体日益突破了自然人、单个人、一家一户的局限，日趋走向社会化的群体；

三是系统性：实践活动向巨大的系统工程发展；

四是全球性：实践活动范围越出民族国家界限，日益走向跨国性，乃至全球性；

五是中介性：主体直接作用于客体的二元结构越来越少，而"工具操作系统—社会关系系统—语言符号系统"这三大中介系统越来越发达，越来越复杂，越来越重要；

六是生态性：人类对自然的强力征服模式造成的生态危机、全球问题越来越突出，寻求天人和谐型生态文明的实践活动成为大势所趋、人心所向。

新唯物主义实践观不仅是马克思主义哲学创立的理论起点，而且是当今时代哲学创新的重要生长点之一。

这里试图初步阐发，新唯物主义实践观理论创新的四个重要生长点：实践前提论—实践中介论—实践逻辑论—实践目的论。

当邓小平把当今世界最大的生态工程——"三北"防护林体系建设工程——称为"绿色长城"时，当他力倡"绿化祖国，造福万代"时，乃至习近平总书记提出绿水青山与金山银山关系新论、倡导现代新型生态文明，实际上触及一个事关全球的天人关系问题：人的社会实践活动和自然生态环境，二者究竟是什么关系？

为了在今天回答这个古老而常新的问题，我们既不能简单地停留于马克思主义思想大师的现有哲学实践观，也不能简单照搬现代生态学，需要在新鲜实践和现代科学基础上，对二者作出更高综合、巨大创新。就是说，只有在习近平新时代中国特色社会主义思想指导下，立足于创造性地坚持发展马克思主义实践观，才能为创造天人和谐的新型生态文明，根本解决现代生态问题，提供一种理论支点和核心观念。

马克思主义哲学思想大师以往所注视的焦点，主要是劳动实践活动的内在要素、内在机理和社会关系；而对自然环境的哲学探讨，则只提供了一条大思路和几个生长点。从马克思的《资本论》、列宁的《哲学笔记》到毛泽东的《实践论》，思想重心多在剖析实践活动的内部机制。人的社会实践活动，是一个复杂开放的动态系统，可以多角度、多层次地进行分析：可以用两分法，分为"物的因素（生产资料）和人的因素（劳动力）"；也可以用三分法，分为主体有目的的活动、劳动对象、劳动资料；还可以用四分法，增加上述三要素合成的中性结果——劳动产品；又可以用五分法，分出实践五要素——目的、操作方式、对象、手段、结果。主体活动的对象化和自然的人化，是劳动实践活动展开的内在机制。劳动二重性，则提供了劳动实践活动展开的双线结构：一条线索是人与自然的能动改造关系，另一条线索则是人与人的社会关系。这两条线索、两个关系，有着不可分割的内在联系，但后一条线索——社会关系和革命变革，则是当时历史条件下的思想重心。马克思主义实践观要向前发展，需要走一条拓展理论空间的新路：从内到外，从内部机制到外部环境，从社会关系到人与自然的关系。

马克思主义创始人，留下三个特别重要的思想生长点：一是《资本论》历史观中探讨了自然环境中的两大富源，对劳动实践历史发展的重大影响；二是《哥达纲领批判》提出了光是劳动不能构成社会财富源泉，劳动是财富之父，自然是财富之母；三是《自然辩证法》指出了人类不能像野蛮人征服异族人那样对付自然，自然会使人得到应有报复和惩罚。

现代生态学的研究对象往往局限于生物系统本身，有待于上升到和人的实践活动结合到一起的综合研究。1866年，德国动物学家赫克尔给生态学奠基时，对这一学科研究对象的定义是：动物对有机和无机环境的全部关系。20世纪50年代以后，生态学的理论焦点扩展到用系统论的整体性观点，来综合研究生态系统。他们还开始注意生态系统的三大平衡问题：生物系统中能量流动的相对稳定，物质循环的相对稳定，生物种群数量的相对稳定。这种研究是完全必要的，但理论视野有一定局限性。不能忽视人在现代生态系统中的主体核心地位，人的劳动实践活动对上述三大平衡的重大影响，生态系统研究的意义首先在于它是人类活动的自然环境。

20世纪70年代勃然而兴的环境科学，为对人的活动与自然环境的综合研究，铺设了第一架科学思想之桥。环境科学把人与环境作为一个大系统，综合研究这个开放复杂系统的发生、发展、调节、控制、改造和利用。环境科学的研究对象，仍侧重于人类活动的自然环境这一方面。美国科学基金会国家科学局20世纪70年代给总统的报告《环境科学——70年代的挑战》，对这门新兴科学对象是如此定义的：环境科学是对围绕着人的空气、陆地、水、能量和生命等所有系统的研究，它包括所有旨在从系统层次上了解环境的科学，特别取材于气象学、地球物理学、海洋学和生态学等。这里向人的实践活动与自然环境的综合研究，又迈出了可喜的一步；但是，人的劳动实践活动本身，显然还没有置于应有的核心地位上来。

我们需要综合上述科学的最新成果，创造现代科学认识水平的马克思主义实践观和生态哲学。在这里，人与自然好比椭圆形的两个焦点，两者同样处于理论思维的中心地位。或者更确切地说，这是一种极为特殊的关系学，人与自然、主体活动与生态环境、人的社会实践与自然环境之间的相互关系与和谐发展，是这种理论思维的凝聚焦点。

生态环境是人的劳动实践活动展开的必要前提。人的劳动实践活动要展开，要实现，要对象化，不仅需要人的活动目的、手段、对象结合在一起构成内部条件，还必须有一定的生态环境作为外部前提。这种生态环境，是人赖以存在的前提，是实践活动赖以开展的前提，也是这种活动走向发展的前提。马克思曾指出：正像劳动的主体是自然的个人，是自然存在一样，他的劳动的第一个客观条件表现为自然、土地，表现为他的无机体；他本身不但是有机体，而且还是这种作为主体的无机自然；这种条件不是他的产物，而是预先存在的；作为在他之外的自然存在，是他的前提。

劳动的第一个客观条件，也就是作为实践活动前提的生态环境，应当包括两个方面：一方面是水、土、光、气、热等非生物因素构成的物理环境，也叫无机环境，包括江河水源、土壤、"耕地、阳光日照、适度空气、温度"气候等等自然资源和自然环境；另一方面是植物、动物、微生物等生物因素构成的生物环境，也可以叫有机环境。物理环境与生物环境综合到一起，就是人的自然环境、生态环境，也就是和人类实践活动直接相关的地球表层环境。它包容了大体上从外到内、从下到上、从低级到高级的五大地球圈：大气圈、水圈、岩石圈、生物圈、智力圈。而处于中心地位的，无疑是人，是以人的劳动实践活动、语言符号活动、社会交往活动这三大主体活动为本质特征的智力圈。现代生态学的发展方向，应当是从动植物的生态系统上升到以人为中心的生态系统。现代环境科学的未来趋势，则是自然环境与人的活动的综合研究。在这一点上，我国著名科学家钱学森是有独到见地的。他指出上述两门新兴学科，与对上述五大地球圈的研究，应当很好地综合到一起，变成更具综合整体性的、以人的活动为中心的地球表层环境科学。科学根据就在于，以地球表层结构为表现形式和物质基质的生态环境，是人类社会实践活动必不可少的自然前提。

生态环境是以不同形式介入人的劳动实践活动的基本要素。通常把实践活动区分为三要素：人的有目的活动本身、劳动工具、劳动对象。现在看来，这三要素都是劳动实践活动内部的基本组成部分，要把社会有机体同自然相联系，作为一个复杂开放系统来把握，有必要增加一个新要素，就是自然环境或生态环境。从形式上看，这是一个外部条件，但从复杂开放系统的角度来看，这也是劳动实践活动不可缺少的基本要素。

人周围的生态环境，往往以两种不同形式，直接或间接地介入到人的劳动实践过程中来。直接介入的形式，就是生态环境转化为自然资源。这种自然资源，也可以叫自然富源，因为它们往往通过劳动对象或劳动工具的中介，变为社会财富的物质载体，并区分为生活资料的自然富源和劳动资料的自然富源这两大类别。马克思在《资本论》第一卷中作了明确论述：撇开社会生产的不同发展程度不说，劳动生产率是同自然条件相联系的。这些自然条件都可以归结为人本身的自然（如人种等等）和人的周围的自然。外界自然条件在经济上可以分为两大类：生活资料的自然富源，例如土壤的肥力，渔产丰富的水，等等；劳动资料的自然富源，如奔腾的瀑布、可以航行的河流、森林、金属、煤炭等等。在文化初期，第一类自然富源具有决定性的意义；在较高的发展阶段，第二类自然富源具有决定性的意义。①

这里需要补充的是，除此之外，还有一种间接介入的形式，就是生态环境作为劳动实践活动的外部自然条件。这种外部自然条件尽管并没有内化为劳动实践活动的内在要素或物化成果，但同样是影响劳动实践活动过程的重要因素。如气候好坏、温度高低、日照长短，总是对农业生产的影响举足轻重；而巨大的森林资源、湖泊海洋，则可以对气候好坏起到调节杠杆作用；生态环境的色彩多样，带来物产种类的多样性；靠近江河湖海带来的是交通便利，而给社会分工、商品经济的发展带来天然之便；缺乏水源的生态环境，高原大山的交通阻塞，则往往为一种自给自足的自然经济、高度集中的中央集权，提供一种便于维持的自然环境。正基于此，我们有必要把生态环境（自然环境）吸纳进来，作为人的劳动实践活动的基本要素之一，以揭示外部自然环境对当代人的活动的内在影响。

生态环境的正负效应必然以不同形式熔铸到劳动实践活动的结果中来。历史的辩证法就是这样：凡是在过程开始时不是作为过程前提和条件出现的东西，在过程结束时也不可能出现；反之，一切作为前提和条件的东西，在过程结束时必然会出现。生态环境既然作为人的劳动实践活动的前提和条件，出现在过程的起点上，那么在劳动实践过程的终点上，也必然会刻下它的深刻印记。

在劳动实践活动的终端上，我们可以找到人和生态环境关系的正负两种效应：一种积极结果是，人的劳动实践活动顺应了生态环境上的客观规

---

① 马克思：《资本论》第 1 卷，人民出版社 1975 年版，第 560 页。

律，在改善人的生存发展环境上取得了正效应，这就是增强人的主体性的正效应；反之，另一种，消极结果是，人的实践活动违背了生态环境的客观规律，破坏了人的生存、发展环境，那么尽管在发展生产力上得到局部、表面、暂时利益，归根结底要造成削弱人的主体性的负效应。尽管在人类历史发展中的个别时期、个别地方，劳动实践活动引起的生态正负效应，与人的主体地位的正负效应，可能有所出入；但从总的历史趋势来看，这两种效应总体上是一致的。这两种效应的统一，是衡量人的实践活动成败的双重尺度，是经济效益与社会效益的统一。

由此可见，生态环境的影响，贯穿于人的劳动实践活动的自始至终，不过，生态环境与生产实践的关系，又是历史的发展的，每个时代都有不同的历史特点。在当今时代，人与自然统一的天人合一的生态环境，不仅是劳动实践活动的必要前提，而且是可持续发展的重要目标。

第五节　实践中介新论
——主客体的三大中介系统和双向互动

一、主体和客体的多种存在形式

思维与存在是抽象程度最高的哲学范畴。要从认识论角度深入考察思维与存在怎样走向同一的辩证途径，必须把这个哲学基本问题引向深化和具体化，引入主体和客体范畴。

认识主体有个体主体和社会主体两种存在形态，有必要把认识的个体发生和系统发生统一起来构成认识论。作为认识主体的人，首先是活生生的、实践活动中的个人。正是在这一意义上，列宁充分肯定了黑格尔把"生命"列为认识论重要范畴的做法："生命＝个别的主体把自己和客观的东西分隔开来"，"从客观世界在人的意识（最初是个体的意识）中的反映过程和实践对这个意识（反映）的检验这一角度来看，把生命纳入逻辑的思想是可以理解的——并且是天才的"。[①] 以社会关系为桥梁，个人主

---

① 《列宁全集》第55卷，人民出版社1990年版，第171页。

体转化为集体主体，社会主体。马克思主义认识论的出发点，不是离开社会的抽象个人，也不是孤立地分析个体主体同客体的关系，而是分析社会主体的实践活动，在此基础上再剖析个体主体的认识活动。认识活动本质上是一种社会活动，离开对社会主体和认识系统发生的考察，就无法科学说明脑知识库、认知结构、文化规范、思维范畴的起源和功能。在现代科学基础上，信息加工心理学、发生认识论着重解决认识的个体发生，而对社会实践和认识系统发生的制约作用则注意不够。马克思主义现代认识论应走在这一科学思潮的前面，保持它把个体主体和社会主体，认识的个体发生和系统发生有机结合起来的思想高度和鲜明特征。

我们不仅需要区分客体与客观存在范畴，而且需要区分客体的不同形态。（1）可观察客体和理论思维客体。列宁肯定了这种区分的合理性："自然界既是具体的又是抽象的，既是现象又是本质，既是瞬间又是关系。"① 从表象到思维，从可观察客体到理论思维客体，实际上反映了认识从"现象世界"到"自在世界"的深化趋势。（2）单个客体和系统客体。列宁虽然没有直接作出这种明确区分，但他提出了把系统性原则贯穿于客体分析的基本思想："单个的存在（对象、现象等等）（仅仅）是观念（真理）的一个方面。真理还需要现实的其他方面。这些方面也只是表现为独立的和单个的（独立自在的）。真理只是在它们的总和中以及在它们的关系中才会实现。"他强调系统性是辩证认识的灵魂："现实的诸环节的全部总和的展开（注意）=辩证认识的本质。"② 近代以前的、比较初级的认识是以单个实物为中心的，对象是比较简单的单个客体；比较发达的、现代科学认识则是以系统为中心，对象是比较复杂的系统客体，特别是复杂的动态系统和开放系统、高度组织化和有序性的自控制与自组织系统，注重探究系统结构、系统运动、系统生成和演化。这标志着认识对象的巨大升华，认识视野的巨幅拓宽。（3）现实客体和理想客体。一般地说，任何理论思维客体都伴随着一定程度的理想化，都可以看作有别于现实客体原型的理想客体。这也就是列宁所说的："理论的认识应当提供在

---

① 《列宁全集》第55卷，人民出版社1990年版，第178页。
② 《列宁全集》第55卷，人民出版社1990年版，第165、166、132页。

必然性中、在全面关系中、在自在自为的矛盾运动中的客体。"① 特殊的理想客体则是人根据现实客体的规律性认识，再加上人的需要、目的、意志，构想出来的应有客体。它以反映现实客体为基础，而又超越现实客体。

二、主客体的三大中介系统

主客体统一有中介性，有必不可少的三大中介系统。主体和客体是认识论系统的两极，是最基本的要素。然而，认识论系统绝不限于主客体构成的、简单的两极对立结构，认识过程也并不是主体对客体的直接反映。相反，人的反映过程具有中介性，它以三大中介系统——语言符号系统、工具操作系统、社会关系系统为媒介。

语言符号系统是认识过程中直接发挥作用的中介系统，是主体对客体的特有的反映工具和反映形式。列宁关于"认识过程三项统一"的学说，为现代科学认识论指出了不应再忽视的研究方向——以语言符号为中心的、人所特有的反映形式。语言符号系统本身是一个复杂的系统，至少包括语法、语义、语用三个层面：它具有复杂多变的语法，可以根据这些规则进行变化万千的重新组合，再现现实客体的内部结构、从属关系、演化进程；它有层次众多、可以作出不同理解的语义，各种历史背景、文化背景的人可以根据自己的脑知识库，对它的表层、中层、深层涵义作出多种解释；它有因人而异、丰富多彩的语用，可以根据主体的各种需要、目的，起到不同的作用和功能，以便调节和控制人的行为。那种"把人定义为符号的动物"② 的说法是不确切的。但语言符号系统的创立的确是作为主体的人生成中的重要环节，标志着人创造了信息贮存、信息加工、信息传递的崭新形式，是人在精神生产领域中创造的独特认识工具，是继物质生产领域中劳动工具创造之后的、人类认识史和文明史上的又一个重大创造、重大飞跃。它使人类认识过程中得到的信息具有永久贮存的物化形态，使反映产物相对独立于反映过程之外，可以独立地进行贮存、加工、逻辑运

---

① 《列宁全集》第 55 卷，人民出版社 1990 年版，第 181 页。
② 见卡西尔：《人论》，上海译文出版社 1985 年版，第 35 页。

算；它使人类认识过程获得了一种无可比拟的信息加工手段，把复杂多样的客体及其从属关系简化为符号模式；它赋予人类以特有的信息传递方式，前代人的认识成果和认识能力不只通过生物遗传的渠道，更重要的是通过以语言符号为媒介的文化教育渠道传给后代人，这种社会进化获得了生物进化无可比拟的加速度。

工具操作系统是在认识过程中内在起决定作用的中介系统，是主体实际作用于客体的手段。工具操作系统的中心要素是实践活动中的劳动工具，还应包括在此基础上创造的物质形态的认识工具和作为工具操作方式的技术。表面看来，劳动工具本身并不总是直接出现在认识过程中，实际上它却比语言符号系统更深刻地影响着主客体关系和人的认识活动。正如马克思精辟指出的，工艺学好比人的本质力量打开了书本，是感性地摆在人们面前的心理学，"会揭示出人对自然的能动关系，人的生活的直接生产过程，以及人的社会生活条件和由此产生的精神观念的直接生产过程"[1]。工具操作系统在主客体之间的中介作用在于：它延长了主体的肢体，强化了主体的感官和头脑，使人在与自然的关系中成为占据主导地位的主体；它使主客体，相互作用带有明显的中介性，人施展理性的技巧，把工具这个改造过的自然物置于自己和客体之间，借助巨大的自然力去统率客体；它的出现使"主体—客体"的两极结构，变成了"主体—工具—客体"的多极结构，从而使主客体联系的因果链条更为复杂化，成为超动物的逻辑思维能力生成的催化剂；它是知识的物化体现，认识经验和实践经验的物质结晶，具有客观意义的认识规范的对象化，比对客体的直观更深刻、更有力地影响人的思维结构、智力结构、语言结构的发展；它自身体现了合目的性和合规律性的统一，它作为主体的延长而服从于人的目的，同时"它为外部的条件（自然的规律）所规定"，从而成为引导人的认识必然走向主客观统一的强大推动力。

人在实践活动中形成的社会关系体系，是暗中制约着认识过程的、潜在的中介系统。这个问题黑格尔以及现代西方多数哲学家没有涉及，表现

---

[1] 马克思：《资本论》第1卷，人民出版社1975年版，第410页。

出他们缺少唯物史观，在认识论上难以逾越的思想极限。列宁则站在新的思想高度，提出一个至今有待于把辩证唯物主义、历史唯物主义认识论和唯物史观结合起来才能回答的问题："如果考察逻辑中主体对客体的关系，那就应当注意具体的主体（＝人的生命）在客观环境中存在的一般前提。"① 这种客观环境既包括自然环境，更包括以社会关系为主要内容的社会环境；这种一般前提既包括物质前提，更包括主体之间关系的社会前提。实践、交往、自我意识、价值评价、目的——这是社会关系系统渗透进主客体认识论关系的五个主要环节。主体改造客体的实践活动，是以主体之间的社会关系为中介的，社会关系的性质和水平决定着人在自然面前的相应的主体地位，改造客体的相应功能；人的认识活动总是伴随着交往活动，借助于交往，个体认识活动才上升为社会活动，才能利用社会形成的认识规范、思维范畴进行反映、理解、表述、交流活动，因而历史文化和社会关系总是成为认识活动的深刻背景；对象意识和自我意识又是互为前提、互相渗透的，而对人的本质、人的社会关系、人在社会关系体系中的地位的认识，是自我意识的核心内容之一；人的反映活动必然包含着价值评价活动，不仅要遵循外部客观尺度，而且要遵循内部的价值尺度，社会关系不能不起到某种"定盘星"、定向仪的作用；人的目的和需要在一定程度上作为内在规律制约着整个认识过程，而人的社会关系则从根本上制约着人的需要和目的的形成。

上述三大中介系统相对独立又相互联系，形成了主客体之间的一系列中介环节，作为一个整体发挥作用。这些中介的作用是双重的：一方面，它使主体成为主体，使认识带有主体性、能动性，强化了主体驾驭客体的能力；另一方面，它似乎又使客体远离主体，使主客体联系带有中介性、复杂性，增加了主体脱离客体的可能性。

三、主客体的双向运动和双重改造

主客体之间走向统一的矛盾运动，表现为客体主体化、主体客体化的双向运动和双重改造：在反映过程中，从客体走向主体，即借助于三大中

---

① 《列宁全集》第55卷，人民出版社1990年版，第172页。

介系统，客体主体化；在实践过程中，从主体走向客体，即通过三大中介系统的桥梁，主体客体化。这一过程的必然结果是主客体的双重改造，既是客体得到改造的人化自然过程，也是主体得到改造的人的自我创造过程。列宁在改造黑格尔哲学的过程中，不止一次要求注意"客体到主体的过渡"和"从主体走向客体"的双向运动。①

"主观目的—客观手段—主客体一致"的外化运动，则是主体客体化的基本环节。主体客体化，也就是人的目的、活动、本质力量，在实践活动中对象化，转化为物质性或现实性的东西，使客体转化为人化自然，打上主体意志的深刻烙印。主体客体化同样具有难以穷尽的丰富内涵，其中主体目的的对象化是关键之点。列宁在改造黑格尔《逻辑学》过程中形成的"主观目的—客观手段—主客体一致"的公式②，揭示了主体客体化的基本内容。在这里展现了人的实践活动的基本环节：出发点是人的主观目的，人不满足于现存客体，基于对它的反映，再融化进人的理想，构想出体现着人的主观意向的理想客体作为目标模式；中介环节是客观的工具，实现目的必须寻找现实的手段，而以工具操作系统为中心的手段，则体现着合目的性和合规律性的统一，它本质上是客观的东西；归宿是实践的结果，是主客体的一致，主观的目的变成了实现了的目的，客体变成了主体化的客体，主体变成了客体化的主体。在这个落脚点上，既扬弃了目的的主观性，又扬弃了客体的客观性，实现了主客体和谐统一的理想状态。上述简要公式，为全面展开认识论，提供了又一条重要引线。

现代信息科学从信息系统运动的角度，揭示出人与自然之间的信息交换，有助于我们理解主体客体化、客体主体化中的信息双向运动。一方面，客体作为信源，通过信息媒介，作用到人的感官，并经过大脑这个知识库的加工，转化为主体的意识，在人的观念（思维形式和思维内容）中留下了客观性的烙印，使主体意识成为表征着客体的信息。另一方面，主体又把自己的目的、意向、理想融进了构造信息的活动之中，当他以结晶着主体创造活动的"观念信息"为指导进行实践活动时，又把自己的观念

---

① 《列宁全集》第55卷，人民出版社1990年版，第96、290页。
② 《列宁全集》第55卷，人民出版社1990年版，第181—187页。

对象化、物化，把人的目的、意识、意志加到客体上，使客体成为表征主体信息（文化信息）的媒介。这种信息交换总是伴随着实践活动中人与自然之间的物质变换、能量变换的。

主客体统一又是历史的、具体的，螺旋上升和无限发展的。列宁洞见了这一点："认识是思维对客体的永远的、无止境的接近"，"人因此永远产生着（思想和客体的这种矛盾）和永远克服着这种矛盾……"① 主客体之间永无休止的双向运动和双重改造，是人类认识史的主题歌，也是人类文明史的主旋律。

第六节 实践逻辑新论
——从客观逻辑到思想逻辑的中介桥梁

"实践逻辑"，指的是人的有目的实践活动必然遵循的客观规律。

马克思新唯物主义把人的实践活动，本质上看成具有客观规律性的物质活动、对象化活动，因而必然要求深入探究实践逻辑——实践规律。

列宁《哲学笔记》在对比研究黑格尔与康德的基础上，把认识活动看成是由"客观对象—主体活动—反映形式（语言符号）"三项组成的统一过程、整体过程。

因而需要比较研究"客观逻辑—实践逻辑—思维逻辑"的相互区别、相互联系、相互转化的复杂历史过程。

实践逻辑构成"客观逻辑—思维逻辑"的联系中介与转化中介。

研究实践逻辑，在当代实践活动、认识活动和科学管理活动中，具有特别重大的意义，构成新唯物主义实践观在哲学创新中的一个重要生长点。

"客观逻辑—实践逻辑—思维逻辑"的内化与外化运动：

黑格尔在《大逻辑》第二版序言中针对康德反其道而行之，提出了

---

① 《列宁全集》第55卷，人民出版社1990年版，第164、165页。

"认识过程的三项统一说"。列宁以赞许的态度，摘要了黑格尔对康德"三项割裂说"的批判："反对'批判哲学'的评语。批判哲学把'三项'（我们、思维、事物）之间的关系设想成这样：我们把思维置于事物和我们的'中间'，这个居中者把我们和事物'隔离开来'，'而不是结合起来'"。在下面的方框中，列宁用自己的语言来"反对康德主义"，并初步揭示认识过程中三项的基本关系："在我看来，论据的要点如下：（1）在康德那里，认识把自然界和人隔开（分开）；而事实上认识是把二者结合起来。"①

在这里提出了认识过程中的三项——主体、客体、思维范畴之间的相互关系，特别是思维范畴在主客体两极之间起什么作用的问题。分歧的焦点，恰恰在于如何看待思维范畴的起源和功能，它是联接主客体之桥，还是隔绝二者的间隔？康德把范畴起源归结于先验自我，把运用范畴认识过程看成是"人为自然立法"，因而在相当程度上把思维范畴看作是主客体之间的绝缘体。黑格尔虽然是一个更为彻底的唯心主义者，但他有时却以辩证法的眼光看到，思维范畴是外部存在和主体活动的缩写，是人的活动和客观对象相互融合的产物，因而"范畴可作进一步规定开发对象关系之用"，是联接主客体的桥梁和中介。

在摘要《逻辑学》的《概念论》时，列宁再次回到黑格尔的"三项统一说"上来，并从辩证唯物主义认识论角度正面发挥了这一学说。在看大逻辑这一部分时，列宁特地参阅了《小逻辑》的有关部分，并要求注意到黑格尔怎样阐述哲学中三项的统一："推理的式的客观意义一般就在于：所有理性的东西都表现为三层推理，并且，推理中每一项的位置既可以在两端，也可以在起中介作用的中间。这正如哲学的三项即逻辑观念、自然界和精神一样。在这里自然界先是起联结作用的中项。自然界这个直接的总体，展开为两个极项——逻辑观念和精神。"黑格尔把哲学中的三项和推理的三项相比拟，多少有点牵强，但其中包含着认识过程中三项统一、互为中介的深刻思想。列宁则借黑格尔之题，发挥辩证唯物主义认识论，

---

① 《列宁全集》第55卷，人民出版社1990年版，第76页。

认为这里讲的既是哲学上的三项，又是人类认识过程和认识论中的三项："在这里的确客观上是三项：1. 自然界；2. 人的认识＝人脑（就是同一个自然界的最高产物）；3. 自然界在人的认识中的反映形式，这种形式就是概念、规律、范畴等等。"①列宁就此发挥了认识过程中主体、客体、反映形式这三项的统一。

从黑格尔到列宁，认识过程三项统一学说发生的首要变化，在于三者统一的基础不同了。黑格尔尽管有"自然界扩展为逻辑观念和精神"的唯物主义思想闪光，但更多的是倾向于把逻辑观念作为统一的根基，认为"逻辑观念是精神的绝对实体；也是自然的绝对实体"，"纯概念就是对象的核心与命脉"。而在列宁看来，认识过程的三项统一于物质大厦，因为作为第二项的认识主体和人脑乃是"自然界的最高产物"，而第三项逻辑观念则是"自然界在人的认识中的反映形式"。

从黑格尔到列宁，认识过程三项统一学说的又一变化，在于列宁发挥了黑格尔关于主客体统一的中介性的思想，不只是把思维范畴作为主客体统一的中介，而且揭示出实践活动是思维范畴生成的深刻源泉，因而是主客体统一的更深层中介，是三项统一的更根本的根基。

从黑格尔到列宁，认识过程三项统一学说的本质之点，在于阐明主客体的统一，主客体统一的中介性。改造黑格尔的这一思想成果，犹如汇入大海的一股水流，融进列宁关于系统研究和叙述辩证法的构想之中。

改造黑格尔"理论观念—实践观念—绝对观念"的范畴排列公式，成为列宁关于认识与实践统一原则的重要思想来源。

康德哲学的整个体系，在相当程度上割裂了认识与实践。他对理性作出两大分野：一种是理论的理性，回答的问题是"我所能知者为何"，构成了整个体系的王冠、纯粹思辨的认识论部分，即《纯粹理性批判》，在这里是很少论及实践的；另一种是实践的理性，回答的问题是"我所应为者为何"，构成了体系中带有道德实践性的伦理学部分，即《实践理性批

---

① 《列宁全集》第55卷，人民出版社1990年版，第152、153页。

判》,依据的主要不是人所认识的客观法则,而是先天的至高无上的道德律令。把认识论基本局限于纯粹精神活动领域,而把物质实践活动排除在外;把实践仅仅局限于伦理道德领域,而把对客观世界的认识排除在外——这是康德哲学体系的重大缺憾。

不过,康德哲学体系本身是一个巨大的"二律背反",不时闪现出认识与实践统一的思想火花:纯粹理性是有实践能力的,《纯粹理性批判》固然主要讲认识论,但也蕴涵着伦理学的思想主旨;实践理性是对认识有制约作用的,理论理性虽不能达到实践领域,可道德领域的实践理性却要影响到认识领域;在回答康德哲学的第三个问题"我所期望者为何"时,理论理性和实践理性又能联系起来,这就是三大批判的归宿点《判断力批判》,这既是实践理性,又是理论理性。以三大批判为骨架构成的康德哲学体系,先是在认识与实践之间划上一道鸿沟,然后再企图填平它。这位矛盾重重的近代哲人,意识到这个问题尚有待真正解决,在比较理论理性和实践理性之后,作出了一个历史性的哲学预言,或可称之为"康德哲学猜想":"这一类比较正当地使人们期望,或许有一天能够洞见到全部纯粹理性官能的统一(理论的兼实践的两方面),并且,从一条原理推导出一切结论来。"①

黑格尔在解答康德哲学猜想、实现理论与实践统一的道路上迈出了一大步。"理论观念—实践观念—绝对观念"这个公式作为整个逻辑学的思想归宿,集中体现了这一点。发挥这一思想的"观念"一节,引起了列宁的高度重视。在八个笔记本的第二本封面上,列宁特别醒目地标明有关摘要,开始的页码"注意第76页",并夸它"几乎就是关于辩证法的最好的阐述"②。

"观念"这一部分的范畴链条是"生命—认识的观念—绝对观念"由于认识观念又有理论观念和实践观念双重形态,因而又存在着一个作为逻辑学最高圆圈的范畴链条,"理论观念—实践观念—绝对观念"。这两个范畴序列,尤其是后者,引起了列宁的极大兴致和深入思索。

---

① [德]康德:《实践理性批判》,关文运译,商务印书馆1960年版,第93页。
② 《列宁全集》第55卷,人民出版社1990年版,第162页。

试图克服认识与实践的割裂，把实践作为认识过程的一个环节，内在地包含到认识中来——这是黑格尔从康德那里继续向前走的重要一步，也是列宁的注视焦点。列宁对上述范畴链条作出了自己的解释：" '观念'即真理，作为过程——因为真理是过程——在自己的发展中经历三个阶段：1.生命；2.认识过程，其中包括人的实践和技术（见上面），——3.绝对观念（即完全真理）的阶段"。在解释的基础上，列宁又作了一番理论反思，进行了再提炼："生命产生脑。自然界反映在人脑中。人在自己的实践中、在技术中检验这些反映的正确性并运用它们，从而也就达到客观真理。"列宁言犹未尽，又在写有上述理论概述的大方框旁边，把这里的精辟之处概括为两个要点，其一是"真理是过程"，其二是"人从主观的观念，经过'实践'（和技术），走向客观真理"①。

　　因而，列宁借助于马克思关于"实践胜于一切理论"的思想②，从黑格尔的上述范畴公式合乎逻辑地引出结论："无疑地，在黑格尔那里，在分析认识过程中，实践是一个环节，并且也就是向客观的（在黑格尔看来是'绝对的'）真理的过渡。因此，马克思把实践的标准引进认识论时，是直接和黑格尔接近的：见关于费尔巴哈的提纲。"在这一部分摘要的最后，列宁作了一个提要钩玄式的总结，确定了认识与实践统一的理论原则："理论观念（认识）和实践的统一——要注意这点——而且这个统一正是认识论中的"③。

　　从黑格尔到列宁，认识论要体现"认识与实践统一"的原则，这一点是共同的，但在这一原则的理解上又发生了质的变化。这种变化主要表现为以下三点：（1）对实践的理解根本不同了——黑格尔片面强调实践向善的转化，实际上还保留了把实践局限于个人道德活动领域的传统实践观的尾巴；列宁则强调实践首先是人们改造客观世界的物质生产活动，彻底打

---

① 《列宁全集》第55卷，人民出版社1990年版，第170页。
② 列宁：《〈马克思和恩格斯通信集（1844—1883年）〉提要》，人民出版社1982年版，第88页。
③ 《列宁全集》第55卷，人民出版社1990年版，第181、188页。

破了对实践的狭隘片面理解。（2）对实践的研究重点根本不同了——黑格尔的着眼点主要是实践观念，还没有完全突破"认识的观念"这个圈子；列宁并没有否认专门研究实践观念的必要性，但他强调的却首先是实践活动，是直接现实性的行动。（3）实践在认识论中的地位也根本不同了——黑格尔局限于把实践列为认识过程最后才出现的一个环节，列为整个逻辑学尾声之处才出现的一个范畴，把认识与实践的统一看成是认识过程最后环节达到的结果；而列宁强调，实践观"应当是认识论首先和基本的观点"，实践是整个认识过程的基础；认识与实践的统一应当是自始至终贯穿认识论的主导原则。在这些基本点上，"《资本论》逻辑"和《〈马克思和恩格斯通信集（1844—1883年）〉提要》起了巨大的点化作用，启迪列宁沿着马克思开辟的方向，继续改造黑格尔。

上述三个思想源头，汇流到列宁关于辩证法、认识论的总体构想中；经过反复冶炼，熔铸成列宁构想中的一个理论原则，即思维与存在、主体与客体、认识与实践相统一的原则。

主客体之间走向统一的矛盾运动，表现为客体主体化、主体客体化的双向运动和双重改造。在反映过程中，从客体走向主体，即借助于三大中介系统，客体主体化；在实践过程中，从主体走向客体，即通过三大中介系统作为桥梁，主体客体化。这一过程的必然结果是主客体的双重改造，既是客体得到改造的人化自然过程，也是主体得到改造的人的自我创造过程。列宁在改造黑格尔过程中，不止一次要求注意到"客体到主体的过渡"和"从主体走向客体"的双向对流运动。

"客观逻辑—实践逻辑—思维逻辑"的内化运动，是客体主体化的本质内容。客体主体化是指在认识和实践过程中，客体反映到主体中来，加入到主体活动范围中来，转化为主体的观念、属性、能力。客体主体化具有多方面的丰富内容，贯穿全部内容的中心线索，就是列宁指出的，以实践逻辑（实践的格）为桥梁，客观逻辑转化为思维逻辑（逻辑的格）的内化运动。列宁通过对《逻辑学》的再反思、再提炼，得出深刻结论："人的实践活动必须亿万次地使人的意识去重复不同的逻辑的式，以便这些式能够获得公理的意义。这点应注意。""精彩：黑格尔通过人的实践的、合目的性的活动，接近于作为概念和客体一致的'观念'，接近于作为真理的观念"①。这里实际上揭示了三个方面逻辑（客观逻辑、实践逻辑、思维逻辑）之间的内在联系：客观逻辑（客观事物的规律），通过千百万次重复的主体实践活动的逻辑（活动规律），结晶为人脑内部的思维逻辑（思维范畴和逻辑法则）。简要地用一个公式进行再概括，就是列宁关于三方面逻辑转化的公式：客观逻辑—实践逻辑—思维逻辑。列宁这个公式揭示了具有普遍必然性的思维范畴的客观来源和形成机制，回答了康德前后历代哲学家百思不得其解的哲学难题。对于个体主体来说，仿佛是先验的思维范畴，却是在社会历史实践中、在人头脑中凝聚和升华的客观规律。如果说，列宁提出的这一深刻思想在当时还属于哲学假说的话，那么现代心理学的发展，包括列昂捷夫的活动和意识统一的学说、皮亚杰的发生认识论，都已经以大量实验材料证实了列宁所揭示的实践活动同思维范畴的内在联系。以列宁勾画的基本思路为线索，全面研讨认识过程中客体主体化进程，仍是一个尚待解决的理论课题。

在人的实践活动中，也存在着"思维逻辑—实践逻辑—客观逻辑"的外化运动。

实践活动外化规律、内化规律、内化与外化统一的规律，这是探讨实践逻辑需进一步深入研究的问题。

第七节　实践目的新论
——天人和谐的新型生态文明

生态革命与信息革命——这是现代科技革命两个最突出的生长点，从不同侧面映现出劳动社会化、交往普遍化、科学产业化的时代大潮流。不过，相比较而言，应当指出的是，生态革命或许比信息革命影响更深刻、更根本、更久远。

---

① 《列宁全集》第55卷，人民出版社1990年版，第160、161页。

为了摆脱生态危机，解决全球问题，我们需要的不只是生态科学技术的枝节修补，而是现代新型的生态革命——人类整个生态系统的重新建构，按照全新的价值理性和工具理性，进行人与自然关系和社会关系全新的建构。

这种旨在彻底走出生态危机的现代生态革命，不仅意味着，一种产业革命，一种现代化模式的革命，一种发展道路的革命，而且从更深刻、更长远、更根本的意义上说，意味着人类社会生产力的大革命，天人关系上的大革命，人类价值观、天人观、发展观上的大革命。

可以合乎逻辑地进一步断言：这是人类文明形态上的一次大革命，从古代农业文明形态，走向近代工业文明形态，再走向现代新型的生态文明形态。

现代生态革命的深意所在：首先意味着人类社会生产力形态上的一次大革命。长期流行的说法，是把生产力定义为人类改造自然、征服自然、获取物质生活资料的能力。这种说法打上了近代工业文明的明显历史烙印，未能充分反映现代科技革命带来的最新认识成果与实践成果。

今天我们应当说：生产力，是人类利用自然、改造自然、控制自然，使之造福于人类可持续发展的主体性能力；从较低的层次上看，生产力具体表现为工具操作系统的物质手段；从更高层次来看，生产力总体表现为人在劳动实践活动中展现的调节控制自然的系统功能。

古代农业革命，突出的是人利用自然，利用农业劳动的手段，增加自然物；

近代工业革命，突出的是人改造自然，利用工业劳动的手段，加工自然物；

现代生态革命，突出的是人调节控制自然，利用现代化、社会化、信息化的劳动手段，创造形形色色的新自然物，创造天人和谐的矛盾统一体。

古代与近代的传统生产力，强调的是人类利用自然、改造自然、向自然索取物质生活资料的物质手段；而与现代生态革命、信息革命同行的现代新型生产力，首先强调的却是人类调节控制自然与自我，以求天人和谐的系统功能。

古代与近代的传统生产力，强调的是人类征服自然的能力；而现代新型生产力，强调的却是人控制自身自然，与外界自然统一起来的系统功能。

或许有人以为，这种带有现代系统论、控制论、信息论色彩的生产力定义，远离了马克思的历史唯物论。事实上恰恰相反，这才真正接近于马克思《资本论》对于劳动实践活动本质特征的理解：劳动首先是人和自然之间的过程，是人以自身的活动来引起、调整和控制人和自然之间的物质变换的过程。[①]

现代生态革命的深意所在，还意味着它是人与自然关系——天人关系上的一次大革命。

人与自然关系是主体关系的一个基本方面，每个历史时代都有不同特点，在当代，生产实践与生态环境的平衡发展问题显得特别尖锐、特别突出。中国古代讲的天人关系范畴，"天"在一定意义上可以理解为人周围的自然环境、生态环境。

远古蒙昧时代的历史出发点，是天人一体、天人合一时代。人类祖先类人猿的自然存在，与生态环境是浑然一体、混沌难分的。人乃是生态系统发展到一定阶段的历史升华，劳动实践活动则是这种历史分化的推进器。

古代野蛮时代，是天人相分、天命人从的年代。劳动实践活动使前人的自然存在跃升到人的社会存在，人开始作为一种优越的特殊种群，荟萃万物之灵，从生态系统中分化出来，天然生态系统开始转化为人的生态环境。然而，由于社会生产力极其低下，人的劳动实践活动对生态环境的改造作用是微不足道的，人对生态环境的控制作用也是极其微小的，乃至人基本上还是臣服于周围的生态环境的，许多地方只能消极服从生态环境。这时天人关系的历史格局是天本人末，天命人从。

在现代文明时代，是人宰制天、天人交相胜的岁月。现代科技革命使

[①] 马克思：《资本论》第1卷，人民出版社1975年版，第201—202页。

大机器生产如虎添翼，人们驾驭自然、改造自然的能力大大增强，人化自然，人化环境，人征服生态环境，人宰制生态环境，人支配生态环境，成了时代主旋律。正如恩格斯《自然辩证法》中深刻告诫的："我们不要过分陶醉于我们人类对自然界的胜利。对于每一次这样的胜利，自然界都对我们进行报复。每一次胜利，起初确实取得了我们预期的结果，但是往后和再往后却发生完全不同的、出乎预料的影响，常常把最初的结果又消除了。"① 在地球表层结构这个巨大的历史舞台上，演出着一出以人与自然为正副主角的、剧情曲折、跌宕起伏的悲喜剧：一方面是人类征服自然环境节节胜利的凯歌行进；另一方面是生态环境使人陷入生态危机的全球困境。这一时期，天人关系的正面格局是人本天末，"人为自然立法"的主体性地位空前增强；而巨大代价是，自然环境也给了人类以无情报复。

未来社会主义、共产主义的发展远景，则是在现代科技和新型文明的基础上，走向天人交融、天人和谐。野蛮时代的天本人末、天命人从，近代文明中的人本天末、人宰制天，都是天人对立、生态环境与社会实践对立的历史形式。未来的新社会，不仅要求赋予人与人的社会关系以崭新形式，而且要求赋予人与自然关系以崭新形式。这就是说，使天人关系、自然环境与社会实践的关系，彻底摆脱上述两种不同的对立形式，寻求天人一道、天人一理的协调一致，和谐发展。这意味着建立一种以人为中心的新型生态平衡，天人融合、天人归一的理想的生态平衡。这就是一种未来生产的合理性王国：联合起来的生产者，将合理地调节他们和自然之间的物质交换，把它置于他们的共同控制之下，而不让它作为盲目的力量统治自己；靠消耗最小的力量，在最无愧于和最适合于他们的人类本性的条件下来进行这种物质变换。

人与生态环境的浑沌统一——人从属于生态环境的对立状态——生态系统受制于人的历史形态——人与生态环境的和谐统一。这就是人的社会实践活动与生态环境的关系循序发展的历史链条和必由之路。当今世界与中国，正站在克服天人对立、走向天人和谐的历史起点上。因而，我们要

---

① 《马克思恩格斯选集》第 4 卷，人民出版社 1995 年版，第 383 页。

加倍注意社会生产与生态环境的平衡发展。

越来越重视生态环境保护问题，正是邓小平理论发展轨迹。他在这方面的认识高度，在改革开放和现代化建设新时期，上了三个台阶。

1979年10月15日，邓小平在会见英国知名人士代表团时，提出了"加快经济发展、保护生态环境"辩证统一的基本思路，生态环境问题开始列入重要议事日程。

1983年1月12日，在《各项工作都要有助于建设有中国特色的社会主义》这篇重要谈话中，邓小平把"保护生态环境"作为农业发展的六大重点课题之一。他说，农业文章很多，我们还没有破题。农业科学家提出了很多好意见。要大力加强农业科学研究和人才培养。提高农作物单产、发展多种经营、改革耕作栽培方法、解决农村能源、保护生态环境等等，都要靠科学。要切实组织农业科学重点项目的攻关。这里列出了要发展农业必须重点进行科学攻关的六个重点项目：农业科研、提高单产、多种经营、耕作方法、农村能源、保护生态环境。"保护生态环境"的重要性，在这里上了一个台阶，已经成为关系农业发展乃至全局发展的重点课题之一。

1990年12月24日，邓小平同中央第三代领导集体进行了重要谈话《善于利用时机解决发展问题》，把"自然环境保护"问题进而列为关系全局发展、跨世纪发展的六大发展战略问题之一："对这次统一思想，制定出新的五年计划和十年规划，我完全赞成。看来我们农业的潜力大得很，要一直抓下去。钢要有一亿到一亿二千万吨才够用，这是个发展战略问题。核电站我们还是要发展，油气田开发、铁路公路建设、自然环境保护等，都很重要。本世纪末实现翻两番，要稳扎稳打。在翻两番的基础上，再用三十年到五十年时间，我国综合国力达到世界前列，社会主义的优越性就真正体现出来了。"[①] 在这里，总设计师全局在胸，如数家珍，列出了关系中国发展全局、跨世纪可持续发展的六大战略问题：农业、钢铁、核电、能源、交通、环境。保护自然环境成了跨世纪发展的压轴戏和

[①] 《邓小平文选》第3卷，人民出版社1993年版，第363—364页。

归宿点。

在生态环境保护问题上，江泽民第三代领导集体，同样坚持和发展了邓小平理论。《十二大关系论纲》把这一条列为第三大关系的重要内容。2000年10月，十五届五中全会提出的《中共中央关于制定国民经济和社会发展第十个五年计划的建议》，把这一条列为十六条重要建议中的第十条，并对"加强生态建设，遏制生态恶化"问题，作了特别具体的探讨……

从2012年十八大，到2017年十九大，习近平新时代中国特色社会主义思想把建设现代新型生态文明，列入"五位一体"的总体布局之中，提高到一个前所未有的高度上来，并且针对改革开放新阶段出现的新问题，提出了一系列新举措。

现代生态革命的深意所在，乃在于它必将带来人类价值观、世界观、发展观等观念形态上的大革命。

传统价值观强调的是人征服自然、占有自然，让自然服从人的需要、服从于人的目的，把自然变成人的致富之源，高扬人的主体性，驾驭自然的有用性；现代新型价值观强调的是人与自然和睦共处，和谐结合，共同发展，可持续发展。

传统世界观强调的是个人本位、自我中心，人以自身的主体性去改造自然、征服自然、宰制自然，人要主宰自然界，"人为自然立法"——康德哲学的这个命题，是这种西方近代主体性思想的典型表述；现代新型世界观，却要求根本超越个人本位、自我中心的西方传统的单主体性，承认人与自然是相互依存的统一整体，人是自然的一部分，自然是人类的母亲，大自然是人类的家园，爱护人自身周围的自然，就是爱护人类自身。

传统发展观强调的是单纯经济增长高于一切，人占有自然资源的增长高于一切，人的物质财富、物质消费、物质享受高于一切；现代新型发展观强调的重心，却是以经济为基础的社会、文化的全面可持续发展，人与自然、人与人、身与心在发展中的和谐关系，在持久和平的基础上走向可持续发展。

这种现代新型价值观、世界观、发展观的确立，必然伴随着东西方文化综合创新的深刻变革。

西方文化，尤其是近代科学在思维方式上的典型特点，是注重分析的要素分析法、还原分析法；其核心观念是主客二分及至走向对立的思维模式，个人本位论的人学观念；最深层的哲学底蕴是主客对立型、外在征服型的单主体性观念。

与此形成鲜明对照的是，东方文化，尤其是中国古代科学和古典智慧在思维方式上的典型特征，则是注重综合的整体直观法、系统综合法；其核心观念是天人合一式的思维模式，家国本位论的人学观念；最深层的哲学底蕴是天人合一型、内在超越型的多元交互主体性观念。

只有以马克思主义、中国特色社会主义为指导，走"古今中外，综合创新"的大道，才能创造出富有时代精神与民族特色的新型生态文明。

创造天人和谐型的新型生态文明，是一个极为复杂、极为艰巨的系统工程，需要有统摄全局的长期规划，更需要锲而不舍的长期努力：以现代科学技术创新带头，在城市，建设新型的无污染工业；在农村，建设新型的大生态农业；在全国，建设以马克思主义实践观为核心观念的、天人和谐的新型生态文明。我们不可能一步跨向这个理想目标，但应当脚踏实地地去努力争取。

在中国社会主义现代化进程中，我们首先应采取经济增长与环境保护两手兼顾的大战略：没有经济的协调稳定发展，我们就没有资金、技术、经济实力，就不能有效地治理保护环境；而没有生态环境的基本平衡，经济增长就失去了协调、稳定、可持续发展的自然物质基础。

现代科学技术创新的带头发展，是经济增长与生态保护协调发展的火车头。又要经济增长的一定速度，又要生态系统的基本平衡，这好像是中国现代化大门上两道难开的铁锁。钥匙在哪里？出路在哪里？最重要的一条，就是科学技术的超前发展与不断创新。只有现代科技的带头发展与不断创新，才能给经济增长注入永不衰竭的强大活力源泉，促使其保持协调、稳定、可持续发展的良好势头。也只有现代科技的带头发展与不断创新，才能有效制止野蛮式开发和污染性废弃，迎来天人和谐的新型生态文明。

让我们更加勤奋地开拓耕耘，去迎接中国社会主义现代化的美好春天，中国可持续发展的美好春天，天人和谐的未来新型生态文明的美好春天！

这是中国21世纪的重大时代课题，也是人类发展的重大时代课题。

第二章　新唯物主义世界观
——1845年春《关于费尔巴哈的提纲》中新世界观萌芽

第一节　《提纲》的写作时间与写作动机
——超越陶巴之争回到恩格斯

首先需要原原本本地弄清马克思文本，尤其是哲学文本的来历——究竟是从哪里来的？

追根溯源、水落石出地澄清这一点，对于理解马克思文本，尤其是基本文献的哲学内涵、哲学底蕴来说，应当说是不可缺少的必要前提。

就拿大家最为熟悉的《关于费尔巴哈的提纲》来说吧，这一篇幅短小的"千字文"，初看起来好像是那么通俗易懂，简明扼要，了无深意，无需深究。然而，如果我们把它放到"理论思维的显微镜"下，就会发现，有许许多多的问题有待研究，有待澄清，这些问题多半都和版本学研究是息息相关的。

首先是这一提纲的写作时间问题，它究竟写在何时呢？文献保存在1844—1847年写成的一个笔记本中，原来马克思随手写下的标题为《1、关于费尔巴哈》，马克思自己表明了这个笔记本写于这段时期。然而，这段时期包括四个年头，更准确地定位于哪一年呢？在这短短的几年时间里，有时甚至是短短的几个月间，马克思思想就经历了急剧、重大而明显的变化。恩格斯根据回忆，确定它写于"1845年春天"；前苏联学者与编者巴加图利亚判断它写于1845年4月至7月间，4月可能性最大；而德国学者陶贝特，也包括近来我国学者聂锦芳，则判定它写于1845年7月。反复推敲比较，应当说恩格斯的回忆是比较准确的；进一步考究，提纲写在1845年4月5日马克思与恩格斯会面交谈前后，其中最大可能是写在4月会见之前。马克思写这个提纲，是为了清理自己思想，并与恩格斯交流，以便澄清同费尔巴哈的关系，真正把自己的新唯物主义哲学树立为共产主义理论支点、哲学基石。

那么，这个提纲写作地点在哪里？这个问题也就迎刃而解，不在巴黎，也不是在曼彻斯特，而是在马克思、恩格斯第三次会面的布鲁塞尔。

在此前提下，我们还会进一步探寻这一文本写作的历史背景、历史契机与写作缘起，也就是说，马克思为什么会想起要写作《关于费尔巴哈的提纲》呢？前人的研究，往往持"提纲隶属论"的观点，具体表现形式又有东西方两种：德国学者陶贝特比较强调提纲对《神圣家族》的隶属关系，认为提纲创作是《神圣家族》写作的继续；而前苏联学者巴加图利亚则强调《提纲》对《德意志意识形态》的隶属关系，甚至认为前者基本上就是后者的写作提纲。这两种说法各有一定根据，但又都是不充分的。实际上，提纲的写作，固然同上述两篇文献都有密切联系，但更有相对独立性。从1845年1月20日恩格斯致马克思信中可以看出，他们认为当务之急是为共产主义提供科学的理论支点："不过，目前首先需要我们做的，就是写出几本较大的著作，以便给许许多多非常愿意干但自己又干不好的一知半解的人以一个必要的支点。"① 为此，1845年3月17日，恩格斯致马克思信中，更为明确具体地提出，自己要尽快去布鲁塞尔，与马克思会合，统一思想，行动起来："如果我们在基本点上意见一致，那么，在我去布鲁塞尔时（由于这一切我要设法赶快去），我们就能够把一切都商量妥当，并且马上做起来。"②

与此相关的，是需要进一步澄清马克思写作《关于费尔巴哈的提纲》的写作动机。如上所述，正如1845年1月20日恩格斯致马克思信中点出

---

① 《马克思恩格斯全集》第27卷，人民出版社1972年版，第18页。
② 《马克思恩格斯全集》第27卷，人民出版社1972年版，第29页。

的，时代主题与当务之急，是为正在兴起的共产主义实践运动确立科学必要的理论支点，这也是《关于费尔巴哈的提纲》的思想主题和第一层写作动机。第二层写作动机，为此，马克思首先需要自己弄清问题，作出梳理。此前《1844年经济学哲学手稿》首倡的新唯物主义实践观，《神圣家族》中形成萌芽的唯物史观，都比较零散，不成系统，难于把握，因而需要提纲挈领式地把形成之中的"新唯物主义"哲学世界观萌芽，包括其"实践观—存在观—历史观—哲学观"，作一简明概括。第三层，这也是马克思首倡的新唯物主义同费尔巴哈旧唯物主义，划清界限，自立旗帜的需要：《1844年经济学哲学手稿》中的实践观、劳动异化观虽实际上开始根本超越费尔巴哈，但形式上却保留着对费尔巴哈的过高赞扬；《神圣家族》进而从费尔巴哈"抽象的人"走向"现实的人"，然而在哲学理论上却只分析批判了英法两国近代的唯物主义。

第四层写作动机，就是为了在和恩格斯会面时，更好地确立共同立场，并帮助恩格斯更彻底地同费尔巴哈旧唯物主义划清界限，更自觉地弄清新唯物主义出发点与新哲学世界观。在走向马克思主义思想历程方面，恩格斯有"三先"优势：1843年发表《政治经济学批判大纲》，表明他率先开始研究政治经济学；《英国工人阶级状况》在1844年9月至1845年3月写成，表明他率先走上和工人运动实践相结合的道路；他也率先接触社会主义学说，尤其是工人阶级历史使命学说。然而，恩格斯在有一点上却是明显发展滞后的，那就是在同费尔巴哈旧唯物主义划清界限方面。1844年11月19日，他曾致信马克思，在说到理论出发点时，就表现出对费尔巴哈还缺少彻底批判："如果说肉体的个人是我们的'人'的真正的基础，真正的出发点"，"这一切都是些老生常谈，都是不言而喻的道理，费尔巴哈已经分别地谈到过它们"；1845年3月7日恩格斯又在给马克思的信中，转述了费尔巴哈关于共产主义的一些言论；这封信末尾，恩格斯并且表示，"我还要去一趟比雷菲尔德，看看那里的共产主义者。如果费尔巴哈不来，我就去他那里"[①]。与此相联系，他对赫斯、傅立叶等人哲学

---

① 《马克思恩格斯全集》第27卷，第13、24页。

立场的认识，当时也有某些不够彻底之处。

这个提纲，马克思生前并未发表，直至1888年恩格斯《费尔巴哈论》出单行本时，才把它作为附录，第一次公开发表出来。发表时基本保持了马克思文本原貌，但在某些个别文字上，恩格斯也作了一点修改。标题也由原来的《1、关于费尔巴哈》，改为《马克思论费尔巴哈》。

后来苏共中央马克思列宁主义研究院根据恩格斯在《费尔巴哈论》1888年单行本序言中讲到提纲时的提法"十一条关于费尔巴哈的提纲"，将标题改为《关于费尔巴哈的提纲》。

20世纪后期在MEGA^{2}中，马克思笔记本上的原始文本也公开问世，"马克思原始文本——恩格斯修订文本"，这两种文本的比较研究，也随之成为一个需要回答的学术问题。

第二节 马恩哲学世界观的根本一致
——两份稿本的基本概况

《关于费尔巴哈的提纲》①（以下简称《提纲》）在马克思主义哲学史上的重要地位是毋庸置疑的，它对于我们理解马克思主义哲学的性质和功能，起着提纲挈领的奠基作用。但是，由于《提纲》存在着马克思的原始稿和恩格斯的修订稿这两个稿本，学术界就此产生了分歧。

标志马克思主义哲学形成的重要文本——《关于费尔巴哈的提纲》，存在着马克思的原始稿和恩格斯的修订稿两个稿本，学术界产生了两种不同的观点；而这两种观点，都未能恰如其分地认识《提纲》的本真内容，也未能正确判断马克思、恩格斯之间的关系。我们在这里，借鉴MEGA^{2}中《提纲》德文的两个稿本，通过对马克思、恩格斯关系的具体分析与重

---

① 本文采用的版本为MEGA^2，Ⅳ/3 [M]，Akademie Verlag GmbH, Berlinl998；同时参照使用《马克思恩格斯全集》德文版第3卷，Dietz出版社1958年版；《马克思恩格斯全集》英文版第5卷，the Union of Soviet Socialist Republks, 1976；《马克思恩格斯选集》中文版第1卷，人民出版社1995年版。

新阐发，发现两份稿本的基本思想是一致的；在思想、脉络根本一致的前提下，恩格斯对文本进行了细致的加工，这体现了恩格斯精神与其独特的历史作用。同时，两个稿本的两处细微差异（第三条、第十一条），说明今天重新研究马克思原始稿的独特价值，甚至可以说这里蕴涵着马克思哲学观论纲，集中表现出马克思哲学观上的最大创新。

我们认为马克思、恩格斯这两个稿本的基本思想是一致的。在基本思想、脉络一致的前提下，恩格斯对《提纲》进行了技术性、细节性的加工。这些加工对于我们正确、深入地理解马克思思想起了重大的作用，体现了恩格斯独特的历史贡献。另一方面，马克思的原始稿本与恩格斯的修改稿还存在着一些表述上的微妙差异，通过研究这些差异，我们可以进一步挖掘马克思原始稿与哲学观的独特理论价值。[①]

首先，让我们从两份稿本的基本概况，看马克思、恩格斯在哲学观念上的根本一致。

《提纲》是马克思于1845年春在布鲁塞尔所写作的一篇"千字文"，它保存在1844—1847年的一个笔记本中。这个提纲，在马克思生前并未发表。直到1888年，恩格斯把《提纲》作为《路德维希·费尔巴哈和德国古典哲学的终结》一书单行本的附录，第一次予以公开发表。

《提纲》发表时基本保持了马克思文本的原貌，但对个别地方作了修改。发表时的标题也由原来的《1、关于费尔巴哈的提纲》，改为《马克思论费尔巴哈》。恩格斯指出："这是匆匆写成的供以后研究用的笔记，根本没有打算付印。但是它作为包含着新世界观的天才萌芽的第一个文件，是非常宝贵的。"[②]他称这个笔记是"十一条关于费尔巴哈的提纲"。笔记因此而得名。后来，苏共中央马克思列宁主义研究院根据恩格斯在《费尔巴哈和德国古典哲学的终结》1888年单行本序言中关于"十一条关于费尔巴哈的提纲"的提法，将标题改为《关于费尔巴哈的提纲》。

恩格斯修改后的《马克思论费尔巴哈》和马克思本人原稿《关于费尔巴哈的提纲》，在基本内容和框架上是一致的，都是十一条。我们可以用

---

① 本章文字，原由王东、郭丽兰合作写成，郭丽兰执笔，特致谢忱。
② 《马克思恩格斯选集》第4卷，人民出版社1995年版，第212、213页。

"一条红线，三个层面"来概括，即以新唯物主义的实践观为红线，贯穿着新唯物主义的世界观、存在论（1—3条）、新唯物主义的历史观（4—9条）、新唯物主义的哲学观（10、11条）。这是《提纲》基本的思路，两个稿本也都是按照"实践观—存在观—历史观—哲学观"的脉络，来阐述马克思"新唯物主义"的哲学世界观。

正是因为存在着马克思的原始稿、恩格斯的修订稿这两个稿本，在解读《提纲》时人们可能会依据其中的某一个稿本，对《提纲》的内容、马克思和恩格斯之间的关系产生一些误读。这里有两种不同的意见：一种是对马克思、恩格斯的两个稿本不加分析，将两人绝对统一，认为恩格斯发表的《提纲》就是马克思本人所写的，两者内容没有任何差别；另一种是将恩格斯与马克思对立，认为恩格斯的《路德维希·费尔巴哈和德国古典哲学的终结》与马克思的《提纲》在思想和内容上是对立的，因而经恩格斯修改过的，附在《路德维希·费尔巴哈和德国古典哲学的终结》之后的《提纲》与马克思的原始文本有很大的出入。更有甚者，有些学者因此得出马克思、恩格斯两人的思想是完全对立的结论，近些年来后者愈发凸显。我们认为，应该对《提纲》的两个稿本进行细致的文本考证，分析马克思、恩格斯在《提纲》内容上存在的同一与差异，从而对《提纲》的本来历史面貌，以及马克思、恩格斯的关系给以正确的澄清。我们认为，经恩格斯修改后发表的《马克思论费尔巴哈》（《关于费尔巴哈的提纲》）和马克思原始的《1、关于费尔巴哈的提纲》在思想的基本点上是一致的，但也存在着某些差异，这种差异只是个性层面、细小层面的微妙差异。

第三节　恩格斯哲学世界观个性特征
——恩格斯精心加工的修订稿

让我们先从修订稿的细致加工，看恩格斯的精心加工与独特历史作用。

在与马克思原始稿基本思想保持一致的前提下，恩格斯对马克思的文本进行了细节的加工。在恩格斯的修订稿中有两类细致加工。

一、对马克思的原始文本进行的技术性修改

1. 这些修改中，有一部分是对马克思文本中个别文字错误的纠正，这部分纠正对于读者正确理解马克思的原始文本，起着重要的辅助作用

一是对文本中单词错误的纠正。因为马克思原始文本的笔迹比较潦草，有一些语词上的笔误，为了使读者不产生误读，恩格斯进行了修订。比如《提纲》第一条中的 Thätigkeit 改为 Tätigkeit（"活动、行动"），fixirt 改为 fixiert（"使固定"），revolutionaren 改为 revolutionären（"革命的、变革的"）；第二条中的 isolirt 改为 isoliert（"使孤立"）；第三条中的 sondiren 改为 sondern（"使分离、使分开"），Anderns 改为 Änderns（"改变、变化"）；第四条中的 Factum 改为 Faktum（"事实"），revolutionirt 改为 revolutioniert（"革命、变革"），Geheimniß 改为 Geheimnis（"秘密"）；第六条中的 Abstractum 改为 Abstraktum（"抽象、概念"），abstrahiren 改为 abstrahieren（"抽象、概括"），inwohnendes 的拼写改为 innewohnendes，ensemble 是名词需要大写改为 Ensemble；第七条中的 Gemüth 改为 Gemüt（"情感"）；第八条中的 Mysticism 在句中是复数，因而改为 Mystizismus；第十一条的 interpretirt 改为 interpretiert，kommen 是第三格的现在式，因而由 kömmt 改为 kommt；

二是马克思在写作时，一些德语名词前忘记加上冠词，在修改中，恩格斯给补上了，如第二条中的 Wirklichkeit，加上冠词变为 die Wirkliehkeit，Diesseitigkeit 加上冠词变为 die Diesseitigkeit。

2. 除了对马克思原文中个别错误的修改，恩格斯的修改稿中有些文法、句法与马克思的原始文本也存在着差异，但这部分差异对我们理解文本不会产生什么影响。

一是将原始稿中德语的一些连用变形，如第一条的 zu dem 变成连用型 zum，von dem 变成连用型 vom；第四条的动词 geht…aus 由分开使用变成连用 gehtaus；第八条的 indem 改为连用型 im；

二是将德语中一些略写的词，写成完全型。如 u. 改成 und，od. 改成 oder，v. 改成 von。这样的修改有利于文本的正式发表；

三是文本中符号的变化,这种变形也不影响读者正确理解。如第一条将()变成一;第二条将"一"变为",";

四是恩格斯在修改稿中用词的差异,恩格斯在修改过程中,变换了马克思原始文本中的一些词语或者将原来文本中词语的位置发生变化,这一类修改也不影响对马克思原始文本的理解。比如《提纲》第二条中,恩格斯将原文的 i.e 这一拉丁文改成德语 das heipt 的表述,但两者都是"亦即"的含义;第四条的 nachdem z. B. 恩格斯把位置变成 z. B. nachdem,意思没有发生改变,都是"因此,例如"的意思;第八条的 veranlassen 变为 verleiten,两个词语都是"诱使"意思,第九条的 zu...kommt 变为 zu...es bringt,两者都是"得到,达到"的意思。马克思与恩格斯在用词上的差异不会影响到我们对文本的正确理解,这些在用词上的差异都属于一些技术性的修改。

二、引起读者注意的是,恩格斯的修改时常可以使读者更明了、更准确、更通俗地理解马克思文本的哲学意蕴

例如,在《提纲》的第二条中,恩格斯通过句式的变化,将句中的"das von der Prax is isoliert ist"变为"das sich von der Praxis isoliert"。通过恩格斯的修改,《提纲》第二条就由马克思原始稿中的"Der Streit Über die Wirklichkeit oder Nichtwirklichkeit des Denkens, das yon der Praxis isoliert ist—ist eine rein scholastische Frage."变成了"Der Streit Über die Wirklichkeit oder Nichtwirklichkeit eines Denkens, das sich von der Praxis isoliert, ist eine rein scholastische Frage."我们可以看到,恩格斯在 isoliert 之前加上了一个反身代词 sich,一方面,从句式上更深刻地体现了唯心主义只知道在思想的领域中孤立地理解思维本身;另一方面,表明了马克思抓住思想背后的真正动因——实践,更加凸显了将实践介入真理观和认识论这一重大变革,体现了马克思用新唯物主义实践观回答了主体性认识是否具有客观性这一问题,从而跳出了理性自洽、自圆的这样一个循环论证的圈子,将纯粹认识论转化为实践认识论。

再如《提纲》第三条,恩格斯通过增加一些句子,进一步解释、发挥马克思的思想。马克思的原文是"Die materialistische Lehre von der veränderung der Umstände und der Erziehung vergtßt, daß die Umstände von den Menschen veräindert und der Erzieher selbst erzogen werden mnß. Sie mnß daher die Gesellschaft in zwei Teile——von denen der uber ihr erhaben ist-sondieren. ..."（关于环境和教育起改变作用的唯物主义学说忘记了：环境是由人来改变的，而教育者本人一定是受教育的。因此，这种学说一定把社会分成两部分，其中一部分凌驾于社会之上）……句中恩格斯增加了："daß die Menschen Produkte der Umstände und der Erziehung, veränderte Menschen also Produkte anderer Umstände und geänderter Erziehung sind ... （Z. B. bei Robert Owen.）..."［有一种唯物主义学说，认为人是环境和教育的产物，因而认为改变了的人是另一种环境和改变了的教育的产物，——这种学说忘记了……（例如，在罗伯特·欧文那里就是如此）］通过这种补充性的解释，能够更好地解决人与环境、教育之间这个古老的两难推理，对于帮助当时的人民群众以及我们今天理解马克思的思想起了很好的作用。

第四节　从马克思原稿看其哲学世界观独特价值

——比较两个稿本的两处微妙差异（第三条、第十一条）

让我们再从两个稿本的两处微妙差异（第三条、第十一条），看马克思原始稿的独特价值。

除了对《提纲》进行的细节加工，恩格斯的修改稿中，还有部分与马克思的原始稿在表述上有着微妙的差异。在研究过程中，如果仅仅依据恩格斯的文本，而不对照马克思的原始文本，那么在理解上，则会削弱对马克思原始文本深意的理解，并且对马克思主义哲学的变革意蕴也会理解不够，甚至可能有些学者会因此得出马克思、恩格斯的思想存在着根本差异的结论。因而，我们必须把恩格斯的这类修改和马克思原始文本的表述进行细致对照，发现其中存在的差异，并从这些差异中探求马克思原始稿独特的哲学底蕴。

（一）从《提纲》第三条的细微差异，看马克思原始稿独特价值

马克思在《提纲》第三条中说到"Das Zusammenfallen des Anderns der Umstände und der menschlichen Tätigkeit oder Selbstveränderung kann nur als revolutionäre Praxis gefaät und rationell verstanden werden."环境的改变和人的活动或自我改变的一致，只能被看作是并合理地理解为革命的实践。恩格斯在发表时删掉了德语中的"oder Selbstveränderung"，这样句子就由"Das Zusammenfallen desänderns der Umstämde und der menschlichen Tätigkeit oder Selbstveränderung（环境的改变和人的活动或自我改变的一致）…"变成了"Das Zusammenfallen des änderns der Umstände und der menschlichen Tätigkeit（环境的改变和人的活动一致）…"

我们可以看到，马克思与恩格斯在这一点的论述上，是存在着微妙差异的。在恩格斯的表述中是一种两项式：环境的改变（des änderns der Umstände）和（und）人的活动（der menschlichen Tätigkeit）是一致的。而马克思的表述中，他使用的是一种三项式：环境的改变（des änderns der Umstände）和（und）人的活动（der menschlichen Tätigkeit）或（oder）人的自我改变（Selbstveränderung）是一致的，这种一致就是统一于实践之中。因为马克思在人的活动（der menschlichen Tätigkeit）与人的自我改变（Selbstveränderung）之间用的是连词"或"（oder）。所以，恩格斯在发表时，将"人的自我改变"给删除了，把人的自我改变（Selbstveränderung）归入人的活动（der menschlichen Tätigkeit）之中。当然，从"人的活动"的内容来看，的确包含了"人的自我改变"。但是，从理解的层次上来说，如果删除"人的自我改变"，而只讲"人的活动"，容易让读者忽视"人的自我改变"这一内在指向性。在马克思的原始文本中，不仅论述了环境的改变与人的活动的一致，而且当他将人的自我改变（Selbstveränderung）与人的活动（der menschlichen Tätigkeit）用 oder 以同位语形式使用时，突出的是人的自我改变有独特意义。在马克思的论述中，不仅体现了以实践为中介的主体与环境的双向运动，而且也体现了主体内部的矛盾运动过程，突出了主体改造环境的同时，人自身也在发生改变。因而《提纲》第三条，将马克思哲学实践功能的外在对象性和内在指向性的双重特征凸显

出来，这一点体现了马克思关于人在改造客体和主体的过程中人的自我发展的思想，体现了马克思新唯物主义哲学独有的立足实践活动的创新观、自我发展观。①

当马克思说到"人的活动或自我改变"时指出，"人的活动或自我改变"应该与"环境的改变"相一致，他们应"看作是并合理地理解为革命的实践"。这里马克思所指的环境改变（des Änderns der Umstände），我们认为既包括社会环境，也包括自然环境，是自然环境与社会环境的统一。马克思在这里不仅就17、18世纪旧唯物主义关于社会环境的争论，而且还就哲学史中关于整个环境问题（自然环境和社会环境）作出了解答。马克思认为，环境、人的活动、人的自身改变三者是统一的，他们统一于革命的实践（revolutionäre Praxis）。正是由于环境（自然环境）的变化才导致了人类的产生，同样正是由于环境（自然环境和社会环境）、人的活动、人的自我改变和发展，才推动人类向前进步。用实践的观点看，决定人的那个环境实际上是人类世世代代实践活动的产物，正是人们改变环境的社会历史事件决定着人的活动方式和性质。

环境（der Umstände）—人的活动（der menschlichen Tätigkeit）—人的自身改变（Selbstveränderung），这三项式体现了三大要素的统一，即环境、人的活动、人的自我改变的统一。其中，环境剧变是前提，人的活动发展是基础，自我改变是归宿。

它为解释人类三大历史巨变提供了一把钥匙：第一，近400万—200万年前，人类的起源与文化的产生；第二，近10000—5000年前，原始国家与文明起源；第三，近代资本主义由工业文明走向新型世界文明。

《提纲》第三条对于指导人的实践活动，正确面对人自身的变化、发展都起着重要的作用。它深刻体现了马克思新哲学中"环境剧变—实践活动—人的自我发展"三大要素相互作用的辩证法思想；为我们研究人类文

---

① 孙熙国与鲁克俭有关于第三条中文翻译的不同看法，集中在是"环境的改变与人的活动的一致"，还是"环境的改变与人的活动改变的一致"这个问题上。这里笔者同意鲁克俭的观点，即将第三条译成：环境的改变和人的活动或自我改变的一致，参照鲁克俭、鲁路、曲延明：《以新的方法论自觉构建中国学派的马克思学》，见《马克思主义哲学体系创新与马克思主义哲学史研究论文集》，2006年。

明的起源提供了哲学指南；同时，也为我们研究今天的生态环境等全球问题提供了活的智慧。

（二）从《提纲》第十一条的细微差异看马克思原始稿的独特价值

马克思在《提纲》的最后一条对新哲学的性质和功能进行了概括，即基于新唯物主义实践观基础上的新哲学观宣言：Die Philosophen haben die Welt nur verschieden interpretiert; es kömmt daraufan, sie zu verändern.（哲学家们只是用不同的方式解释世界，问题在于改变世界。）①

经恩格斯修改后变成了 Die Philosophen haben die Welt nur verschieden interpretiert: es kommt aber daraufan, sie zu verändern.（哲学家们只是用不同的方式解释世界，而问题在于改变世界。）②

我们可以看到，恩格斯的修改稿与马克思的原稿相比，"解释 interpretiert 世界"和"改造 zu verändern 世界"之间多了一个德语连接词——"aber"。在德语语法中，"abet"是"但是，可是，而"的意思，表达的是一种转折的语气。③ 我们对第十一条所作的传统解读多半是基于恩格斯的文本，认为"解释世界"和"改造世界"之间是一种转折的关系，有人进一步将马克思新哲学的两种功能对立起来。

对于这种情况，我们应该注意到，恩格斯将文本发表时，对文本所作修改的时代背景。恩格斯第一次将《提纲》作为《路德维希·费尔巴哈和德国古典哲学的终结》一书的附录发表是在 1888 年，距离马克思写作《提纲》的 1845 年春已经过去 43 年。在《提纲》发表的当时，正是各种机会主义泛滥的时代，为了让人们能够更好地将马克思主义哲学的性质、功能观与黑格尔、青年黑格尔派、费尔巴哈相区别，恩格斯参照特定时代对象，对马克思主义哲学功能作了特定解释。恩格斯的这一修改，一方面，对马克思主义新哲学与以往哲学的功能区分起了一个很好的作用；但是另一方面，一旦脱离了这样一个时代背景，容易让人产生误解，似乎马克思主义哲学只讲改造世界的功能，不讲解释世界这个功能。

---

① 《马克思恩格斯选集》第 1 卷，人民出版社 1995 年版，第 57 页。
② 《马克思恩格斯选集》第 1 卷，人民出版社 1995 年版，第 61 页。
③ 现收在 MEGA², IV/3 ［M］的 TEXT 部分，Akademie Verlag GmbH, Berlin, 1998: 19–21.

在马克思1845年春的原始稿中，他并没有使用aber这个词，马克思认为他的新哲学不仅"解释世界"，而且更重在"改造世界"。这里马克思更多的是强调新哲学的两种功能——解释世界和改造世界之间是一种递进的关系。新唯物主义不仅可以解释世界，更重要的是它可以改造世界。恩格斯、马克思的论述在基本观点上是根本一致的，在理解的侧重点上看来可能对读者会有一定程度上不同的引导作用。

第五节　根本一致，个性差异
—— 马恩哲学世界观比较研究的三点结论

我们通过上述比较研究，作出三点结论，试图对马克思和恩格斯关系作出重新阐发。

从以上文本的比较研究中，我们可以得出这样三点结论。

第一，马克思1845年的原始文本和1888年经过恩格斯修改过后发表的《提纲》，两者在基本思想、哲学理路上是根本一致的。《提纲》是马克思哲学革命过程中的一个重要环节，它处处显示着对新唯物主义实践观的高扬。这是一个以实践观为逻辑起点、核心范畴，涵盖实践观、本体论、存在论、世界观、自然观、历史观、哲学观、交往观、世界史观等多层次的体系雏形、简明纲要。

第二，在基本脉络一致的前提下，恩格斯对《提纲》进行了一些技术性、细节性的加工，这些加工体现了恩格斯独特的历史贡献。恩格斯把《提纲》作为《路德维希·费尔巴哈和德国古典哲学的终结》一书的附录，第一次予以正式发表，对于《提纲》的公开问世起了具有决定性的重大历史作用；同时，恩格斯把马克思主义哲学萌芽形成的标志确定在《提纲》，指出"它作为包含着新世界观的天才萌芽的第一个文件，是非常宝贵的"。恩格斯将《提纲》称为"历史唯物主义的起源"，这为我们理解《提纲》的历史地位奠定了基础；另外，恩格斯的修改对于我们正确理解马克思的原始文本起了重要的作用，这些细节加工能帮助我们更好地理解马克思主义哲学的内在意蕴。恩格斯作为马克思主义哲学的共同创立者，他的贡献是无可取代的，功不可没。

第三，我们还应该看到，马克思的原始稿本与恩格斯的修改稿还存在着一些表述上的差异。这些差异体现了马克思原始稿不可替代的历史价值，是我们深入挖掘马克思深邃哲学理论资源的重要生长点，体现了马克思独特的哲学素养。从思想的发展轨迹上来说，马克思原始稿与恩格斯修改稿相异的理论特质，对于理解马克思在《提纲》之前、之后的著作，比如《1844年经济学哲学手稿》、《哲学的贫困》、《资本论》等起着传承性的作用。我们应该认识到挖掘马克思的原始稿是一个重大的哲学课题，它具有永恒的价值。

我们在承认差异的同时，也要注意这些差异产生的原因。除了当时恩格斯在发表《提纲》时特定历史背景的原因之外，马克思、恩格斯在哲学素养、理论思维所达到的深度、表述方式以及行文风格等方面，都表现出一定的差异。我们不回避《提纲》中这些问题，但同时我们也应该看到这样一个事实，恩格斯在当时其实也写了一个提纲，在发现马克思的《提纲》后，他并没有发表自己的《提纲》，而是将马克思的《提纲》公开发表了，这一点特别体现出恩格斯的无私奉献与高风亮节。

第六节　新时代新世界观的五大生长点
——系统论、过程论、符号论、关系论、互主体论

这个世界有什么，是一个怎样的世界，和我们有什么关系？——这是哲学世界观的基本问题。现代科技革命新成果，世界历史新发展，要求我们作出新回答。

1993年4月的一天，国家级有杰出贡献的科学家钱学森院士，特别要了汽车，把黄枬森、赵光武、钱学敏和我，接到他在国防科工委的办公室，进行过一次重要的哲学座谈。中心问题就是一个，怎样对现代科技革命的最新问题、最新成果、最新趋势，作出哲学高度的理论总结，从而推

动马克思主义哲学创新。

深入、全面、系统地回答这个问题，看来还需要另外作出专门研究与阐发。这里暂且采用宏观鸟瞰、走马观花的方式，简明扼要地点出主要的几个基本点，简称从现代科技革命新成果的哲学意义高度，初步锁定的21世纪新唯物论世界观的五大生长点，也是哲学创新的五个突破口。

（一）系统论——从个别性存在到系统性存在；

（二）过程论——从静态性存在到过程性存在；

（三）符号论——从实物性存在到语言符号性存在；

（四）关系论——从实体性存在到关系性存在；

（五）互主体关系论——从单主体性存在到互主体性存在。

一、第一个生长点：系统论——从单一性存在到系统性存在

对于"世界有什么"、"世界是什么"的回答，新世纪新时代的新哲学，力图突破西方传统哲学中注重单一性存在的历史局限与理论局限，走向系统整体性存在。

注重单一性存在的思维模式，在西方哲学中可谓源远流长、根深蒂固。

最早的自然哲学家，多半都把世界本原，归结为某种单一元素，如水、火等等。

当苏格拉底用古希腊箴言告诫人们"人，认识你自己"时，首先强调的是个别的人，孤立的自我。亚里士多德《形而上学》中讲，只有单个的房子才是最真实的存在，一般的房子却难以捉摸。

从中世纪的唯名论者到近代经验论者，多半也在强调个别事物的实在性。

甚至连德国古典哲学大家黑格尔，都把存在区分为"普遍—特殊—单一"三个层面。

现代西方哲学大师海德尔存在论，更把此时此刻、独一无二的"此在"，作为他的注视焦点。

然而，现代科技革命发展的大历史、大逻辑，却呼唤着"超越单一性，走向系统性"：

19世纪科学三大发现——生物进化论、细胞学说、能量守恒定律，贯穿其中的一个核心理念，是"发展"；

20世纪中期，三大纵断科学的出现——贝塔朗菲系统论，维纳控制论，申农信息论，一以贯之的核心理念是"系统"；

20世纪后期，所谓"新三论"的兴起——普里高津的耗散理论，自组织理论，协同论，贯穿其中的核心理念仍是"系统"，特别是复杂系统、自组织系统；

遥望21世纪科技革命大趋势，首要注视焦点应当是"系统发展"，特别是复杂系统发展，系统整体的综合创新。人们通常所说的21世纪主流的"复杂性科学"，更准确地说其实是"复杂系统科学"。

马克思主义哲学超前反映了这种时代精神，《资本论》是系统存在论、复杂系统论、复杂开放系统发展论的一个典范。

中国古典哲学的最大特点，就是强调系统整体性。

在从单一性存在走向系统整体存在的哲学创新中，我们应当大胆创造，走在前面。

二、第二个生长点：过程论——从静态性存在到过程性存在

在追问"世界有什么"、"世界是什么"的哲学世界观终极问题时，新世纪新时代的新哲学，一个重要突破口、生长点，就是突破静态存在论，走向过程存在论。

把"存在"理解为一个稳定不变的静态范畴，从古希腊到近代西方哲学，几乎一直占据主流地位。古希腊巴门尼德之最早提出"存在"这个范畴，亚里士多德把自己的"第一哲学即形而上学"定位于专门研究"存在之为存在"时，乃至莱布尼茨提出"单子论"，都是旨在超越变动不居的"个别存在"，去寻找一个固定不变、有永久意义的"永恒存在"。

从"永恒存在"转向"过程存在"的首倡者，是黑格尔，他把存在作为其大逻辑的逻辑起点、初始范畴，按照"存在论—本质论—概念论"的三分结构展开其哲学体系，后面的诸多范畴，乃至范畴系列、范畴体系，都是"存在"范畴的展开过程。

从"永恒存在"转向"过程存在"，并把存在与个人主体性综合在一

起的，是海德格尔，其最主要代表作是 1927 年发表的成名之作《存在与时间》，由此注视焦点从一般存在转向人的存在，从人的一般存在转向此时此刻的"此在"。存在的时间性、过程性，由此更加凸显。

进一步把存在的过程性凸显到极致之点的是先后在英国、美国治学执教的怀特海。他的主要代表作，是 1955 年发表的《过程与实在》。他的整个哲学，因此也被称作"过程哲学"或"有机哲学"。

其实，超前反映了这种时代精神、哲学创新的，不是别人，正是马克思、恩格斯。他们不仅要求从自然存在转向社会存在，而且要求把历史过程性，作为一条思想主线、贯穿其中，1845、1846 年《德意志意识形态》就曾提出：

> 我们仅仅知道一门惟一的科学，即历史科学。历史可以从两方面来考察，可以把它划分为自然史和人类史。但这两方面是不可分割的；只要有人存在，自然史和人类史就彼此相互制约。自然史，即所谓自然科学，我们在这里不谈；我们需要深入研究的是人类史，因为几乎整个意识形态不是曲解人类史，就是完全撇开人类史。意识形态本身只不过是这一历史的一个方面。①

恩格斯晚年，1880 年在《费尔巴哈论》这部经典之作中，更有一个历史过程论的经典提法：

> 而这样一来，黑格尔哲学的革命方面就恢复了，同时也摆脱了那些曾经在黑格尔那里阻碍它贯彻到底的唯心主义装饰。一个伟大的基本思想，即认为世界不是既成事物的集合体，而是过程的集合体，其中各个似乎稳定的事物同它们在我们头脑中的思想映象即概念一样都处在生成和灭亡的不断变化中，在这种变化中，尽管有种种表面的偶然性，尽管有种种暂时的倒退，前进的发展终究会实现，——这个伟

---

① 马克思、恩格斯：《德意志意识形态》，人民出版社 2003 年版，第 10 页。

大的基本思想，特别是从黑格尔以来，已经成了一般人的意识，以致它在这种一般形式中未必会遭到反对了。①

中国古典哲学的源头之作，就是《易经》，核心思想就是历史过程论，阴阳交合论，发展变易论，循环往复的周期变易论。

我们当代中国学者更应当立足改革创新实践，面对世界历史大变动，充分发掘上述三大思想源头，作出综合创新，把过程论思想，融入现代新型存在论、历史观。

三、第三大生长点：符号论——从实物性存在到语言符号系统性存在

这是新时代、新哲学、新世界观的第三个重要生长点。主要根据在于以下六条：

（一）人类语言符号系统经历了五次飞跃，标志着人类起源发展的五大历史形态、历史阶段

第一次飞跃，距今二三百万年前，从动物式的语言系统走向人类原始语言系统，同劳动实践活动一起，推动"直立人"向"工具人"的发展，人类文化由此产生；

第二次飞跃，距今30万年至3万年前，人类复杂的语言系统加上原始简单符号系统产生，与人工用火技术创新、氏族制度创新，成三足鼎立之势，支撑着人从"直立人"、"工具人"，走向智人（也叫现代人），原始宗教，祖先崇拜随之产生；

第三次飞跃，距今一万年至五千年前，文字符号系统乃至文化符号系统产生，与农业、畜牧业、陶器、新石器成为农业文明形成在物质技术基础上的四大支柱，再加上铜器、城市、父系家庭制度三大要素，催生了国家与文明起源，使"狩猎人"、"野蛮人"走向"文明人"、"农业人"；

第四次飞跃，活字印刷术，加上火药、罗盘针的三大发明，加上城市共和国、罗马法、中世纪大学的三大制度创新，迎来了近代工业化的伟大

---

① 《马克思恩格斯选集》第4卷，人民出版社1995年版，第244页。

历程，使古代"文明人"、"农业人"走向近代"工业人"、"独立人"；

第五次飞跃，世纪之交、千年之交，信息化、全球化、网络化的新潮头，使劳动社会化、交往普遍化、传播数据化成为时代潮流，推动近代"工业人"、"独立人"走向自由全面发展的"新型人"、"自由人"，简称"现代新人"。

（二）人的存在形态的一大特点，就是语言符号的存在，文化的存在，语言符号系统的精神世界的存在

当年海德格尔有一句哲学名言：语言是存在的家。而1949年恩·卡西尔《人论·人类文化哲学导论》中，更由语言符号角度，对人作出新的定义：与其像亚里士多德那样，说"人是政治动物"，不如说，"人是符号动物"，"人是文化动物"。

我们今天更要说，人是语言符号性的存在，人是文化存在，这是人的存在的本质特征。

劳动实践活动是人的感性活动，对象性活动；而语言符号活动，则是人的理性活动，内化精神性活动。

（三）劳动实践、社会交往、语言符号——这是人的三大主体活动，构成一体两翼、相得益彰的系统结构

主体活动论。主体活动是人的存在方式。正像物质的存在形式是运动一样，人的存在形式是活动。主体活动是人的主体性生长的内在根据，也是主体性发展的第一动因，它是主体性表现的现实舞台，又是主体性确证的历史明镜。主体性活动不是单一的，既不能简单归结为内在精神的心理活动，也不能单纯地归结为物质的实践活动，人的主体活动实际上是一个多层次、多要素的复杂开放系统，其中有决定意义的是主体活动的三大基本形式：劳动实践活动、社会交往活动、语言符号活动。比较而言，劳动实践活动是最基本、最重要的主体活动，它使人从"自然人"走向"主体人"；社会交往活动则是劳动实践活动的伴生形式，它使人从"个体人"走向"社会人"；语言符号活动则是劳动实践活动和社会交往活动的内化与升华，它使人从"野蛮人"走向"文化人"。劳动实践活动是人的主体

活动的主导，社会交往活动和语言符号活动是其两翼；正是这种一体两翼，使人的主体性得以确立和高扬。其他一切形式的主体活动，包括选择活动与创造活动、认知活动与情感活动、理解活动与解释活动、心理活动与审美活动、创作活动与评价活动，都是从这三大主体活动的根系中生长出来的。人的主体活动形式在其发展上，主要有内化与外化两大基本走向，由此决定人的存在形式也有两大层面：人的内外宇宙、内外世界、内外文化。所谓外化，主要是指在劳动实践等主体活动中人的内在本质、内在目的、内在精神、内在潜力的对象化、物化，创造出人化自然和属人世界；所谓内化，则是指在劳动实践、社会交往、语言符号等主体活动中，外部世界的物质、能量、信息转化为人自身的体质、能力、精神，升华出人所特有的主观世界、精神世界和文化世界。从这样的意义说来，正是这三大主体活动创造了人。

（四）由于语言符号活动成为人的三大主体活动之一，因而整个世界也就一分为三，变成相互联系又相对独立的三个世界——自然界，人类社会，人们创造的语言符号世界；这个第三世界，是以语言符号为物质载体的精神世界、文化世界、意义世界、象征世界、理想世界

主体中介论。主体中介是人的主体活动的特殊工具、特殊手段和特殊形式。主体中介指的是主体作用于客体的中间环节。从中国古代哲人荀子到西方近代哲学大师黑格尔，都把"善假于物"、"善用中介，以达目的"，作为人的理性之机巧，主体性之凭借。因为物质运动的方式是自在自为的，自发地相互作用，而主体活动则是人为的，主体往往要利用中介来强化自身并作用于客体；中介本身并不局限于人类文明初期的单个工具，而是在历史发展过程中所形成的中介系统。工具操作系统、社会关系系统、语言符号系统，这三者综合到一起，就构成了人的主体活动所特有的三大中介系统。这三大中介系统是人所创造出来的社会存在物，它们分别为劳动实践、社会交往、精神生产这些主体活动提供了现实手段。

人在劳动实践活动中创造了特有的语言符号系统，以表达和再造自己

的主观映象。这种语言符号不能简单地归之于"第二信号系统"、"关于信号的信号",而是在质上根本不同于信号的特殊反映形式。它是人类创造的信息贮存、信息加工、信息传递的新手段。人们在观念中创造了一个特有的语言符号世界来再现复杂多变的客观世界,创造了一个高度抽象的概念世界来反映生动具体的现实世界。

丰富多彩、错综复杂、历史悠久的社会实践活动和语言符号活动,促使人的主观映象升华为人所特有的主观世界,它既包括人的知识、科学、文化,又包括人的理想信念、价值观念、世界观,还包括个人的意志、感情、兴趣。人的这种主观世界还具有自为自觉的自我意识、无可比拟的丰富个性。正是这一切,构成了人所特有的内心世界。人所特有的这种内宇宙,也就是人的灵魂上,甚至比囊括万物的外宇宙还要微妙得多。

如此复杂的主观世界作为人的知识库,势必给人的认识打上电脑所没有的主体性印记。

(五)现代科技革命中,伴随着网络化、数字化的发展趋势,大数据、云计算的历史特点,符号系统的认识作用与社会功能得到前所未有的空前发展,已经成为我们今天必须作出回答的哲学问题

列宁关于科学抽象在认识事物本质中的巨大作用的学说,预见了现代自然科学中抽象概念、理论思维、数学方法、模型方法、符号系统的作用空前增强的大趋势。列宁要求特别注意人的科学认识运动之路,从现象到本质,从初级本质到二级本质的深化过程,那一切科学的抽象都比直接经验更深刻、更正确、更完全地反映着自然;从生动直观到抽象的思维,是认识客观实在的辩证法途径。现代科学认识发展的显著特点正在于:科学理论和科学知识愈来愈走向抽象化,经验材料与科学理论、感性认识与理性认识之间的联系变得更加间接、更加曲折、更加微妙,人通过更高层次的抽象思维把握系统运动的更深层次的本质;科学认识日益走向形式化,各种符号、符号系统、人工语言系统的广泛应用,理想实验,模拟方法、纯逻辑的方法广泛应用,表现出人们反映客观现实的深化;科学知识的数学化,从定性分析走向定量分析,数学方法普遍应用,许多微观客体、高

速运动的规律只能在数学公式中得到精确表述。

所谓"大数据"、"云计算",其意义在于为我们迅速把握复杂系统运动发展,提供了一条现实便捷路径。

(六)信息产业化、网络全球化、手机电脑普及化,人工智能造成的人机一体化,已经成为21世纪席卷中国乃至世界的时代大潮。人们不仅生活在现实世界、物质世界中,而且生活在网络世界、虚拟世界、数字世界、符号世界中。及时学习掌握与驾驭这些新技术、新成果,构成人机结合、人网结合的现代新型主体,以增强现代新人的主体性、自由度、幸福感,成为每个人不能回避的重大抉择。自外于这个新型世界,或者沉溺于这个新型世界,都不是好的明智选择

海德格尔当年甚至这样尖锐地提出问题,是强大无比的现代技术体系架构人、宰制人,还是人掌控现代技术体系?

直至今天,这个问题依然存在。拯救我们的上帝,就是我们人类自身。

这个时代课题,呼唤着21世纪哲学创新,呼唤着富于时代精神、科学精神、人文精神的哲学大智慧、新智慧、活智慧!

四、第四大生长点:关系论——从实体性存在到关系性存在

这个世界有什么?是什么?什么东西是最普遍、最本质、最重要的存在?每个人怎么把握身边的世界?

在现代化、全球化、网络化之前,人们多半主要注意新世界物质客观性、事物实在性、实体存在的优先性。

唯物辩证法揭示了整个世界的普遍联系,这个世界图景没有变化,日益明显。

变化的地方在于,现代科技革命,经济全球化,信息网络化这三大潮头,使人与世界、人与人的联系普遍化了,紧密化了,现实化了,又虚拟化了。

因而,当今时代人们的关注焦点,不仅是物质性、实质性存在,而且关注到关系性存在,其中特别是由人建立的主体关系网络系统。

主体关系是以人为中心建立的人与世界的多重关系网络，是宇宙万物普遍联系的一种特殊形式。整个宇宙中的万事万物，犹如纵横交错的普遍联系之网。这种普遍联系，如何分类，如何把握？过去我们常从认识论角度区分出必然联系和偶然联系，或从系统论角度区分出横向联系和纵向联系等，今天我们需要从主体论的新视角，把普遍联系区分为两大范畴：主体关系和客观联系。主体关系是以人为主体，主动建构的人与世界的多重关系；客观联系则是客观事物之间自发存在的相互影响、相互作用。主体关系不同于客观联系，又不同于一般普遍联系的显著特征在于：（1）人为建立。——主体关系是人通过主体活动、中介系统自己建立起来的，客观联系却是自发存在的。（2）主动参与。——主体关系是人主动参与其中的，客观联系则只是一种客观上的相互作用而已。（3）以人为本。——主体关系的方方面面都是围绕着人这个轴心建立起来的，客观联系则是多中心或无中心的。（4）生存攸关。——主体关系直接影响到人的生存、发展和命运，客观联系则只是事物之间的相互影响和作用。当然，这里只是罗列了一些主体关系与客观联系不同的个性特征，而从更深层次来说，主体关系实质上是一种为我关系，客观联系只是一种相互作用。

人的主体关系的本质特征就是为我关系，这恰恰也是人的主体性的本质内容。在第一次系统阐明唯物史观的《德意志意识形态》中，马克思曾第一次提出主体关系的为我性问题："凡是有某种关系存在的地方，这种关系都是为我而存在的；动物不对什么东西发生'关系'，而且根本没有'关系'；对于动物说来，它对他物的关系不是作为关系存在的。"① 今天，我们要进一步追问一个更深层次的问题：为我关系的根本特点是什么？为我关系的根本特征在于这种关系服从人的主体需要，人的主观目的，人的切身利益，人的价值尺度。这种以为我关系为主旨的主体关系，乃是一种人主动建构的特有的定向联系，在这里人既是出发点，又是最终的归宿；人的主体需要是为我关系、主体关系的第一推动力；人的活动目的是制约规范为我关系、主体关系的内在规律、内在尺度；人的切身利益是为我关

---

① 《马克思恩格斯选集》第 1 卷，人民出版社 1995 年版，第 81 页。

系、主体关系的跟踪目标；人的价值尺度是为我关系、主体关系发展的定向仪和指示器。人的主体性的本质，不是存在于任何别的地方，而只能在主体活动中生成的主体关系中形成，在这种主体关系中确立，在这种主体关系中发展，又在这种主体关系中表现和确证。因而，这种为我性、自为性既是主体关系的本质特征，也是人的主体性的本质特征：人的主体性，就是人倾向于通过主体活动建立为我关系，达到主人地位，实现自身目的的固有特性。就像磁针永远指向北极一样，人的主体性作为一根红线贯穿于人的全部生命活动。

为我关系构成了主体关系的深层本质。

为我关系是人的主体关系的本质内容。所谓"为我关系"，是人在主体活动中借助于主体中介，以人自身为中心建构的普遍联系。为我关系包括从外到内、从大到小的三个关系圈：外层是人与自然之间的物质关系圈，也叫"天人关系圈"；中间层是人与人之间的社会关系圈，也叫"人际关系圈"；内层是人与自我之间的内在关系圈，也叫"身心关系圈"。为我关系中包含着对立统一的两种基本倾向：在天人关系中，存在着顺应与改造的双层关系；在人际关系中，存在着斗争与合作的双重关系；在身心关系中，存在着失衡与平衡两种趋向。正是这些矛盾与斗争，推动着主体问题的不断解决，推动主体不断走向进步。为我关系的本质之点，就在于人在主体活动中具有一种使自身活动、社会关系、活动客体都服从于自身目的、满足自身需要、达到自身利益的固有本性。不可否认，在一定的社会历史条件下，尤其是在阶级对抗的社会中，人的主体地位会被扭曲变形，以人为中心的主体关系会异化为以物为中心的社会关系。这种情况的出现，恰好说明人的本质不是孤立个人的抽象属性，而是存在于人的社会关系之中；为我关系的实现，必须有赖于社会关系自主化问题的真正解决。

在包含着马克思新世界观天才萌芽的《关于费尔巴哈的提纲》中，有一段脍炙人口的人学名言："人的本质不是单个人所固有的抽象物，在其现实性上，它是一切社会关系的总和。"① 这里表述的思想，通常被称为马

---

① 《马克思恩格斯选集》第1卷，人民出版社1995年版，第56页。

克思对人的本质的定义。其实，与其说这是对"什么是人"、"什么是人的本质"的科学定义，不如说是"怎样把握人"、"怎样寻找人的本质"的科学方法。它告诉我们的并不是什么是人的本质的现成答案，而是如何找到人的本质的现实路径。要寻求人的主体性的本质内容，应当走同样的路，遵循同样的方法论原则：不要走还原的路，把主体性当作个别人的抽象物，而应当是系统综合的路，到人的主体关系总和中去寻找。

正是在这里，鲜明昭示着21世纪哲学创新大道。

不仅注重实体，而且特别注重关系，人与世界的复杂辩证关系，这正是中国古典哲学，中华民族思维方式的固有特征与思维特长。

五、第五个生长点：互主体关系——从个人本位、自我中心的单主体性存在到多元交互主体性存在

观水有术，必观其澜。今天我们站在新世纪、新千年的新时代、新起点上，为了真正看清时代潮流、哲学走向，有必要认真反思西方近代文艺复兴500年来，尤其是20世纪100年间的历史经验与历史教训。

反思20世纪历史经验与历史教训，我们面临的最大时代课题，其实就是学会在人与人、国与国、人与自然之间的和平共处，建立和谐关系，实现永久和平、永续发展。为此，在哲学上的一大创新，就是根本超越西方文明中长期流行的个人本位、自我中心的单主体性观念，真正树立多元主体、共同发展的互主体性观念。

马克思当年没有这样的提法，然而，就是在1845年春天所写的《关于费尔巴哈的提纲》中，在近乎尾声的第九、十两条，提出现代世界哲学立足点的根本转变问题，恰恰抓住了这一问题实质：

> 直观的唯物主义，即不是把感性理解为实践活动的唯物主义，至多也只能达到对单个人和市民社会的直观。
>
> 旧唯物主义的立脚点是市民社会，新唯物主义的立脚点则是人类社会或社会的人类。[①]

[①] 《马克思恩格斯选集》第1卷，人民出版社1995年版，第56、57页。

正因为有了"世界的发现和人的发现"这两大发现,因而1500年之后世界历史也经历了"走出中世纪,走向近代化"的划时代新变化,国际商道、国际贸易、国家体系、国家关系,也从古代"地中海时代"、"地中海体系"、"地中海世界",走向近代"大西洋时代"、"大西洋体系"、"大西洋世界"。

然而,近代世界历史500年,在取得划时代伟大成果的同时,源于西方文艺复兴的这两大"历史发现",还带有与生俱来的两大固有的历史局限:

一是在"世界发现"过程中,始终带有近代西方资本主义世界观的历史局限,理论局限,本质上是固守单一源头论、单一中心论、单向传播论、单一模式论的狭隘世界观。

二是在"人的发现"过程中,发现的本质上带有单主体性的人,也就是说,个人本位,自我中心的人,个人主义的孤立个人,单纯追求个人欲望、个性自由、个人权力的人。

正是由于在"世界观—价值观"上的这两大局限,近代西方文艺复兴以来的"两大发现",积500年来世界近代化,在20世纪造成当代人类两大灾难:

一是人对人的战争灾难:在"世界的发现"过程中,也变成了资本掠夺世界的过程;而美洲新大陆的大西洋世界、印度洋世界、太平洋世界,乃至全球化世界,都变成了资本掠夺对象;掠夺全世界的金钱、资源、人力、市场,乃至在20世纪发生了两次前所未有的世界大战,几十亿人卷入战争,几千万人遭到屠杀,几十亿人生活在水深火热之中。

随着历史从民族国家历史走向世界历史,20世纪前半叶破天荒地发生了两次世界大战,战争主体从民族国家转向全球性的国家联盟、国家集团,战争规模也从国内战争、国际战争转向世界战争、全球战争。其中第一次世界大战发生在1914年至1918年,主要战场在欧、亚、非大陆的东西两端,卷入战争的有二三十个国家。战争中伤亡人数多达两三千万人。第二次世界大战发生在1937年至1945年间,战争在两大国际集团之间进行,德、意、日等组成协约国集团,苏、美、英、法、中等国组成联盟国集团,主要战争在欧—亚—非大陆,乃至全球范围内全面展开,主要参战国四十多个，人员伤亡近一亿，财产损失3150亿美元，这是世界历史的新特点，也是战争危机的新特点。

二是人对自然的征服战争，带来全球问题，生态危机，人类困境：近代工业化、电气化、原子能化这三大浪潮，使近代人有了改造自然的强大武器；而"征服自然"的近代主体性观念，使人在资本垄断的统治之下，野蛮征服自然，造成了前所未有的生态大危机，乃至今天全球性问题，人类生存困境。

当代人类的历史命运，是自我毁灭，还是改革创新？提出这个问题，并不是危言耸听，而是每一个国人世人都不能回避的时代问题。

与这种新型世界观、新型价值观相应的，还有"仁者爱人"的互主体观，借以超越个人本位、自我中心的单主体观。

这种多元交互主体观，主要有五大源头：

中华智慧中有其三大源头，老子道法自然、返璞归真的自然主义互主体观；孔子仁者爱人、四海一家的人文主义互主体观；墨子兼相爱、交相利的平等主义互主体观；

现代西方哲学中，晚年胡塞尔现象学中的主体间性哲学；

马克思首倡的，"自由人联合体"的新唯物主义交往观中的互主体观。

我们今天，应当立足当代经济全球化、劳动社会化、交往普遍化的鲜活实践，中国特色社会改革开放广阔实践，社会主义市场经济创新实践，把上述中华智慧三大源头，乃至中、西、马三大哲学流中的五大源头，加以综合创新，首倡新世界、新千年的哲学创新，特别是哲学创新中的三大潮头：

多元主体、复杂系统、综合创新的新世界观；

天下为公、义利统一、以人为本、以和为贵的新价值观；

多元共存、仁者爱人、永久和平、合作共赢的现代新型互主体观。

世纪之交、千年之交，整个人类社会面临的生存困境、深刻危机，本质上是近500年来西方世界普遍流行的个人本位、自我中心、外向征服型、零和博弈型单主体观的哲学危机。

21世纪的新时代，呼唤着现代新型世界观，呼唤着富于时代精神的哲学创新，首先是哲学世界观的创新！

第三章 唯物史观
——《德意志意识形态》第一章原生态新解读

关于马克思唯物史观思想主线与基本结构，国内外学界流行较广的三种观点是：以《〈政治经济学批判〉序言》为依据的社会基本矛盾主线论；以《共产党宣言》为依据的过去长期倡导的阶级斗争模型、暴力革命论；俄国普列汉诺夫提出的社会结构"五项因素公式"论。

而我们认为：1845、1846年马克思、恩格斯《德意志意识形态》的第一卷第一章《费尔巴哈》（以下简称《费尔巴哈》章），才是探索唯物史观最初内在结构的原始文本：它的四个大束手稿的主题揭示了唯物史观原生形态四个层面，即研究起点论、历史发展论、矛盾动力论和社会结构论；且各大小束手稿之间内容又相互交织、相互补充。

我们在这里无意对于上述三种流行观点作出简单否定，在不同的历史条件下，它们或许有过不同的历史意义与学术价值；而我们提出的新观点，旨在强调，重新发掘马克思、恩格斯当年在《德意志意识形态》书稿《费尔巴哈》章中首创唯物史观的原生形态，在当今时代具有更加强烈、更加深远、更加鲜活的理论意义与实践意义。①

第一节 唯物史观原生态何处寻
——从三种流行观点说起

关于马克思唯物史观基本结构问题，学界长期以来存在着争议，大致

---

① 本章原稿是在王东讲稿基础上，由王东、吴敏燕合作完成，特致谢忱。

主要有三种代表性的观点。

一是苏联哲学教科书的社会基本矛盾主线论。这种观点主要依据马克思写于1859年的《〈政治经济学批判〉序言》，认为马克思在《序言》中对唯物史观作了最集中、最经典的表述：不仅对生产关系、经济基础、上层建筑等概念作了明确的规定，而且还对生产力与生产关系、经济基础与上层建筑、社会存在与社会意识等之间的关系作了科学的规定，同时还指出生产力与生产关系、经济基础与上层建筑的矛盾运动是社会发展的动力。

二是我国哲学教科书过去曾经长期倡导的阶级斗争模型、暴力革命论。这种观点主要通过马克思恩格斯于1847—1848年合著的《共产党宣言》第一部分开头的阐述，认为这里已表明这样的思想：阶级产生以来的全部历史都是阶级斗争的历史，阶级之间的斗争推动阶级社会向前发展，是阶级社会发展的直接动力。

三是俄国第一代马克思主义者普列汉诺夫（1856—1918年）创造性地提出的社会结构的"五项因素公式"，这五项简称为生产力、经济关系、社会政治制度、社会中人的心理或社会心理和思想体系。

实际上，第一种观点主要是从政治经济学角度出发的，马克思在《序言》中阐述了自己研究政治经济学的历程，唯物史观的这些基本思想正是他从19世纪40年代初开始研究经济学以来所得出的基本结论。第二种观点是针对我国过去长期的现实情况提出的，随着新时期我国的改革开放建设，这种观点自然而然地逐渐退出了历史舞台中心。第三种观点的独到之处在于把上层建筑划分为三个层次，特别是把思想上层建筑区分为社会心理和思想体系，这有独特意义，但是否合理还有待进一步研究。

我们的观点提出：马克思恩格斯早在1845—1846年《费尔巴哈》章中，就已初次比较系统地阐述了唯物主义历史观的基本理论，创立了唯物史观理论体系的雏形，为后来唯物史观理论的发展和完善奠定了基石；探索唯物史观最初内在结构的比较全面的文本应追踪至《费尔巴哈》章，《费尔巴哈》章对全面揭示唯物史观原生形态具有至关重要的决定性意义。

我们对《费尔巴哈》章四大部分手稿主要内容进行考察，发现四个大束手稿都分别具有一个主题：第Ⅰ部分主要确立了唯物史观的研究起点是现实的个人；第Ⅱ部分重申唯物史观的研究起点，重点讲社会分工与社会交往的历史发展；第Ⅲ部分讲最重要的分工——脑体分工，即物质生产与精神生产的分工关系，并论述物质生产决定精神生产及其所体现的阶级利益与观念关系的变化运动，推动着社会阶级结构矛盾运动的展开；第Ⅳ部分主要考察了劳动分工与社会交往的历史发展，生产力与交往形式的矛盾运动，市民社会与上层建筑的关系。

这四个大束手稿内容由唯物史观这根思想红线串联起来，构成了马克思恩格斯唯物史观思想的四个内在理论构件，即研究起点论、历史发展论、矛盾动力论和社会结构论。

我们进一步以四个大束手稿为主线和其中掺杂的小束手稿为补充进行详细比较分析，还发现：虽然每一个大束手稿各有一个主题，但是对于同一主题，四个大束手稿之间又相互补充。

下面以《费尔巴哈》章文本为依据，基于文本结构与基本理论相统一原则，在正视文本学事实的基础上，实事求是地分析其唯物史观最初母体结构的创作过程和基本内容。

第二节　唯物史观原生形态
——《费尔巴哈》章文本结构分析

《费尔巴哈》章是马克思恩格斯在不同时间内写下的几个手稿联结而成的，手稿的流传情况很复杂。

据《费尔巴哈》章手稿的最新研究成果，手稿包括七个相对独立的部分，具体写作过程是这样的：首先写成的是第五部分，对应于《马克思恩格斯选集》中文1995年版第一卷第Ⅱ部分；其次是第六部分，对应于《马克思恩格斯选集》中文1995年版第一卷第Ⅲ部分；再次是第七部分，对应于《马克思恩格斯选集》中文1995年版第一卷第Ⅳ部分；最后是写于对各篇的内容作过调整之后的第一、二、三、四部分，对应于《马克思恩格斯选集》中文 1995 年版第一卷第 I 部分。

这样,《费尔巴哈》章四大手稿按写作时间顺序可排列为:［Ⅱ］—［Ⅲ］—［Ⅳ］—［Ⅰ］,［Ⅱ］—［Ⅲ］—［Ⅳ］是马克思恩格斯按时间顺序从前往后书写内容的,而［Ⅰ］是写于对各篇的内容做过调整之后,既具有对前面三部分的接续性,也有在一定程度上的总结性。

现以《费尔巴哈》章唯物史观原生形态内在四大理论构件为线索,具体分析其文本结构。

从文本写作基本思路看,第 1 部分主要论述唯物史观的研究起点,当然《费尔巴哈》章手稿写作的最开始部分即第 Ⅱ 部分开端中就已有论述。现按前文考证的文本写作时间顺序作简要梳理:第 Ⅱ 部分开头(即文本的第 74—81 页)批判了费尔巴哈唯心主义历史观的根本局限性,在于费尔巴哈设定的是"一般人",而不是"现实的历史的人",没有把感性世界理解为构成这一感性世界的个人的实践活动。在此基础上,马克思恩格斯提出人类历史的前提问题,并对人类和人类社会存在最初必不可少的四项基本活动作了论述,以便更明确理解"现实的历史的人"的含义;第 Ⅰ 部分开头(即第 62—68 页),在批判以往一切唯心史观脱离现实的基础上,明确提出唯物史观的前提是现实前提,现实前提是"现实的个人",并对"现实的个人"作了科学规定;第 Ⅰ 部分结尾即(第 71—74 页)对唯物史观现实前提是"现实的个人"思想作了进一步说明、补充与总结。可以看出,第 Ⅰ 部分开头和手稿写作的最开始部分,即第 11 部分开头之处的结构与涉及的问题,有某种相一致的地方,都是在批判以往唯心史观的基础上,阐述唯物史观的研究起点问题,而且手稿后续部分比前面部分更具有说服力、概括性和总结性。

从第 Ⅱ 部分写作基本思路看,主要阐述了人类社会历史发展的进程,当然第 Ⅳ 部分和第 Ⅰ 部分也大量涉及了历史发展论的内容。按写作时间顺序具体考察如下:第 Ⅱ 部分(第 78—87 页)纵向考察了人类社会在其发展的最初阶段,即产生阶级之前的原始社会必不可少的四个前提、四大要素,作为社会分工结果的社会发展的第二阶段,阶级社会的产生过程,未来的无阶级的共产主义社会产生的前提条件及其实现;第 Ⅱ 部分(第 88—

89页）纵向考察了历史转向世界历史的条件、必然性、现实性和所产生的结果；第Ⅳ部分（第103—115页）在分析城乡分离、商业同工业分离和大工业产生三种分工情况下，考察了分工同生产与交往形式相互关系，即劳动分工与社会交往的历史发展；第Ⅰ部分（第68—71页）考察、总结概括了生产力与分工的相互关系，分工的不同发展阶段，分工与所有制关系，以及历史上三种所有制形式（部落所有制、古典古代的公社所有制和国家所有制、封建的或等级的所有制）下生产力与分工的不同发展状况。总的来看，第Ⅱ部分纵向考察了人类社会历史发展过程的三个阶段，横向考察历史向世界历史的转变发展，此时论述还带有很抽象的性质。第Ⅳ部分考察了历史上三种分工情况下，劳动分工与社会交往的历史发展，已经更具体化了。第Ⅰ部分过渡到分析社会形态，分析了历史上三种所有制形式的更替发展，对社会历史发展的论述具有了更高水平的概括总结。

矛盾动力论这部分内容的主要叙述在第Ⅲ部分，第Ⅰ部分和第Ⅱ部分也涉及相应内容。按照写作时间顺序来考察：第Ⅱ部分（第81—82页）寥寥数行，简要考察了意识或精神的产生发展和物质交往的密切关系；第Ⅲ部分（即第98—102页）详细考察了阶级社会中物质生产与精神生产的关系，物质生产与精神生产的分工和矛盾在统治阶级中的体现，物质生产所决定的利益与观念的关系变化，推动着统治阶级与革命阶级（社会阶级结构）矛盾运动的开展；第Ⅰ部分（第71—74页）概括总结了物质交往与精神交往的关系、物质生产与精神生产的关系、存在与意识的关系。可见，就决定社会阶级矛盾运动的动力因素是物质生产与精神生产的关系、存在与意识的关系来说，第Ⅰ部分是对第Ⅱ部分、第Ⅲ部分的提炼与概括。

社会结构论的主要叙述在第Ⅳ部分，第Ⅱ部分和第Ⅰ部分也有阐述。按照写作时间顺序来考察：第Ⅱ部分（第87—88页）简要描述市民社会的含义；第Ⅱ部分（第92—98页）对唯物史观社会结构论作了提纲挈领式的总述，用公式可简单概括为，"物质生产—交往形式（市民社会）—政治国家和各种意识形式"，并批判了迄今为止一切历史观的局限性在于缺乏现实基础；第Ⅳ部分（第115—116页和第122—128页）详细地考察了生产力与交往形式之间的矛盾；第Ⅳ部分（第 116—122 页）阐述了在国家这种虚假共同体和真正共同体中个人自由的实现问题；第Ⅳ部分（第 128—130 页）具体分析了在私有制和共产主义两种不同社会历史条件下，自主活动与物质生产活动的不同关系；第Ⅳ部分（第 130—131 页）对市民社会含义作进一步详细补充，并且指出市民社会是国家与观念等上层建筑的基础；第Ⅳ部分（第 131—135 页）从市民社会角度出发，考察了国家、法律和其他社会意识形式同市民社会的关系；第Ⅰ部分（第 67、71、79 页）揭示了物质生产活动在社会历史发展中的意义。总的来说，从社会结构论内容的考察看，第Ⅱ部分对社会结构作了简单的提纲挈领式概述性描述，第Ⅳ部分是对第Ⅱ部分提纲的具体详细展开和补充。

第三节　研究起点论：现实个人
——《费尔巴哈》章四大理论构件之一

过去，人们通常对唯物史观的研究是从生产力开始的，然后研究生产关系、经济基础和上层建筑等。但是，生产力是从何而来的呢？生产力是人与自然之间现实关系的体现，这也就是说，生产力的首要前提之一就是要有现实的人存在，然后才有人类对自然的改造。实际上，《费尔巴哈》章已明确阐明：唯物史观的研究是从"现实的个人"开始的，并对"现实的个人"作了科学规定。

一、唯物史观的研究起点是"现实的个人"

《费尔巴哈》章彻底批判和摧毁了以往一切错误的唯心主义历史观，确立了科学的唯物主义历史观，阐明了唯物主义历史观的前提是现实的前提、现实的前提又是"现实的个人"的新思想。《费尔巴哈》章第一部分开端就对青年黑格尔派和费尔巴哈的唯心史观进行了深刻批判，指出他们"只是用词句来反对这些词句"、"绝对不是反对现实的现存世界"，完全忽视了"德国哲学和德国现实之间的联系问题"、"他们所作的批判和他们自身的物质环境之间的联系问题"，深刻表明了唯心史观脱离现实基础、缺乏正确的理论根基。马克思、恩格斯通过阐述观念与现实的关系表明自己世界观的现实前提问题……这些观念都是他们的现实关系和活动、他们的生产、他们的交往、他们的社会组织和政治组织有意识的表现,而不管这种表现是现实的还是虚幻的。他们还明确提出他们所谈的唯物史观的前提是现实的前提的思想:"我们开始要谈的前提不是任意提出的,不是教条,而是一些只有在想象中才能撇开的现实前提……这些前提可以用纯粹经验的方法来确认。"他们认为,这个现实前提就是"一些现实的个人,是他们的活动和他们的物质生活条件,包括他们已有的和由他们自己的活动创造出来的物质生活条件",而且"全部人类历史的第一个前提无疑是有生命的个人的存在"。① 在此,我们已经很明确:《费尔巴哈》章阐明了研究唯物史观应从"现实的个人"出发,即唯物史观的研究起点就是"现实的个人"。

应特别指出的是,在唯物史观的研究起点是"现实的个人"的思想中,还蕴涵着唯物史观是以人的自然物质活动论为理论前提的思想。唯物史观的出发点是"从事实际活动的人",是描绘"他们的现实生活过程"在意识形态上的反映,这种反映是"与物质前提相联系的物质生活过程的必然升华物"。而从事实际活动的人的物质前提就是自然存在前提,马克思恩格斯具体地点出了人类史的自然存在前提论思想:"我们仅仅知道一门唯一的科学,即历史科学。历史可以从两方面来考察,可以把它划分为自然史和人类史。但这两方面是不可分割的;只要有人存在,自然史和人类史就彼此相互制约。""人们所处的各种自然条件——地质条件、山岳水文地理条件、气候条件以及其他条件","这些条件不仅决定着人们最初的、自然形成的肉体组织……而且直到如今还决定着肉体组织的整个进一步发展或不发展。"他们还总结说:"任何历史记载都应当从这些自然基础以及它们在历史进程中由于人们的活动而发生的变更出发。"② 从上述表述中可以得出,唯物史观是以人的自然物质活动为理论前提,而这种活动又离不开物质自然存在前提——物质自然条件。实际上,

---

① 《马克思恩格斯选集》第 1 卷,人民出版社 1995 年版,第 66、67 页。
② 《马克思恩格斯选集》第 1 卷,人民出版社 1995 年版,第 67 页。

这一理论前提已经蕴含了马克思的新唯物主义的理论前提,即实践观和存在观。

二、"现实的个人"的科学规定

"现实的个人"的三方面内容。从上文对唯物史观研究起点是"现实的个人"的分析研究中,我们可以看出,"现实的个人"包含三个方面内容:有生命的个人的存在、现实的个人的物质生活条件和现实的个人的活动。这三个方面是密切联系,不可分割的。"有生命的个人的存在"是"现实的个人"形成的自然前提。而要使有生命的个人存在,他们就必须生活在一定的物质生活条件之中,一定的物质生活条件是有生命的个人存在的必需条件。现实的人的存在和他们的物质生活条件又和他们的活动紧密相关,人类为了生存,首先就需要解决吃、喝、住、穿等基本物质生活资料,为此就必须进行这些物质生活资料的生产活动。马克思、恩格斯在论述"现实的个人"时,总是将其放在物质生产活动和物质生活条件中去考察:这里所说的个人不是他们自己或别人想象中的那种个人,而是现实中的个人,也就是说,这些个人是从事活动的,进行物质生产的,因而是在一定的物质的、不受他们任意支配的界限、前提和条件下活动着的。

"现实的个人"最初的四大要素。马克思、恩格斯还通过考察人类社会在其发展的最初阶段上就存在着的社会活动的四个方面,进一步揭示由"现实的历史的人"所构成的人类社会存在和发展的基础。一是物质生活资料的生产。马克思、恩格斯认为,人类生存的第一个前提,也就是一切历史的第一个前提,就是物质生活资料的生产。"人们为了能够'创造历史',必须能够生活。但是为了生活,首先就需要吃、喝、住、穿以及其他一些东西。因此第一个历史活动就是生产满足这些需要的资料,即生产物质生活本身……任何历史观的第一件事情就是必须注意上述基本事实的全部意义和全部范围,并给予应有的重视"。二是满足新的需要的再生产。"已经得到满足的第一个需要本身、满足需要的活动和已经获得的为满足需要而用的工具又引起新的需要,而这种新的需要的产生是第一个历史活动"。正是由于这种不断产生的新的需要和满足这种需要的生产与再生产的矛盾运动,才推动人类社会历史不断向前发展。三是人口的生产,即繁殖。"一开始就进入历史发展过程的第三种关系是:每日都在重新生产自己生命的人们开始生产另外一些人,即繁殖。这就是夫妻之间的关系,父母和子女之间的关系,也就是家庭。这种家庭起初是唯一的社会关系"。四是社会关系的生产。马克思、恩格斯在论述了以上社会活动的三个方面后,紧接着又阐明了"生命的生产,无论是通过劳动而达到的自己生命的生产,或是通过生育而达到的他人生命的生产,就立即表现为双重关系:一方面是自然关系,另一方面是社会关系;社会关系的含义在这里是指许多个人的共同活动"①。

"现实的个人"与"一般人"。马克思、恩格斯还将"现实的个人"与费尔巴哈所设定的"一般人"作区别。费尔巴哈设定的是"一般人",而不是"现实的历史的人"。费尔巴哈"把人只看作是'感性对象',而不是'感性活动'","仍然停留在理论的领域内,没有从人们现有的社会联系,从那些使人们成为现在这种样子的周围生活条件来观察人们","还从来没有看到现实存在着的、活动的人,而是停留于抽象的'人',并且仅仅限于在感情范围内承认'现实的、单个的、肉体的人'",由此,"他从来没有把感性世界理解为构成这一世界的个人的全部活生生的感性活动"②。这也正是深刻揭示在费尔巴哈那里唯物主义和历史彼此完全脱离的症结所在。

第四节 历史发展论:三大形态
——《费尔巴哈》章四大理论构件之二

通过第Ⅰ部分和第Ⅱ部分手稿的比较分析,我们发现它们的结构有一定的相似之处:这两部分都是在论述人类社会历史的现实前提是"现实个人"的思想基础上,转入研究人类社会历史发展过程的。

---

① 《马克思恩格斯选集》第1卷,人民出版社1995年版,第79、80页。
② 《马克思恩格斯选集》第1卷,人民出版社1995年版,第77、78页。

一、人类社会历史发展的进程

马克思、恩格斯纵向考察了人类社会历史发展过程的三个阶段：阶级产生之前的社会（"原初的历史"）；阶级社会（私有制社会）；无阶级的共产主义社会。第Ⅱ部分的开头，分析批判了费尔巴哈在历史观上之所以是唯心主义而不是唯物主义的原因，提出了一切人类社会历史存在的第一个前提问题，考察了人类社会在其发展的最初阶段上，就已存在的四大要素，即物质生活资料的生产、满足新的需要的再生产、人口的生产、社会关系的生产。这是阶级产生之前的社会"原初的历史的关系的四个因素"，也是一切人类社会在其发展的一切阶段上不可缺少的。紧接着，马克思、恩格斯考察了意识的产生和发展，并通过分析"意识—分工—所有制（私有制）—阶级—国家"这一途径产生发展过程，考察了作为社会分工结果的、社会发展的第二阶段阶级社会。随着意识由纯粹动物式的意识发展到社会的意识，分工也发展起来，"分工只是从物质劳动和精神劳动分离的时候起才真正成为分工"。因分工的出现产生了所有制（私有制），"分工和私有制是相等的表达方式，对同一件事情，一个是就活动而言，另一个是就活动的产品而言"。随着分工的发展，产生了单个人或单个家庭的特殊利益与所有互相交往的个人的共同利益之间的矛盾。由于这种矛盾，共同利益"采取国家这种与实际的单个利益和全体利益相脱离的独立形式，同时采取虚幻的共同体的形式"，而这始终是在"由分工决定的阶级的基础上产生的"。最后，马克思、恩格斯还考察了未来的无阶级的共产主义社会产生的前提条件及实现。在阶级社会里，分工也是人的实践活动异化的根源，"只要分工还不是出于自愿，而是自然形成的，那么人本身的活动对人来说就成为一种异己的、同他对立的力量，这种力量压迫着人，而不是人驾驭着这种力量。"这种异化的消灭，"是以生产力的巨大增长和高度发展为前提的"。只有生产力的高度发展，才能避免贫困的普遍化，才能建立普遍交往，个人才能由地域性的个人变成世界历史性的个人，也才能消灭"地域性的共产主义"，所以说真正的共产主义"是以生产力的普遍发展和与此相联系的世界交往为前提的"。共产主义的实现"是那种消灭现存状况的现实的运动"，"不是应当确立的状况，不是现实应当与之相适应的理想"。①

马克思、恩格斯还横向考察了历史向世界历史的转变。历史的更替是一种继承与发展的关系:"历史不外是各个世代的依次交替。每一代都利用以前各代遗留下来的材料、资金和生产力;由于这个缘故,每一代一方面在完全改变了的环境下继续从事所继承的活动,另一方面又通过完全改变了的活动来变更旧的环境。"在历史发展进程中,随着活动范围越是扩大、生产方式和交往的日益完善,各民族间的分工和原始封闭状态消灭得越是彻底,"历史越成为世界历史"。历史向世界历史的转变具有历史必然性和现实性,它"不是'自我意识'、宇宙精神或者某个形而上学怪影的某种纯粹的抽象行动,而是完全物质的、可以通过经验证明的行动,每一个过着实际生活的、需要吃喝穿的个人都可以证明这种行动"。随着历史转变为世界历史的同时,个人也获得了解放,"每一个单个人的解放的程度是与历史完全转变为世界历史的程度一致的",因为"只有这样,单个人才能摆脱种种民族局限和地域局限而同整个世界的生产(也同精神的生产)发生实际联系,才能获得利用全球的这种全面的生产(人们的创造)的能力"②。

二、三大分工形式下劳动分工与社会交往的历史发展

马克思、恩格斯分析了历史上存在的三大分工形式,阐述分工同生产力与交往形式的相互关系,即劳动分工与社会交往的历史发展。在自然形成的生产工具下,脑体活动还完全没有分工;在文明创造的生产工具下,脑力劳动和体力劳动已经实行分工。第一,物质劳动与精神劳动最大的一次分工,是城乡分离。在中世纪城市行会制度下,分工得不到发展的真正原因是生产与交往并未真正分离。"在城市中各行会之间的分工还是非常少的,而在行会内部,各劳动者之间则根本没有什么分工。每个劳动者都必须熟悉全部工序,凡是用他的工具能够做的一切,他必须都会做;各城市之间的有限交往和少量联系、居民稀少和需求有限,都妨碍了分工的进

---

① 《马克思恩格斯选集》第1卷,人民出版社1995年版,第84、85、86、87页。
② 《马克思恩格斯选集》第1卷,人民出版社1995年版,第88、89页。

一步发展。"① 第二，进一步的分工，是商业同工业分离，这是生产和交往的分离结果。"分工的进一步扩大是生产和交往的分离，是商人这一特殊阶级的形成"。"生产和交往间的分工随即引起了各城市间在生产上的新的分工，不久每一个城市都设立一个占优势的工业部门"。各城市间的分工，诞生了工场手工业。工场手工业的初期繁荣的历史前提，是同外国各民族的交往。"随着美洲和通往东印度的航线的发现，交往扩大了，工场手工业和整个生产运动有了巨大的发展"。② 商业和手工业的扩大产生了大资产阶级。第三，最广泛的分工，是大工业产生。大工业的产生给劳动生产和社会交往带来一系列变化：大工业造成了大量的生产力，对于这些生产力来说，私有制成了它们发展的桎梏，因为生产力在私有制的统治下只获得了片面的发展、根本得不到充分合理利用；大工业到处造成了社会各阶级间相同的关系，从而消灭了各民族的特殊性，大工业发达的国家也影响着或多或少非工业的国家，因为非工业国家由于世界交往而被卷入普遍竞争的斗争中；大工业创造了交通工具和现代的世界市场，首次开创了世界历史，因为它消灭了各国以往自然形成的闭关自守的状态。

三、生产力、分工和所有制形式的变化

生产力、分工与所有制三者之间有着密不可分的联系。分工的发展程度是生产力发展水平的体现，生产力的发展又决定分工的进一步发展。"一个民族的生产力发展的水平，最明显地表现于该民族分工的发展程度。任何新的生产力，只要它不是迄今已知的生产力单纯的量的扩大（例如，开垦土地），都会引起分工的进一步发展"。分工发展经历了不同阶段：分工"首先引起工商业劳动同农业劳动的分离，从而也引起城乡的分离和城乡利益的对立。分工的进一步发展导致商业劳动同工业劳动的分离"。"分工发展的各个不同阶段，同时也就是就是所有制的各种不同形式"。分工发展的三个阶段相对应于历史上存在三种所有制形式，即部落所有制、古典古代的公社所有制和国家所有制以及封建的或等级的所有制。在这三种

---

① 《马克思恩格斯选集》第1卷，人民出版社1995年版，第106页。
② 《马克思恩格斯选集》第1卷，人民出版社1995年版，第107、110页。

不同所有制情况下生产力与分工状况是有变化的,马克思、恩格斯作了这样的分析:部落所有制"与生产的不发达阶段相适应,当时人们靠狩猎、捕鱼、畜牧,或者最多靠耕作为生","分工还很不发达,仅限于家庭中现有的自然形成的分工的进一步扩大";在古典古代的公社所有制和国家所有制中,"私有制已经发展起来",但是它是"积极公民的一种共同私有制","分工已经比较发达","城乡之间的对立已经产生","在城市内部存在着工业和海外贸易之间的对立"①;封建的或等级的所有制已存在两种生产形式,即"农奴劳动"和"自身劳动",工业和商业已有分工。

第五节 矛盾动力论:发展源泉
——《费尔巴哈》章四大理论构件之三

第Ⅲ部分阐述的主题思想是:推动统治阶级内部以及统治阶级与革命阶级之间矛盾运动的动力,表面上是阶级利益和阶级思想观念的变化运动,实质上利益只是物质生产的反映,思想观念是由物质生产决定的,即物质生产决定精神、思想和观念的产生。

一、物质生产、交往决定精神生产、交往,社会存在决定意识

首先,马克思、恩格斯在第Ⅱ部分考察了原初的历史的关系的四个因素、四个方面之后,阐明了意识或精神的产生与发展和物质与交往有着密切的关系。"意识并非一开始就是'纯粹的'意识。'精神'从一开始就很倒霉,受到物质的'纠缠',物质在这里表现为振动着的空气层、声音,简言之,即语言。语言和意识具有同样长久的历史;语言是一种实践的、既为别人存在因而也为我自身而存在的、现实的意识。语言也和意识一样,只是由于需要,由于和他人交往的迫切需要才产生的……因而,意识一开始就是社会的产物,而且只要人们存在着,它就仍然是这种产物。"②

---

① 《马克思恩格斯选集》第1卷,人民出版社1995年版,第68、69页。
② 《马克思恩格斯选集》第1卷,人民出版社1995年版,第81页。

其次，马克思、恩格斯在第Ⅲ部分具体分析了在阶级社会中物质生产支配着精神生产，思想只是物质关系在观念上的表现。在阶级社会中，统治阶级的思想是占统治地位的思想，原因是"一个阶级是社会上占统治地位的物质力量，同时也是社会上占统治地位的精神力量。支配着物质生产资料的阶级，同时也支配着精神生产资料"。实质上，"占统治地位的思想不过是占统治地位的物质关系在观念上的表现，不过是以思想的形式表现出来的占统治地位的物质关系"。①

最后，马克思、恩格斯在第Ⅰ部分总结概括了物质生产、交往决定精神生产、交往，社会存在决定意识的唯物史观基本原理："思想、观念、意识的生产最初是直接与人们的物质活动，与人们的物质交往，与现实生活的语言交织在一起的。人们的想象、思维、精神交往在这里还是人们物质行动的直接产物。表现在某一民族的政治、法律、道德、宗教、形而上学等的语言中的精神生产也是这样。""意识在任何时候都只能是被意识到了的存在，而人们的存在就是他们的现实生活过程"。"不是意识决定生活，而是生活决定意识"。②

二、统治阶级内部矛盾对立的根源是物质生产与精神生产的分工

马克思、恩格斯指出，精神劳动和物质劳动的分工的形式也在统治阶级内部表现出来。在统治阶级内部，一部分人是作为该阶级的思想家出现的，他们把编造这一阶级关于自身的幻想和思想当作主要的谋生之道，而另一部分人在实际中是这个阶级的积极成员，很少有时间来编造关于自身的幻想和思想，只能接受这些思想和幻想。这种分工的发展可以导致统治阶级内部这两部分人之间的某种程度的对立和敌视，但是，"当阶级本身受到威胁的时候，当占统治地位的思想好像不是统治阶级的思想而且好像拥有与这一阶级的权力不同的权力这种假象也趋于消失的时候，这种对立和敌视便会自行消失"。③

---

① 《马克思恩格斯选集》第1卷，人民出版社1995年版，第98页。
② 《马克思恩格斯选集》第1卷，人民出版社1995年版，第72、73页。
③ 《马克思恩格斯选集》第1卷，人民出版社1995年版，第99页。

三、物质生产所决定的阶级利益与阶级观念的关系变化，推动着社会阶级结构的矛盾运动

马克思、恩格斯认为，在考察历史进程时不能把统治阶级的思想和统治阶级本身分割开来，不能使思想独立化，不能不顾生产这些思想的条件和生产者，不能不考虑思想的基础——个人和历史环境。统治阶级在开始时要赋予自己的思想以普遍的意义，必须把自己的利益说成是全体社会成员的共同利益。"因为每一个企图取代旧统治阶级的新阶级，为了达到自己的目的不得不把自己的利益说成是社会全体成员的共同利益，就是说，这在观念上的表达就是：赋予自己的思想以普遍性的形式，把它们描绘成唯一合乎理性的、有普遍意义的思想"。进行革命的阶级一开始不是作为一个阶级，而是作为全社会的代表出现的，以社会全体群众的姿态反对统治阶级。"它之所以能这样做，是因为它的利益在开始时的确同其余一切非统治阶级的共同利益还有更多的联系，在当时存在的那些关系的压力下还不能够发展为特殊阶级的特殊利益"。① 这样的话，每一个新阶级赖以实现自己统治的基础，要比它以前的统治阶级所依赖的基础更宽广，后来非统治阶级和正在进行统治的阶级之间的对立也发展得更尖锐和更深刻。只要不再有必要把特殊利益说成是普遍利益，一定阶级的统治似乎只是某种思想的统治这个假象才会自行消失。

第六节　社会结构论：复杂系统
——《费尔巴哈》章四大理论构件之四

在《费尔巴哈》章中，马克思、恩格斯在描述他们自己历史观时，阐述了对社会历史结构各构成因素的运动过程、规律及其相互关系。"这种历史观就在于：从直接生活的物质生产出发阐述现实的生产过程，把同这种生产方式相联系的、它所产生的交往形式即各个不同阶段上的市民社会

---

① 《马克思恩格斯选集》第 1 卷，人民出版社 1995 年版，第 100 页。

理解为整个历史的基础,从市民社会作为国家的活动描述市民社会,同时从市民社会出发阐明意识的所有各种不同理论的产物和形式,如宗教、哲学、道德等等,而且追溯它们产生的过程。这样当然也能够完整地描述事物(因而也能够描述事物的这些不同方面之间的相互作用)"。① 在这里,我们就马克思、恩格斯关于社会结构各因素运动过程的看法,用简化的公式表达为:物质生产—交往形式(市民社会)—政治国家和各种意识形式。

一、物质生产

马克思、恩格斯从物质生产劳动出发来考察和理解人类社会历史发展,揭示了物质生产活动在社会历史发展中的意义。首先,物质生产活动是人区别于动物的根本标志。"一当人们开始生产自己的生活资料的时候……人本身就开始把自己和动物区别开来"。其次,物质生产活动是人类和人类社会得以存在和发展的基础。人类要能够创造社会历史,必须要能够生存,人类要生存,首先就要解决吃喝住穿的问题,为此就必须进行物质资料的生产活动。再次,物质生产活动是形成人类一切社会关系的基础。物质生产活动不仅创造了人类生存的物质资料,而且创造了人与人之间的生产关系,在此基础上,又形成了人们之间的政治关系等其他社会关系。正如马克思、恩格斯所说的,人们用以生产自己的生活资料的方式,"它在更大程度上是这些个人的一定的活动方式","以一定的方式进行生产活动的一定的个人,发生一定的社会关系和政治关系","社会结构和国家总是从一定的个人的生活过程中产生的"。②

马克思、恩格斯还具体分析了在不同社会历史条件下自主活动与物质生产活动的不同关系。在私有制条件下,生产力表现为一种完全不依赖于各个人并与他们分离的东西。生产力好像具有一种物的形式,并且对个人本身来说它们已经不再是个人的力量,而是私有制的力量。在这种情况下,自主活动和物质生活的生产是分开的,物质生活的生产即劳动已失去

---

① 《马克思恩格斯选集》第1卷,人民出版社1995年版,第92页。
② 《马克思恩格斯选集》第1卷,人民出版社1995年版,第67、71页。

了任何自主活动的假象，成为摧残生命的方式，成为自主活动的从属形式、否定形式，表现为手段。在共产主义条件下，各个人占有现有的生产力总和。随着联合起来的个人对全部生产力的占有，私有制也就终结了。只有在这个阶段上，自主活动才同物质生活一致，才能实现劳动向自主活动的转化，这种自主活动就是对生产力总和的占有以及由此而来的才能总和的发挥。

二、交往形式与市民社会

市民社会是指"一切历史阶段上受生产力制约同时又制约生产力的交往形式"，它包括"各个人在生产力发展的一定阶段上的一切物质交往"，"市民社会这一名称始终标志着直接从生产和交往中发展起来的社会组织"。① 在此，马克思、恩格斯深刻表明了，市民社会是指交往形式的总和，而这种交往形式又与生产和生产力存在着相互制约的关系。

在马克思、恩格斯看来，生产力与交往形式的关系就是交往形式与个人的行动或活动的关系。个人相互交往的条件，是与个人的个性相适合的条件，是个人的自主活动的条件，并且是由这种自主活动产生出来的。"这些不同的条件，起初是自主活动的条件，后来却变成了它的桎梏，它们在整个历史发展过程中构成一个有联系的交往形式的序列，交往形式的联系就在于：已成为桎梏的旧交往形式被适应于比较发达的生产力，因而也适应于进步的个人自主活动方式的新交往形式所代替；新的交往形式又会成为桎梏，然后又为别的交往形式所代替"。② 这样，整个历史的发展就表现为生产力和交往形式的矛盾运动发展。

马克思、恩格斯从生产力与交往形式之间的这种矛盾运动揭示了社会发展的动力机制。"一切历史冲突都根源于生产力和交往形式之间的矛盾"，甚至连征服、战争和占领都被看成是历史的动力，因为占领国的一切都取决于被占领国家的生产力、生产条件和交往条件。他们还指出，共产主义的建立也是生产力与交往形式矛盾运动的结果。"建立共产主义实

---

① 《马克思恩格斯选集》第 1 卷，人民出版社 1995 年版，第 87、130、131 页。
② 《马克思恩格斯选集》第 1 卷，人民出版社 1995 年版，第 123、124 页。

质上具有经济的性质,这就是为这种联合创造各种物质条件,把现存的条件变成联合的条件。共产主义所造成的存在状况……只不过是各个人之间迄今为止的交往的产物。这样,共产主义者实际上把迄今为止的生产和交往所产生的条件看作无机的条件"。①

三、政治国家和各种意识形式

《费尔巴哈》章明确指出,市民社会"这种社会组织在一切时代都构成国家的基础以及任何其他的观念的上层建筑的基础"。② 所有制的最初形式,多半曾是部落所有制,这种部落所有制具有国家所有制的形式。真正的私有制只是随着动产的出现才开始的。国家是与私有制相适应的,只是为了私有制才存在的。国家是资产者为了在国内外相互保障各自的财产和利益所采取的一种组织形式,是统治阶级的各个人借以实现其共同利益的形式。虽然由于私有制摆脱了共同体,形式上国家获得了和市民社会并列并且在市民社会之外的独立存在,但是它始终是该时代的整个市民社会的反映和集中表现。一切共同的规章都是以国家为中介来获得政治形式,由此就产生了一种错觉,好像法律是以意志为基础的,而且是以脱离其现实基础的意志即自由意志为基础的。实际上,如同国家一样,法律也根源于市民社会,由市民社会所决定。不过,同国家相比较,法律的物质根源更模糊,因而更容易被人们误认为是以人们的观点、意志为转移的东西,其实法律的真实基础也和国家一样,是现实的经济关系和阶级关系。在文本的尾声之处,马克思、恩格斯还谈及思想上层建筑(社会意识形式)问题,如提到政治史、法律史、科学史、艺术史、宗教史等上层建筑史,意识形态的职业分工问题,法、宗教等意识形态传统问题。虽然没有展开论述,但也表明了这些思想上层建筑不是凭空产生的,而是有其现实基础的,譬如他们谈到"法的观念。国家的观念。在通常的意识中事情被本末倒置了"。"宗教从一开始就是超验性的意识,这种意识是从现实的力量中产生的"。③ 实际上,这里已阐明了国家和法律等上层建筑,归根结底是以

---

① 《马克思恩格斯选集》第 1 卷,人民出版社 1995 年版,第 115、122 页。
② 《马克思恩格斯选集》第 1 卷,人民出版社 1995 年版,第 131 页。
③ 《马克思恩格斯选集》第 1 卷,人民出版社 1995 年版,第 135 页。

市民社会为基础的、是由其决定的思想。

政治国家和各种社会意识具有相对独立性。它们的发展,往往落后于交往形式(市民社会)这种经济基础的发展,因而新的基础和旧的社会意识之间必然要发生对抗,这种对抗只有经过革命才能消除。"较早时期的利益,在它固有的交往形式已经为属于较晚时期的利益的交往形式排挤之后,仍然在长时间内拥有一种相对于个人而独立的虚假共同体(国家、法)的传统权力,一种归根结底只有通过革命才能被打倒的权力。由此也就说明:为什么在某些可以进行更一般的概括的问题上,意识有时似乎可以超过同时代的经验关系,以致人们在后来某个时代的斗争中可以依靠先前时代理论家的威望"。①

综上所述,《费尔巴哈》章唯物史观原生形态结构不是一次生成的,而是多次生成的,具有复杂多线一体化系统性质:四大部分手稿、分四次阐述;原生形态四次生成,有四个层面;且各大小手稿内容之间又有互相交错、相互补充。因此,对于《费尔巴哈》章在马克思主义唯物史观形成史上的历史地位,不仅应给予充分的重视,而且还应给予正确的理解。

我们今天发掘马克思唯物史观原生形态、原生结构、原创思想,不仅是发思古之幽情,而且是为了发掘其在当代理论意义、实践意义的源头活水。

---

① 《马克思恩格斯选集》第 1 卷,人民出版社 1995 年版,第 124 页。

中 篇

《资本论》剩余价值学说
——马克思理论创新第二次飞跃

马克思理论创新，其中也包括哲学创新，不是在19世纪40年代，也就是在他"三十而立之年"，一次性完成的。1849年8、9月间，马克思一家，也包括恩格斯，先后来到英国伦敦，来到这个世界经济中心、金融中心，并由此开始了50至70年代《资本论》创作过程。马克思先后写成了《伦敦笔记》，1857年至1858年的《资本论》第一手稿，1861年至1863年间的《资本论》第二手稿，1863至1865年间的《资本论》第三手稿。1867年9月2日前后，马克思《资本论》第一卷德文版，第一次在德国汉堡公开问世。

《资本论》不仅是马克思政治经济学主要著作，而且也是他一生哲学、科学社会主义乃至整个理论体系的主要著作。《资本论》理论体系，揭示了现代资本主义复杂社会系统深层奥秘的剩余价值学说，标志着马克思理论创新、哲学创新的第二次飞跃，也是他一生理论创新的第二个重大成果。

不仅如此，《资本论》三大手稿，尤其是头两大手稿，都有相对独立理论价值，内涵独特、不可取代的理论创新、哲学创新意义。因而，我把这一阶段马克思理论创新思想成果，梳理为三大创新：

第一，1857年至1858年《资本论》第一手稿，提出了人与世界历史发展的三大社会形态论，其理论空间、历史眼光涵盖《前资本论》——《资本论》——《后资本论》。

第二，1861年至1863年间《资本论》第二手稿，尤其是在其《机器篇》中，探讨了"走出中世纪，走向现代化"的世界历史进程，第一次提出科学、技术、制度综合创新论闪光思想，其创新理论比熊彼特早半个多世纪。

第三，《资本论》逻辑的最深层哲学底蕴，是劳动、资本、国家三元结构论，由此从唯物史观一般原理，上升到现代史观的特殊逻辑，并为分析现代复杂社会，探索中国特色社会主义道路，提供了独一无二、不可取代的伟大认识工具、首要理论源头。

第四章 三大社会形态论
——《资本论》第一手稿《1857—1858 年手稿》的五大哲学创新

马克思《资本论》第一手稿（即《1857—1858 年手稿》，以下简称《手稿》）的学术价值和理论创新，一直是国内外学者研究和讨论的热点问题。对于这一重要手稿在马克思主义思想史上的历史地位，长期以来国内外理论界占统治地位的看法，是将其仅仅视为马克思《资本论》创作过程中的一部重要的经济学手稿，将其所实现的重大理论创新，基本上局限于经济学层次的创新，其中最重大的理论创新，就是从经济学层次系统阐明资本主义剥削的本质和机制，完成马克思的第二个伟大发现——剩余价值理论（马克思的另一伟大发现——唯物史观——被认为在他在 19 世纪 40 年代的哲学革命中已经完成）。基于这种单一学科层次的理解，《手稿》自 1939 年在莫斯科首次以德文发表以来，就一直被视作一部单纯的经济学手稿，被冠以"政治经济学批判大纲"、"政治经济学批判（1857—1858 年手稿）"、"1857—1858 年经济学手稿"等各种称谓。至于《手稿》的所谓"哲学意义"，国内外学者中广泛流行两种看法，一是认为《手稿》作为一部经济学著作，不具有独立的哲学意义，或认为《手稿》的哲学创新只是经济学创新的附属物，是《手稿》的次要内容；二是虽然在一定程度上承认《手稿》的哲学意义，但认为《手稿》的哲学意义主要在于验证马克思 19 世纪 40 年代业已奠定的唯物史观原理在资本主义社会形态的"具体适用性"，也就是说《手稿》对于马克思的唯物史观而言，主要是验证、检验的关系，而不是创新和发展的关系。总之，在以往国内外理论界的研究中,《手稿》的哲学价值、哲学意义,要么被湮没在马克思篇幅巨大的经济学分析中,要么基本被限定在对马克思40年代业已创立的唯物史观的验证和诠释上。

在这部新著中,笔者力图阐明一个重要学术观点,即《手稿》不仅是马克思经济学创新的主要作品之一,也是其哲学创新的主要代表作之一,是马克思哲学思想发展史上的一座重要里程碑。对于这一重要手稿,不仅要看到其经济学创新的重大科学意义,还要重视其对于马克思哲学创新的重要里程碑意义。事实上,马克思继19世纪40年代中后期对其新唯物主义哲学的思想奠基和初步表述(哲学创新第一阶段)之后,在50年代后期的这一重要手稿中,又进一步奠定了其哲学创新第二阶段(《资本论》创作阶段)的理论基础,将其哲学创新提升到一个新的阶段、新的水平。① 也可以说,《手稿》实际上是自马克思40年代的初步哲学探索以来,其哲学发展的又一座思想高峰,是马克思哲学创新第二阶段最重要的哲学文本,在马克思哲学发展历程中具有承上启下的重要桥梁作用。它既是马克思40年代哲学思考的合理延伸和重大深化,也是其晚年时期哲学创新的理论准备和思想起点。《手稿》的重大哲学创新,主要表现在五个方面:新唯物主义实践观的新探索——劳动二重性理论的系统制定;异化理论的新发展——异化劳动新规定的提出;现实的人的三大历史形态理论的首次提出;社会形态发展理论的重大发展;自然、劳动、社会、人有机统一的总体性历史发展观的系统阐明。这五大哲学创新,既是对马克思40年代初步形成的新唯物主义基本原则的理论升华和创造性发展,也是其晚年时期相关哲学探索的重要理论来源和思想起点。以下我们就来依次探讨《手

---

① 需要指出的是,马克思的哲学创新是一个过程,绝不是一次性行为。在19世纪40—80年代这40年间,马克思的哲学创新实际经历了四大发展阶段,即"四部曲":马克思哲学创新的第一部曲,是他在40年代中后期的一系列重要哲学文本(以《1844年经济学哲学手稿》《关于费尔巴哈的提纲》《德意志意识形态》为代表)中对其新唯物主义哲学基本原则的初步表述,以及对建立新唯物主义理论体系的初步构想;马克思哲学创新的第二部曲,主要表现为《资本论》及其三大手稿(特别是第一手稿)对实践观、唯物史观、唯物辩证法的创造性探索和发展;马克思哲学创新的第三部曲,是他在其晚年笔记中对先前阐发的唯物史观、世界史观等科学理论的完善和升华;马克思哲学创新未能最终完成的第四部曲,是蕴含在《资本论》逻辑、书信和晚年笔记中的辩证法体系构想。

稿》的这五大哲学创新。

第一节 新唯物主义实践观的新探索
——劳动二重性理论的第一次系统治定

劳动二重性理论的首次系统提出及对其哲学内涵的全面揭示，是《手稿》对马克思 40 年代初步形成的新唯物主义实践观最重要的理论发展。在《手稿》之前，马克思曾在其 40 年代中期的一些重要手稿（特别是《1844 年经济学哲学手稿》）中初步形成并表述了新唯物主义实践观的基本思想，包括四个内在联系、有机统一的基本观点：实践活动的自然存在前提论、实践活动的本质特征——对象化活动论、实践活动中人与人的社会关系——异化劳动论、实践活动中人与自然的关系——人化自然论。此外，早期手稿初步认识到人类劳动实践活动的二重性，既注意到各种特殊形式的劳动，也从各种特殊形式的劳动中抽象出一般形式即共性意义上的劳动，并意识到财富的本质并非特殊劳动，而是一般劳动。但早期手稿仅仅是简略地提出了关于劳动二重性的上述思想萌芽，尚未对劳动二重性思想的深层哲学底蕴和理论实质作出进一步的说明，而"一般劳动"概念的科学含义也尚未确定下来，除了用以指称区别于特殊劳动的"具有普遍性与抽象性的一般劳动"外，有时还被用作"异化劳动"的同义语。① 真正系统地提出劳动二重性理论，并对其深层哲学内涵进行科学剖析，是在马克思 1857—1858 年创作的《手稿》中首次实现的。在这一手稿中，劳动二重性思想已经成为统摄马克思全部经济学分析的核心理念和思想主线，其哲学内涵也得到了全面的展现和诠释，包括以下三个基本观点。

一、任何劳动都同时具有特殊性和一般性这二重属性，是二者的有机统一

从哲学思维的高度来看，就是说任何劳动活动都既是特殊意义上的劳

---

① 孙承叔、王东：《对〈资本论〉历史观的沉思》，上海学林出版社 1988 年版，第 61 页。

动，即具有特殊劳动形式的具体劳动，同时也都包含着人类一般劳动的抽象共性，都以某种方式反映了人类无差别的一般劳动的耗费和支出。劳动的特殊性包含着人类劳动的一般性，劳动的一般性则存在于各种特殊形式的劳动形态中。任何劳动活动，都毫无例外地是特殊性和一般性、特殊劳动和一般劳动的有机统一。劳动的"二重性"，说的就是任何劳动都具有的特殊性、一般性这两种有机统一、不可分割的基本属性，就如同任何商品都具有使用价值和价值这两种基本属性，二者有机统一、不可分割一样。"劳动二重性"这一提法，十分精辟地揭示了人类劳动实践活动的内部矛盾和基本规定。

二、劳动实践活动是劳动的物质性和劳动的社会性的有机统一

马克思根据劳动的二重性，科学揭示了人类劳动实践活动固有的双重品格——物质性和社会性。在劳动的两重属性中，劳动的特殊性或特殊劳动，属于"实在劳动"的范畴，更多地反映着人类劳动实践活动的物质基础、人与自然之间的物质变换，即人类生活得以实现的永恒的自然必然性；劳动的一般性或一般劳动，则属于"社会劳动"的范畴，更鲜明、更突出地反映了人类劳动实践活动的社会属性、不同劳动者及其特殊劳动之间存在的社会联系。任何劳动活动，都是人与自然之间的物质变换过程，具有特定的物质内容，同时也都是人类社会劳动系统的一部分，都以某种方式反映了人类无差别的一般劳动的耗费和支出，具有质上的同一性，可以从量上进行比较和交换，这既表明了不同劳动者及其劳动之间存在的社会联系，也表明了劳动实践活动本身所具有的社会本质。

三、人类劳动实践活动，内在地蕴含着二重关系（人与自然的关系、人与人的关系），是二者的有机统一

在马克思看来，任何劳动实践活动都包含着以人为主体的两个方面的关系：人与自然的关系、人与人的关系。劳动活动的特殊性、物质性，反映的主要是人与自然之间的关系，这其中既包括作为物质前提的外部自然对人类劳动的客观制约关系，也包括人类在遵循自然规律的前提下对外部自然发生的实质性改造关系和后者在人类劳动的对象化活动作用下发生的符合人类目的、意志的形态改变（即"人化自然"的形成）。劳动活动的一般性、社会性，反映的则主要是人与人的社会关系，这既表现在不同劳动者之间相互交换劳动产品的社会联系上，也表现在不同劳动者作为社会劳动有机系统中不同劳动形式的具体承担者，彼此之间相互依赖、相互制约的社会关系上。

《手稿》所揭示的劳动二重性思想的上述三重哲学意蕴，是马克思对早期手稿的实践观思想的理论升华和创造性发展，填补了早期实践观的重大空白，表明其实践观思想已趋于完备和系统化。早期手稿提出的实践观四个基本观点，加上《手稿》中首次得到系统、全面阐发的劳动二重性理论，马克思的新唯物主义实践观首次形成了一个完整、严谨的科学体系，包括五个基本观点：自然存在前提论、对象化活动论、异化劳动论、人化自然论、劳动二重性论。就其哲学底蕴而言，劳动二重性理论实际上有机综合了实践观的前四个观点的思想成果，达到了对人类劳动实践活动的更深刻、更全面、更具系统性的认识。它既充分肯定了劳动实践活动的自然物质前提和对象性本质特征，也深刻揭示了人类劳动活动固有的双重性质（特殊性和一般性、物质性和社会性）、双重关系（人与自然关系、人与人关系），并科学说明了它们的辩证统一关系，从而达到了前四个观点中任何一个观点都不能达到的那种全面性和系统性。从一定意义上，也可以说，劳动二重性理论是新唯物主义实践观思想体系中的首要观点、核心内容、总体把握。

第二节　异化观的新发展
——异化劳动三个新规定的提出

以往国内外学界的流行观点认为，马克思异化观的顶峰之作、思想制高点是其创作于19世纪40年代中期的《1844年经济学哲学手稿》，这一手稿提出的人本主义异化观四个规定（劳动产品与劳动者相异化、劳动活动与劳动者相异化、人的类本质与劳动者相异化、人与人相异化），就是对马克思异化观最完备、最系统的表述；马克思后来要么是根本放弃了作为早期"不成熟思想"的异化理论,要么就是对这一问题(即异化问题)的继续探索,已呈现出明显的"创造力衰退"的态势。

实际上,就马克思本人探索异化问题的真实思想轨迹而言,早期手稿的异化理论并非马克思异化思想的所谓"顶峰"或"最后完成",而是他探索异化问题的逻辑起点;马克思异化观的发展实际上经历了两次思想高峰,也可说是两次飞跃、两座里程碑:一是早期手稿对异化观的思想奠基和初步表述,二是《资本论》及其手稿(尤其是第一手稿)对异化观的重大深化和创造性发展。在《资本论》及其各手稿中,《资本论》第一手稿对异化问题的探索,具有最重要的理论意义,它奠定了马克思异化思想发展的第二阶段(《资本论》阶段)的理论基础,是继早期的《1844年经济学哲学手稿》之后,反映马克思异化观思想成果的最重要的哲学文本。在这一手稿中,马克思不但直接继承了早期手稿异化四个规定的基本思想,还立足于唯物史观和剩余价值学说两大发现,根据新的经济事实和哲学分析,赋予异化范畴以下三个新规定,填补了早期异化理论的重大空白,使异化理论趋于完备和系统化。

一、工人的活劳动与劳动条件相异化

这是《手稿》对早期异化观最重要的理论补充,从异化劳动的结果、表现追溯到异化劳动的根源、前提。劳动条件也就是进行劳动活动的生产资料。它作为物化劳动,本来是同人的活劳动统一在一起并从属于人的活劳动的。这种劳动就是自由劳动。但在特殊的历史条件下,劳动条件和劳动者相异化了,也就是说,劳动者和自己劳动条件的所有权分家了,劳动条件以资本的形式与工人相分离,作为一种独立的东西与工人相对立;不是工人支配劳动条件,而是劳动条件支配工人;工人作为活劳动的承担者,同他的劳动条件的经济的、合理而节约的使用之间,存在着毫不相干的关系;甚至把浪费工人生命和健康,压低工人的生存条件本身,作为节约生产资料、劳动条件的重要手段。在早期手稿中,马克思深刻揭露了资本主义条件下劳动异化的种种表现形式,但尚不能对异化劳动的历史根源作出科学的说明,因此异化劳动的各规定是缺少必要前提的。《手稿》补充的这一新规定,则科学地解答了资本主义异化劳动的历史根源问题:正是在封建制生产方式解体的历史进程中，劳动者逐渐与自己劳动的客观条件相分离，从而为资本主义生产方式、异化劳动的形成奠定了决定性前提；正是由于不占有劳动条件的自由劳动者阶级的形成和资本家对劳动条件的独占、垄断，劳动者被迫向资本家出卖自己的自由劳动力，从而被纳入到资本主义生产体系中，成为雇佣劳动（异化劳动）的牺牲品。

二、劳动过程中的智力因素与工人相异化

《手稿》在历史地考察近代资本主义大生产发展的趋势的基础上，揭露了劳动异化的新的特点——劳动过程中的智力因素（包括科学、知识、技能等）与劳动者相异化。这种异化就表现在，它们是为资本服务，作为资本的现实要素，不属于工人并与工人相对立而存在的：资本主义大工业把科学作为一种独立的生产能力与劳动分离开来，并迫使科学为资本服务，这种科学对于劳动者来说，表现为完全异己的、敌对的和统治的权力；为追逐剩余价值，资本采用技艺和科学的一切手段，来增加工人的剩余劳动时间，以榨取更多剩余价值；在机器生产体系中，科学、知识、技能表现为统治活劳动的资本的属性，更确切些说，表现为固定资本的属性；生产过程中的智力劳动是同体力劳动相分离的，智力变成了资本家支配劳动者的权力，而这正是在以机器为基础的大工业中完成的。

三、劳动创造的资本与劳动相异化

对资本和劳动的异化关系的全面揭示，也是《手稿》对早期异化观的一个重要补充和发展。马克思指出，资本原本是劳动创造的，但它却完全统治了活劳动，后者被贬低为资本用于创造剩余价值的简单工具，是被资本自觉地作为自己的一个要素而纳入到生产体系中的。在资本看来，劳动并不具有主体资格，它充其量只是剩余价值生产过程中的一个普通要素而已，与生产过程中的无机要素（比如原料、机器、厂房等）并没有任何实质性的差别。事实上，在资本主义社会，一切可为资本家榨取剩余价值的目的服务的现实手段，例如科学技术、机器设备、劳动产品、工人的活劳动能力等等，都被纳入到"资本"的范畴中来，即成为资本的一个现实要素，它们是完全为资本服务，不属于劳动者并与劳动者相对立而存在的，而且是奴役劳动者的强大异己力量。此外，资本不仅在生产体系中完全占

据统治地位，而且日益成为对经济生活、政治生活、精神生活全面统治的巨大社会权力，对劳动主体进行全面压抑。

第三节 现实个人与世界历史三大形态论
——《资本论》第一手稿思想总纲新发现

"现实个人"是马克思唯物史观的基本范畴之一。对人的理解的现实化，以及对"人的本质"的科学阐明，是马克思根本超越黑格尔、费尔巴哈为代表的旧哲学、创立唯物史观的根本前提之一。以往国内学界通常认为，马克思关于"现实的人"的科学理论，是在其40年代中后期的一系列重要文本中（以《关于费尔巴哈的提纲》、《德意志意识形态》为代表）得到完备而彻底的阐明的。而本文作者则认为，马克思关于"现实的人"的科学理论，并不是在40年代的哲学文本中一次性奠定的，而是逐步得到科学阐明的，包括前后两个阶段：一是他在40年代中后期的一系列重要哲学文本（其中最重要的是《1844年经济学哲学手稿》《关于费尔巴哈的提纲》《德意志意识形态》等三个文本）中对"现实的人"的本质特征的首次科学说明；二是他在50年代后期的《手稿》中对现实的人的历史发展的三大形态的首次系统阐释。换言之，40年代的哲学文本主要是对"现实的人"的本质特征的剖析和揭示，但尚未充分借助相关具体科学事实，对"现实个人"的历史发展轨迹作出富有哲学意义的充分阐明和概括，因此对"现实的人"的哲学分析是不完备的；只有站在整个人类历史的思想高度，充分结合具体科学研究成果，客观地说明"现实的人"的历史轨迹和未来命运，才能达到对"现实的人"的完备而彻底的认识，而这一理论工作正是在马克思创作于1857—1858年的《手稿》中完成的。《手稿》提出的现实个人与世界历史发展的三大历史形态理论，包括以下几个基本要点。

1. "对人的依赖性和自身的非独立性—以对物的依赖性为基础的人的独立性—个人全面发展基础上的自由个性"，就是现实的人的历史发展轨迹。

在"现实的人"的上述三个历史阶段中,"对人的依赖性和自身的非独立性"描述的是前资本主义社会中人的存在形态,其基本特点是,个人尚未脱离人群共同体而独立,在相当程度上还是共同体的附属物,物的因素(商品经济)虽有所萌芽和发展,但尚不足以破坏将个人牢固联系在一起的共同体纽带;"以对物的依赖性为基础的人的独立性"则特指商品经济获得充分发展的资本主义社会中人的存在形态,其基本特点是,共同体纽带被物的因素(商品经济)的发展所破坏,个人摆脱了对共同体的依附性,在人身关系上获得了自由和独立,但却被强大的物的力量所奴役,表现出"对人的独立性"和"对物的依赖性"的二重性;"个人全面发展基础上的自由个性"特指共产主义社会人的存在形态,其基本特点是,社会成员实现了自由个性和全面发展,个人既摆脱了物的因素的奴役,也重新与社会共同体实现了和谐结合(当然,这种结合现在表现为全面发展的个人之间的自由联合,而不再表现为个人对共同体的直接依附和从属)。

2. "自然血缘关系—统治从属关系—分裂异化关系—自由联合关系",就是现实的人在其历史发展进程中所经历的人与人关系的各种历史形式。

具体来说,自然血缘关系是人类历史原生形态——原始公有制社会——的人与人关系的主导形式,表现为人对以血缘关系为基础的原始共同体的直接依赖,以及共同体成员的平等协作关系;统治从属关系是人类历史的派生形态——奴隶制、农奴制社会——的人与人关系的主导形式,表现为人对以地域关系为基础的经济政治共同体的直接依赖,以及一部分人对另一部分人的统治关系和后者对前者的人身依附关系;分裂异化关系是资本主义社会人与人关系的主导形式,既表现为个人对共同体依附关系的瓦解和个人人身关系上的独立性,同时也表现为私有制、物质财富对人的完全统治、人与人之间的分裂、对抗关系和个人的孤立化;自由联合关系是共产主义社会人与人关系的主导形式,表现为个人的自由全面发展、人与人、个人与社会的和谐结合,以及作为自由人联合体的社会的形成。

3. 物质生产的发展是人的存在形态演进和更替的根本动力,也是实现人的自由全面发展的决定性条件。

显然，人的特定存在形态，总是与物质生产发展的特定水平相联系的，是后者的产物。从人对人的相互依赖性，到人对物的因素的依赖性和个人一定程度上的独立性，以及从物的因素统治下的人的片面发展，到人的全面发展和自由个性的形成，都是以物质生产的相应发展为根本前提、根本动力的。没有物质生产的相应发展，人的独立性、人的自由个性都是不可能实现的。物质生产发展的过程性和阶段性，决定了人的发展的过程性和阶段性。

4. 人的三大历史形态既是循序渐进、依次更替的合规律性的发展过程，也是人类自由逐步实现的合目的性的发展过程。

一方面，人的这三大历史形态的依次更替，是由物质生产从低级向高级发展的客观规律所决定的，因而是一个符合社会发展规律的演进过程，其先后顺序具有确定性，不存在任意跳跃发展阶段的可能性。另一方面，人的历史形态的这一演进顺序，与人类追求自由，努力成为自然、社会的主人的历史奋斗过程是内在一致的：通过从人的依赖性社会向物的依赖性社会的转变，人类逐渐摆脱了在自然面前的被奴役地位，开始成为自然的主人，但仍处于社会关系的奴役之下；而通过从物的依赖性社会向个人全面发展的社会的飞跃，人类实现了社会关系的根本变革，既成为自然的真正主人，也成为社会的真正主人。

第四节 社会形态发展理论的重大创新
——"前资本论"与"后资本论"的两大补充

过去国内学界倾向于认为，《手稿》对唯物史观的社会形态发展理论的最重要的理论创新，就在于提出了以人的发展为线索的三大社会形态理论。这种看法固然有一定的合理性，即看到了马克思《手稿》从人的历史发展的维度划分社会形态的一面，但却忽视了《手稿》划分社会形态的另一重要维度（生产资料所有制关系）和马克思从这一维度对人类具体社会形态所作的重要探讨。我们认为，不应把马克思以生产资料所有制关系为尺度的社会形态分析，湮没在人的历史发展的三大社会形态理论中，它具有后者不能替代、囊括的丰富思想内涵。在《手稿》中，马克思对具体社会形态的历史哲学分析，包括以下几个方面。

一、对人类历史原生形态的新探索

在这一《手稿》中，马克思在对亚洲、欧洲、美洲各国的原始公社制度作了认真的对比研究的基础上，首次明确将"原始公有制社会"（他有时把这种社会形式称为"原始共产主义"），确认为具有世界历史普遍意义的人类历史原生形态，接近于提出五大社会形态系列中的"原始社会"的科学概念，并将奴隶制社会、农奴制社会视为人类历史的派生形式。这是他在探索人类历史原生形态的思想进程中取得的重大成果，是其晚年全面制定原始社会理论的重要前提和思想起点。在此之前，马克思曾在其早期的一些著作中，对人类历史的原生形态，从哲学的角度作了一些概括性的描述，譬如他在 40 年代中期的《德意志意识形态》一书中，曾提出"部落所有制"的概念，并将这种所有制形式视为人类历史的第一种所有制形式。50 年代初以来，马克思逐渐对东方国家的原始公社制度及其土地所有制形式发生兴趣，并发现在欧洲、美洲、非洲的一些国家也存在类似的公社制度和土地所有制形式，它们的共同特征是存在着土地公有制和共产制生产、生活方式。《手稿》提出的"原始公有制社会是人类历史原生形态"的思想，正是对自己 40 年代以来探索人类历史原生形态问题的研究成果（特别是 50 年代初以来探索原始公社问题的研究成果）的哲学概括和理论升华。在《手稿》中，由于掌握了关于世界各国原始公社制度的大量有说服力的科学资料，马克思明确断言：原始公有制社会，是"一切文明民族的起点"；[①] "奴隶制、农奴制等等总是派生的形式，而决不是原始的形式，尽管它们是以共同体和以共同体中的劳动为基础的那种所有制的必然的和合乎逻辑的结果"；[②] "以私人交换为基础的生产制度，最初就是这种原始共产主义在历史上解体的结果"。[③]

[①] 《马克思恩格斯全集》第 31 卷，人民出版社 1998 年版，第 294 页。
[②] 《马克思恩格斯全集》第 30 卷，人民出版社 1995 年版，第 489 页。
[③] 《马克思恩格斯全集》第 31 卷，人民出版社 1998 年版，第 294 页。

二、对资本主义社会形态的首次系统、全面分析

《手稿》的社会形态发展理论的最大理论成果，就是对一种特定的社会形态即资本主义社会形态所作的首次系统、全面的分析。这种分析不仅仅是经济学、历史学层次的，同时也是哲学层次的。也可以说，二者是相辅相成、有机统一的：经济学、历史学分析从具体科学的层次，首次系统、科学地说明了资本原始积累的过程和实质、资本主义剥削的本质和机制、资本主义的生产和流通过程及经济运动趋势，从而达到了对资本主义经济社会形态的首次系统、透彻认识；哲学分析则借助于经济学、历史学相关科学成果，同样系统、透彻地说明了资本主义生产方式的历史起源、资本主义的基本经济、社会特征、历史功绩、历史局限性和未来发展趋势，从而第一次达到了对一种重要社会形态——资本主义社会形态——的系统、全面认识，使唯物史观关于资本主义社会形态的理论趋于完备、系统化。①

具体来讲，《手稿》对资本主义社会形态的哲学分析包括以下几个方面：

（1）对资本主义生产方式的历史起源的说明。《手稿》借助于经济学、历史学科学事实，在马克思主义哲学史上第一次合理说明了：劳动者与自己的劳动条件的历史性分离，以及自由劳动者阶级的历史性形成，是资本主义生产方式起源和形成的决定性前提。

（2）对资本主义的基本经济、社会特征的说明。这些特征包括：资本主义生产关系的基础和本质是资本家对工人创造的剩余价值的无偿占有；全部生产是服务于资本家榨取剩余价值的目的的；资本主义生产的发展趋势是赋予生产以科学的性质，即使科学成为直接的生产力；在资本主义社会，不同劳动者的私人劳动之间是彼此分离的，私人劳动只有通过交换这一中介才表现出社会性；资本表现为全面统治社会生活的异化的权力；人与人的社会关系呈现普遍异化的形式，人与人之间是分裂、对抗的关

---

① 客观地说，由于尚未掌握关于资本主义社会形态的许多决定性的经济学、历史学科学事实，马克思19世纪40年代的著作对资本主义社会形态所作的历史哲学分析不可能是完备的，正是马克思、恩格斯本人一再指出这一点。

系等。

（3）对资本主义历史功绩的说明。用马克思的话说,资本主义的伟大文明成果、历史功绩,突出地体现在它所实际造成的"普遍的社会物质变换、全面的关系、多方面的需要以及全面的能力的体系"上。① 此外,资本主义所导致的生产力的巨大发展,既使人类摆脱了在自然面前的被奴役地位,使自然服从于人的需要,也为人类的彻底解放、个人的全面发展奠定了决定性的物质前提。

（4）对资本主义历史局限性和未来发展趋势的说明。在他看来,资本主义的历史局限性表现在：其一,资本主义生产是在尖锐的对抗和矛盾中运行的,"通过尖锐的矛盾、危机、痉挛,表现出社会的生产发展同它的现存的生产关系之间日益增长的不相适应"②。其二,它是以直接剥夺劳动者的自由发展空间和他们的片面化、畸形化为前提的,不懂得劳动者个人的全面发展、主体性的全面发挥,才是社会生产发展的最大动力。其三,既然资本主义的生产体系和全部财富是建立在资本家对工人的经济剥削与工人的片面化、畸形化的基础上的,那么只要资本主义制度存在,工人与资本家之间的阶级对抗、阶级斗争就是不可避免的。正是在透彻分析资本主义历史局限性的基础上,他说明了资本主义的历史命运和发展趋势："这些定期发生的灾难（即经济危机——引者注）会导致灾难在更高的程度上重复发生,而最终导致用暴力推翻资本"；③"用暴力消灭资本……这是忠告资本退位并让位于更高级的社会生产状态的最令人信服的形式"④。也就是说,资本主义蕴含的危机和矛盾,必然导致推翻资本主义的社会革命的发生和新的社会形式的诞生。

三、对未来社会经济特征的第一次实质性探讨

在 19 世纪 40 年代的一些著作中,马克思曾从历史哲学角度探讨了未来共产主义社会的一些基本特征,比如物质生产力的高度发展、生产资料

---

① 《马克思恩格斯全集》第 30 卷,人民出版社 1995 年版,第 107 页。
② 《马克思恩格斯全集》第 31 卷,人民出版社 1998 年版,第 149 页。
③ 《马克思恩格斯全集》第 31 卷,人民出版社 1998 年版,第 150 页。
④ 《马克思恩格斯全集》第 31 卷,人民出版社 1998 年版,第 149 页。

的社会所有制、个人的自由全面发展、社会作为自由人联合体而存在等等，但尚未充分结合经济学研究成果，对未来社会的经济特征作出实质性的科学规定。对未来社会经济特征的第一次实质性探讨，正是在《手稿》中实现的。《手稿》在对资本主义的经济运行规律和未来发展趋势形成全面、透彻的认识的基础上，揭示了代替资本主义的新型社会形态——共产主义社会——的基本经济特征：

（1）劳动时间的节约，以及劳动时间在不同的生产部门之间有计划的分配，是共产主义社会的首要经济规律。之所以如此，正是因为，"社会发展、社会享用和社会活动的全面性，都取决于时间的节省"；①"节约劳动时间等于增加自由时间，即增加使个人得到充分发展的时间"；②"社会必须合乎目的地分配自己的时间，才能实现符合社会全部需要的生产"。③

（2）在共同生产的基础上，劳动充分实现了社会化。较之资本主义社会，共产主义社会的劳动性质将发生根本改变，单个人的劳动从一开始就成为社会劳动，个人劳动的产品从一开始就成为共同的、社会的产品。因此，不论个人所创造的或协作创造的产品的特殊物质的形态如何，"他用自己的劳动所购买的不是一定的特殊产品，而是共同生产中的一定份额"。④

（3）劳动者和劳动条件实现了重新结合。劳动者与劳动条件的分离，是资本主义起源的历史前提，也是资本奴役劳动的现实基础。未来代替资本主义的共产主义社会，将实现劳动者与其劳动条件在新的社会条件下的重新结合，将原来作为奴役工人的手段的劳动条件，重新掌握在社会化了的、联合起来的劳动者手中，从而消除劳动的异化性质，实现劳动者对劳动成果、社会财富的真正占有。

（4）全面发展的个人成为最大的现实生产力。在马克思看来，社会必要劳动时间的不断压缩，为个人的全面发展提供了广阔的空间，反过来，

---

① 《马克思恩格斯全集》第30卷，人民出版社1995年版，第123页。
② 《马克思恩格斯全集》第31卷，人民出版社1998年版，第107—108。
③ 《马克思恩格斯全集》第30卷，人民出版社1995年版，第123页。
④ 《马克思恩格斯全集》第30卷，人民出版社1995年版，第122页。

"个人的充分发展又作为最大的生产力反作用于劳动生产力"①。

《手稿》的上述探索,是马克思晚年的《哥达纲领批判》等著作进一步探索未来社会经济特征的重要思想来源。

第五节 自然、劳动、社会、人四元一体的复杂系统发展
——社会有机体理论的全新视野

《手稿》对早期唯物史观理论的重大发展,还表现为对一种新型的,以自然、劳动、社会、人四者有机统一为特征的总体性历史发展观的首次系统阐明。客观地说,在19世纪40年代的哲学探索中,马克思就已倾向于从自然、劳动、社会、人四者统一的综合视角来把握人类历史运动,但由于尚未充分掌握相关具体科学事实,他对人类历史发展过程的许多重要方面(例如人类生产劳动、社会形态、现实的人的具体发展过程)的认识是不够深入的,甚至存在着很大的理论空白,尚不能对人类历史运动的总体性特点、深层结构、本质特征,作出唯物史观高度的透彻、系统的阐明,对历史运动过程的理解还基本上是粗线条的。在《手稿》中,由于对人类生产劳动、社会形态、现实的人的具体发展过程已经有了较为深入、细致的了解,马克思得以全面、系统地揭示出人类历史运动的总体性特点、深层结构和本质特征,使原先对于人类历史运动的一般原则式的粗线条把握,上升到以大量经验事实为依托的系统性、总体性把握。具体地说,《手稿》中马克思系统阐明的总体性历史发展观,包括以下几个基本观点:

1. 人类历史运动是自然、劳动、社会、人四者有机统一、同步发展的总体性运动过程。

也可以说,"总体性"就是人类历史运动最基本的特点。人类历史运

---

① 《马克思恩格斯全集》第31卷,人民出版社1998年版,第108页。

动绝不只是社会形态的演进和更替，也不仅仅是人的发展，而是人化自然、生产劳动、社会形态、现实的人四者有机统一的同步发展过程，因此应从多维度（自然、劳动、社会、人）的综合性视角来全面把握人类历史运动，而不是孤立地考察其中任何一个过程。事实上，"人化自然的生成和演变—生产劳动形式的历史演进过程—社会形态发展的自然历史过程—现实的人的发展过程"，就是人类历史运动的深层结构，或者也可以理解为人类历史过程的四个方面、四个要素。

2. 生产劳动是人类历史过程四个方面统一的基础，是人化自然、社会形态、现实的人发展的根本动力和源泉。

（1）生产劳动规定了人化自然、社会形态、现实的人的本质。人化自然是人类生产劳动的直接对象化产物，是客体化了的生产劳动，生产劳动就是它的内在本质。生产劳动同时也是社会生活的本质内容，是人根本区别于动物的本质特征和基本存在方式。

（2）生产劳动是人化自然、社会形态、现实的人发展的根本动力和源泉。不论是人化自然、社会形态的发展，还是人的发展，最终都是要通过物质生产劳动的发展来实现的。从归根到底的意义上，人化自然、社会形态和现实的人的发展水平，主要都是由物质生产劳动的状况和水平决定的。

3. 人类历史运动的本质特征就在于，它是以自然界为物质前提，以生产劳动为根本动力，以社会形态演进为基本内容，以实现人类自由为主线的合规律性、合目的性相统一的发展过程。

（1）自然界是人类历史运动的客观物质前提、物质环境。自然界的物质前提作用和它对人类社会的现实制约，始终是人类历史运动的一个现实要素，人类社会就是在不断处理自身与自然的现实关系、解决人与自然的矛盾中获得发展的持续动力的。

（2）生产劳动是人类历史发展的根本动力。人类历史运动之所以呈现由低级阶段不断向更高级阶段发展的前进、上升趋势，其真正根源就在于物质生产劳动水平的不断进步。

（3）社会形态的演进和更替，构成了人类历史运动的基本内容。社会形态是人类历史运动的主要载体。人类历史运动，直接表现为具体社会形态的演进和更替。人类历史的前进、上升趋势，直接反映在社会形态由低级向高级的发展过程中。

（4）对自由的追求，是贯穿人类历史过程的一个永恒主题。整个人类历史，实际上就是劳动者不断地在自然和社会中争取自由的历史。如前所述，人类追求自由的历史过程，就是人类不断摆脱自然界和社会关系的奴役，逐渐掌握自身命运，最终成为自然、社会的主人的奋斗过程。

（5）人类历史运动是合规律性和合目的性相统一的发展过程。生产劳动、社会形态、现实的人的发展，一方面表现为遵循客观规律、具有自身客观逻辑的发展过程，决不能跳跃必要的历史阶段；另一方面，也呈现出与人类自由的实现、人类的解放相吻合的历史趋势。

第六节　两个马克思，还是二次飞跃论
——《1857—1858年经济学手稿》意义何在

可见，《手稿》不仅是马克思经济学创新的主要作品，也是其哲学创新的主要作品，是19世纪40年代之后马克思哲学思想发展的又一座高峰。较之40年代的初步哲学探索，《手稿》在诸多方面（实践观、异化观、人的发展观、社会形态观、历史发展观）都作出了重大的哲学创新，极大地深化和发展了早期的新唯物主义基本理论。如果说40年代的一系列重要哲学文本（以《1844年经济学哲学手稿》、《关于费尔巴哈的提纲》、《德意志意识形态》为代表）集中反映马克思哲学创新第一阶段的思想成果；那么《手稿》就是马克思哲学创新第二阶段（《资本论》创作阶段）的奠基之作，是这一阶段最重要的哲学文本，同时也是马克思哲学创新第三阶段（《马克思晚年笔记》创作阶段）的重要理论来源和思想起点。确立对《手稿》哲学地位的上述肯定性理解，其意义不仅在于纠正长期以来对《手稿》的单一经济学学科理解，还在于确立对马克思主义哲学史的新解释模式，还原马克思哲学探索的真实心路历程，消除长期以来流

行的关于马克思哲学史的两种错误观念——"马克思哲学创新一次完成论"、"两个马克思对立论"。具体来说,也可以讲是三大意义。

一、有助于确立对马克思哲学创新的过程性理解,纠正所谓"马克思哲学创新一次完成论"的错误观念

长期以来国内学界关于马克思哲学史的占统治地位的流行观点,是按照苏联哲学的传统解读模式,将马克思哲学革命、哲学创新看作是一次性完成的,即在19世纪40年代中后期的某一哲学文本(比如《关于费尔巴哈的提纲》,或《德意志意识形态》、《共产党宣言》等)中一次性完成的,40年代中后期以后的马克思哲学史主要是对40年代业已奠定的马克思主义哲学原理的验证或诠释。我们认为,这种马克思哲学创新的"一次完成论"是站不住脚的,是对马克思哲学史的根本曲解和误读。通过上文的详细分析,我们不难发现,相比马克思后来的重要著作,马克思40年代的哲学探索在许多重要方面是不全面、不完善的,他的一些重要理论,譬如关于现实的人的理论、社会形态发展理论等,都还处在初步的探索之中,将这一时期视为马克思哲学创新的完成是不科学的。同样,将马克思40年代之后的重要著作(例如《手稿》)所作的哲学探索看作是对40年代一次性形成的哲学原理的简单验证和诠释,也是不科学的。这种看法根本忽视了40年代之后的马克思著作对早期理论的重大创新、发展,以及二者在认识的全面性、系统性、分析的深度和广度上的显著差异。客观地说,40年代的哲学探索仅仅代表马克思哲学创新第一阶段的思想成果,即马克思新哲学"草创阶段"的思想成果,是马克思哲学创新的逻辑起点、历史起点而非最后完成。我们应该在马克思哲学创新四部曲(包括马克思前后期哲学创作的三大文本群——40年代文本群、《资本论》文本群、晚年笔记文本群——中的哲学创新思想,以及蕴含在《资本论》逻辑、书信和晚年笔记中的辩证法体系构想)的总和中,全面体认马克思哲学革命、哲学创新的精神实质,以及马克思新哲学的本质特征和理论空间。

二、有助于正确说明马克思前后期哲学探索的连贯性和统一性，驳斥"两个马克思"对立的神话

在以往国外学者的马克思思想史研究中，一直流行着所谓"两个马克思"对立的神话，而这又表现为两种不同情形：一是在苏联学者中流行的所谓"青年马克思"与"成熟马克思"对立的神话；二是在西方学者中流行的所谓"中年马克思"与"晚年马克思"对立的神话。这两种流行说法的共同之处就在于，他们都把马克思的思想看成是前后割裂、前后矛盾的，要么用后来的思想来反对其青年时代的思想，要么用晚年的思想来反对其中年时期的思想。依笔者看来，深入发掘和研究作为中年马克思主要哲学作品的《资本论》第一手稿的哲学创新、哲学底蕴，恰恰为说明马克思前后期哲学思想的连贯性、统一性，提供了一个很好的参照性视角，有助于正确驳斥"两个马克思"对立的神话：一方面，《手稿》为说明马克思青年时期思想与其后来思想发展之间的连贯性、统一性，驳斥所谓"青年、成熟马克思对立论"提供了有力例证。例如，"青年、成熟马克思对立论"的一个核心论点是，早期手稿的异化观是抽象人本主义者形象的"青年马克思"的核心思想，是其思想"不成熟性"的集中反映，随着新的科学世界观的建立，马克思根本抛弃了早期手稿的异化观，代之以唯物史观的科学观点；而《手稿》对早期异化观四个规定的直接继承和对异化劳动新规定的提出，则清楚地表明，所谓"成熟马克思"与"青年马克思"在异化问题上的对立是不存在的，而所谓持人本学异化观点的"青年马克思"与持唯物史观科学观点的"成熟马克思"之间的对立，也是不存在的。另一方面，《手稿》为说明马克思《资本论》时期的理论探索与其晚年时期理论探索之间的连贯性、统一性，驳斥所谓"中年、晚年马克思对立论"提供了有力例证。例如，在持上述"对立论"的许多西方学者看来，马克思在其晚年笔记（指对摩尔根、柯瓦列夫斯基、梅恩等人类学家的著作所作的笔记）中所从事的理论研究（即对以血缘关系为基础的原始社会的人类学研究）与先前《资本论》时期的理论研究之间，存在着思想上的断裂、对立关系；而通过对《手稿》的仔细考察，则不难发现，马克思对人类历史原生形态（原始公有制社会）及其基本特征（以自然血缘关系为人与人关系的基础、实行共产制生产、生活方式等)的探讨,是《手稿》社会形态理论的重要内容,从《手稿》到晚年笔记,马克思对人类历史原生形态的探索,是一个前后连贯、合乎逻辑的思想发展过程,将晚年笔记对原始社会的探索与《手稿》对人类历史原生形态的探讨相割裂、对立是不科学的。此外,我们还可以发现,《手稿》的哲学探索,既与马克思青年时代的探索有关(例如对实践观、异化观等问题的探索),也与其晚年时期的探索有关(例如对人类历史原生形态问题的探索),这既说明了《手稿》与马克思早期、晚期思想的内在联系,也有力地表明了:马克思前后期思想的发展是一个循序渐进、有着必要的思想铺垫、合乎逻辑的发展过程,所谓"断裂论"、"对立论"是不符合马克思思想史的本来面目的。

三、有助于更好地发掘《资本论》逻辑、《资本论》哲学、《资本论》手稿的思想底蕴及其重大现实意义

《1857—1858年经济学手稿》作为《资本论》第一大手稿,其思想主线、核心理念是什么?我这里提出了一个新看法,形式上虽然形成了"价值章—货币章—资本章"的三分结构,而在其独特思想内容上的理论总纲,则是现实个人与世界历史发展的三大形态论。相对于三大社会经济形态论来说,这是一个更高的哲学概括、总体概括。

20世纪80、90年代,在改革开放初期,我们试着从《资本论》第一大手稿中,发掘出现实个人与世界三大历史阶段的不可逾越性,证实中国改革开放选择与创造社会主义市场经济新型体制的历史必要性、客观合理性。

今天,在新时代、新起点上,重新发掘《资本论》第一大手稿中的三大社会形态理论,则有助于我们更好地体现"以人为本"、"以人民为中心"的新发展理念,根本超越在市场经济条件下"金钱为本"、"金钱至上"、"金钱万能"的错误价值观,从思想理论上保证社会主义市场经济不仅有"看得见"和"看不见"的两只手,而且有正确的价值观导向,作为"神经中枢"与"健康头脑"。

第五章　科学、技术、制度综合创新论
——1861—1863 年《资本论》第二手稿新发掘

创新理论的源头在哪里？究竟是 19 世纪马克思，还是 20 世纪初的熊彼特？

这个问题不仅是一个有待澄清的学术问题、理论问题，而且有重大的现实意义、政治意义。特别是 2017 年十九大，习近平新时代中国特色社会主义思想提出我们的奋斗目标，是在 2035 年基本实现现代化，并跻身创新型国家前列，这个问题更加突出。

第一节　重新发现马克思科学创新论
——且看恩格斯当年的"盖棺论定"

马克思有《资本论》、社会主义论，这是人所共知的基本常识。

作为伟大革命家的马克思，有没有科学创新论呢？这个问题却是国内外很少有人作出科学回答的，人们多半认为，马克思是没有也不可能有如此抽象理论的。

即使有少数专家专门研究了马克思《资本论》及相关手稿，也认为这只是一些"技术史笔记"，只有技术进步理论。[1]

这种看法貌似有理，流传甚广，其实却是根本错误的，站不住脚的，

---

[1] 洪银兴主编：《创新发展》，江苏人民出版社 2016 年版，第 33 页。

实质上是一种肤浅表面的皮相之见。

我们可以随手拈来一段，作为驳斥上述说法的有力证据，这就是最深知马克思其人及其思想的恩格斯，《在马克思墓前的讲话》。在这里，除了开头讲到马克思一生两大发现之后，紧接着讲到的就是马克思科学革命论、科学创新论思想，几乎把这一条看成是仅次于"两大发现"的第三大发现：

> 他作为科学家就是这样。但是这在他身上远不是主要的。在马克思看来，科学是一种在历史上起推动作用的、革命的力量。任何一门理论科学中的每一个新发现——它的实际应用也许还根本无法预见——都使马克思感到衷心喜悦，而当他看到那种对工业、对一般历史发展立即产生革命性影响的发现的时候，他的喜悦就非同寻常了。例如，他曾经密切注视电学方面各种发现的进展情况，不久以前，他还密切注视马赛克·德普勒的发现。①

当然，为了彻底回答这个问题，还需要我们在这里作一项"淘宝"工程，就是把隐藏在《资本论》及其第二大手稿《1861—1863年经济学手稿》"机器篇"中的马克思科学创新论，重新发掘出来。

为此，我这里采用了马克思本人这两个文本的相互说明、相互补充的"互校法"：借助于《资本论》第一卷第十一至第十三章《机器和大工业》中的理论概括，更好地从总体上提纲挈领地把握其手稿"机器篇"中提供的具体史料、具体论证；反过来，又借助于《资本论》手稿"机器篇"，更具体更细致地把握《资本论》第一卷第十一至第十三章理论概括的具体内涵。

看来马克思研究的是一个世界历史长时代，从中世纪11世纪到18世纪近代产业革命中的科学创新，大体约当公元1000至1800年的800年长时段，主题就是"走出中世纪，走向现代化"过程中的科学创新，也就是

---

① 《马克思恩格斯选集》第3卷，人民出版社1995年版，第776、777页。

近代世界历史中的科学创新问题。

马克思抓住了走向近代科学创新的三个历史关节点、关键期：公元1000年后，从中世纪城市最初开始的近代科学创新萌芽或先兆；公元1500年前后，文艺复兴时代，近代科学创新的铺垫；18世纪，近代化产业革命时代，近代科学创新走向高峰。

第二节　1000年之后四大发明中蕴含的科学创新思想萌芽
—— 走向近代科学创新的最初原点

第一个世界历史关节点，公元1000年以后，从中世纪城市国家兴起，引发了"走出中世纪，走向现代化"的近代科学创新最初萌芽。这是马克思理论视野中走向现代化的最初原点与上限。

这里研究的起点，正是公元1000年前后，在德意志与欧洲开始出现的风磨。

证实这一点的主要证据，是《资本论》第二手稿"机器篇"，对于波佩《工艺学历史》一书开头部分的引证：

> 波佩（在他的《工艺学历史》[见第1卷第10—29页]中）证实，从十一世纪起，与商业和科学相联系的城市手工业在城市里已发展起来（在那里，手工业已成为自由民的专门职业）；与此同时，手工业者的行会，同业公会，联合会，简言之，既是工业的又是政治的社团，也都发展起来。很多这样的"团体"产生于十二和十三世纪。当时的德意志几乎在每一种手工业里都有优秀的匠人。[1]

---

[1]《马克思恩格斯全集》第47卷，人民出版社1979年版，第431页。

在这一时期科学技术中,马克思还特别瞩目于火药、指南针、印刷术、钟表这四大发明及其孕育的科学思想:

> 最伟大的发明——火药、指南针和印刷术——属于手工业时期,如同钟表(一种最奇异的自动机)也属于这个时期一样。哥白尼和刻卜勒在天文学方面最天才的和最革命的发现,同样也属于所有机械观测工具都还处于幼年阶段的时代。纺纱机和蒸汽机的制造也同样是以制造这些机器的手工业和工场手工业,以及在上述时期已有所发展的力学科学等等为基础的。①

与此相应,《资本论》第一卷第十二节《分工和工场手工业》,则就此作出了理论概括:

> 手工业时期留下了指南针、火药、印刷术和自鸣钟等伟大的发明。②

"机器篇"手稿,还以钟表为例,指出这些古代中世纪技术发明背后,实际上孕育着近代科学思想创新的最初萌芽,有助于我们今天理解《资本论》上述概括背后的思想深蕴:

> 钟表是由手工艺生产和标志资产阶级社会萌芽时期的学术知识所产生的。钟表提供了生产中采用的自动机和自动运动的原理。与钟表的历史齐头并进的是匀速运动理论的历史。在商品的价值具有决定意义,因而生产商品所需要的劳动时间也具有决定意义的时代,要是没有钟表,会是怎样的情景呢?③

---

① 《马克思恩格斯全集》第47卷,人民出版社1979年版,第472页。
② 马克思:《资本论》第1卷,人民出版社1975年版,第386页。
③ 《马克思恩格斯全集》第47卷,人民出版社1979年版,第428页。

第三节 1500年前后文艺复兴时代
——近代科学创新的思想铺垫

第二个世界历史关节点,就是1500年前后,欧洲文艺复兴时代,走出蒙昧,解放思想,科学创新,出现了哥白尼、伽利略、达·芬奇、布鲁诺等一系列天才人物,为近代科学创新作了重要开道作用、铺垫作用。

通过波佩《工艺学历史》第二卷相关部分,马克思高度关注到文艺复兴时代近代光学、天文学等科学创新思想起源:

> 磨玻璃业。古代人只有取火镜。当时他们不知道镜子可以使物体放大。我们在十二世纪的阿拉伯人伊本·阿尔·哈桑那里发现了使用放大镜的最初痕迹。眼镜是十三世纪末才发明的(罗吉尔·培根)。古老的磨床最初是由胡克(1665年)加以改进的。望远镜或天文望远镜。放大镜或显微镜(十六世纪末)。现在的望远镜是1609年才从荷兰传来的。第一个天文望远镜是詹森于1590年制成的。欧洲从伽利略那里才学会了制造完善的天文望远镜,并把它应用到天文学方面。后来,刻卜勒又对它进行了研究。[波佩,同上,第2卷第244—260页]①

对于文艺复兴时代科学创新思想萌芽的理论概括,马克思主义创始人最集中的表述,当然还是见于恩格斯《自然辩证法》,可以作为这里的必要补充:

> 现代的自然研究同古代人的天才的自然哲学的直觉相反,同阿拉伯人的非常重要的、但是零散的并且大部分已经毫无结果地消失了的

---

① 《马克思恩格斯全集》第47卷,人民出版社1979年版,第430页。

发现相反，它唯一地达到了科学的、系统的和全面的发展，——现代的自然研究，和整个近代史一样，是从这样一个伟大的时代算起，这个时代，我们德国人由于当时我们所遭遇的民族不幸而称之为宗教改革，法国人称之为文艺复兴，而意大利人则称之为五百年代，但这些名称没有一个能把这个时代充分地表达出来。这个时代是从15世纪下半叶开始的。

这是人类以往从来没有经历过的一次最伟大的、进步的变革，是一个需要巨人而且产生了巨人——在思维能力、激情和性格方面，在多才多艺和学识渊博方面的巨人的时代。给资产阶级的现代统治打下基础的人物，决不是囿于小市民习气的人。相反地，成为时代特征的冒险精神，或多或少地感染了这些人物。那时，差不多没有一个著名人物不曾作过长途的旅行，不会说四五种语言，不在好几个专业上放射出光芒。莱奥纳多·达·芬奇不仅是大画家，而且也是大数学家、力学家和工程师，他在物理学的各种不同分支中都有重要的发现。阿尔布雷希特·丢勒是画家、铜板雕刻家、雕塑家、建筑师，此外还发明了一种筑城学体系，这种筑城学体系，已经包含了一些在很久以后被蒙塔朗贝尔和近代德国筑城学又加以采用的观念。马基雅弗利是政治家、历史编纂学家、诗人，同时又是第一个值得一提的近代军事著作家。路德不但清扫了教会这个奥吉亚斯的牛圈，而且也清扫了德国语言这个奥吉亚斯的牛圈，创造了现代德国散文，并且创作了成为16世纪《马赛曲》的充满胜利信心的赞美诗的词和曲……①

第四节 18世纪英国产业革命时代
——近代科学创新的黄金时代

第三个世界历史关节点，就是近代科学创新的真正实现，17世纪只是

---

① 《马克思恩格斯选集》第4卷，人民出版社1995年版，第260—262页。

来潮期，18世纪才是高潮期，由此建构的自动化机器体系，把科学与巨大自然力融入进来，科学成了生产力，有了新功能。

17、18世纪之交，英国剑桥大学的牛顿，在近代科学创新中起了重要的牛首作用。他在1687年发表的《自然哲学的数学原理》，阐明了万有引力定律和运动定律，为近代经典力学奠定基础。1704年，牛顿出版《光学》一书，又为近代光学奠基。

马克思在"机器篇"手稿中，借助于波佩等人著作，高度关注到牛顿等人的近代科学创新历程，及其在水磨等技术创新中的理论奠基作用。

> 在建造最初的水磨时，谁也没有想到是否可以用更有利的方法来调节供水量，或者是否可以用更适当的方法建造和使用轮子（水轮）。运用于水磨上的水的运动学说，是由波列尼（《论水的运动》1717年版）、达兰贝尔（《论流体平衡及运动》1744年版）、波绪（《流体力学的基本原理》1775年版）等人，以及别尔努力、欧勒等人深入研究的，特别是他们全都想要在水的运动速度及其阻力方面获得令人满意的成果。为了实际确定水的运动的速度，在十八世纪还发明了专门的仪器——流量计。水准测量或水位测定，即确定倾斜度，或河流、水渠、水溪底部的坡降等，在修建磨时是同样重要的。一直到十八世纪，才适当地采用水准测量，主要是用水准仪或水准器……一直到十八世纪中叶，还没有真正的水槽理论。在这个时期以后，才发现对上射和中射水轮说来，最好是按照抛物线来建造水槽……牛顿、马里奥特、约翰·别尔努利、丹尼尔·别尔努利、达兰贝尔、欧勒等，以自己的研究成果，把关于水流阻力或压力的学说大大地向前推进了。①

在"机器篇"手稿尾声之处，马克思上升到世界历史与理论思维的哲学高度，先后作出三个层次的理论概括，可以看作是逐层揭示出18世纪近代科学创新的四点结论。

---

① 《马克思恩格斯全集》第47卷，人民出版社1979年版，第422页。

第一，近代科学创新与近代产业革命，第一次使生产过程变成了科学的应用：

> 自然因素的应用——在一定程度上自然因素被列入资本的组成部分——是同科学作为生产过程的独立因素的发展相一致的。生产过程成了科学的应用，而科学反过来成了生产过程的因素即所谓职能。每一项发现都成了新的发明或生产方法的新的改进的基础。只有资本主义生产方式才第一次使自然科学为直接的生产过程服务，同时，生产的发展反过来又为从理论上征服自然提供了手段。科学获得的使命是：成为生产财富的手段，成为致富的手段。①

第二，在近代产业革命与科学革命造成的现代化生产中，第一次产生了只有用科学方法也能解决的实际问题，使科学应用成为社会化的相当规模。

只有在这种生产方式下，才第一次产生了只有用科学方法才能解决的实际问题。只有现在，实验和观察——以及生产过程本身的迫切需要——才第一次达到使科学的应用成为可能和必要的那样一种规模。现在，科学，人类理论的进步，得到了利用。资本不创造科学，但是它为了生产过程的需要，利用科学，占有科学。这样一来，科学作为应用于生产的科学同时就和直接劳动相分离。②

第三，近代科学创新与产业革命，还第一次使科学发现、科技发明成了一种特殊的职业、不可缺少的社会分工，并且具有相当规模而又具有重要地位：

> 自然科学本身（自然科学是一切知识的基础）的发展，也像与生产过程有关的一切知识的发展一样，它本身仍然是在资本主义生产的基础上进行的，这种资本主义生产第一次在相当大的程度上为自然科学创造了进行研究、观察、实验的物质手段。由于自然科学被资本用

---

① 《马克思恩格斯全集》第47卷，人民出版社1979年版，第570页。
② 《马克思恩格斯全集》第47卷，人民出版社1979年版，第570页

作致富手段，从而科学本身也成为那些发展科学的人的致富手段，所以，搞科学的人为了探索科学的实际应用而互相竞争。另一方面，发明成了一种特殊的职业。因此，随着资本主义生产的扩展，科学因素第一次被有意识地和广泛地加以发展、应用并体现在生活中，其规模是以往的时代根本想象不到的。①

第四，18世纪近代科学创新，在英、法、德、瑞典等国，在理论上大体近似，但科学理论之花在实践中应用，结出经济果实，却是英国一枝独秀，主要取决于制度创新决定的社会环境、经济关系：

> 十八世纪，数学、力学、化学领域的发现和进步，无论在法国、瑞典、德国，几乎都达到和英国同样的程度。发明也是如此，例如在法国就和在英国差不多。然而，在当时它们的资本主义应用却只发生在英国，因为只有在那里，经济关系才发展到使资本有可能利用科学进步的程度。（当时，特别是英国的农业关系和殖民地起了决定性的作用。）②

第五节　重新发现马克思技术创新论
——《资本论》及其第二大手稿中的"机器篇"、《工艺史笔记》

1861年至1863年政治经济学手稿，即《资本论》第二手稿中包含的"机器篇"，不能简简单单地看成一般性的、描述性的、重复前人、摘抄前人的技术史笔记，其中蕴含着马克思富于原创性、独特性的近代技术创新论。

要完整地理解马克思技术创新论，需要把三个历史文献，联系起来，加以比较研究：

---

① 《马克思恩格斯全集》第47卷，人民出版社1979年版，第570页。
② 《马克思恩格斯全集》第47卷，人民出版社1979年版，第598页。

第一，1851年10月至11月间，马克思在英国首都伦敦大英博物馆中所作的《工艺史》笔记。马克思关于工艺学的笔记（摘录）是许多作者的著作的详细摘要，其中包括：约·亨·摩·波佩《从科学复兴时期到十八世纪末工艺学的历史》，1807—1811年哥丁根版第一至三卷；安·尤尔《技术词典》，克腊马尔什和黑伦整理，1843—1844年布拉格版三卷集，第一卷；约·贝克曼《论发明史》，1782—1805年哥丁根版第一至五卷。①

第二，《1861至1863年经济学手稿》，主要是"机器篇"这一部分，这里有对上述工艺史笔记的理论分析。

第三，马克思《资本论》第一卷第十一至十五章，主要是第十三章《机器和大工业》。

在对比研究上述三个文献时，我意外地发现了一把钥匙，有助于理解上述三个文献，把三者贯穿成一个整体，就是马克思与恩格斯，关于《资本论》的书信，特别是1863年1月23、28日，马克思致恩格斯的两封书信。

1863年1月23日信，马克思向恩格斯交代了自己写作《资本论》进展情况，还在集中写作《机器》一节，在技术史、工艺史、机器史的问题上遇到理论难关，希望得到在工厂亲身实践和这方面研究中，曾经走在前面，早在1844年前后就写出《政治经济学批判大纲》、《英国工人阶级状况》的恩格斯的启发：

> 最后，还有一件与上面没有关系的事。我在动手写我的书关于机器的一节时，遇到一个很大的困难。我始终不明白，走锭精纺机怎样改变了纺纱过程，或者确切些说，既然从前已经采用了蒸汽力，那末现在除了蒸汽力以外，纺纱工人的动力职能表现在哪里？如果你能给我说明这一点，我就十分高兴。②

看来，马克思上手之初是直奔机器——现代化大生产的技术创新的，

---

① 《马克思恩格斯〈资本论〉书信集》，人民出版社1976年版，第599页。
② 《马克思恩格斯〈资本论〉书信集》，人民出版社1976年版，第172页。

但有些问题却难以搞清,因而又依据自己1851年10月所做的伦敦笔记《工艺史》,重新向前追溯,以图追根溯源地搞清现代化技术创新的来龙去脉。由于这里交代了马克思思考技术创新的基本思想,理解"机器篇"手稿,与《资本论》第十一至第十三章的一把金钥匙,却又鲜为人知,因而不厌其详,基本上全文照录于下:

在上一封信中,我曾向你问过走锭精纺机的事。问题是这样:在这种机器发明以前,所谓的纺纱工人是用什么方法进行工作的?走锭精纺机我明白,但是它以前的情况我就不清楚了。

我正在对机器这一节作些补充。在这一节里有些很有趣的问题,我在第一次整理时忽略了。为了把这一切弄清楚,我把我关于工艺学的笔记(摘录)全部重读了一遍,并且去听韦利斯教授为工人开设的实习(纯粹是实验)课(在杰明街地质学院里,赫胥黎在那里也讲过课)。我在力学方面的情况同在语言方面的情况一样。我懂得数学定理,但是属于直观的最简单的实际技术问题,我理解起来却十分困难。

对纯粹的数学家来说,这些问题是无关紧要的,但是,在问题涉及要证明人们的社会关系和这些物质生产方式的发展之间的联系时,它们却是非常重要的。

重读了我的关于工艺史的摘录之后,我产生了这样一种看法:撇开火药、指南针和印刷术的发明不谈——这些都是资产阶级发展的必要前提,——从十六世纪到十八世纪中叶这段时间,即从手工业发展起来的工场手工业一直到真正的大工业这一时期,在工场手工业内部为机器工业做好准备的有两种物质基础,即钟表和磨(最初是磨谷物的磨,即水磨),二者都是从古代继承下来的。(水磨是在尤利乌斯·凯撒时代从小亚细亚传入罗马的。)钟表是第一个应用于实际目的的自动机;匀速运动生产的全部理论就是在它的基础上发展起来的,按其性质来说,它本身是以半艺术性的手工业和直接的理论的结合为基础的。例如,卡尔达诺曾写过关于钟表构造的书(并且提出了实际的制法）。十六世纪的德国著作家把钟表制造业叫作"有学问的（非行会的）手工业"；从钟表的发展可以证明，在手工业基础上的学识和实践之间的关系，同譬如大工业中的这二者之间的关系，是多么地不同。同样也毫无疑问的是，在十八世纪把自动机器（特别是发条发动的）应用到生产上去的第一个想法，是由钟表引起的。从历史上可以证明，沃康松在这方面的尝试对英国发明家的想象力有极大的影响。

另一方面，磨从一开始，从水磨发明的时候起，就具有机器结构的重要特征。机械动力；由这种动力发动的最初的发动机；传动机构；最后是处理材料的工作机；这一切都彼此独立地存在着。在磨的基础上建立了关于摩擦的理论，并从而进行了关于轮盘联动装置、齿轮等等的算式的研究；测量动力强度的理论和最好地使用动力的理论等等，最初也是从这里建立起来的。从十七世纪中叶以来，几乎所有的大数学家，只要他们研究应用力学，并把它从理论上加以阐明，就都是从磨谷物的简单的水磨着手的。因此，在工场手工业时期出现 Mühle 和 mill 这一名称，实际上也应用于为了实际目的而使用的一切机械发动机上。①

正是在这里，马克思清晰地交代了自己构思近代技术创新论基本思路，实际上是把自 11 世纪至 18 世纪产业革命这 800 年历史，分成三大阶段：

公元 1000—1500 年间，火药、指南针、活字印刷术这三大发明是近代技术创新必要前提；

公元 1500 年前后，磨和钟表是在文艺复兴时代工场手工业内部，为机器工业作了准备的两种技术物质基础；

17 世纪、18 世纪，从工具到机器，从手工到机械化大生产的现代技术创新，是分两步走，经历了两次革命、两次飞跃，第一次是工具机的革命，第二次是动力机的革命，蒸汽机的诞生。②

---

① 《马克思恩格斯〈资本论〉书信集》，人民出版社 1976 年版，第 173—175 页。
② 《马克思恩格斯〈资本论〉书信集》，人民出版社 1976 年版，第 173—175 页。

下面，我们根据马克思本人书信中提供的基本思路、基本线索，试图梳理出《资本论》及其手稿"机器篇"的基本结构、思想脉络——马克思近代技术创新论大纲、三个阶段论。

第六节 11 世纪以来火药、指南针、印刷术三大发明
——近代技术创新前提

第一阶段，公元 1000 年以来，11 世纪至 15 世纪，以火药、指南针、活字印刷术三大发明为主要潮头，为"走出中世纪，走向近代化"奠定了物质技术基础，也为近代化技术创新提供了必要前提。

继 17 世纪英国科学家培根之后，马克思《资本论》"机器篇"手稿，再次充分肯定了上述三大发明的世界历史意义。

在"机器篇"手稿开头，马克思就开宗明义地指出了上述三大发明的技术创新，对于近代化资本主义社会的预告作用、奠基作用、先兆作用：

> 火药、指南针、印刷术——这是预告资产阶级社会到来的三大发明。①

而在"机器篇"手稿的近尾声之处，马克思再次指明了这三大发明的超前性、全局性、世界历史性，并称之为世界历史上"最伟大的发明"：

> 最伟大的发明——火药、指南针和印刷术——属于手工业时期，如同钟表（一种最奇异的自动机）也属于这个时期一样。②

《资本论》第一卷，则把上述三大发明，外加钟表，从整体上并称为手工时期四个伟大发明：

---

① 《马克思恩格斯全集》第 47 卷，人民出版社 1979 年版，第 427 页。
② 《马克思恩格斯〈资本论〉书信集》，人民出版社 1976 年版，第 472 页。

手工业时期留下了指南针、火药、印刷术和自鸣钟等伟大的发明。①

《资本论》及其手稿,并没有对上述三大发明,作具体考察、详细论述。看来是由于双重原因:首先,马克思1863年1月28日书信,曾就这种详略选择作了历史合理性的解决:"撇开火药、指南针和印刷术的发明不谈——这都是资产阶级发展的必要前提。"

另一方面,看来多半也由于这三大发明原来是由北宋时代中国人发明,经成吉思汗与阿拉伯人为中介桥梁传到欧洲,连中国人自己的历史记载都非常简略、语焉不详,而那个时代,从培根到马克思都未知其详,就是想说也说不清楚其来龙去脉的。

第七节 文艺复兴时代水磨钟表两大发明
——近代技术创新的两大物质基础

第二阶段,1500年前后文艺复兴时代,虽然尚处于工场手工业时期、资本主义最初萌芽时期,但以磨和钟表这两种典型机械的技术变革为代表,为18世纪产业革命,作出了重要的物资技术准备。

马克思对磨的研究兴趣由来已久,早在1847年与蒲鲁东论战的《哲学的贫困》一书,就有一段关于磨的技术创新的经典论述:

> 经济学家蒲鲁东先生非常明白,人们是在一定的生产关系中制造呢绒、麻布和丝织品的。但是他不明白,这些一定的社会关系同麻布、亚麻等一样,也是人们生产出来的。社会关系和生产力密切相联。随着新生产力的获得,人们改变自己的生产方式,随着生产方式即谋生的方式的改变,人们也就会改变自己的一切社会关系。

---

① 马克思:《资本论》第1卷,人民出版社1975年版,第386页。

手推磨产生的是封建主的社会，蒸汽磨产生的是工业资本家的社会。①

1851年10月，马克思关于《工艺史》的伦敦笔记，又特别注意到波佩对磨的技术进步史的具体实证研究。

"机器篇"手稿中，对于机器产生之前的技术创新史，研究最详尽、最具体的首推磨，并且有一段言简意明的理论概括，说明了其对机器革命、产业革命的铺垫意义：

> 相反，磨可以被看做是最先应用机器原理的劳动工具。在磨中应用机器原理，要比在纺纱机和织造的机器等等上容易……
>
> 随着水磨的建造，力学原理——应用机械动力并利用机械装置来传递这一动力——才真正在很大的程度上得到应用，因为水轮（水落在它上面），水轮的轴（它通过齿轮系统将运动传给磨盘），包括了机械运动的完整体系。
>
> 因此，就这方面来说，从磨的历史可以研究力学的全部历史。
>
> 在这里，我们可以找到按一定顺序相继采用的、而在很长时间内又是同时并用的所有种类的动力：人力、畜力、水力、船磨、风磨、马车磨（磨装在马车上，靠马车的运动来带动，在战争等时候使用），最后是蒸汽磨。
>
> 而水（风）磨和钟表，这是过去传下来的两种机器，它们的发展还在工场的工业时代就已经为机器时期做了准备。因此，人们用"磨"["Mühlen, mills"]这个词来表示一切由自然力推动的劳动工具，甚至表示那些以手作为动力的较复杂的工具。在磨中，已经具备或多或少独立的和发展了的、相互并存的机器基本要素：动力；动力作用于其上的原动机；处于原动机和工作机之间的传动机构——轮传动装置、杠杆、齿等等。②

---

① 《马克思恩格斯选集》第1卷，人民出版社1995年版，第141、142页。
② 《马克思恩格斯全集》第47卷，人民出版社1979年版，第418、427页。

仅次于磨的研究的,是关于钟表技术的具体考察。马克思有时甚至把钟表与火药、指南针、印刷术联系在一起,并称为手工业时期业已超前产生的四个伟大发明。

他这样论述了钟表技术创新,在世界历史与人类技术进步史上的特殊重大意义:

> 钟表是由手工艺生产和标志资产阶级社会萌芽时期的学术知识所产生的。钟表提供了生产中采用的自动机和自动运动的原理。与钟表的历史齐头并进的是匀速运动理论的历史。在商品的价值具有决定意义,因而生产商品所需要的劳动时间也具有决定意义的时代,要是没有钟表,会是怎样的情景呢?①

为什么如此特别重视磨和钟表的发明与技术进步呢?马克思在"机器篇"手稿中,有一句话,可谓一语破的,并且和1863年1月28日致恩格斯书信相互印证:

> 而水(风)磨和钟表,这是过去传下来的两种机器,它们的发展还在工场手工业时代就已经为机器时期做了准备。②

第八节 18世纪英国近代技术革命、产业革命
—— 两个阶段、两次飞跃

第三阶段,17世纪开始来潮,18世纪在英国达到高潮的近代技术革命、产业革命,实际上经历了两个阶段、两次飞跃,第一阶段是工具机革

---

① 《马克思恩格斯全集》第47卷,人民出版社1979年版,第428页。
② 《马克思恩格斯全集》第47卷,人民出版社1979年版,第427页。

新,第二阶段乃至以瓦特蒸汽机发明为代表的动力机革命。

马克思首先具体分析了从工具发展到机器这一划时代技术创新赖以发生的八个方面历史动因、历史前程。

在此基础上,马克思区分了现代技术创新、产业革命的两个阶段、二次革命:

> 首先应当指出,这里所说的不是[工具与机器之间]在工艺上的确切区分,而是在所使用的劳动资料上发生的一种改变生产方式、因而也改变生产关系的革命;因此,在当前的场合,所说的正是在所使用的劳动资料上发生的那种为资本主义生产方式所特有的革命。
>
> 从历史上看,必须区别向机器劳动过渡的两个阶段。
>
> 这样一来,资本主义生产方式所特有的工业革命,正是起源于同加工的材料直接接触的那一部分工具的改革,并且为把每台走锭精纺机上的纱锭数量从6个增加到1800个铺平了道路。
>
> 继这第一次伟大的工业革命以后,采用蒸汽机作为产生运动的机器,则是第二次革命。①

马克思不仅作出了上述理论概括,而且对工艺史、技术史上的许多典型案例,进行了具体分析。初步清点一下,这样的个案研究,主要是以下15个:

1. 磨,从水磨、风磨到蒸汽磨;
2. 榨油机;
3. 钟和制钟工厂;
4. 造纸厂;
5. 磨玻璃业;
6. 马车手工工场;
7. 捣碎机和锻工场;

---

① 《马克思恩格斯全集》第47卷,人民出版社1979年版,第412、414、415页。

8. 鼓风吹火装置；

9. 毛纺织品生产技术；

10. 棉纺织品生产技术；

11. 丝织品生产技术；

12. 编织技术；

13. 织袜机、缝纫机等机械能源问题；

14. 钢笔尖的生产技艺；

15. 自动化工厂。

在自动化工厂的机器体系这个近代技术创新最新阶段，马克思又重点研究了五个案例：

1. 现代造纸厂；

2. 信封的生产；

3. 印刷铅字铸造；

4. 机械组织；

5. 机器制造业。

看来，这些科技的具体案例研究，大部分并没有写到1867年正式出版的《资本论》第一卷中。从这一点看来，《资本论》第二手稿，尤其是"机器篇"手稿具有独立的理论意义，至少还值得我们今天作出深入研究。

正是在《资本论》第一卷中，马克思对18世纪产业革命的两个阶段，作了更为精辟的理论概括：

马克思指出，18世纪现代技术创新的起点，第一次革命，是工具机的革新：

> 所有发达的机器都由三个本质上不同的部分组成：发动机，传动机构，工具机或工作机。发动机是整个机构的动力。它或者产生自己的动力，如蒸汽机、卡路里机、电磁机等；或者接受外部某种现成的自然力的推动，如水车受落差水推动，风磨受风推动等。传动机构由飞轮、转轴、齿轮、蜗轮、杆、绳索、皮带、联结装置以及各种各样的附件组成。它调节运动，在必要时改变运动的形式（例如把垂直运

动变为圆形运动），把运动分配并传送到工具机上。机构的这两个部分的作用，仅仅是把运动传给工具机，由此工具机才抓住劳动对象，并按照一定的目的来改变它。机器的这一部分——工具机，是十八世纪工业革命的起点。在今天，每当手工业或工场手工业生产过渡到机器生产时，工具机也还是起点。①

马克思还进一步指出，18世纪现代技术创新、产业革命的关键环节、乃至决定性环节，还是蒸汽机实现的动力机革新，这是更有普遍意义、历史意义的第二次革命，也是瓦特真正伟大天才之处：

> 十七世纪末工场手工业时期发明的、一直存在到十八世纪八十年代初的那种蒸汽机，并没有引起工业革命。相反地，正是由于创造了工具机，才使蒸汽机的革命成为必要。
>
> 瓦特的伟大天才表现在1784年4月他所取得的专利的说明书中，他没有把自己的蒸汽机说成是一种用于特殊目的的发明，而把它说成是大工业普遍应用的发动机。他在说明书中指出的用途，有一些（例如蒸汽锤）过了半个多世纪以后才被采用。但是他当时曾怀疑，蒸汽机能否应用到航海上。1851年，他的后继者，博耳顿－瓦特公司，在伦敦工业展览会上展出了远洋轮船用的最大的蒸汽机。②

不仅如此，在《资本论》第一卷第十三章开头，开宗明义点明了近代技术创新的世界历史意义：

> 生产方式的变革，在工场手工业中以劳动力为起点，在大工业中以劳动资料为起点。因此，首先应该研究，劳动资料如何从工具转变为机器，或者说，机器和手工业工具有什么区别。这里只能谈谈显著的一般的特征，因为社会史上的各个时代，正如地球史上的各个时代

---

① 马克思：《资本论》第1卷，人民出版社1975年版，第410页。
② 马克思：《资本论》第1卷，人民出版社1975年版，第412、415页。

一样，是不能划出抽象的严格的界限的。①

饶有兴趣的是，马克思还在《资本论》第十三章开头的一个长篇脚注中，用和达尔文生物进化论比较的方式，说明技术进化与创新对人类历史发展的重要意义，就相当于达尔文所研究的动植物用于维持生存的器官进化历史：

> 在他以前，最早大概在意大利，就已经有人使用机器纺纱了，虽然当时的机器还很不完善。如果有一部批判的工艺史，就会证明，十八世纪的任何发明，很少是属于某一个人的。可是直到现在还没有这样的著作。达尔文注意到自然工艺史，即注意到在动植物的生活中作为生产工具的动植物器官是怎样形成的。社会人的生产器官的形成史，即每一个特殊社会组织的物质基础的形成史，难道不值得同样注意吗？而且，这样一部历史不是更容易写出来吗？因为，如维科所说的那样，人类史同自然史的区别在于，人类史是我们自己创造的，而自然史不是我们自己创造的。工艺学会揭示出人对自然的能动关系，人的生活的直接生产过程，以及人的社会生活条件和由此产生的精神观念的直接生产过程。甚至所有抽掉这个物质基础的宗教史，都是非批判的。事实上，通过分析来寻找宗教幻象的世俗核心，比反过来从当时的现实生活关系中引出它的天国形式要容易得多。后面这种方法是唯一的唯物主义的方法，因而也是唯一科学的方法。那种排除历史过程的、抽象的自然科学的唯物主义的缺点，每当它的代表越出自己的专业范围时，就在他们的抽象的和唯心主义的观念中立刻显露出来。②

这段脚注，也相当于对马克思技术创新理论意义、历史意义的简明脚注。

---

① 马克思：《资本论》第 1 卷，人民出版社 1975 年版，第 408 页。
② 马克思：《资本论》第 1 卷，人民出版社 1975 年版，第 409、410 页。

以上所述，就是我们对于马克思技术创新论，主要是近代技术创新论的重新发现、重新发掘。

第九节　原始社会与古代社会的技术创新
——晚年马克思、恩格斯的两大补充

马克思技术创新论的理论空间，并不局限于"走出中世纪，走向现代化"这1000年间，晚年马克思还借助于对摩尔根《古代社会或人类从蒙昧时代经过野蛮时代到文明时代的发展过程的研究》一书的笔记，加上恩格斯1884年在此基础上写成的《家庭、私有制和国家的起源》一书，此外还有恩格斯最富于独创性、原创性的专著手稿《自然辩证法》，为其技术创新论增加了开头的两大历史篇章，从而形成了"原始社会——古代社会——近代社会"上中下三篇的完整结构：

上篇，原始社会（从蒙昧时代到野蛮时代）技术创新论；

中篇，古代社会（文明起源时代与早期阶段）技术创新论；

下篇，近代社会技术创新论。

这里只能作一点简要梳理，全面回答最后提出的这个问题，还需要留待以后再作出专门研究。

摩尔根根据他那个时代对易洛魁氏族部落和原始时代的深入研究，几乎独立地重新发现了唯物史观基本观点，并首先开拓了富于唯物史观色彩的文明起源论。他以"生存技术的历史发展"为主线，来揭示人类社会怎样从蒙昧时代、野蛮时代走向文明时代。他认为，人类征服地球，以控制生活资料为条件，只有人类控制了生活资料，才有文明时代。正基于此，他倾向于把制陶技术作为野蛮时代起点，也曾注意到畜牧业和农业在文明起源中的物质技术前提作用。

摩尔根在那个时代能独立地走到这一步，是出类拔萃、难能可贵的，但他也留下了历史局限与思想局限：他只有"生存技术"这个日常生活表象，而没有生产力系统与物质技术基础的科学概念；他主要关注与日常生

活相关的生活资料，而很少注意到与生产劳动实践相关的生产资料是历史的更深层基础；他把与生活资料直接相关的制陶技术，摆到农业起源前面，作为野蛮时代起点，并且忽视了新石器工具的生产技术。

晚年马克思《摩尔根〈古代社会〉一书摘要》，一方面高度评价了摩尔根的重大科学发现，另一方面也试图使贯穿其中的唯物史观更彻底、更准确、更深刻。一个显著修改之处，是第一编第一章《人类文化的几个发展阶段》，马克思只摘了内容，没摘题目，看来对这个题目不太满意，但又未能想出更准确的科学概念取而代之。从摘要内容来看，马克思摘引了"氏族与国家"、"两种政治形式"的概述，直接摘录了以生产力为物质基础、以生产关系为社会形式的世界历史三大时代、七个阶段。而对第一编第二章，摩尔根原来的题目叫《生存的技术》，也是个不太确切的科学术语，没有分清生产与生活，马克思更确切地修改为《生活资料的生产方式》。原书的第三章，马克思没有摘，上述两章合起来，构成马克思摘要的第一部分：劳动实践——物质生产的创新发展史。另一个关系重大的显著变化是，看来是马克思为了准备写出自己的《资本论》续篇，构建自己的体系，对全书结构，基本思路做了重大调整。把原书第三编第六章抽上来，作为摘要的第二部分：原始社会家族关系史——人自身再生产的历史。看来，马克思意在探索原始社会发展的基本规律和历史特点，意在作出摩尔根本人没有作出的科学探索和哲学概括：物质生产与人自身再生产的统一，构成了原始社会发展的双重基点和决定因素；也正是这两种生产的统一，构成人类文明起源的双重基础与双重主题。文明起源的双重源头，第一要到人与自然关系的生产力革命中去探寻，第二要到人自身再生产的家庭关系变革中去探索；并注意这两大源头历史的、具体的统一。这乃是马克思晚年的闪光思想，绝不应把马克思唯物史观简单化地归结为是经济决定论的单一机械模式。

1884年发表的《家庭、私有制和国家的起源》一书，奠基者是马克思，完成者是恩格斯，恩格斯是在马克思摘要的基础上继续前进的。在该书第一章恩格斯引述了摩尔根"陶器起点论"的观点，并且特别注明了这是摩尔根的观点，可能表明他在这个问题上还在思考之中，尚未最后拿定自己的学术主张："摩尔根认为向野蛮时代过渡就是从制陶术开始。"通常认为，恩格斯在该书中只是简单转述摩尔根的科学成果。实际上，这种说法只是似是而非的表象。恩格斯不仅消化吸收了摩尔根的思想成果，还添进了自己的独特思想，纠正、改造、深化、发展了摩尔根等前人成果。就以文明起源的物质前提、历史起点问题为例，在作了上述引述之后，虽然没有明确作出纠正，但恩格斯在独立探索中，先后三次发表了不同于摩尔根"陶器起点论"的观点，更注重生产实践中农业与畜牧业起源的革命。

第一次，是在引述摩尔根的"野蛮时代从学会制陶术开始"之后，恩格斯立即提出"野蛮时代的特征是农业加畜牧"的独特思想："随着野蛮时代的到来，我们达到了这样一个阶段，这时两大陆的自然条件上的差异，就有了意义。野蛮时代的特有的标志，是动物的驯养、繁殖和植物的种植"。①

第二次，是在第一章结尾，在摩尔根只有分别叙述、没有总体概括的情况下，恩格斯对野蛮时代即文明起源时代三个阶段的总体特征，作出了高度概括，并按照马克思的基本思路，更加注重生活资料的生产方式："我在这里根据摩尔根的著作描绘的这幅人类经过蒙昧时代和野蛮时代达到文明时代的开端的发展图景，已经包含足够多的新特征了，而尤其重要的是，这些特征都是不可争辩的，因为它们是直接从生产中得来的。""现在我们可以把摩尔根的分期概括如下：蒙昧时代是以获取现成的天然产物为主的时期；人工产品主要是用作获取天然产物的辅助工具。野蛮时代是学会畜牧和农耕的时期，是学会靠人类的活动来增加天然产物生产的方法的时期。文明时代是学会对天然物进一步加工的时期，是真正的工业和艺术的时期。"② 初看起来，这里是对摩尔根的简单复述，实际上却是从一个全新高度作出的全新概括。在讲到野蛮时代文明起源的物质前提时，重心已从日常生活中的制陶术，转向重点强调生产劳动实践中的农业畜牧业。

---

① 《马克思恩格斯选集》第4卷，人民出版社1995年版，第20页。
② 《马克思恩格斯选集》第4卷，人民出版社1995年版，第23、24页。

第三次，是在全书最后一章《野蛮时代和文明时代》，恩格斯以"古希腊—罗马—德意志—易洛魁"氏族制度比较研究为基础，应用马克思《资本论》逻辑的方法，作出了别开生面的独特概括：以"三次社会大分工"为主线，重新概括了文明起源的实践基础和历史前提。其中的"第一次大分工起点论"，也可以叫"畜牧业和农业起点论"，既深化了摩尔根思想成果，又纠正了"陶器起点论"的历史局限和思想局限。

我们在这里，需要沿着摩尔根—马克思、恩格斯开创的历史唯物主义文明起源论道路往前走，努力汲取世界考古学最新成果，把"陶器—畜牧业—农业"这三大物质前提的因果链条，修正为文明起源的生态前提和三大物质技术前提的历史链条：

生态环境剧变的挑战——农业与家畜起源——新石器技术革命起源——制陶技术革命起源

这可以说，在马克思技术创新史论中，是起承上启下作用的中篇；此前，还有作为上篇的原始社会、蒙昧时代的技术创新史论；此后，则是作为下篇的近代资本主义技术创新史论。

讲到这个地方，我用了"马克思技术创新史论"这个独特提法，是因为马克思的鲜明个性，是史论结合，史论不分家，史以论统、论从史出的；在马克思这里，"技术创新史"与"技术创新论"，是一而二、二而一的事。

第十节 重新发现马克思制度创新论
——微观、中观、宏观三个层面

通常国内外学术界多半认为，美国学者兰斯·戴维斯、道格拉斯·诺思等人，20世纪中后期创立了制度创新理论，他们的理论源头最多可以追溯到20世纪初熊彼特1912年发表的《经济发展理论》中蕴含的企业制度创新理论的思想。

我们在这里要指出的是，实际上现代制度创新论的真正思想源头，应当追根溯源到马克思，尤其是《资本论》及其手稿晚年笔记中"《资本论》续篇"的准备材料。正是在这里马克思提出了三个层次统一的制度创新论的基本思想：微观角度的企业制度创新论；中观角度的经济制度创新论；宏观角度的社会制度与国家制度创新论。

第十一节　微观层面：企业制度创新论

从《1857—1858 年经济学手稿》到 1867 年发表的《资本论》第一卷，马克思都把近代资本主义企业制度创新，分成三个阶段、三种形式：

1500 年前后，使用手工工具、实行简单协作的原始资本主义手工作坊。

16 世纪、17 世纪乃至 18 世纪中期，使用手工工具，而实行内部分工的初级的手工业工场。

18 世纪产业革命后，用大机器生产，并实行专业化分工的现代工业企业制度。

第一阶段，1500 年前后，与手工生产、简单协作相适应的原始资本主义企业制度。

马克思对资本主义原始协作，有一个科学定义并有所具体分析：

> 这是基本形式；分工以协作为前提或者只是协作的有专业划分的方式。以使用机器为基础的工厂等等也是这样。协作是一般形式，这种形式是一切以提高社会劳动生产率为目的的社会组合的基础，并在其中任何一种协作中得到进一步的专业划分。但同时协作本身又是一种与它更发展的、更具有专业划分的形式并存的特殊形式（正如它是超出它以前的发展阶段的一种形式一样）。

> 协作作为一种与它自己的进一步的发展阶段或专业划分不同的、

并与这些发展阶段相区别、相分离而存在的形式,是最原始的、最简单的和最抽象的协作形式,但是就它的简单性、它的简单形式来说,它始终是它的一切较高发展的形式的基础和前提。

可见,协作首先是许多工人为生产同一个成果、同一个产品、同一个使用价值(或同一个效用)而实行的直接的——不以交换为中介的——协同行动。它首先是许多工人的协同行动。因此,许多同时劳动的工人在同一个空间(在一个地方)的密集、聚集,这是协作的第一个前提,——或者说,它本身已是协作的物质存在。这个前提是它的一切更发展的形式的基础。①

他肯定这种资本主义原始协作、手工作坊,比起农业中的个体家庭、手工业中的个体户经营,已是制度上的一大创新:即使劳动方式不变,同时使用较多的工人,也会在劳动过程的物质条件上引起革命。即使许多工人只是在空间上集合在一起,并不协同劳动,这种生产资料也不同于单干的独立劳动者或小业主的分散的并且相对地说花费大的生产资料,而取得了社会劳动的条件或劳动的社会条件这种性质。一部分劳动资料甚至在劳动过程本身取得这种社会性质以前,就已经取得这种社会性质。②

在《资本论》第十一章"协作"一开头,马克思对于资本主义手工作坊的历史地位,与古代行会手工业,及近代工场手工业的显著差异,作为一段一锤定音式的理论概括:

我们已经看到,资本主义生产实际上是在同一个资本家同时雇佣较多的工人,因而劳动过程扩大了自己的规模并提供了较大量的产品的时候才开始的。较多的工人在同一时间、同一空间(或者说同一劳动场所),为了生产同种商品,在同一资本家的指挥下工作,这在历

---

① 参见《马克思恩格斯全集》第47卷,人民出版社1979年版,第290、291页。
② 参见马克思:《资本论》第1卷,人民出版社1975年版,第360、361页。

史上和逻辑上都是资本主义生产的起点。①

第二阶段，16至18世纪末，以扩大了的手工劳动为主，加上企业内部专业分工为基础的手工工场制度创新。

在《资本论》第二手稿《1861—1863年经济学手稿》中，马克思指明了以分工为基础的手工工场制度产生的两个前提：

> 我们这里所考察的分工首先要以下述情况为前提：社会分工已经达到了相当高的发展水平，各个生产领域已互相分离，而且这些生产领域内部又分成许多独立的小部分，——因为资本一般只能在相对发达的商品流通的基础上才能得到发展，而这种情况就意味着整个社会内部各生产部门的相对发达的分工（独立化）。如果上述情况已经作为前提存在，也就是说，例如棉花的生产已经是互不依赖的、独立的生产部门（因而例如它已经不再是农村的副业），那么，出现于分工之前并先于分工而存在的分工的第二个前提就是：这个部门的许多工人在资本的指挥下结合在一个工厂里。②

在《资本论》中，他进而分析了工场手工业制度的二重起源，或叫产生的两条路径、一个实质：

> 可见，工场手工业的产生方式，它由手工业形成的方式，是二重的。一方面，它以不同种的独立手工业的结合为出发点，这些手工业非独立化和片面化到了这种程度，以致它们在同一个商品的生产过程中成为只是互相补充的局部操作。
>
> 另一方面，工场手工业以同种手工业者的协作为出发点，它把这种个人手工业分成各种不同的特殊操作，使之孤立，并且独立化到这种程度，以致每一种操作成为特殊工人的专门职能。因此，一方面工

---

① 参见马克思：《资本论》第1卷，人民出版社1975年版，第358页。
② 《马克思恩格斯全集》第47卷，人民出版社1979年版，第306、307页。

场手工业在生产过程中引进了分工，或者进一步发展了分工，另一方面它又把过去分开的手工业结合在一起。但是不管它的特殊的出发点如何，它的最终形态总是一样的：一个以人为器官的生产机构。①

在《资本论》第十二章"分工和工场手工业"一开头，有一段一语破的式的理论概括，说明了以分工为基础的工场手工业企业制度的历史作用和历史地位：

以分工为基础的协作，在工场手工业上取得了自己的典型形态。这种协作，作为资本主义生产过程的特殊形式，在真正的工场手工业时期占据统治地位。这个时期大约从16世纪中叶到18世纪末叶。②

第三阶段，从18世纪末叶英国产业革命开始，以大机器生产和专业化分工为基础的现代工厂制度创新。

马克思对工厂制度创新双重起点，作了逻辑与历史统一的理论分析。

工具转变为机器，这种生产资料上的技术创新，是工厂制度创新的历史起点与逻辑起点："生产方式的变革，在工场手工业中以劳动力为起点，在大工业中以劳动资料为起点。因此，首先应该研究，劳动资料如何从工具转变为机器，或者说，机器和手工业工具有什么区别。这里只能谈谈显著的一般的特征，因为社会史上的各个时代，正如地球史上的各个时代一样，是不能划出抽象的严格的界限的。"③

进行分析可以看出，机器体系的技术创新起点，工具机又是最初起点。所有发达的机器都由三个本质上不同的部分组成：发动机，传动机构，工具机或工作机。发动机是整个机构的动力。它或者产生自己的动力，如蒸汽机、卡路里机、电磁机等；或者接受外部某种现成的自然力的推动，如水车受落差水推动，风磨受风推动等。传动机构由飞轮、转轴、

---

① 马克思：《资本论》第1卷，人民出版社1975年版，第375页。
② 马克思：《资本论》第1卷，人民出版社1975年版，第373页。
③ 马克思：《资本论》第1卷，人民出版社1975年版，第408页。

齿轮、蜗轮、杆、绳索、皮带、联结装置以及各种各样的附件组成。它调节运动，在必要时改变运动的形式（例如把垂直运动变为圆形运动），把运动分配并传送到工具机上。机构的这两个部分的作用，仅仅是把运动传给工具机，由此工具机才抓住劳动对象，并按照一定的目的来改变它。机器的这一部分——工具机，是18世纪工业革命的起点。在今天，每当手工业或工场手工业生产过渡到机器生产时，工具机也还是起点。17世纪末工场手工业时期发明的、一直存在到18世纪80年代初的那种蒸汽机，并没有引起工业革命。相反地，正是由于创造了工具机，才使蒸汽机的革命成为必要。①

究竟什么是机器，什么是工具，机器不同于工具的本质特征是什么？马克思有一个简明概括：作为工业革命起点的机器，是用一个机构代替只使用一个工具的工人，这个机构用许多同样的或同种的工具一起作业，由一个单一的动力来推动，而不管这个动力具有什么形式。②

大机器生产的技术创新需要，成为工厂制度创新的巨大原动力：大工业发展到一定阶段，也在技术上同自己的手工业以及工场手工业基础发生冲突。发动机、传动机构和工具机的规模日益扩大；随着工具机摆脱掉最初曾支配它的构造的手工业形式而获得仅由其力学任务决定的自由形式，工具机的各个组成部分日益复杂、多样并具有日益严格的规则性；自动体系日益发展；难于加工的材料日益不可避免地被应用，例如以铁代替木材——所有这些都是自然发生的问题，要解决这些问题到处都碰到人身的限制。这些限制甚至工场手工业中的结合工人也只能在一定程度上突破，而不能从根本上突破。例如，像现代印刷机、现代蒸汽织机和现代梳棉机这样的机器，就不是工场手工业所能制造的。③

大机器生产成为一个巨大的主动轮，推动着现代分工制度、工厂制度的诞生过程：发达的、同资本主义基础上的机器生产相适应的劳动组织，就是工厂制度，这种制度甚至在现代的大农业中——由于这一生产领域的

---

① 马克思：《资本论》第1卷，人民出版社1975年版，第410页。
② 马克思：《资本论》第1卷，人民出版社1975年版，第413页。
③ 马克思：《资本论》第1卷，人民出版社1975年版，第420页。

特点而或多或少发生一些变化,——也占统治地位。在工厂制度条件下工人的集结。以后我们将更详尽地研究在工厂制度条件下出现的,既不同于简单协作,也不同于以分工为基础的工场手工业的那种协作的特点。在这里,首先应当指出,发达的机器体系——以使用机器为基础的生产体系——以工人聚集在同一个地点,以他们在空间上集中在资本家的指挥下为前提。这种集中是机器生产的条件。在工厂制度条件下,在生产领域执行职能的资本采取了巨大数量的社会财富(虽然也是属于单个资本家所有)的形式,这种财富决不能与单个人可能具有的工作能力和生产率相提并论,同样,协同动作的工人体系也采取了大规模的社会结合的形式。①

现代工厂制度的另一个支柱,就是现代分工制度,专业化分工体系:"我们已经看到,机器如何消灭了以手工业为基础的协作和以手工业分工为基础的工场手工业。"②

随着工厂制度的发展和随之而来的农业的变革,不仅所有其他工业部门的生产规模扩大了,而且它们的性质也发生了变化。机器生产的原则是把生产过程分解为各个组成阶段,并且应用力学、化学等等,总之就是应用自然科学来解决由此产生的问题。这个原则到处都起着决定性的作用。因此,机器时而挤进工场手工业的这个局部过程,时而又挤进那个局部过程。这样一来,从旧的分工中产生的工场手工业组织的坚固结晶就逐渐溶解,并不断发生变化。此外,总体工人即结合工人的构成也发生了根本的变革。③

晚年马克思与恩格斯,还注意到从近代工厂制度向现代股份公司制度的发展问题,留待下面专门探讨。

第十二节 中观层面:经济制度创新论

马克思还探讨了从古代自然经济走向近代市场经济的经济制度创新问

---

① 《马克思恩格斯全集》第47卷,人民出版社1979年版,第400、402、403页。
② 马克思:《资本论》第1卷,人民出版社1975年版,第503页。
③ 参见马克思:《资本论》第1卷,人民出版社1975年版,第505页。

题，这方面的思想轨迹，不如企业制度创新那么明显，不过仔细辨析，还是可以大致梳理出他的思想脉络，概括出以下五个要点。

（1）商品货币在较高程度上的历史发展是一个必要的前提，其中 1500 年前后开辟了国际商道的近代交通革命、开辟了世界市场的近代商业革命，是两个世界历史作用巨大的主动轮。发达的商品流通与生产是资本形成的历史前提。商品生产和发达的商品流通，即贸易，是资本产生的历史前提。世界贸易和世界市场在 16 世纪揭开了资本的近代生活史。美洲的发现、绕过非洲的航行，给新兴的资产阶级开辟了新天地。东印度和中国的市场、美洲的殖民化、对殖民地的贸易、交换手段和一般商品的增加，使商业、航海业和工业空前高涨，因而使正在崩溃的封建社会内部的革命因素迅速发展。大工业建立了由美洲的发现所准备好的世界市场。世界市场使商业、航海业和陆路交通得到了巨大的发展。这种发展又反过来促进了工业的扩展。①

（2）劳动力变成了商品，由此货币变成了资本，这是近代资本主义市场经济取代古代自然经济的关键环节：劳动力的买和卖是在流通领域或商品交换领域的界限以内进行的，这个领域确实是天赋人权的真正乐园。那里占统治地位的只是自由、平等、所有权和边沁。我们的剧中人的面貌已经起了某些变化。原来的货币所有者成了资本家，昂首前行；劳动力所有者成了他的工人，尾随于后。一个笑容满面，雄心勃勃；一个战战兢兢，畏缩不前，像在市场上出卖了自己的皮一样，只有一个前途——让人家来鞣。②

（3）市场经济制度创新的主要基础——人的存在的二重性：

每个个人以物的形式占有社会权力。如果你从物那里夺去这种社会权力，那你就必须赋予人以支配人的这种权力。人的依赖关系（起初完全是自然发生的），是最初的社会形态，在这种形态下，人的生产能力只是在狭窄的范围内和孤立的地点上发展着。以物的依赖性为基础的人的独立

---

① 参见马克思：《资本论》第 1 卷，人民出版社 1975 年版，第 167 页；《马克思恩格斯选集》第 1 卷，人民出版社 1995 年版，第 273 页。
② 参见马克思：《资本论》第 1 卷，人民出版社 1975 年版，第 199、200 页。

性，是第二大形态。①

（4）市场经济制度创新赖以确立的四个支点：在这种形态下，才形成普遍的社会物质变换，全面的关系，多方面的需求以及全面的能力的体系。②

（5）以商品货币交换为中介的市场体系建立起来，成为整个社会分工体系的主要依托。以商品市场体系为中介建立的市民社会，成为政治国家的主要经济基础，社会有机体的经济骨骼系统。马克思《资本论》一开头，就描绘了这样一幅世界历史图景：资本主义生产方式占统治地位的社会的财富，表现为"庞大的商品堆积"，单个的商品表现为这种财富的元素形式。因此，我们的研究就从分析商品开始。③

第十三节 宏观层面：社会制度与国家制度创新论

马克思创新理论，还有一个非常独特的宏观层面，就是社会制度与国家制度的根本创新。纵观他一生的思想轨迹，《资本论》创作过程主要关注的是批判与超越近代资本主义的社会制度与国家制度创新；在晚年笔记中，在《资本论》续篇的准备材料中，又加上了从古代原始社会到文明社会、奴隶社会，从氏族制度、私有制度，到国家制度的重大创新问题。

国家与社会，国家制度与社会制度，国家制度创新与社会制度创新，是什么关系呢？在马克思看来：国家是文明社会的集中表现；国家制度是社会制度的集中表现；国家制度创新是社会制度创新的集中表现。

这是马克思主义不同于形形色色自由主义、改良主义的本质特征。

（1）资本主义生产方式绝不是永恒不变的千年王国，它的本质特征之一就是具有革命变革性。

---

① 参见《马克思恩格斯全集》第46卷上册，人民出版社1979年版，第104页。
② 参见《马克思恩格斯全集》第46卷上册，人民出版社1979年版，第104页。
③ 参见马克思：《资本论》第1卷，人民出版社1975年版，第47页。

（2）资本主义在世界历史上的作用，具有明显的二重性。

（3）资本主义社会制度的基本矛盾，就是劳动社会化与生产资料私人占有，尤其是资本垄断的深刻矛盾。

（4）资本主义经济制度深刻矛盾的突出表现，就是它一方面促进了社会物质生产力的巨大发展，乃至无限发展的巨大空间，而另一方面却使人的发展，绝大多数劳动者的发展受到根本局限。

（5）资本主义发展造成了贫富两极分化，造成了工人阶级贫困化，这就使工人阶级与广大劳动者势必成为资本主义社会制度的掘墓人。

（6）资本主义的异化劳动现象与深刻普遍的社会危机表明，资本主义制度的丧钟敲响了，与此相应，必须有国家制度上的重大创新。

这里提出的种种思想，正是马克思创新论不同于各种自由主义、改良主义的独特思想。

其中多数重要内容已为大家熟知，这里不再一一赘述；而其中最后一点，则在当代引起广泛争议，需要在这里做点具体辨析。

马克思生活在1818—1883年，主要还是自由竞争的资本主义时代；他讲的"资本主义丧钟敲响了"，顺理成章地主要是指亚当·斯密时代的自由竞争资本主义丧钟敲响了。我们应当在这层意义上去理解其基本思想，应当说是没有问题的。

马克思晚年遇到了从自由竞争资本主义转向垄断资本主义发展新阶段的转变萌芽问题，时代变换尚处于"风起于青萍之末"的历史发端。

马克思以极大的理论敏锐性，觉察到资本主义正在走向新阶段，《资本论》第二卷、第三卷之所以一再延误出版，主要原因之一正是想利用新材料，研究新问题。

因而，马克思当年所说的"资本主义丧钟敲响了"，今天应当加上一个限制词，就是当时所指的乃是自由竞争资本主义；至于在那个时代之后，资本主义制度有哪些重大调整，哪些新的变化，应当由我们后人实事求是，深入研究，具体分析，不必苛求于前人。

第十四节 科学、技术、制度现代化的综合创新论
—— 马克思创新论精髓新发现

马克思《1861年至1863年经济学手稿》，尤其是其"机器篇"的思想精髓是什么？这个问题长期存在，甚至至今还是众说纷纭，莫衷一是。

一种长期以来最为流行的说法，就是认为，这里仅仅是一些"技术史笔记"而已，表达的是马克思对技术史的零星片断看法，并没有马克思自己独特思想，特别是创新理论贯穿其中。正因如此，他们在谈论到新理论源流时，仅仅把熊彼特作为现代创新理论源头，趋之若鹜，而把马克思弃置一旁，无人问津。

近年来，这种情况开始有点变化，就是国内外有些较好的理论专著，开始注意到《资本论》中的创新理论，然而多半仅仅称之为"技术进步理论"。这方面的一部代表作，是南京大学洪银兴教授主编，2016年出版的《创新发展》一书。由安同良等人执笔写成的该书第二章，讲马克思的第一节，题目就叫《马克思关于创新和技术进步理论》，一开始就借助于熊彼特的一位追随者弗里曼的说法，给马克思作了如上定位：

> 创新思想可追溯到马克思在《资本论》中所提出的自然科学在技术进步中的作用。弗里曼（C. Freeman）在解释熊彼特的创新理论时特别肯定了马克思的贡献："马克思（1848年）恐怕领先于其他任何一位经济学家把技术创新看作经济发展与竞争的推动力。"[①]

[①] 洪银兴主编：《创新发展》，江苏人民出版社2016年版，第33页。

该书比起诸多流行著作，还是颇有些新意与学术价值的，就是开始注意到马克思创新理论的源头作用；不足之处在于，从作者这一节 25 处引文出处来看，仅仅局限于《资本论》三卷，却只字未能提及《资本论》手稿，尤其是对此至关重要的《1861 年至 1863 年经济手稿》"机器篇"。因而，对马克思创新论理论空间、思想精髓的理解，尚局限于熊彼特、弗里曼及 20 世纪 50 年代索罗的"技术进步理论"的思想范式、理论模式，称之为"技术进步理论"。

马克思创新论思想精髓到底是什么呢？

马克思思想精髓，既不是描述性、史实性的《技术史笔记》，也不仅仅局限于"技术进步理论"，而是在《资本论》及其手稿，尤其是《资本论》第二大手稿《1861 年至 1863 年经济手稿》"机器篇"中，提出了走向现代化的科学、技术、制度综合创新论，晚年笔记又借助于对摩尔根《古代社会》一书摘要，更进一步发展为整个世界历史中的科学、技术、制度综合创新论。

这才是马克思创新理论的真正精髓。

这才是现代创新理论、中国创新理念的真正源头。

这才是习近平新时代中国特色社会主义思想中创新理论的真正源头所在。

这才是 21 世纪和当代中国马克思主义理论创新与创新理论的真正源头活水。

近 17 年来，我曾在五部著作中，先后论述过这个问题：

《中华腾飞论——毛泽东、邓小平、江泽民三代领导集体的理论创新》（2001）；《马克思学新奠基》（2006）；《时代精神与马克思主义哲学创新》（2011）；《中国创新论》（2012）；《哲学创新论——马克思哲学观与当代新问题》（2015）。

然而，我的论述也有不够到位之处，更没有引起足够重视。因而，促使我这一次下定决心，一定要更彻底地回答这个问题。

第十五节　三大发明与制度创新
——公元 1000 年现代化原点上的科学、技术、制度综合创新论

火药、指南针、活字印刷术这三大发明，都是在公元 1000 年前后，由北宋时代中国人作出的。然而，从世界历史与理论思维的哲学高度，阐明这三大发明的伟大意义，特别是上升到科学、技术、制度综合创新论的高度，却是由马克思在《资本论》及其第二大手稿"机器篇"中，第一次完整科学作出的。

这也是马克思科学、技术、制度综合论思想的第一次集中表述。

火药、指南针、活字印刷术这三大发明，当然首先而且主要是技术创新；如此重大的技术创新，必然包含科学创新作为理论前提；这么重大的技术创新，也必然会带来重大的社会效应，乃至带来重大社会变革。

由于受到种种历史条件限制，1863 年写作《资本论》第二大手稿及其"机器篇"时，马克思未必知道这三大发明起源于中国北宋时代，经过蒙古铁骑和阿拉伯文化作为中介，传入欧洲的历史原委；他当时思想重心，主要是根据这三大发明在 11 世纪后，欧洲"走出中世纪，走向现代化"最初起步、历史原点上的历史作用，来阐发上述三大发明的重要社会变革意义。

1863 后 1 月 28 日，马克思致恩格斯信中，已经极其简明地表述了这一基本思想：

火药、指南针和印刷术的发明——这些都是资产阶级发展的必要前提。①

为什么这么说呢？这三大发明为走出中世纪，走向现代化的制度创新，提供了哪些必要前提呢？

马克思在 1863 年 1、2 月前，写成的《资本论》第二大手稿，"机器

---

① 《马克思恩格斯〈资本论〉书信集》，人民出版社 1976 年版，第 174 页。

篇"开头部分更为具体明确地回答这个问题：

> 火药、指南针、印刷术——这是预告资产阶级社会到来的三大发明。火药把骑士阶层炸得粉碎，指南针打开了世界市场并建立了殖民地，而印刷术则变成新教的工具，总的来说变成科学复兴的手段，变成对精神发展创造必要前提的最强大的杠杆。①

"火药把骑士阶层炸得粉碎"，意味着火药这一科技发明及其军事应用，根本改变了阶级关系，根本动摇了封建社会制度根基。原来中世纪封建主义社会制度，主要支柱是"封建土地制度、领主制、农奴制"，主要是封建庄院制度、封建城堡制度，而保卫这种封建制度的社会阶层、社会力量，则是有世袭贵族身份的骑士阶层、骑士精神，他们身披铠甲，手握宝剑，足跨战马，似乎不可一世，固若金汤。然而，火药的发明，平民有了枪炮，封建城堡、骑士阶层，全都变得不堪一击，统治地位岌岌可危。

"指南针打开了世界市场并建立了殖民地"，是指1500年前后，由于把指南针、罗盘用于远洋航海，乃有了以哥伦布发现新大陆、达·伽马开拓印度洋航道、麦哲伦环球航行为代表的三大航海探险活动，引发了近代交通革命与商业革命，首次开创了世界市场，还有把资本扩展到全球化大空间的殖民地制度。

"印刷术变成新教的工具"，则是指印刷技术的推广应用，与宗教改革、新教伦理的推广相结合，由此引发文艺复兴，古希腊罗马文化的复兴，突破了中世纪神学蒙昧，成了科学复兴、人文精神、个性解放的强大动力，文艺复兴时代到来的强大动力。

由此也就证明了一个总体性结论，这三大发明，虽是以科学创新为前提的古代重大技术创新，可是其社会后果、社会效应，却是为"走出中世纪，走向现代化"这一世界历史上的重大制度创新、社会制度的划时代变革，提供了必不可少的物质技术基础。

---

① 《马克思恩格斯全集》第47卷，人民出版社1979年版，第427页。

为什么说，古代科学发明能为近代社会制度创新奠定基础呢？

为了更深入地回答这个问题，马克思在《资本论》第二大手稿"机器篇"近于尾声之处，再次回到这三大发明上来，认为这反映了世界历史长河中社会发展连续性与不连续性对立统一的一条普遍规律，新社会萌芽最初诞生于旧社会经济形态内部结构之中：

正像各种不同的地质层系相继更迭一样，在各种不同的社会经济形态的形成上，不应该相信各个时期是突然出现的，相互截然分开的。在手工业内部，孕育着工场手工业的萌芽……

最伟大的发明——火药、指南针和印刷术——属于手工业时期，如同钟表（一种最奇异的自动机）也属于这个时期一样。哥白尼和刻卜勒在天文学方面最天才的和最革命的发现，同样也属于所有机械观测工具都还处于幼年阶段的时代。纺纱机和蒸汽机的制造也同样是以制造这些机器的手工业和工场手工业，以及在上述时期已有所发展的力学科学等等为基础的。

在这里，起作用的普遍规律在于：后一个［生产］形式的物质可能性——不论是工艺条件，还是与其相适应的企业经济结构——都是在前一个形式的范围内创造出来的。①

正是在讲述三大发明的世界历史意义时，马克思现代化科学、技术、制度综合创新论思想，第一次得到明确集中的理论阐发。

第十六节　水磨钟表与资本萌芽
——1500年前后文艺复兴时代的科学、技术、制度综合创新论

在11世纪到18世纪产业革命之间的800年间，还有一个重要的历史

---

① 《马克思恩格斯全集》第47卷，人民出版社1979年版，第472页。

关节点，就是1500年前后的文艺复兴时代。对于这个时代，人们有各种各样的描述方式，"世界的重新发现"与"人的重新发现"，被看作是这个时代的本质特征、时代精神。

马克思则为观察这个时代提供了一个目光远大的独特视角，正是"走出中世纪，走向现代化"的科学、技术、制度综合创新，使欧洲文艺复兴时代放射出独特异彩，甚至在世界历史上大放光彩。

正是这个时代，出现了一系列科学发明，迎来了科学创新的早春天气；哥白尼进行了天文观测，并提出了"太阳中心说"等天文学、太阳系的科学创新思想；伽利略在天文学、物理学上提出了一系列科学创新思想；布鲁诺出版《论无限的宇宙和谐世界》，坚持和发展了哥白尼的太阳中心学说；达·芬奇更是一代科学奇人，研究了光学定律、声音传播、惯性原理、人体解剖等诸多学科，提出了许多闪光的科学创新思想，同时还是伟大画家、建筑家……

正是在这种人文主义和科学创新精神鼓舞下，这个时期的技术创新，也围绕着"水磨与钟表"这两大焦点，蓬勃开展起来，并且推动着企业制度、国家制度、社会经济制度这三个不同层面上，都不同程度地发生了制度创新。

马克思《资本论》第二大手稿"机器篇"，关于这一时代，乃至从11世纪18世纪产业革命之间，谈论最详尽的就是"磨与钟表"这两大技术发明的演化过程。其中又首推对磨的工艺史、技术创新史的研究，可能有近10页篇幅，约一万字（汉字）之长，真正堪称"千锤百炼"，反复琢磨。为什么马克思对此情有独钟呢？此中深意就在于，磨就像一个典型、一个缩影、一面镜子，最为集中地体现了马克思独树一帜的科学、技术、制度三位一体的综合创新论。

首先，磨的历史进化史中映现出力学乃至物理学的科学创新进化过程：

> 磨可以被看作是最先应用机械原理的劳动工具。在磨中应用机械原理，要比在纺纱机和织造的机器等等上容易……

随着水磨的建造,力学原理——应用机器动力并利用机器装置来传递这一动力——才真正在很大的程度上得到应用,因为水轮(水落在它上面),水轮的轴(它通过齿轮系统将运动传给磨盘),包括了机械运动的完整体系。

因此,就这方面来说,从磨的历史可以研究力学的全部历史。

在这里,我们可以找到按一定顺序相继采用的、而在很长时间内又是同时并用的所有种类的动力:人力、畜力、水力、船磨、风磨、马车磨(磨装在马车上,靠马车的运动来带动,在战争等时候使用),最后是蒸气磨。①

其次,磨的结构演化,技术进步,推动了近代力学、物理学的科学创新,还为18世纪科学创新、产业革命,乃至现代化工厂制度创新,奠定了重要基础:

另一方面,磨从一开始,从水磨发明的时候起,就具有机器结构的重要特征。机械动力;由这种动力发动的最初的发动机;传动机构;最后是处理材料的工作机;这一切都彼此独立地存在着。在磨的基础上建立了关于摩擦的理论,并从而进行了关于轮盘联动装置、齿轮等等的算式的研究;测量动力强度的理论和最好地使用动力的理论等等,最初也是从这里建立起来的。从十七世纪中叶以来,几乎所有的大数学家,只要他们研究应用力学,并把它从理论上加以阐明,就都是从磨谷物的简单的水磨着手的。因此,在工场手工业时期出现的 Mühle 和 mill 这一名称,实际上也应用于为了实际目的而使用的一切机械发动机上。②

不仅如此,马克思还借助波佩《工艺史》笔记,特别具体历史地解剖了一个典型,即乘1500年文艺复兴时代东风,从德意志风磨,发展为更

---

① 《马克思恩格斯全集》第47卷,人民出版社1979年版,第418页。
② 《马克思恩格斯〈资本论〉书信集》,人民出版社1976年版,第175页。

为稳定、更为先进的荷兰风磨,乃至在 17 世纪荷兰国家制度创新、现代化经济起飞中,起了重要的推动作用:

> 十六世纪上半叶,风磨在荷兰非常普遍。它们从德意志的风磨变成荷兰的风磨。在这个世纪的中叶,荷兰已经应用风翼来抽水。风磨的活动顶盖。磨的石头支架。可以立刻停止磨的工作的制动装置。按风向调整顶盖方向的机械装置(磨的篷)……
>
> 由于国内河流缺乏大的水力坡降,促使荷兰人(自 1579 年成为联合省而脱离西班牙)利用风力。(在荷兰,完全没有创办现代工厂所必需的矿。在这里,从未出现过任何大型的锻工场和工厂类型的冶金企业。)(在这里现有的工场手工业中,最完善的是毛纺、丝织和亚麻等手工工场,油坊和锯木厂,造纸厂和染料工厂。早在十七世纪末,几乎所有这些生产部门都已达到自己发展的最高水平。从这时起,它们的发展就走下坡路了。)(烟草工厂)。
>
> 风磨是十世纪或十一世纪德意志发明的。只是在十二世纪,它们才得到广泛应用。在此之前,它们是罕见的。从十六世纪开始,荷兰成了风磨之国,荷兰人,总的来说,尼德兰人,对风磨进行了改进。以前在荷兰,风翼多半是用来带动水车,把水淹的地方抽干。
>
> 在十六世纪和十七世纪,荷兰成为占统治地位的贸易和殖民国家;进口粮食,进行大规模的谷物贸易;在国内,畜牧业取代农业而发展起来;兴修水利工程;基督教占统治地位;资产阶级发展起来,产生了共和制自由。①

马克思对钟表的研究,也可谓"情有独钟",同样也因为在钟表这里,集中映现出科学、技术、制度三位一体的综合创新。

钟表的研制,首先主要是一项技术创新,1370 年,德国人德维克率先制造出实用的齿轮时钟,成为近代时钟技术创新的开端。1510 年,德国

---

① 《马克思恩格斯全集》第 47 卷,人民出版社 1978 年版,第 424、426、427、428、420 页。

人亨莱因又发明用发条代替重锤的小钟，也就是人们所说的"怀表"，当时又称"纽伦堡蛋"，上一次发条，可走 40 小时。后来又发明了自鸣钟，最引人注目的是伦敦大桥城堡上的大本钟。

看来马克思对钟表的研究，并没有像对磨的研究那样，具体历史地对比技术进步的历史细节。他在 1863 年 1 月 28 日致恩格斯信中，集中阐发了钟表技术创新背后的科学创新历程：

> 钟表是第一个应用于实际目的的自动机；匀速运动生产的全部理论就是在它的基础上发展起来的。按其性质来说，它本身是以半艺术性的手工业和直接的理论的结合为基础的。例如，卡尔达诺曾写过关于钟表构造的书（并且提出了实际的制法）。十六世纪的德国著作家把钟表制造业叫作"有学问的（非行会的）手工业"；从钟表的发展可以证明，在手工业基础上的学识和实践之间的关系，同譬如大工业中的这二者之间的关系，是多么地不同。同样也毫无疑问的是，在十八世纪把自动机器（特别是发条发动的）应用到生产上去的第一个想法，是由钟表引起的。从历史上可以证明，沃康松在这方面的尝试对英国发明家的想象力有极大的影响。①

而在《资本论》第二大手稿"机器篇"这一部分，马克思更一语破的，直接点破了钟表历史演化，集中体现了近代化过程中科学、技术、制度三位一体的综合创新：

> 钟表是由手工艺生产和标志资产阶级社会萌芽时期的学术知识所产生的。钟表提供了生产中采用的自动机和自动运动的原理。与钟表的历史齐头并进的是匀速运动理论的历史。在商品的价值具有决定意义、因而生产商品所需要的劳动时间也具有决定意义的时代，要是没有钟表，会是怎样的情景呢？②

---

① 《马克思恩格斯〈资本论〉书信集》，人民出版社 1976 年版，第 174、175 页。
② 《马克思恩格斯全集》第 47 卷，人民出版社 1979 年版，第 428 页。

马克思书信与《资本论》及其手稿中,关于磨与钟表的研究,相当集中地体现了科学、技术、制度综合创新论的基本思想。

为了更加简明地把握马克思这一思想精髓,可能有必要再次注意到他本人当年在《哲学的贫困》中的那句名言警句:

> 经济学家蒲鲁东先生非常明白,人们是在一定的生产关系中制造呢绒、麻布和丝织品的。但是他不明白,这些一定的社会关系同麻布、亚麻等一样,也是人们生产出来的。社会关系和生产力密切相联。随着新生产力的获得,人们改变自己的生产方式,随着生产方式即谋生的方式的改变,人们也就会改变自己的一切社会关系。手推磨产生的是封建主的社会,蒸汽磨产生的是工业资本家的社会。①

手推磨产生的是古代封建主社会——蒸汽磨产生的是近代工业资本家社会。

这两个命题,集中映现出马克思独特思想、独特思路、独特智慧,也就是其文艺复兴时代走向近代化的科学、技术、制度综合创新论。

第十七节 机器革命与制度创新
——18世纪英国产业革命中科学、技术、制度综合创新论

在《资本论》及其手稿,尤其是1861年至1863年经济学手稿"机器篇"中,马克思重点分析的对象是由机器革命引发的英国18世纪产业革命。也正是在这里,最为集中、最为充分地体现出马克思近代科学、技术、制度三位一体的综合创新论。

仔细推敲《资本论》"机器篇"手稿,会发现马克思用了"一唱三叹"的方式,先后三次反复地深化了18世纪产业革命中的科学、技术、

---

① 《马克思恩格斯选集》第1卷,人民出版社1979年版,第141、142页。

制度综化创新论闪光思想。

第一次论述，是在《资本论》"机器篇"手稿初次讲到机器革命时，首次强调从工具到机器是划时代的重大技术创新，势必引起生产方式和生产关系的革命化：

> 在以这种分工为基础的工场手工业中，由分工所引起的劳动工具的分化、专门化和简化——它们只适合非常简单的操作——是机器发展的工艺的、物质的前提之一，而机器的发展则是使生产方式和生产关系革命化的因素之一。
>
> 首先应当指出，这里所说的不是工具与机器之间在工艺上的确切区分，而是在所使用的劳动资料上发生的一种改变生产方式、因而也改变生产关系的革命；因此，在当前的场合，所说的正是在所使用的劳动资料上发生的那种为资本主义生产方式所特有的革命。①

第二次论述，在认真对比研究了从11世纪三大发明、15世纪前后水磨与钟表两大发明，乃至18世纪机器发明之后，马克思不仅再次提出近代"科学—技术—制度"综合创新论基本思想，而且还进一步提出四个革命的内在统一：科学革命—工艺革命（技术革命）—生产力革命—生产关系革命：

> 纺纱机和蒸汽机的制造也同样是以制造这些机器的手工业和工场手工业，以及在上述时期已有所发展的力学科学等等为基础的。
>
> 在这里，起作用的普遍规律在于：后一个生产形式的物质可能性——不论是工艺条件，还是与其相适应的企业经济结构——都是在前一个形式的范围内创造出来的。机器劳动这一革命因素是直接由于需求超过了用以前的生产手段来满足这种需求的可能性而引起的。而需求超过供给这件事本身，是由于还在手工业基础上就已作出的那些

---

① 《马克思恩格斯全集》第47卷，人民出版社1979年版，第411、412页。

发明而产生的，并且是作为在工场手工业占统治地位的时期所建立的殖民体系和在一定程度上由这个体系所创造的世界市场的结果而产生的。随着一旦已经发生的，表现为工艺革命的生产力革命，还实现着生产关系的革命。①

第三次论述，在深入具体研究了机器革命的种种表现形式之后，马克思又借助于1856年10月《工厂视察员报告》这份特殊资料，把科学、技术、制度综合创新的基本思想深化了，进而提出"机械发明—生产方式—社会关系—人的生活方式"，四大环节的综合创新、系统创新：

> 这里，正确地表达了实际的联系。"机械发明"。它引起"生产方式上的改变"，并且由此引起生产关系上的改变，因而引起社会关系上的改变，"并且归根到底"引起"工人的生活方式上"的改变。②

最后，在《资本论》"机器篇"手稿尾声之处，马克思对比了近代"科学—技术—制度"综合创新，在英、法、德、瑞典四国的不同发展、不同结局、不同历史命运，从而有助于我们后人进一步揭示出科学、技术、制度这三大创新的内在联系与不同关联：

> 科学分离出来成为与劳动相对立的，服务于资本的独立力量，一般说来属于生产条件与劳动相分离的范畴。并且正是科学的这种分离和独立（最初只是对资本有利）成为发展科学和知识的潜力的条件。
>
> 十八世纪，数学、力学、化学领域的发现和进步，无论在法国、瑞典、德国，几乎都达到和英国同样的程度。发明也是如此，例如在法国就和在英国差不多。然而，在当时它们的资本主义应用却只发生在英国，因为只有在那里，经济关系才发展到使资本有可能利用科学进步的程度。（当时，特别是英国的农业关系和殖民地起了决定性的

---

① 《马克思恩格斯全集》第47卷，人民出版社1979年版，第472、473页。
② 《马克思恩格斯全集》第47卷，人民出版社1979年版，第501页。

作用。)①

看来，科学、技术、制度这三大创新的内在关联与不同作用在于：科学创新是理论前提、历史前提；技术创新是物质基础、中介环节；制度创新则既是历史归宿，又是制度保障。

像18世纪法国、德国、瑞典那样，较少相应的制度创新作为保障，科学创新、技术创新的鲜花盛开，却未能结出应有硕果，可谓"万事俱备，只欠东风"。

只有像18世纪英国那样，有了相应的社会经济制度创新、国家制度创新作为保证，科学创新、技术创新必然结出社会经济硕果，可谓"东风劲吹，万紫千红"。

马克思对于英、法、德、瑞典四国的比较研究，对于我们今天中国人分析火药、指南针、活字印刷术这三大发明在中国的历史命运，有着鲜活深刻的启发性。

从培根到马克思，都从世界历史高度充分肯定、高度评价了上述四大发明，伟大意义。然而在那个时代，在这三大发明的真正发源地中国宋代，却远未起到如此巨大的变革意义。中国问题的症结所在，恰恰在于缺少相应的观念创新与制度创新，特别是国家制度的重大创新。

由此也就出现了当代中国文学家、思想家鲁迅，当年曾深刻讽刺过的现象：

火药不是用来开矿山，搞工业化，除了打仗军事之外，就是做鞭炮，过年放爆竹、驱邪气；指南针不是用在远洋航行、开辟世界市场，实现近代交通革命、商业革命上，而是多半拿来看风水，算阴阳；活字印刷也未能充分普及文化，解放精神，发展个性，弘扬科学，而多半只是用来推广"四书五经，佛经道藏"。

怎样运用马克思科学、技术、制度综合创新论的闪光思想，总结宋代以来这近一千年的历史经验与历史教训，从而在新世纪、新千年，真正走

---

① 《马克思恩格斯全集》第47卷，人民出版社1979年版，第598页。

出综合创新、现代复兴的大道，值得我们深入思考，幡然大悟！

第十八节　创新理论源头在哪里
——马克思与熊彼特比较研究

在创新理论研究过程中，国内外最流行的观点普遍认为，创新理论经历了三个阶段：

20世纪前期熊彼特开创的古典综合创新论，50年代以后分化为技术创新学派、制度创新学派、知识创新学派，80年代以后又兴起以国家创新体系理论为代表的现代新综合。

古典综合创新论的源头在哪里？国内外多数学者几乎众口一词地认定是熊彼特。

实际上，大量新发现的历史文献，可以证据确凿地说明，马克思主义创始人尽管没有使用"创新"这个词汇，然而却是深入系统地研究了科技创新的第一人，堪称现代科技创新论的真正源头活水，为把握"科学创新—技术创新—制度创新—文明创新"新综合，提供了特别深刻的哲学底蕴与思维框架。而熊彼特只是在某些方面，特别是在企业为主体的技术创新与制度创新方面，利用与发挥了马克思的某些基本思想，在这一层面上提出了"企业技术创新、企业制度创新"的综合创新理论。我们应当承认在这一层面上熊彼特的理论贡献与历史地位，但不应当否定马克思才是创新理论的真正思想源头。

为了澄清这个问题，我们不妨从以下七个层面，对马克思与熊彼特作出比较研究[①]。

一、创立时间比较

马克思科技创新论与制度创新论的研究时间更早，也更持久，是在19

[①] 2000年6月，汪澄清完成了博士论文《马克思科技创新论与现时代》，该文是在我的指导下完成的，这里引用了这篇博士论文的一些学术资料。可惜的是，该文至今尚未完整发表出来，因而特作说明，并致谢忱。

世纪 60 年代到 80 年代,而熊彼特则是在 20 世纪 30 年代,相对要晚半个多世纪。

马克思研究创新理论,尤其是科技创新理论,不是出于一时的偶然兴趣,而是决定于他所创立的辩证唯物主义和历史唯物主义哲学的思想主旨与内在逻辑。

1845 年春天,包含着马克思新哲学世界观天才萌芽的第一份历史文献——《关于费尔巴哈的提纲》,最后一条画龙点睛,一下点破了马克思创立辩证唯物主义和历史唯物主义哲学的思想主旨:哲学家们只是用不同的方式解释世界,问题在于改变世界。这里所说的"改变世界",就是批判旧世界,创造新世界。因而可以说,实践论、创新论,这是马克思辩证唯物主义和历史唯物主义哲学的思想主旨与精神实质。

正基于此,在凝聚着马克思毕生心血的主要著作《资本论》中,尤其是在 1861 年至 1863 年间写成的《资本论》第二手稿中,专门综合研究了 1500 年至 1850 年间近代资本主义兴起时期的科学创新,以蒸汽机为代表的近代技术创新,在企业制度上的"手工作坊—工场手工业—大机器工业企业"的制度创新。

1867 年,马克思《资本论》第一卷正式出版,其中第四篇《相对剩余价值的生产》,尤其是协作、分工和工场手工业、机器和大工业这三章,以及第八篇《原始积累》中的八章,专门系统研究的正是 1500—1850 年间的"科学创新、技术创新、制度创新"及其综合创新。

20 世纪 70 年代以来,马克思晚年笔记陆续发表,重新引起世界学术界关注,为人们理解马克思理论打开了新的广阔天地。1881 年 5 月至 1882 年 2 月,马克思以极大兴致作了《摩尔根〈古代社会〉一书摘要》,1884 年恩格斯在马克思笔记基础上发表了《家庭、私有制和国家的起源》。这三个起源,实质上讲的是一个起源——古代文明时代的起源。其中既研究了弓箭、农业、新石器、陶器等技术创新,又研究了"原始氏族制度、家庭制度、国家制度"的制度创新。

在此前后,于 1876 年初步完成的《自然辩证法》手稿,还有恩格斯 1876 年发表的长篇论文《奴役的三种形式》片断——《劳动在从猿到人转变过程中的作用》，这里的思想触角，又进一步上溯到人类起源时代，谈到了这一时代石器、用火等技术创新，从动物式的原始群到人类社会的制度创新。

这些论著比熊彼特阐述创新论的《经济发展理论》，要早半个多世纪。有充分证据表明，熊彼特在研究创新理论过程中，认真研读了马克思《资本论》等著作。熊彼特身后出版的一部重要著作，题目就是《从马克思到凯恩斯》，昭示了从马克思到熊彼特的渊源关系。

二、理论广度比较

熊彼特研究的主要是近代资本主义企业中的技术创新与制度创新，可谓近代微观主体的技术与制度综合创新论；而马克思创立的主要是宏观世界历史的科技创新论与综合创新论，包括四个历史阶段，"人类起源时代的创新发展、文明起源时代的创新发展、近代资本主义起源时代的创新发展、未来社会起源时代的创新发展"，每个历史阶段又往往包括四个层面，"科学创新—技术创新—制度创新—文明创新"。

熊彼特在 20 世纪前期对创新问题的研究，功不可没，可以说创立了 20 世纪初期古典综合学派的创新理论，具有比较广阔的理论视角。不过要比起马克思的理论视角来说，只能说是"小巫见大巫"了。熊彼特的创新理论，主要是近代微观创新论，这是他的理论贡献，由此也反映出他的历史局限。

马克思的创新论，蕴含在《资本论》及其手稿、晚年笔记之中，包含着"创新历史、创新理论"两大组成部分。其中每个部分又都包括若干层次、若干方面的理论内容。

马克思主义创始人的科技创新史论，包括四个阶段的历史研究：

（1）人类起源时代的技术创新与制度创新；

（2）古代文明起源时代的技术创新与制度创新；

（3）近代工业化起源时代的科学创新、技术创新、制度创新、文明创新；

（4）未来社会化起源时代的科学创新、技术创新、制度创新、文明创新。

马克思主义创始人的科技创新理论，就其精神实质来说，综合创新论包括以下十个理论要点：

（1）近代技术创新是"工具机变革—动力机变革—控制机制变革"的统一；

（2）科学创新与技术延展的统一；

（3）科技创新与分工、协作方式发展的统一；

（4）科技创新与现代工业的统一；

（5）科技创新与价值增殖的统一；

（6）科技创新与经济发展的统一；

（7）渐进式创新与飞跃式创新的统一；

（8）"科学创新、技术创新、制度创新"的统一；

（9）"科技创新、文化创新、文明创新"的统一；

（10）科技创新与人的解放的统一。

马克思主义创始人创新理论空间之广阔，不仅超越了熊彼特，而且是至今人们鲜能企及的。

三、思想深度比较

从创新理论角度来看，人们多半把熊彼特定位于古典综合创新理论学派，主要讲企业的技术创新与制度创新。他这方面的主要代表作为《经济发展理论》，中心内容大半局限于讲企业创新问题。他没有上升到宏观历史、社会历史、世界历史高度，这种情况不是偶然的，乃是因为他接受的是维也纳学派实证主义哲学传统，并没有自己独特的哲学基础、哲学创新，因而在思想高度、理论思维深度上，有带根本性的历史局限与理论局限。

熊彼特1883年出生，1906年在奥地利维也纳获得经济学博士学位，他接受的是维也纳学派的学术训练，其哲学基础是实证主义，或者叫逻辑实证主义。主要源头是孔德在19世纪创立的实证主义科学观。19世纪70年代后，又和新康德主义思潮融合在一起，主张"拒斥形而上学"，拒斥本质、规律等一般哲学概念，只讲纯粹的实证科学、纯粹的认识论。这就从根本上束缚了熊彼特创新论所能达到的思想高度、理论深度。

熊彼特主要是对近代企业创新进行实证研究、经验描述；而马克思却以唯物史观、辩证法为创新理论提供了完整深刻的哲学基础。

这种哲学基础,最主要的是三块奠基石:

第一块哲学基石,是劳动二重性观,这不仅是理解马克思《资本论》、经济学体系的一把钥匙,而且是理解马克思综合创新论的一把钥匙。

第二块哲学基石,是质量互变的对立统一观,有助于我们理解创新活动的本质,渐进式创新与飞跃式创新的辩证法。

第三块哲学基石,是"科学、技术、制度、文明"的整体系统观,在现代发达社会机体的复杂开放巨系统中,科学创新是前导,技术创新是中介,制度创新是保证,最终归宿是文明整体创新,是"器物文明层面、制度文明层面、观念文明层面"的全面总体创新。

就创新论思想深度而言,熊彼特与马克思,一个如清澈见底的浅水,一个如深度无比的大海。

四、创新概念比较

熊彼特描述了企业创新过程的五个方面,或叫五个要素,但没有上升到创新科学概念的总体高度;马克思没有对创新概念作过详细界定,但他的整个创新思想却力图上升到社会机体的总体性高度。

20世纪30年代,在《经济发展理论》一书中,熊彼特对"创新"概念的外延,作了明确细致的界定,这个概念包括下列五种情况:(1)采用一种新的产品,也就是消费者还不熟悉的产品,或一种产品的一种新的特性。(2)采用一种新的生产方法,也就是在有关的制造部门中尚未通过经验检定的方法,这种新的方法并不需要建立在科学上新的发现的基础之上;并且,也可以存在于商业上处理一种产品的方式之中。(3)开辟一个新的市场,也就是有关国家的某一制造部门以前不曾进入的市场,不管这个市场以前是否存在过。(4)掠取或控制原材料或半制成品的一种新的供应来源,也不问这种来源是已经存在的,还是第一次创造出来的。(5)实现任何一种工业的新的组织,比如造成一种垄断地位(例如通过"托拉斯化"),或打破一种垄断地位。①

---

① [美]约瑟夫·熊彼特:《经济发展理论》,何畏等译,商务印书馆1990年版,第73、74页。

相比之下，马克思并没有给创新下过如此明确具体的定义，而常常用创造、发展、革新、变革、革命等诸多提法表达创新之意。综观马克思思想发展轨迹，他讲的创新，本质上是实践基础上的创造活动，是人化自然过程中的新创造，是在劳动实践、社会交往、语言符号这三大主体活动中，创造的物质文明、制度文明、精神文明新成果。创新活动至少包括三个层次：

科学创新，是指人们反映客观世界的认识过程中，创造新知识、新方法、新原理、新理论、新体系；

技术创新，是指人们改造客观世界的生产实践过程中，创造新工具、新手段、新设备、新工艺、新技能、新技巧、新材料、新能源；

制度创新，是指劳动实践、社会交往的组织形式上有新创造，包括"社会基本制度、具体运行机制、企业制度"三个层面。

五、创新主体比较

熊彼特特别注重的是企业家这种特殊主体；而马克思则强调多元综合的创新主体在它创新活动中的能动作用，包括劳动群众、企业家、科学家、国家、整个社会，特别是工人阶级及其先进政党。

熊彼特的创新理论，本质上是以企业为主体的微观创新理论，因而他把注视焦点自然而然地集中于企业家，尤其是那些富有创造性的企业家。他还特别注意企业家的创新动机，认为企业家的强烈主观动机，乃是理解创新本质的关键。他讲的"企业家动机"，后来被德鲁克等人称为"企业家精神"的渊源。

马克思提出的是一般创新主体论，或叫多元综合创新主体论，至少涉及六个层次的主体：

第一层次，亿万工人群众、劳动群众的劳动实践活动是创新的深厚源泉；

第二层次，企业家的确在近代创新中起了突出作用；

第三层次，科学家在科学创新、技术创新中起了越来越大的历史作用；

第四层次，国家同样也是创新主体，特别是在制度创新中，具有不可替代的特殊作用；

第五层次，工人阶级及其先进政党，更是破坏旧世界、创造新世界的能动主体；

第六层次，整个社会同样也可成为创新主体，对创新来说，强大的社会需要比一百所大学产生的推动力还要大。

熊彼特的创新模式，主要是微观层面的创新模式，主要讲的是企业创新。至于整个社会经济的创新、经济体制的创新，他是较少问津的。而说到整个国家制度、社会制度创新，更是他的理论视野所不及的。

六、创新模式比较

熊彼特的创新模式，主要是微观层面的创新模式，主要讲的是企业创新。至于整个社会经济的创新、经济体制的创新，他是较少问津的。而说到整个国家制度、社会制度的创新，更是他的理论视野所不及的。

熊彼特的创新模式，主要是企业技术创新、企业制度创新的二元模式；而马克思则为近现代提供了科学创新、技术创新、制度创新的多元综合创新模式。

熊彼特提供了企业创新的五要素模式：新产品、新工艺、新市场、新资源、新组织。这里包含了"企业技术创新、企业制度创新"的综合萌芽，但熊彼特本人并没有自觉地意识到这一点，科学创新则更在他的理论视野之外。

马克思的创新模式是多元综合的，也是历史地发展的：

从远古人类起源到古代文明起源时代，大体上起作用的是"技术创新、制度创新"的二元综合创新模式；

从近代工业化时代到未来社会化时代，科学创新的先导作用愈来愈突出出来，进一步形成三元综合的新模式，"以科学创新为先导、以技术创新为中介、以制度创新为保证与归宿"，最终达到整个社会文明机体的总体创新。

对于某些企业家来说，企业创新的实证研究来说，熊彼特的创新理论显得更为实在，更为具体，更为有用；

而从整个社会发展来说，马克思提供的科学、技术、制度综合创新模式，才具有更大的普遍性，更为广阔的理论空间与应用空间，也有更加深远的切实的现实意义、长远意义。

简要地说，这是两种不同层次上的创新模式：

熊彼特提供的，主要是微观层面，企业发展的创新模式；

而马克思《资本论》提供的，则主要包含宏观、中观、微观三个层次上的综合创新模式，而以社会有机体宏观层次的创新模式为之。

七、创新目标比较

"经济发展、人的发展"成为他们注视的双重目标，不过熊彼特的注视焦点首先集中在经济发展上，人的发展仅限于企业家发展；而马克思的注视焦点，则是以经济发展为物质技术创新与制度创新基础的人的发展、人的解放，乃至每个人的自由、和谐、全面发展的共产主义远景目标。

从熊彼特关注的企业创新五要素"新产品、新工艺、新市场、新资源、新组织形式"来看，他首先关注的创新目标是经济发展。他也注意到创新行为对人的发展的特殊价值。他认为，资本主义进入近代以后，逐渐摆脱了中世纪的羁绊，人们可能自由发挥自己的才能，从工人到企业家，从手工业者到大商人，从农民到工厂经营者，"一个人要想从某一阶级跨入另一个阶级，只有通过创新行为才能实现"。

马克思既关注创新活动对经济发展的决定意义，更注重创新活动对人的发展的双重影响：近代资本主义制度下的科技创新、制度创新，一方面使人的生产力体系、全面需求体系、社会交往体系空前发展，另一方面则使异化劳动与人的异化，都发展到了极致之点；归根到底，科技创新必将成为人的解放的历史必由之路；科学创新是比任何革命家更强大的解放力量；未来技术创新将不但解放人的双手，而且解放人的大脑；未来制度创新，将根本扬弃剥削制度、异化劳动，最终必然走向每个人自由和谐全面发展的共产主义社会。

比较起来看，二人的创新目标也有显著不同：

熊彼特只讲企业创新发展的具体目标，避而不谈整个资本主义制度的根本创新；

马克思的创新目标，则更宏大、更系统，不仅讲了科技与社会制度创新目标，而且讲了人的存在形态的创新目标。

八、马克思才是创新论真正源头——比较研究的三点结论

熊彼特本人虽不是一个马克思主义者，但他多次直言不讳地承认自己的经济发展理论、创新理论，在相当程度上渊源于马克思。在1934年发表《经济发展理论》一书时，熊彼特在自序中画龙点睛式地提到了这一点，并承认马克思理论视野更广阔："我不清楚读者是否会在阅读本书的开始就立即注意到，我的思想和目的与卡尔·马克思的一模一样。事实上，马克思与他同时代的经济学家以及他后来的经济学家的区别之处，正是根植于经济系统本身的发展的观点。""发展的概念……是马克思的独创。""这个对问题的新陈述同马克思的陈述更加接近。因为根据马克思，有一种内部的经济发展，而不只是经济生活要与变化着的情况相适应。但是，我的结构只包括他的研究领域的一小部分。"①

在熊彼特身后，由熊彼特夫人等后人出版了他的遗稿，题目就是《从马克思到凯恩斯——十大经济学家》。在书前序言中，著名的熊彼特研究专家马克·坡尔曼（Mark Perlman）强调，熊彼特承认自己是马克思的学生。而熊彼特夫人更郑重其事地在序言中指出：熊彼特"非常羡慕马克思关于经济发展的见解"。

我们从以上七个方面的比较研究中，最终得出三点结论：

第一，从整个人类认识的历史长河来看，创新理论，尤其是现代科技创新理论的历史源头、思想源头，应当追根溯源到19世纪中后期的马克思；而不应当仅仅追溯到20世纪30年代的熊彼特；

第二，20世纪前期熊彼特提出了比较具体、比较明确的创新理论，在某些方面利用与发挥了马克思创新论的一些基本思想，在企业"技术、制度"创新论的具体论述上甚至超过了马克思，但从整体高度、哲学高度，马克思创新理论的理论空间更广阔，思维更深刻；

第三，面对21世纪科技革命最新潮流，为了对"科学创新、技术创

---

① [美] 约瑟夫·熊彼特：《经济发展理论》，何畏等译，商务印书馆1990年版，作者序言。

新、制度创新",作出更高的现代新综合,建立中国特色的国家创新体系,我们不仅需要认真学习借鉴自熊彼特以来20世纪西方创新理论最新成果,而且更加需要深入开掘马克思科技创新论与综合创新论的源头活水。

第六章 "劳动、资本、国家"三元结构论

——《资本论》中蕴含的现代史观

《资本论》逻辑的精髓是什么？

一种望文生义的肤浅流行见解认为，《资本论》讲的就是资本逻辑，资本逻辑高于一切、统治一切、贯通一切，如此而已，别无其他。

否。当马克思运用19世纪40年代形成的唯物史观一般原理，具体分析西欧近代资本主义起源历史过程时，发现了剩余价值是其最大奥秘，由此揭秘资本主义社会经济形态起源、发展、必然走向自我扬弃的客观规律与发展逻辑，由此也从唯物史观具体演化出现代史观。

劳动、资本、国家三元结构的复杂系统运动，这才是《资本论》逻辑的思想精髓，《资本论》最大的哲学底蕴，马克思根本超越新老自由主义的思想制高点，马克思《资本论》在21世纪与当代中国的最大生长点。

第一节 唯物史观、现代史观、世界史观

——马克思历史观创新三部曲

怎样把握马克思历史观的精神实质与发展脉络？

是只有唯物史观一种形态，还是说经历了一以贯之而又循序上升的三部曲，早年唯物史观——中年现代史观——晚年世界史观？

在这里提出这个新问题，不仅是积于我们对《资本论》哲学近50年

研究历程，而且是积于改革开放新时期近40年来，我们对《资本论》逻辑哲学底蕴的新开掘、新发现，特别是今天在改革开放新阶段、新起点上，对于"中国问题症结何在"、"中国创新关键何在"的新思考、新探索。

众所周知，多年以来，我们讲马克思历史观，通常是只讲唯物史观的。

重点讲唯物史观，并没有错。马克思1859年《政治经济学批判》序言，正是把唯物史观——历史唯物主义，作为指导其研究工作的"总的结果"。而恩格斯1883年3月《在马克思墓前的讲话》，更把唯物史观与剩余价值学说，作为马克思一生中的"两大发现"。

现在的问题是，马克思唯物史观基本原理，早在《1844年经济学哲学手稿》、《神圣家族》中已形成基本思想，而1845、1846年《关于费尔巴哈的提纲》和《德意志意识形态》中已有理论体系雏形；那么在而后的近40年间，在马克思一生主要著作《资本论》创作中，难道在哲学理论思维上，就没有什么新的发展、重大理论创新吗？

我是从1963年开始学习研究马克思哲学世界观、历史观的，1968年从北京来到"北大荒"，结识了"上海知青"孙承叔，并开始了合作研究。改革开放新时期他到了复旦大学哲学系，我到了北大哲学系。1983—1986年，我们合作发表了专著《对〈资本论〉历史观的沉思——现代历史哲学构想》，认为蕴含在《资本论》及其三大手稿中的历史观，已经比19世纪40年代形成的唯物史观基本原理、原生形态，有重大发展、重大创新，达到一个新高度、新境界。后来，在2013年出版的孙承叔新著《资本与历史唯物主义——〈资本论〉及其手稿当代解读》，又对此作出新的概括，并提出了一个新提法、新概念，称之为"现代史观"。

世纪之交的近20年间，我还特别加强了对晚年马克思，尤其是其晚年笔记、四大文本群的专门研究，并在《马克思学新奠基——马克思哲学新解读导论》（2006）一书中提出，世界史观是贯穿其中的一条思想红线，由此标志着马克思历史观在晚年的新发展、新境界。

可以说，马克思历史观经历了一以贯之而又与时俱进的三部曲：19世纪40年代形成的唯物史观一般原理——中年《资本论》中把唯物史观应用于近代世界历史的现代史观——晚年笔记中把唯物史观应用于整个历史的世界史观。

早年形成的唯物史观——中年形成的现代史观——晚年升华的世界史观，是内在统一的有机整体，都属于马克思主义哲学基本原理，都对我们今天有重大指导意义。

以往我们重视与强调唯物史观，并没有错；而对《资本论》中的现代史观，晚年笔记中的世界史观，重视不足则是一个理论缺憾、思想盲点；其实正是《资本论》中的现代史观，晚年笔记中的世界史观，不仅直接面对当今时代资本主义，而且触及了资本主义在当今时代的新发展、新特点问题，岂不是对我们今天有更直接、更切近、更强烈的指导作用，启迪作用吗？

为了更加突出唯物史观一以贯之的统摄作用，减少不必要的争论与误解，我们也可以更加确切点说，马克思历史哲学思想三部曲是：19世纪40年代首先创立了唯物史观基本原理、原生形态——中年把唯物史观应用于《资本论》，生成现代史观——晚年笔记中唯物史观又上升为富有系统整体性的世界史观。

在这一意义上，也可以说，现代史观、世界史观都是唯物史观的题中应有之义，也属于唯物史观、历史唯物主义范畴系列，或叫总体范畴。

唯物史观——现代史观——世界史观，这三者之间不是取代关系，而是递进关系，是从抽象上升到具体的辩证逻辑演进关系，一般与个别、普遍与特殊对立统一的复杂关系。

第二节　剩余价值发现使唯物史观发展为现代史观

——《资本论》历史观的一大哲学创新

通常我们在讲《资本论》哲学意义时，往往主要讲其三重意义：

一是把唯物史观,第一次全面系统地运用于一种社会经济形态,即近代资本主义社会经济形态;

二是由此第一次系统检验证明了唯物史观基本原理;

三是第一次使历史唯物主义由假说变成了科学。

这样论证《资本论》哲学意义,是有道理、有依据、有价值的,其中包括列宁在内,也是这样做的,至今仍然应当坚持这样一系列说法。

然而,时至今日,我们也应指出,讲《资本论》哲学意义仅限于这三条,已经远远不够了。一系列新的历史文献的发表,呼唤着我们重新估价《资本论》哲学意义:

在马克思身后,恩格斯用全部心血,加工整理出版了《资本论》第二卷、第三卷,后人又整理出版了作为《资本论》第四卷的《剩余价值学说史》,《资本论》体系成为由"理论部分—历史部分"构成的一个艺术整体;

马克思创作《资本论》过程中,先后写下的三大手稿分别出版,——1857—1858年写成的第一手稿、1861—1863年间写成的第二手稿、1863—1865年间写成的第三手稿,这些手稿不仅有《资本论》创作史意义,而且有相对独立的理论意义,其中特别是理论空间最为巨大的第一手稿,不仅在政治经济学上有相对独立的理论意义,而且在哲学世界观、历史观上有特别重大、不可取代的特殊理论意义;

而马克思、恩格斯书信集的发表,尤其是关于《资本论》书信集的出版,更为深入开掘《资本论》历史文化哲学底蕴,提供了一个特别可靠的历史文献根据,一个含有富矿的思想矿山,一个取之不尽、用之不竭的智慧源泉。

今天,我们立足于上述陆续发掘的新文献,加上当今时代的新发展,改革开放的新实践,再讲《资本论》的哲学意义时,或许应当补充上"新三条":

第一,正因为《资本论》把唯物史观第一次系统运用于近代化资本主义社会经济形态,发现了资本的奥秘——剩余价值,因而也就第一次形成了历史唯物主义的现代史观。

第二，在资本论逻辑中，蕴涵着马克思改造黑格尔《逻辑学》，写出自己《辩证法》专著，开创唯物辩证法体系的哲学构想。

第三，马克思晚年笔记，实际上是针对19世纪70年代后资本主义开始走向新阶段的新变化，写出《资本论》续篇的准备材料，为我们科学分析现代资本主义新时代新特点，提供了重要源头活水。

由于有了这三条，我们由此可以得出一条新结论：

《资本论》创作，标志着马克思哲学创新的新阶段，不仅坚持、运用了19世纪40年代形成的唯物史观基本原理，而且由于剩余价值的发现揭示了资本秘密，在哲学理论创新上有重大建树，其中最大创新，就是在《资本论》及其三大手稿中，蕴涵着前所未有而且至今仍有巨大思想活力的现代史观。

《资本论》中的现代史观，这是《资本论》哲学底蕴的集中体现，不是偶然闪现、倏忽而逝的思想闪光，而是在长达40年《资本论》创作史的基础上，三足鼎立，支撑起的思想宝鼎：

第一，是在长达40年间，马克思对近代资本主义社会经济形态，经济、政治、文化的全面深入系统的考察研究。

第二，马克思对剖析资本主义社会经济形态内在机理的，政治经济学的全面深入系统的批判，第一次提出揭示资本秘密的剩余价值学说。

第三，马克思从世界历史高度，理论思维的哲学高度，对于现代资本主义复杂系统中市民社会、政治国家、现实个人三个层次，乃至劳动、资本、国家三元结构的跨学科系统综合研究。

第三节　劳动、资本、国家：三元结构论
——现代史观的系统结构

对于马克思《资本论》中的现代史观，对其总体结构、哲学底蕴，还是可以从不同角度、不同层次探究的。而从人的社会关系、阶级关系的特定视角来看，劳动、资本、国家的三元结构论，则是把握马克思现代史观

的一把钥匙，甚至是不二法门，具有不可替代、不可比拟、不可超越的独特理论意义。

怎样才能按照马克思思想轨迹，来把握"劳动、资本、国家"三元结构论，作为理解其现代史观的思想红线呢？

让我们不妨先"回到马克思"，重温其政治经济学研究的三个阶段，从而更好地把握其现代史观中"劳动、资本、国家"三元结构论。

第一阶段，19世纪40年代，马克思为《资本论》写出了最初三稿，《1844年经济学哲学手稿》——1848年《共产党宣言》——1849年《雇佣劳动与资本》，思想主线是"劳动与资本"二元结构论，国家只是潜在的第三项。

1842年"《莱茵报》时期"，马克思一开始走上社会，碰上的就是现代社会三元结构、三者关系的疑难问题：普通劳动者——土地与林地所有者（资本）——国家机构。他是为解决对黑格尔国家观、国家理性论的根本质疑，才转向政治经济学研究的。

《1844年经济学哲学手稿》，加上同期写成的《詹姆斯·穆勒〈政治经济学原理〉一书摘要》，堪称是《资本论》创作的最初第一稿，"异化劳动与私有财产"，成为贯穿整个巴黎手稿的思想主线。笔记本的头三个小标题就是：工资、资本的利润、地租，提出"资本、地租和劳动的分离对工人来说是致命的"，最后落脚到"异化劳动和私有财产"的关系上来。而在穆勒一书的摘要中，一开头就提到，"劳动从资本那里得到的这些东西就是资本本身"，"在文明社会，'工人和资本家是两类不同的人'"。[①]

1848年初写成的《共产党宣言》，在恩格斯执笔写成的头两稿《共产主义信条草案》、《共产主义原理》的基础上，一针见血，一下子就把"无产者与资产者"的矛盾，作为现代化时代的主要矛盾。《宣言》第一章的题目，就是《资产者和无产者》，一开头就断言：

---

① 马克思：《1844年经济学哲学手稿》，人民出版社2000年版，第7、151页。

从封建社会的灭亡中产生出来的现代资产阶级社会并没有消灭阶级对立。它只是用新的阶级、新的压迫条件、新的斗争形式代替了旧的。

但是，我们的时代，资产阶级时代，却有一个特点：它使阶级对立简单化了。整个社会日益分裂为两大敌对的阵营，分裂为两大相互直接对立的阶级：资产阶级和无产阶级。①

《雇佣劳动与资本》，则是马克思第一次公开发表的政治经济学著作，原来是1847年底马克思在布鲁塞尔德意志工人协会作的几次讲演，从1849年4月5日起，以社论形式陆续发表在《新莱茵报》上。《雇佣劳动与资本》这个标题，以画龙点睛的方式，抓住了那个时代的主要社会关系、主要阶级矛盾，作为"构成现代阶级斗争和民族斗争的物质基础的经济关系"。②

"异化劳动与私有财产"（1844）；

《资产者和无产者》（1848）；

《雇佣劳动与资本》（1847、1849）。

这三个提法之间虽有一点微妙差异，但总的来说，大同小异，反映了19世纪40年代，马克思对现代历史基本矛盾的总体把握，尚处于"二元结构论"的理论框架，"国家"只是潜在的第三项。

第二阶段，在写作《资本论》第一大手稿《1857—1858年手稿》导言尾声之处，马克思首次提出《政治经济学批判》的"五篇构想"；1858年2月22日致拉萨尔信中又提出大同小异的"六册计划"，其共同的、崭新的特点，就是把"国家"纳入系统结构，从而构成"劳动、资本、国家"三元结构论；并在其基本完成第二大手稿《1861—1863年手稿》之际，1862年12月底，最终明确全书将以《资本论》为正标题出版，更加突出现代史观这个核心范畴的中心作用。

在1857年世界经济危机的洪水到来前夕，马克思立志要把自己经济

---

① 《马克思恩格斯选集》第1卷，人民出版社1995年版，第273页。
② 《马克思恩格斯选集》第1卷，人民出版社1995年版，第331页。

学研究成果加以系统化总结概括，推出自己的政治经济学体系，因而写成《导言》。在1857年8月23日前后写成的这篇导言，首次提出"五篇构想"，不仅肯定了"劳动"作为起点范畴、资本作为中心范畴的地位作用，而且把国家作为第三大基本范畴补充进来，因而首次形成"三元结构论"现代史观基本思想：

> 十七世纪经济学家无形中是这样接受国民财富这个概念的，即认为财富的创造仅仅是为了国家，而国家的实力是与这种财富成比例的，——这种观念在十八世纪的经济学家中还部分地保留着。这是一种还不自觉的伪善形式，通过这种形式，把财富本身和财富的生产宣布为现代国家的目的，而把现代国家看成只是生产财富的手段。
>
> 显然，应当这样来分篇：（1）一般的抽象的规定，因此它们或多或少属于一切社会形式，不过是在上面所阐述的意义上。（2）形成资产阶级社会内部结构并且成为基本阶级的依据的范畴。资本、雇佣劳动、土地所有制。它们的相互关系。城市和乡村。三大社会阶级。它们之间的交换。流通。信用事业（私人信用）。（3）资产阶级社会在国家形式上的概括。就它本身来考察。"非生产"阶级。税。国债。公共信用。人口。殖民地。向外国移民。（4）生产的国际关系。国际分工。国际交换。输出和输入。汇率。（5）世界市场和危机。①

在《1857—1858年手稿》的《货币章》结尾，马克思再次阐发了"五篇构想"的内在逻辑、总体思路，头两篇分别讲体现在商品货币中的劳动活动，市民社会层面的资本运动，从第三篇开始上升到国家层面，以国家范畴为基本内核，展开后三篇：

> 在考察交换价值、货币、价格的这个第一篇里，商品始终表现为现成的东西。形式规定很简单。我们知道，商品表现社会生产的各种

---

① 《马克思恩格斯全集》第46卷上册，人民出版社1979年版，第46页。

规定，但是社会生产本身是前提。然而，商品不是被设定在这一规定上。事实上，最初的交换也只是表现为多余的产品的交换，并不涉及和决定整个生产。这是一种处于交换价值世界之外的总生产的现成的多余产品。即使在发达的社会中，这些多余的产品同样会作为直接现成的商品世界而出现在社会表面上。但是，商品世界通过它自身便超出自身的范围，显示出表现为生产关系的经济关系。因此，生产的内部结构构成第二篇。[资产阶级社会]在国家上的概括构成第三篇。[生产的]国际关系构成第四篇，世界市场构成末篇；在末篇中，生产以及它的每一个要素都表现为总体，但是同时一切矛盾都展开了。于是，世界市场又构成总体的前提和承担者。于是，危机就是普遍表示超越这个前提，并迫使采取新的历史形式。①

1858年3月22日致拉萨尔信中，马克思又在"五篇构想"的基础上，进而提出"六册计划"，只是就前半部分怎样讲经济学基本原理，在逻辑结构上作了某些微调，从第三部分起转入国家、国际关系、世界市场与国家体系，则保持不变：

> 叙述（我指的是叙述的方式）是完全科学的，因而按一般意义来说并不违犯警章。全部著作分成六个分册：（1）资本（包括一些结论性的章节）；（2）地产；（3）雇佣劳动；（4）国家；（5）国际贸易；（6）世界市场。②

在1859年发表的《政治经济学批判》序言的开头，马克思就开宗明义地提出了自己考察资本主义经济制度的"六册计划"，并把前三项与后三项作为两个层面、两大部分，在这一意义上甚至可以说，马克思的基本思想是从《资本论》到《国家论》，《资本论》与《国家论》成为两大焦点问题，构成其正副主题：

---

① 《马克思恩格斯全集》第46卷上册，人民出版社1979年版，第177、178页。
② 《马克思恩格斯〈资本论〉书信集》，人民出版社1976年版，第130页。

我考察资产阶级经济制度是按照以下的顺序：资本、土地所有制度、雇佣劳动；国家、对外贸易、世界市场。在前三项下，我研究现代资产阶级社会分成的三大阶级的经济生活条件；其他三项的相互联系是一目了然的。①

"资本"范畴，在马克思这里的地位，是逐步上升的，先后登上三个台阶：

第一个台阶，是1848年《共产党宣言》和1849年《雇佣劳动与资本》，"资本与劳动"成为其唯物史观、现代史观两大基本范畴。

第二个台阶，在《1857至1858年手稿》导言中，马克思更进一步揭示了"资本"范畴的中心地位，"资本是资产阶级社会的支配一切的经济权力。它必须成为起点又成为终点"。

第三个台阶，在1862年12月28日，马克思致路·库格曼信中提出，全部手稿"将以《资本论》为标题单独出版，而《政治经济学批判》这个名称只作为副标题"。至此，资本更成为其政治经济学中心范畴，不仅是经济学基本范畴，而且是重大现代哲学意义的哲学范畴。

第三阶段，1878年以后，由于德国铁血首相俾斯麦实行"反社会党人法"，《资本论》第二、三卷出版受阻，马克思则借机加强对当代资本主义发展新阶段、新变化的新探索，为今后写出"《资本论》续篇"，而作了系列性的晚年笔记，国家、国家体系问题研究明显加强，更有力地证实，"劳动、资本、国家"三元结构论，构成了《资本论》逻辑体系的深层结构。

晚年马克思文本群的主体部分与思想重心，是为写出"《资本论》续篇"而作的四组笔记札记，或叫四组准备材料。

第一组：《国家与文明起笔记》；

第二组：《国际关系与世界历史笔记》；

第三组：《俄国与东方发展道路笔记》；

---

① 《马克思恩格斯选集》第2卷，人民出版社1995年版，第31页。

第四组：《哥达纲领批判》及西方发展道路笔记。

提出"马克思晚年四大笔记"——为写出"《资本论》续篇"而作的四组准备材料，意在强调晚年马克思笔记与文本，不是单一的，不是只有一篇或一组，而是多样的、丰富的，具有多方面的丰富内容，简要地说，其主体内容是"一个主题，四组笔记"。

下面，先让我们对"晚年马克思文本群"的基本内容，作些简要梳理。

第一组：《国家与文明起源笔记》

我们认为，晚年马克思不仅没有中断或放弃《资本论》创作，而且有从"四卷构想"向"六册构想"复归意向，"资本论—国家论—生产关系国际化—世界市场与世界历史"，是其走向新综合的新轨迹。因而从《资本论》到《国家论》是其思想发展的必然逻辑，国家与文明起源问题、国家的本质问题，是其题中应有之义。

这组笔记的思想主旨，应称作"国家与文明起源笔记"。

第二组：《国际关系体系——世界历史笔记》

这组笔记共包括四个笔记本，构成一个个整体。马克思没有命名。恩格斯给它加的标题是《编年摘录》，或叫《编年大事记》，*Chronlogiche Ausztige*。前苏联马克思列宁主义研究院 1938—1946 年间，把它编入《马克思恩格斯文库》第 Ⅴ Ⅶ、Ⅷ 卷，题目为《历史学笔记》。中文译本目前也用了《马克思历史学笔记》这个题目（1992，2005）。MEGA² 打算把它编入第四部分笔记的最后一卷，第 31 卷。

整套笔记篇幅巨大，共 545 页，翻译成汉字约 180 万字左右。

为了准确地再现其独特研究对象与思想主旨，这里称之为《国际关系体系——世界历史笔记》。马克思笔记主要利用的底本，是德国历史学家施洛塞尔的 18 卷本的《世界史》，也有助于证实这一点。

对于这组笔记的主题、主线、主旨，至今研究仍很不够，却又众说纷纭。实际上，我们按照马克思基本思路，可以初步理出基本头绪来：

第一册笔记的起点是公元前 93 年，罗马公民权的扩大，以罗马帝国与地中海为中介，古代西方世界国家体系、国际关系体系的形成。

第四册笔记的终点是 1648 年，三十年战争的结束，威斯特伐利亚和约的签订，以神圣罗马帝国为核心的古代西方世界历史和国际关系体系走向瓦解，以德、法、英、俄等主权国家为主体，近代世界历史上的国际关系体系形成雏形。贯穿其中的一条思想主线，是怎样从以神圣罗马帝国为代表的古代世界历史的国际关系体系，走向神圣罗马帝国崩溃，近代世界历史的国际关系体系生成，真正意义上的近代世界市场、世界历史的形成。

这里的终点，正是《资本论》逻辑的历史起点、历史前提。

马克思为什么要做这样一个笔记呢？许多人感到大感不解，其实理解这一点的钥匙就在《资本论》体系构想中。其最初从"五篇构想"到"六册构想"的研究思路，都是"资本—国家—国际贸易—世界市场"，从《资本论》过渡到《国家论》，再过渡到《国际贸易论——生产的国际关系》。

马克思为什么一定要把自己的经济学称之为"政治经济学"？这里的"政治"，实质上主要指的就是"国家"，把"国家"列为"劳动与资本"之后的第三大基本范畴，完全是其中的题中应有之义。把国家列入政治经济学基本范畴序列，不仅仅传承了从亚当·斯密、李嘉图到穆勒的英国政治经济学主流传统，而且在相当程度上，更集中反映了德国人对政治经济学思想主旨的独特理解，对国家的特别关照、特殊重视。

国民经济学是当时德国人对英国人和法国人称作政治经济学的资产阶级政治经济学采用的概念。德国人认为，政治经济学是一门系统地研究国家应该采取哪些措施和手段来管理、影响、限制和安排工业、商业和手工业，从而使人民获得最大福利的科学。因此，政治经济学也被等同于国家学（Staatswisseneschaft）。英国经济学家亚当·斯密认为，政治经济学是关于物质财富的生产、分配和消费的规律的科学。随着斯密主要著作的问世及其德译本的出版，在德国开始了一个转变思想的过程。有人认为，可以把斯密提出的原理纳入并从属于德国人界定为国家学的政治经济学。另一派人则竭力主张把两者分开。路·亨·冯·雅科布和尤·冯索登在 1805 年曾作了两种不同的尝试，但都试图以一门独立的学科形式来表述一般的经济原理,并都称其为"国民经济学"。① 1841年,弗·李斯特(1789—1846年)发表了其主要著作《政治经济学的国民体系》,主张考虑到德国国家特点、民族利益,实行国家干预,建立以保护关税为基础的经济同盟。

综上所述,以"劳动—资本—国家"作为政治经济学的理论框架,现代史观的系统总体结构,既是亚当·斯密以来英国古典经济学发展的必然逻辑,又反映了德意志民族对政治经济学与国家问题密不可分的独特理解,更集中表现出马克思上下求索40年的独特理论创新、哲学创新。

第四节 三元结构的三种模式
——由此决定的现代化三条道路

"劳动、资本、国家",构成了现代社会的三大要素,三元结构。而这三大要素的不同结构、不同关系、不同组合,就从深层结构上决定了三条现代化道路的不同选择:

以国家主体化为主导的"劳动、资本、国家"三元结构,必然导致专制霸权主义现代化道路。

以资本垄断化为主导的"劳动、资本、国家"三元结构,必然导致资本主义现代化道路。

以劳动社会化为主导的"劳动、资本、国家"三元结构,必然导致社会主义现代化道路。

这种理论分析,马克思《资本论》及相关著作已经提供了基本思想,近150多年的世界历史发展更提供了许多生动的历史例证。我们在这里,不妨据此作些初步的比较研究。

为了方便起见,我们把现代复杂社会系统中三元结构的三种选择,简称为:国家主导、资本主导、劳动主导。

---

① 参见马克思:《1844年经济学哲学手稿》,人民出版社2000年版,第193页。

一、国家主导的三元结构——专制霸权主义的现代化道路

这种三元结构的特点，多半是在现代化过程没有充分展开的历史前提下，原有的古代中世纪国家过分膨胀的历史格局没有根本打破，就假借现代化、工业化的趋势，重新膨胀起来，压抑了资本，宰制了劳动，使市场经济、现代社会结构难以自由生长、充分发展，最终导致了畸形、片面发展的现代化道路，以强化专制国家、霸权主义为主旨的现代化道路。大体属于这种现代化道路典型代表的，首先是18世纪末、19世纪前期的法国，其次是19世纪的德国，加上1861年以后的日本、俄国。

关于19世纪法国，马克思先后写了三篇重要文章：《1848至1850年的法兰西阶级斗争》（1850），《路易·波拿巴的雾月十八日》（1852），《法兰西内战》（1871），都描述了国家主体化的法国现代化道路，对于过分膨胀独大的国家主体化的法国问题症结，作了一针见血的深刻揭示：

> 在法国这样的国家里，行政权支配着由50多万人组成的官吏大军。也就是经常和绝对控制着大量的利益和生存；在这里，国家管制、控制、指挥、监视和监护着市民社会——从它那些最广大的生活表现起，直到最微不足道的行动止，从它的最一般的生存形式起，直到个人的私生活止；在这里，这个寄生机体由于非常的中央集权而无处不在，无所不知，并且极其敏捷、极其灵活，同时现实的社会机体却又是极无自动性、极其软弱、极不固定；在这样一个国家里，十分明显，国民议会如果不同时简化国家管理，不尽可能缩减官吏大军，最后，如果不让市民社会和舆论界创立本身的、不依靠政府权力的机关，那么它一旦失掉分配阁员位置的权限，也就失掉任何实际影响了。但是，法国资产阶级的物质利益恰恰是和保持这个庞大而分布很广的国家机器最紧密地交织在一起的。它在这里安插自己的多余的人口，并且以国家薪俸形式来补充它用利润、利息、地租和酬金形式所不能获得的东西……
>
> 这个行政权有庞大的官僚机构和军事机构，有复杂而巧妙的国家机器，有50万人的官吏队伍和50万人的军队。这个俨如密网一般缠

住法国社会全身并阻塞其一切毛孔的可怕的寄生机体,是在专制君主时代,在封建制度崩溃时期产生的,同时这个寄生机体又加速了封建制度的崩溃。土地所有者和城市的领主特权转化为国家权力的同样众多的属性;封建的显贵人物转化为领取薪俸的官吏;互相对抗的中世纪的无限权力的五颜六色的样本转化为确切规定了的国家权力的方案,国家权力的工作像工厂一样有分工,又有集中。第一次法国革命所抱的目的是破坏一切地方的、区域的、城市的和各省的特殊权力以造成全国的公民的统一,它必须把专制君主制已经开始的事情——中央集权加以发展,但是它同时也就扩大了政府权力的容量、属性和走卒数目。拿破仑完成了这个国家机器。

一切变革都是使这个机器更加完备,而不是把它摧毁。那些相继争夺统治权的政党,都把这个庞大国家建筑物的夺得视为胜利者的主要战利品。

只是在第二个波拿巴统治时期,国家才似乎成了完全独立于社会并对它进行奴役的东西。①

专制国家主体化独大,压抑了资本,更宰制了劳动,导致了维护专制、追求霸权主义的现代化道路,不仅是19世纪法国病,更是19世纪德国病。也正是这个病根,在第一次世界大战前和20世纪30年代希特勒法西斯主义崛起中,两度恶性发展,使德国成为发动两次世界大战的罪魁祸首。

正是基于对德国国家制度专制弊端的深恶痛绝,加上对拉萨尔国家社会主义的深刻保留,马克思1875年在《哥达纲领批判》中,对于德国国家制度创新在现代化进程中的严重滞后,进行了毫不留情的理论鞭斥:

而且纲领还荒谬地滥用了"现代国家"、"现代社会"等字眼,甚至更荒谬地误解了向之提出自己要求的那个国家!

---

① 《马克思恩格斯选集》第1卷,人民出版社1995年版,第623、624、675、676页。

"现代社会"就是存在于一切文明国度中的资本主义社会，它或多或少地摆脱了中世纪的杂质，或多或少地由于每个国度的特殊的历史发展而改变了形态，或多或少地有了发展。"现代国家"却随国境而异。它在普鲁士德意志帝国同在瑞士不一样，在英国同在美国不一样。所以，"现代国家"是一种虚构。

既然他们没有勇气像法国工人纲领在路易-菲力浦和路易-拿破仑时代那样要求民主共和国，——而这是明智的，因为形势要求小心谨慎，——那就不应当采取这个既不"诚实"也不体面的手法：居然向一个以议会形式粉饰门面、混杂着封建残余、同时已经受到资产阶级影响、按官僚制度组成、以警察来保护的军事专制国家，要求只有在民主共和国才有意义的东西，并且还向这个国家庄严地保证，他们认为能够"用合法手段"从它那里争得这类东西！

……"总劳动的社会主义的组织"不是从社会的革命转变过程中，而是从国家给予生产合作社的"国家帮助"中"产生"的，并且这些生产合作社是由国家而不是由工人"建立"的。这真不愧为拉萨尔的幻想：靠国家贷款能够建设一个新社会，就像能够建设一条新铁路一样！①

马克思、恩格斯对于俄国封建制度与国家制度的分析，对于沙皇专制主义、霸权主义的深刻剖析，对于1861年俄国改革后，国家制度改革的严重滞后，都给予了很多关注；而后来，20世纪30至50年代以后，传统计划经济的苏联模式出现的问题，其实历史根源，就在于此：

俄国的"农业公社"有一个特征，这个特征是它的软弱性的根源，而且对它的各方面都不利。这就是它的孤立性，公社与公社之间的生活缺乏联系，而保持这种与世隔绝的小天地，并不到处都是这种类型的公社的内在特征，但是，有这一特征的地方，它就把比较集权

---

① 《马克思恩格斯选集》第3卷，人民出版社1995年版，第312、313、315页。

的专制制度矗立在公社的上面。俄罗斯北部各公国的联合证明,这种进化在最初显然是由于领土辽阔而形成的,在相当大的程度上又由于蒙古人入侵以来俄国遭到的政治命运而加强了……

正是从所谓农民解放的时候起,国家使俄国公社处在不正常的经济条件之下,并且从那时候起,国家借助集中在它手中的各种社会力量来不断地压迫公社。由于国家的财政搜括而削弱得陷于束手无策境地的公社,成了商人、地主、高利贷者剥削的对象。这种外来的压迫使得公社内部原来已经产生的各种利益的斗争更加尖锐,并加速了公社内各种瓦解因素的发展。但是,还不止如此。国家靠牺牲农民培植起来的是西方资本主义体系的这样一些部门,它们丝毫不发挥农业生产的潜能,却特别有助于不从事生产的中间人更容易、更迅速地掠夺农产品。这样,国家就帮助了那些吮吸着"农村公社"本来已经涸竭的血液的新资本主义寄生虫去发财致富。

……总之,国家对于最能促进和加速对农民(俄国的最雄厚的生产力)进行剥削、并最能使"社会新栋梁"发财致富的一切技术和经济办法,是促使它们加速实施的。[①]

传统计划经济的苏联模式,实质上是在新的历史条件下,以新的形式,重演了这条国家主体化的现代化老路,它打着传统社会主义计划经济的旗号,实质上是变相地加剧了国家垄断制,形式上消灭了资本,实际上阻塞了市场经济的现代化进程,最终还是宰制了劳动,严重压抑了广大劳动群众的积极性、主动性、创造性,作为战时体制曾发挥了战争时代历史作用,却使社会主义制度优越性难以在和平发展时代真正充分发挥出来。

二、资本主导的三元结构——资本主义现代化道路

这种三元结构的特点,就是资本成为独一无二、至高无上的能动主体,并从商业资本、产业资本走向金融资本的发达形态,占据了垄断地位,从而绑架了国家、宰制了劳动。

[①]《马克思恩格斯选集》第19卷,人民出版社1963年版,第436、439、440页。

资本原则主导下的市场经济，其历史作用有相当明显的二重性：一方面，它是推动劳动社会化、交往普遍化的强大动力，有力地推动了工业化、市场化、全球化的加速度发展，显示出资本历史作用的文明性、进步性一面，极大地推动了社会生产力的大发展；而另一方面，资本本质上又是一种社会关系，造成劳动异化、知识异化、人的异化乃至社会全面异化、金钱关系统治一切的畸形社会关系，因而资本绑架国家、宰制劳动，造成两极分化，成为历史必然趋势。

十八九世纪的英国、美国，是资本主导的现代化道路的两个典型国家。

马克思《资本论》中的剩余价值学说，第一次真正揭示出，什么是资本的秘密？由于劳动力变成了商品，自主劳动或强制劳动就开始普遍变成了雇佣劳动；垄断劳动条件的资本家，由于用一个较低价格在市场上购买了劳动力，由此也就取得了无偿占有剩余劳动、剩余价值的社会权力，由此货币也就成了资本；由于货币变成了资本，劳动力变成商品，经济的市场化、交往的普遍化、劳动的社会化、社会的现代化，就都打开了大闸门，取得了原动力，形成了新道路。

马克思一语破的，点破了资本在推动现代化中的世界历史作用，"资本一出现，就标志着社会生产过程的一个新时代"：

> 只有当生产资料和生活资料的所有者在市场上找到出卖自己劳动力的自由工人的时候，资本才产生；而单是这一历史条件就包含着一部世界史。因此，资本一出现，就标志着社会生产过程的一个新时代。①

马克思主义创始人并没有简单地否定资本的历史作用，恰恰是《共产党宣言》，对资本在世界历史上的巨大进步作用，作了最好的历史说明：

---

① 马克思：《资本论》第 1 卷，人民出版社 1975 年版，第 193 页。

从中世纪的农奴中产生了初期城市的城关市民;从这个市民等级中发展出最初的资产阶级分子。

美洲的发现、绕过非洲的航行,给新兴的资产阶级开辟了新天地。东印度和中国的市场、美洲的殖民化、对殖民地的贸易、交换手段和一般商品的增加,使商业、航海业和工业空前高涨,因而使正在崩溃的封建社会内部的革命因素迅速发展。

大工业建立了由美洲的发现所准备好的世界市场。世界市场使商业、航海业和陆路交通得到了巨大的发展。这种发展又反过来促进了工业的扩展,同时,随着工业、商业、航海业和铁路的扩展,资产阶级也在同一程度上得到了发展,增加自己的资本,把中世纪遗留下来的一切阶级排挤到后面去。

由此可见,现代资产阶级本身是一个长期发展过程的产物,是生产方式和交换方式的一系列变革的产物。

资产阶级在它的不到一百年的阶级统治中所创造的生产力,比过去一切世代创造的全部生产力还要多,还要大。自然力的征服,机器的采用,化学在工业和农业中的应用,轮船的行驶,铁路的通行,电报的使用,整个整个大陆的开垦,河川的通航,仿佛用法术从地下呼唤出来的大量人口,——过去哪一个世纪料想到在社会劳动里蕴藏有这样的生产力呢?[①]

而在《资本论》第一大手稿《1857—1858 年手稿》中,马克思更进一步对资本在世界历史上进步作用,作出了最为深刻的哲学分析。由于资本把一切要素整合进社会化大生产并构成大生产的灵魂,因此,马克思对资本的世界历史作用给予充分的肯定:

如果说以资本为基础的生产,一方面创造出一个普遍的劳动体系,——即剩余劳动,创造价值的劳动,——那么,另一方面也创造

---

① 《马克思恩格斯选集》第 1 卷,人民出版社 1995 年版,第 273、274、277 页。

出一个普遍利用自然属性和人的属性的体系，创造出一个普遍有用性的体系，甚至科学也同人的一切物质的和精神的属性一样，表现为这个普遍有用性体系的体现者，而且再也没有什么东西在这个社会生产和交换的范围之外表现为自在的更高的东西，表现为自为的合理的东西。因此，只有资本才创造出资产阶级社会，并创造出社会成员对自然界和社会联系本身的普遍占有。由此产生了资本的伟大的文明作用：它创造了这样一个社会阶段，与这个社会阶段相比，以前的一切社会阶段都只表现为人类的地方性发展和对自然的崇拜。①

这是对资本开创的世界历史新阶段的最高肯定。

马克思是用劳动二重性原理，来分析资本历史作用二重性的，因而在指明其现代化动力作用的同时，也指出了其在社会关系上的社会实质、历史弊端、要害问题。

资本成了组织现代化、社会化大生产的物质基础，没有资本作为物质与货币基础，就无法组织起现代化的大生产。

资本成了现代市场经济的运转枢纽，尤其是大银行的金融资本，更成了现代化市场经济命脉。

资本挂帅也成了利润至上原则的动力源泉，乃至在《资本论》中，借助他人之口，描述了那个时代，利润挂帅造成的资本冲动：

> 如果按照奥日埃的说法，货币"来到世间，在一边脸上带着天生的血斑"，那末，资本来到世间，从头到脚，每个毛孔都滴着血和肮脏的东西。
>
> 资本害怕没有利润或利润太少，就像自然界害怕真空一样。一旦有适当的利润，资本就胆大起来。如果有10%的利润，它就保证到处被使用；有20%的利润，它就活跃起来；有50%的利润，它就铤而走险；为了100%的利润，它就敢践踏一切人间法律；有300%的利

---

① 《马克思恩格斯全集》第46卷上册，人民出版社1979年版，第393页。

润，它就敢犯任何罪行，甚至冒绞首的危险。如果动乱和纷争能带来利润，它就会鼓励动乱和纷争。①

资本的本质是什么？马克思用劳动二重性原理，分析资本二重性，指出其固然通过一定数量货币形式或物质技术形式存在，而就其本质来说，"资本不是一种物，而是一种以物为媒介的人和人之间的社会关系"②。

在《资本论》第一手稿《导言》中，马克思更一针见血地指出："资本是资产阶级社会的支配一切的经济权力。"③

在《1848至1850年的法兰西阶级斗争》中，马克思惟妙惟肖而又入木三分地描述出现代资本主义社会三元结构的畸形发展、内在机理——资本绑架国家，金融资本绑架国家权力：

> 七月革命之后，自由派的银行家拉菲特陪同他的教父奥尔良公爵向市政厅胜利行进时，脱口说出一句话："从今以后，银行家要掌握统治权了。"拉菲特道出了这次革命的秘密。
>
> 我们的全部叙述都已经表明，共和国从它存在的头一天起就不仅没有推翻金融贵族，反而巩固了它的地位。但是，它对金融贵族的让步，是违反本意而屈从命运的。富尔德一上任，政府的主动权又回到了金融贵族手中。
>
> 有人会问，联合的资产阶级怎么能忍受和容许在路易－菲力浦时期以排斥或支配资产阶级其余各个集团为基础的金融贵族的统治呢？
>
> 答案很简单。
>
> 首先，金融贵族本身在保皇派联合势力内部形成举足轻重的集团，这个联合势力的共同的统治权力称为共和国。难道奥尔良派中的演说家和专门人才不是金融贵族昔日的同盟者和同谋者吗？难道金融贵族本身不是奥尔良派的黄金法郎吉吗？至于正统派，他们早在路

---

① 马克思：《资本论》第1卷，人民出版社1975年版，第829页。
② 马克思：《资本论》第1卷，人民出版社1975年版，第834页。
③ 《马克思恩格斯选集》第2卷，人民出版社1995年版，第25页。

易-菲力浦时期已经实际参加了交易所、矿山和铁路投机生意的全部闹宴。一般说来，大地产与金融贵族结成联盟，是一种正常现象。英国就是一个证明，甚至奥地利也是证明。

在法国，国民生产水平与国家债务相比是低得不相称的，国家的息金是投机生意的最重要的对象，而交易所是希图以非生产方法增殖的资本的主要投资市场，在这样一个国家里，整个资产阶级和半资产阶级中的数不尽的人，不能不参与国家的借贷活动、交易所投机生意和金融活动。难道所有参与这些活动的二流人物不正是把那个在很大的范围内整个地代表着同一利益的集团，视为他们的天然靠山和首脑吗？

国家财富落到金融贵族手中的原因何在呢？就在于有增无已的国家负债状态。而这种国家负债状态的原因何在呢？就在于国家支出始终超过收入，在于失衡，而这种失衡既是国家公债制度的原因又是它的结果。

总之，如果没有法兰西国家的根本变革，就决不会有法兰西国家财政上的变革。而与国家财政必然联系着的是国家债务，与国家债务必然联系着的是国债投机买卖的统治，是国家债权人、银行家、兑换商和交易所豺狼的统治。①

马克思的这些论述，为深刻理解2008年美国引发的当代国际金融危机、2011年欧洲主权债务危机的真正根源与深层本质，提供一把理论钥匙。

三、劳动主导的三元结构——社会主义现代化道路

超越资本主导、国家主导的现代化道路，走出一条劳动主导的现代化新道路，以实现劳动解放、个性自由的理想目标，始终是马克思上下求索的重要主题。

为此，需要打破国家或资本主导的三元结构，建构劳动主导的三元结

---

① 《马克思恩格斯选集》第1卷，人民出版社1995年版，第377、448、449页。

构。在这里最关键的，是要打破"资本主导，绑架国家，宰制劳动"的资本主义体系现状。究竟出路何在呢？从《共产党宣言》到《资本论》，马克思探索出的一条新路，就是在劳动社会化时代大势的客观基础上，加上工人阶级政党思想政治领导权，建构劳动主导的现代社会三元结构：劳动主导，创新国家，引导资本。为此，他先后同蒲鲁东经济主义、拉萨尔国家社会主义、布朗基革命家暴力专政主义，展开了思想论战。

为解决劳动和资本的关系，实现劳动解放目标，努力推进实践创新、制度创新、哲学创新——这是马克思一生为之奋斗的时代主题。足以确凿证明这一点的，不仅有《1844年手稿》研究主题，《共产党宣言》思想主旨，《资本论》及其三大手稿的思想红线，还有1871年6、7月间，在国际工人协会通过马克思起草的《法兰西内战　国际工人协会总委会员宣言》之后，接受的《世界报》驻伦敦记者R. 兰多尔采访时发表的谈话：

记者：那么马志尼也是你们的组织的成员吗？

马克思博士说（含笑）：啊，不是！如果我们不超出他的思想，我们的成就是不会很大的。

记者：您的话使我感到惊奇。我一直相信，他是最进步的观点的代表。

马克思博士说：他代表的只是资产阶级共和国的旧思想。我们是不愿意和资产阶级有任何共同之处的。他和那些德国教授一样，落后于现代运动，而在欧洲，这些德国教授到现在还被认为是未来的高度发展的民主主义的使徒。也许在1848年以前，当英国人所谓的德国资产阶级刚刚获得应有的发展的时候，他们是这样的人。可是现在，这些教授们都倒向反动派，无产阶级再不想知道他们了。

记者：有人说你们的组织内有实证论的因素。

马克思博士说：绝无此事。我们中间有实证论者，也有不属于我们的组织而事情照样办得不错的实证论者。但是这决非他们的哲学的功劳，他们的哲学同我们所理解的人民政权的思想毫无共同之处；这种哲学只是企图以新的等级制度来代替旧的等级制度。

记者：既然如此，我认为现代国际运动的领袖们应当制定自己的哲学，就像他们建立起自己的协会一样。

马克思博士说：完全正确。例如，很难期望我们能在反对资本的战争中取得胜利，要是我们把我们的战术建立在譬如说穆勒的政治经济学的基础上。穆勒探索了劳动与资本之间的一种关系。我们希望表明，可以建立另一种关系。

国际完全不是原来意义上的工人阶级政府；与其说国际是指挥力量，还不如说它是一种联合……目的是通过夺取政权来达到工人阶级的经济解放；目的是利用这一政权来实现社会任务。

国际是联合起来的团体网，它布满整个劳动世界。①

这里提到的穆勒，看来指的是约翰·斯图亚特·穆勒（1806—1873年），1848年发表的主要代表作《政治经济学原理——及其在社会哲学上的若干应用》。作者自认为该书使命，是祖述从亚当·斯密到大卫·李嘉图的政治经济学原理，并提升到社会哲学高度，旨在解决劳动与资本的关系，全书结尾的第五篇则论及"政府的影响"。穆勒经济学、哲学的基调，是使国家政府的作用，从"守夜人"到"调解者"，以便用改良措施，缓解资本主义从自由竞争走向垄断之后，日趋强化的劳资矛盾，旨在继续维系资本对劳动的支配权。

马克思与穆勒的根本不同，是要解放劳动，建立完全新型的劳资关系：

法国当局和德国当局把两国推入一场手足相残的争斗，而法国的工人和德国的工人却互通和平与友谊的信息。单是这一件史无前例的伟大事实，就向人们展示出更加光明的未来。这个事实表明，同那个经济贫困和政治昏聩的旧社会相对立，正在诞生一个新社会，而这个新社会的国际原则将是和平，因为每一个民族都将有同一个统治

---

① 参见刘乃勇：《马克思自述传略》，新华出版社2014年版，第374、371页。

者——劳动!

这个新社会的开路先锋就是国际工人协会。①

而在国际内部,工人运动内部,马克思先后与蒲鲁东、拉萨尔、布朗基展开持久深入的理论争论,分歧焦点就在于对劳动解放的道路何在主张不同,"劳动、资本、国家"三元结构的关系处理不同。这个新视角,有助于我们重新厘定分歧实质。

马克思基本思路,是立足劳动社会化的自然历史进程与时代发展大势,加上工人阶级政党的思想政治领导权,深入具体系统的组织工作,实现"经济上所有制——政治上国家制度"这两大制度创新,从而达到创新国家、引领资本,建构现代新型的三元结构,以劳动为主导的劳动、资本、国家三者关系。

为此,他同主张经济主义的蒲鲁东展开争论。蒲鲁东经济主义的问题症结,在于根本忽视"所有制与国家制度"这两项制度创新,也无视劳动与资本关系的根本变革,仅仅拘泥于经济主义的改良措施,如实行信用改革计划,开办人民银行,发行劳动券以代替货币流通,发行无息贷款,一切产品根据劳动数量,实行直接交换。蒲鲁东对工人阶级的政治斗争则深为敌视。在他看来,国家与政权是危害自由与个性的东西。工人的命运不能由革命和取得政权来解决,相反的,为了获得自由,要"把政权与垄断一齐打倒"。在其晚年著作《革命家的自白》中,蒲鲁东宣称,"依靠政府,人民并不能自救,而是要毁灭自己"。"就其原则的本质而言国家是反革命的"。"政权是暴政工具和堡垒,而政党则是它的生命和思想"。蒲鲁东的结论就是,"打倒政党。打倒政权。要求给人民充分自由"。②

为此,马克思也同布朗基的革命家暴力专政主义展开论争。看来,布朗基与蒲鲁东正好相反,如果说蒲鲁东仅盯着三元结构中的"劳动"这一枝的话,布朗基则仅仅盯着"国家"这一块,无视劳动发展的自然历史进程,无视经济生活的自发运行机制,也无视劳动群众在日常生产生活中的

---

① 《马克思恩格斯选集》第3卷,人民出版社1995年版,第19页。
② 参见[法]蒲鲁东:《贫困的哲学》,余叔通、王雪华译,商务印书馆1961年版,中文版序言第11页。

组织准备，认为可以仅仅依靠少数职业革命家，经过密谋策划，一下子夺取政权，建立专政。实际上，这种少数职业革命家专政，只是无源之水，无本之木，脱离实际、脱离群众的"海市蜃楼"，即使一时夺得政权，也难以长治久安。

蒲鲁东主义与布朗基主义这"左"右两翼，在19世纪法国工人运动中有深厚影响，直至1871年巴黎公社时期仍是这样。理论之争，在所难免。

为此，马克思、恩格斯也同德国工人运动中的拉萨尔国家社会主义展开了持久论争，甚至连梅林这样著名的马克思主义理论家、史学家，都弄不清这一争论实质何在。问题在于，拉萨尔一方面在政治经济学基本理论上移植了马克思的基本理论，以壮门面；另一方面却在实践上倒向国家社会主义，指靠取得普选权，依赖德国铁血首相俾斯麦，加上德意志新帝国的国家协助下建立生产合作社，来实现德国国家社会主义。1864年6月3日，马克思在致恩格斯信中，揭示了这种复杂关系的奥妙所在：

> 当我看伊戚希的《雇佣劳动和资本》时，我不止一次地问自己："这是怎么回事"。问题是这部著作的基本原理，在我看来每一个字都很熟悉（虽然作了伊戚希式的乔装打扮），而又不是直接从《宣言》等里面抄袭来的。正好，几天前我偶尔翻阅了我在《新莱茵报》上发表的关于雇佣劳动和资本的一组文章，这些文章实际上是单纯地重印了我1847年在布鲁塞尔工人协会上所作的几次演讲。正是在这里，我发现了我的伊戚希的灵感的直接来源。出于我对他的特别的友谊，我将把《新莱茵报》上的所有这些东西作为注解印在我的那本书的附录里，自然要想出一个借口，丝毫不暗示伊戚希。他对此未必会感到高兴。[①]

马克思与拉萨尔的分歧集点，在于怎样对待普鲁士专制主义国家？是

---

① 《马克思恩格斯〈资本论〉书信集》，人民出版社1976年版，第188页。

主张根本改造德国国家制度，创新国家制度，还是仅限于争取工人普选权的改良措施，甚至和俾斯麦达成妥协，让国家出资帮助建立工人生产合作社，而德国工人则支持在俾斯麦铁腕领导下，在普鲁士专制国家制度框架下加速实现德国统一。

如果联想到20世纪两次世界大战的历史教训，马克思与拉萨尔的谁是谁非，不是昭然若揭吗？

经过上述简单的对比研究，我们可以弄清楚，马克思为什么会和这三位"老朋友"，展开看似无情、过于严苛的理论争论。

马克思关于劳动解放的道路，在三元结构中如此体现：

$$自主劳动——创新国家——引导资本$$

或许，这就是马克思主张的劳动解放之路，也是走向现代化的阳光大道，人类解放的希望之道。

第五节　国家制度创新滞后
——当代危机的问题症结

1875年，晚年马克思在写作《哥达纲领批判》前后，现代社会复杂系统中"劳动、资本、国家"三者关系问题，仍是他反复思索的基本问题。而他从德国发展道路中有一个重要感悟发现，就是在资本主义近代化世界历史进程中，市场经济与资本发展超前，而国家制度创新相对滞后，甚至严重滞后，已经成为发展瓶颈、问题症结。

今天看来，马克思这一论断还是相当深刻的，看到了资本主义近代化过程的一个问题症结，不仅对于理解19世纪世界历史有启迪意义，而且为理解20世纪两次世界大战的世界历史悲剧，乃至今天在世纪之交、千年之交出现的五次危机，都有重大的启迪意义。

在1871年《法兰西内战》这篇马克思起草的宣言中，"劳动、资本、国家"三者关系问题，无疑是贯穿其中的一个基本问题。

1872 年，马克思起草的《土地国有化。在国际工人协会曼彻斯特支部宣读的一个报告》，最后的思想落脚点，即放在劳动、资本、国家三者关系问题上："土地国有化将彻底改变劳动和资本的关系，并最终完全消灭工业和农业中的资本主义的生产。"①

1873 年，约翰·莫斯特在开姆尼斯城出版了通俗解说《资本论》小册子，不失为一个把《资本论》通俗化、大众化的最初有益尝试。1875 年 8 月初，应李卜克内西的请求，在恩格斯参与下，马克思花了相当精力作了修订，题目就是《资本和劳动。卡尔·马克思〈资本论〉浅说》。1876 年 4 月，该书在开姆尼斯出版了有马克思亲自参与修订的第二版。马克思本人未作署名。

1876 年 6 月 14 日，马克思致信给已在美国的弗·阿·左尔格，讲到此书：

> 现在顺便给你寄去经我修订的莫斯特的著作，我没有署名，否则我就要作更多的修改（一切涉及到价值、货币、工资以及其他许多问题的地方，我已不得不全部删去并换上自己的话）。②

马克思所说的莫斯特的著作，指的是早在 1873 年就出版的，由约翰·莫斯特编写的小册子《资本和劳动。卡尔·马克思〈资本论〉浅说》，在开姆尼斯城出版，这是第一本传播《资本论》的通俗读物。由于莫斯特理论水平的限制，其中有很多理解不当的地方，但是读者特别迫切需要这样的通俗读本，而此时仅此一本。因而在李卜克内西的再三建议下，马克思对这个小册子进行了修订，并因此出版了第二版。

正是在这样的思想背景和历史背景下，马克思在 1875 年《哥达纲领批判》中，把"经济上的世界市场"加上"政治上的国家体系"，作为把握"现代民族国家"的双重世界历史背景：

---

① 《马克思恩格斯选集》第 3 卷，人民出版社 1995 年，第 129 页。
② 《马克思恩格斯全集》第 34 卷，人民出版社 1972 年版，第 172 页。

不言而喻，为了能够进行斗争，工人阶级必须在国内作为阶级组织起来，而且它的直接的斗争舞台就是本国。所以，它的阶级斗争不就内容来说，而像《共产党宣言》所指出的"就形式来说"，是本国范围内的斗争。但是，"现代民族国家的范围"，例如德意志帝国，本身又在经济上处在"世界市场的范围内"，在政治上"处在国家体系的范围内"。①

而在谈到德国国家制度面临的现代变革历史难题时，马克思区分了"现代社会"与"现代国家"，认为现代社会资本主义市场经济发展比较趋同，而现代国家制度创新，却很不平衡，甚至只是一个"虚构"，如在德国：

德国工人党——至少是当它接受了这个纲领的时候——表明：它对社会主义思想领会得多么肤浅．它不把现存社会（对任何未来社会也是一样）当作现存国家的（对未来社会来说是未来国家的）基础，反而把国家当作一种具有自己的"精神的、道德的、自由的基础"的独立存在物。

而且纲领还荒谬地滥用了"现代国家"、"现代社会"等字眼，甚至更荒谬地误解了向之提出自己要求的那个国家！

"现代社会"就是存在于一切文明国度中的资本主义社会，它或多或少地摆脱了中世纪的杂质，或多或少地由于每个国度的特殊的历史发展而改变了形态，或多或少地有了发展。"现代国家"却随国境而异。它在普鲁士德意志帝国同在瑞士不一样，在英国同在美国不一样。所以，"现代国家"是一种虚构。②

如果说，由于种种原因，马克思在《哥达纲领批判》中关于德国国家制度变革严重滞后问题，实质是一针见血点出来了，却还说得不完全充

---

① 《马克思恩格斯全集》第 3 卷，人民出版社 1995 年版，第 308 页。
② 《马克思恩格斯全集》第 3 卷，人民出版社 1995 年版，第 313 页。

分、具体、透底的话；那么，1872年5月至1873年1月间，恩格斯写成的《论住宅问题》，则讲得更加透底得多：

> 其实，就是在德国，现有的这种国家也是它赖以生长起来的那个社会基础的必然产物。在普鲁士——而普鲁士现在起着决定性的作用——同仍然强有力的大地主贵族相并存的，还有一个比较年轻和极其胆怯的资产阶级，它至今既没有像在法国那样争得直接的政权，也没有像在英国那样争得或多或少间接的政权。但是，跟这两个阶级并存的，还有一个人数迅速增加、智力十分发达、一天比一天更加组织起来的无产阶级。因此，这里除了旧专制君主制的基本条件——土地贵族和资产阶级间的均势——以外，还存在现代波拿巴主义的基本条件，即资产阶级和无产阶级间的均势。
>
> 在普鲁士（依其发展情况也在德意志的新帝国制度中）从这些极端矛盾的社会状态中必然发展出来的国家形式，是假立宪制；这个国家形式既是旧专制君主制的现今的解体形式，也是波拿巴主义君主制的存在形式。在普鲁士假立宪制从1848年到1866年只是遮盖和促成了专制君主制的缓慢腐朽过程。但是，从1866年以来，尤其从1870年以来，社会状态的变革，从而旧国家的解体，是在众目共睹下并且是在急速加剧的程度上发生着。工业的迅速发展，特别是交易所欺诈事业的迅速发展，把一切统治阶级都卷入投机的旋涡中。1870年从法国传入的贪污腐化风气，以空前的速度大规模地发展起来……
>
> 一言以蔽之，旧国家的一切因素在急剧地解体，专制君主制在急剧地过渡到波拿巴主义君主制；在行将来临的工商业大危机中，不仅现代的骗局，而且整个旧普鲁士国家都要崩溃。①

资本主义市场经济发展相对超前，而普鲁士专制主义国家制度的创新却严重滞后——马克思主义创始人19世纪指出的这个历史痼疾，影响了

---

① 《马克思恩格斯选集》第3卷，人民出版社1995年版，第191、192、192页。

20 世纪的德国历史命运与世界历史命运。

正是这个历史痼疾种下的病根,在新的历史条件下滋生了霸权主义、法西斯主义,使德国成为 20 世纪两次世界大战的战争策源地。

国家制度创新滞后,不仅是现代化过程中的"德国病",在英国、法国等国,几乎普遍也有不同程度的存在:17 世纪英国资产阶级革命后的反复复辟现象,18 世纪法国大革命后,共和与帝制的苍黄反复,实质上都是源于国家制度创新的相对滞后。

英国近代资产阶级革命,不是一帆风顺的,而是曲折反复的,充满了革命与复辟、前进与倒退、民主与专制的激烈斗争、反复交锋,集中表现为国家制度跌宕起伏四部曲:

1642—1649 年,流血革命,推翻王朝。

1649—1659 年,克伦威尔军事独裁,社会动乱,农民起义,矛盾不断。

1660—1688 年,王朝复辟,反对民主,恢复君位,查理二世恢复了大地主在封建中的统治,1885 年詹姆士二世更变本加厉。

1688 年,辉格党与托利党联手,实行政变,从荷兰迎回詹姆士二世的女婿威廉继承王位,詹姆士二世逃亡法国,因为没有再次流血,史称"光荣革命"。

而 1789 年法国大革命以后,则经历了三次共和、两代帝国,国家制度、苍黄反复:

1789 年,法国大革命震撼世界,1792 年 9 月 22 日,创立了第一共和国,制订了宪法,后来却走向极端,发生内乱;

1800 年前后,拿破仑伺机上台,一方面制定"拿破仑法典",推进资产阶级革命,另一方面却黄袍加身,加冕称帝,号称第一帝国,四处征战,到处树敌,直到 1821 年第二次退位,死在科西嘉岛上;

1848 年二月革命中,法国资产阶级又借工人革命浪潮,赶跑了国王路易·菲力蒲,创立了第二共和国;

可惜好景不长,1852 年拿破仑的侄子,就狐假虎威,借助其伯父余威,夺取政权,恢复帝制,号称第二帝国,直至 1870 年;

1871年，借助普法战争，加上巴黎公社工人起义，扳倒了第二帝国，梯也尔等人又创立第三共和国，直至1940年。

国家制度创新相对滞后的问题，不仅存在于近代化世界历史进程中，在世纪之交、千年之交的近二三十年全球化浪潮中，在相当程度上似乎又合乎规律地重新上演一回：

1992年苏联解体、东欧剧变，中国走上社会主义市场经济新道路，标志着全球化市场经济的创新潮头。

1994年网络全球化的技术创新源头，改变世界；

1994年前后世贸组织形成，标志着经济领域制度创新引领潮头。

然而正是国家制度、国家体系的创新相对滞后，导致世纪之交、千年之交的二三十年间，相继发生了五次国际性、世界性，有时甚至全球性危机：

1991年，苏联解体、东欧剧变；

1998年，东亚金融危机；

2008年，从美国开始席卷全球的当代国际金融危机；

2011年，欧洲主权债务危机；

2013年前后，地中海周边的中近东各国连续发生颜色革命、国家剧变。

这一连串危机的背后，深层实质基本上都是一个共同的问题、共同的症结——国家制度创新相对滞后，难以摆平劳动、资本、国家三元结构，其中特别是难以解决资本膨胀、绑架国家、宰制劳动的近现代世界历史难题。

第六节 解放劳动、创新国家、驾驭资本
——中国特色的三元结构

从《共产党宣言》到《资本论》，马克思首倡的劳动主导的现代化新道路，在改革开放、中国特色社会主义道路的实践创新中得到当代体现，

新的发展；而马克思首倡的现代社会系统"劳动、资本、国家"三元结构论，更理应成为我们在改革开放新时期、新阶段、新起点上，解决新问题、新矛盾，探索新道路、新体制的理论指南、源头活水。

正是在这一点上，在这个命运攸关的时代课题面前，马克思主义对于我们今天来说，仍具有不可替代的指导意义。无论是西方流行的自由主义，还是中国古代传统国学，都不能科学说明现代复杂社会系统中"劳动、资本、国家"三元结构关系问题，无法指引我们开创劳动主导的中国现代化新体制、新道路。

解放劳动—创新国家—规范资本，这是当代中国特色的三元结构，有助于我们把握改革开放新阶段理论创新、体制创新的三个主要着力点、突破口、生长点。

反之，如果没有这种马克思列宁主义指导下的中国创新支撑，势必陷入自发盲目的历史惰性洪流之中：国家垄断—官商勾结—宰制劳动。在当前这个中国发展的关键时期，我们必须坚决审慎地防止走上这样一条老路、歧路、死路上去。

一、解放劳动、解放个性——真正体现人民主体、造福人民

社会主义本质是什么？有人说，这个问题马克思主义创始人没有讲过，也没有搞清楚。这种说法并不科学，并不准确。实际上，这个问题在马克思主义创始从那里原本是基本上讲清楚了的，是后来曾经长期流行的苏联模式的教条主义僵化观念把问题搞乱了。

1877年，马克思《给〈祖国纪事〉编辑部的信》，特别讲了社会主义本质特征，就是在劳动社会化的基础上，达到两个"全面发展"：社会生产力的全面发展，人的全面发展。换句话说，也可以叫"两个解放"：生产力的解放，劳动者的解放，简称"人的解放"。马克思是这样讲的：

> 我把生产的历史趋势归结成这样：它"本身以主宰着自然界变化的必然性产生出它自身的否定"；它本身已经创造出一种新的经济制度的因素，它同时给社会劳动生产力和一切个体生产者的全面发展以极大的推动；实际上已经以一种集体生产为基础的资本主义所有制只

能转变为社会的所有制……一切民族，不管他们所处的历史环境如何，都注定要走这条道路，——以便最后都达到在保证社会劳动生产力极高度发展的同时又保证人类最全面的发展的这样一种经济形态。①

从十月革命到 20 世纪 20 年代末新经济政策近十年，列宁开辟的道路方向是正确的，活生生地体现了马克思倡导的劳动主导的现代化道路与三元结构论。

问题是，20 世纪 30 至 50 年代，形成了传统计划经济的苏联模式。如果说，在以战争与革命为主题的历史时代，形成这种战时体制，还有一定的历史必然性，那么，20 世纪 50 年代中期以后，在以和平与发展为主题的新的历史时代，这种苏联模式完全蜕化为僵化模式。

用"国家垄断制"偷换"劳动社会化"，用"国有化"偷换"社会化"，正是苏联模式得以长期流行的重要理论根源、精神实质。从列宁主义到邓小平理论，都有助于我们从理论思维高度，真正弄清楚这个问题实质，弄清楚传统计划经济苏联模式与社会主义本质区别。

早在从战时共产主义转向新经济政策道路时，列宁就一针见血地指出了"国家垄断制"的根本局限：

> 为什么我们需要以实物税来代替余粮收集制呢？余粮收集制是以征收所有的余粮，建立强制性的国家垄断制为前提的。当时我们不可能有其他的办法，因为我们处于极端贫困的状态。在理论上，不一定要认为国家垄断制从社会主义观点看来是最好的办法。在一个拥有工业、而且工业正在进行生产的农民国家里，如果有一定数量的商品，那是可以采用实物税和自由流转的制度作为一种过渡办法的。②

在改革开放历史起点上，邓小平在 1980 年 8 月 18 日《党和国家领导制度的改革》一文中的深刻剖析，也有助于我们把握苏联模式的实质，以

---

① 《马克思恩格斯全集》第 19 卷，人民出版社 1963 年版，第 130 页。
② 《列宁全集》第 41 卷，人民出版社 1986 年版，第 63 页。

国家垄断制偷换了劳动社会化，作为社会主义本质：

> 官僚主义是一种长期存在的、复杂的历史现象。我们现在的官僚主义现象，除了同历史上的官僚主义有共同点以外，还有自己的特点，既不同于旧中国的官僚主义，也不同于资本主义国家中的官僚主义。它同我们长期认为社会主义制度和计划管理制度必须对经济、政治、文化、社会都实行中央高度集权的管理体制有密切关系。我们的各级领导机关，都管了很多不该管、管不好、管不了的事，这些事只要有一定的规章，放在下面，放在企业、事业、社会单位，让他们真正按民主集中制自行处理，本来可以很好办，但是统统拿到党政领导机关、拿到中央部门来，就很难办。谁也没有这样的神通，能够办这么繁重而生疏的事情。这可以说是目前我们所特有的官僚主义的一个总病根。①

传统计划经济的苏联僵化模式，有两大弊端：一是阻塞了市场经济的发展，社会生产力的发展，使"地不能尽其利，物不能尽其用，货不能尽其流"；二是阻塞了人的自由全面发展，使千百万劳动者，劳动集体，企业，不能充分发挥主体性、积极性、创造性，"不能尽其才"。

因而，改革的实质也是双重的：突破国家垄断制，解放生产力，解放人。

改革开放30多年来，在走向社会主义市场经济，解放生产力这一方面，我们非常重视，也成就伟大；然而，在解放人的这一方面，却重视不够，远未尽如人意。

不仅要解放生产力，更要解放人，解放劳动，解放劳动者，解放人的自由全面发展空间，解放每一个人的创业创新潜能——正是这一点，应当成为改革开放新阶段的新使命，中国创新的新天地，中国发展的新动力！

这就要求我们在中国共产党领导下，不仅把经济体制改革进行到底，

---

① 《邓小平文选》第2卷，人民出版社1994年版，第327、328页。

而且要有政治体制的相应配合，系统改革，综合创新。

二、创新国家，人民监督——政治改革、以法治国的当务之急

在现代社会复杂系统"劳动、资本、国家"三元结构中，国家的作用很关键，在相当程度上，决定着劳动主导，还是资本主导？走社会主义现代化道路，还是资本主义现代化道路？

在自发的市场经济中，垄断了劳动条件的资本，对劳动占据着天然支配权。如果自由竞争的资本发展到垄断资本，金融资本占据垄断中枢地位，那么，资本绑架国家，宰制劳动，势必成为必然趋势。

而劳动要取得主导地位，仅靠市场经济中的自发经济活动，是根本不可能的；只有在党的领导下，取得国家政权，才有可能驾驭资本，引导资本。

这里有三个必不可少的政治条件，只有马克思列宁主义为我们指出了方向：

一是马克思列宁主义先进政党的思想政治领导权；

二是建立无产阶级专政，或叫人民民主专政；

三是必须实行政治体制改革，国家制度创新，根本改变旧式国家权力、国家制度高高在上，脱离社会、脱离群众、脱离劳动的官僚主义倾向。

关于这一点，讲得最透彻的，莫过于马克思、恩格斯为《共产党宣言》所作的《1872年德文版序言》：

> 由于最近25年来大工业有了巨大发展而工人阶级的政党组织也跟着发展起来，由于首先有了二月革命的实际经验而后来尤其是有了无产阶级第一次掌握政权达两月之久的巴黎公社的实际经验，所以这个纲领现在有些地方已经过时了。特别是公社已经证明："工人阶级不能简单地掌握现成的国家机器，并运用它来达到自己的目的。"（见《法兰西内战。国际工人协会总委员会宣言》德文版第19页，那里把这个思想发挥得更加完备。）①

---

① 《马克思恩格斯选集》第1卷，人民出版社1995年版，第249页。

而苏联模式的重要历史教训就是，在实行经济改革，转向新经济政策道路，以市场经济为基础之后，却没有按照马克思巴黎公社原则、列宁政治遗嘱，进行相应的政治体制改革、国家制度创新；于是在20世纪30至50年代，形成了传统计划经济的苏联模式；20世纪50年代中期后，在以和平与发展为主题的战后时代，蜕化为脱离时代、脱离群众、脱离劳动的僵化模式。其核心实质、要害问题，正是固守国家垄断制。

传统计划经济体制僵化模式，表现在经济体制与政治体制两个层面，由此决定它有阻塞机制的两大弊端：

传统计划经济体制阻碍生产力发展的阻塞机制，从内在机理上具体分析，集中表现在"物质生产力和主体生产力"两个层面上：一个层面上，是由于排斥市场机制，阻塞商品流通，自我封闭起来，自外于世界市场之外，从而使"地不能尽其力，物不能尽其用，货不能尽其流"，因而阻塞了物质生产力的发展之道；另一层面上，则是由于排斥了市场机制，国家把宏观、中观、微观经济活动决策权都集中到自己手中，从而压抑了广大劳动者和劳动集体的主体性、能动性、创造性，使"人不能尽其才"，因此阻塞了人的主体生产力开发之道。

更进一步具体分析，国家垄断制表现在三个层面上：第一，在经济体制层面，表现为对生产资料与劳动成果的国家垄断；第二，在政治体制层面上，表现为对政治权力、公民权利、乃至个人人权的国家垄断；第三，在意识形态、思想文化层面上，表现为对思想资源、文化创造上的国家垄断。

从更广的视角来看，传统计划经济体制还进而产生了对社会全面发展的阻塞机制，因为高度集中的计划经济，必然要求与此相应的高度集中的政治体制、文化观念，因而自然而然地阻塞了中国走向现代化的三个最重要的主动轮——中国特色社会主义的现代新型市场经济、现代新型民主政治、现代新型精神文明。

中国改革，成就何在？就在于我们经过近40年改革，尤其是1992年邓小平南方谈话与十四大以后近20多年间，根本突破了传统计划经济的苏联模式，开创了中国特色社会主义市场经济新道路，新体制。

中国问题，症结何在？就是传统计划经济的苏联僵化模式紧箍咒，至今还在心灵深处束缚我们，就是在经济体制改革层面，我们在体制改革的深水区、攻坚战——彻底突破苏联僵化模式深层本质国家垄断制上，在这个临门一脚上，裹足不前，步履艰难；而究其深层根源，恰恰在于在经济体制改革上孤军深入，而政治体制改革、国家制度创新，却一波三折，相对滞后；官僚腐败之风屡禁不止，股市楼市的泡沫泛起，大起大落，等等痼疾难治，概源于此，这是一个主要的体制性、制度性根源。

中国问题，出路何在？真正出路就是十八届三中全会提出的双重总体目标，把中国特色社会主义制度创新与国家制度创新，紧密结合在一起：用人民主体、造福人民的中国特色社会主义制度创新，旨在突破国家垄断制的苏联僵化模式，解放生产力、解放人；同时用人民监督的制度创新，根治官僚腐败，发展新型民主，确保政治改革深化、国家制度创新。

三、发展资本、规范资本——中国特色的双重任务

现在有不少人在讲资本逻辑，资本逻辑在当代的主导作用。

而马克思《资本论》的根本特点，就在于从劳动、资本、国家三元结构论的现代史观高度，揭示出劳动、资本、国家的复杂系统运动，既揭示出那个时代资本主导的现实必然性，又指出超越资本逻辑主导作用的历史可能性，甚至历史必然性。

中国改革开放，中国特色社会主义制度创新、国家制度创新的一个历史性难题，就是如何用劳动二重性理论作为科学方法，分析资本二重性，把握资本二重性，驾驭资本二重性。也就是说，既积极发展资本，又借助于党的领导、人民监督、法治国家，规范资本。

从中国长期处于社会主义初级阶段的基本国情出发，积极适度发展资本，还是发展中国社会生产力的历史必由之路。中国社会生产力发展极不平衡，如四世同堂，而在总体上看还相当落后，这是一个在今后几十年间仍长期存在的基本国情。

传统计划经济的苏联模式历史教训已经表明，中国的历史经验也已证明，在这种基本国情下，在如此落后的社会生产力物质技术基础上，如果用强制手段，在形式上消灭资本，实质上无助于通过市场经济道路，实现

劳动社会化、国家现代化。用国家垄断制代行资本的配置资源职能，扩大再生产职能，在革命战争时代是特殊时期的特殊措施，在以和平与发展为主题的历史时代，不只是窄路一条，甚至是死路一条。

中国改革开放40年，之所以能开创现代化经济起飞持续近40年的中国奇迹、世界奇迹，一个重要奥秘、动力之源，就是打破国家垄断制，积极发展资本，包括国有资本—民间资本—引进外资，如三足鼎立之势，比翼齐飞，共同发展。

能不能采用自由主义方式，让资本完全放任自流呢？

世界历史发展规律，已经以铁的事实一再证明，完全自发的市场经济，必然导致资本与劳动、财富与贫困的两极分化，在一国范围内是如此，在世界范围内也是如此。近代资本主义的发展，从1770年亚当·斯密时代的自由资本主义，至1870年、1900年后，则发展为两极分化的垄断资本主义。而当代世界，从1980年以后近30多年间，美国总统里根、英国首相撒切尔力倡的新自由主义，导致两极分化在经济全球化范围内自由泛滥，2008年当代国际金融危机则是其恶果显现。

当代中国改革开放总设计师邓小平，从1978年开始倡导改革开放，走中国特色社会主义道路，引进外资，让一部分人先富起来；实质上是利用新自由主义抬头，国际资本向外寻求出路的历史时机，采取了积极适应、开放经济、发展资本、促进起飞的巧妙方略，赢得了中国现代化借势起飞的战略机遇期，这个改革开放的中国特色社会主义精神实质与历史主流是不容否定的。

然而，今天从总结历史经验，提高驾驭资本二重性的角度来看，"效益优先，兼顾公平"的方针曾在相当长时期内占据主导地位，说明我们对自发市场经济必然导致两极分化负面影响、历史反复，认识不足，警戒不够。不是别人，正是邓小平本人，1993年9月16日，在他89岁生日后的日子里同他弟弟邓垦的谈话中，以他特有的实事求是的坦承态度，指出两极分化趋势在市场经济条件下的自然发生问题：

> 国家发展了，我当一个富裕国家的公民就行了。十二亿人口怎样

实现富裕，富裕起来以后财富怎样分配，这都是大问题。题目已经出来了，解决这个问题比解决发展起来的问题还困难。分配的问题大得很。我们讲要防止两极分化，实际上两极分化自然出现。要利用各种手段、各种方法、各种方案来解决这些问题。解决这些问题需要一些年富力强的同志。

现在证明，我退休以后，江泽民他们搞得不错。我算是比较活泼的人，不走死路的人，但毕竟年龄到这个时候了，没有精力搞了。我在旁边看到成功，在旁边鼓掌，不也是很好的一件事情嘛！要创造一种风气，一代一代传下去，让国家逐步兴旺起来。走这一步，我是跟中央的同志讲清楚了的，日常的事情少管、不管，现在一点也不管，让他们放手去搞。现在我比较放心，我看我们的事业有希望，我们国家大有希望，我们民族大有希望。中国人能干，但是问题也会越来越多，越来越复杂，随时都会出现新问题。比如刚才讲的分配问题。少部分人获得那么多财富，大多数人没有，这样发展下去总有一天会出问题。分配不公，会导致两极分化，到一定时候问题就会出来。这个问题要解决。过去我们讲先发展起来。现在看，发展起来以后的问题不比不发展时少。①

如果对资本发展，完全采取自由主义的自由放任态度，不仅会在经济上引起两极分化现象，还必然导致国家的异化、社会风气毒化、生态环境的恶化。马克思《资本论》中，早就深刻指出了资本逻辑放任自流的这种必然后果。

劳动创造的资本表现为异化的社会权力，国家的异化，民主的异化，劳动异化发展成为全面异化。在资本主义制度下，劳动者创造的社会生活条件日益与劳动主体相分离，另一方面却在资本家身上得到人格化的体现，并且作为一种社会权力日趋增长。劳动异化的这种新趋势表现为：资本越来越表现为社会权力，这种权力的执行者是资本家，它和个人的劳动

---

① 中共中央文献研究室：《邓小平年谱（1975—1997）》下册，中央文献出版社2004年版，第1634页。

所能创造的东西根本没有任何关系;"资本表现为异化的、独立化了的社会权力,这种权力作为物,作为资本家通过这种物取得的权力,与社会相对立";① 资本不仅表现为对社会全面统治而且在金融资本、生息资本上,表现为自我增殖、自我异化的神物,"在这个过程中,资本的形态越来越和它的内在本质相异化,并且越来越与之失去联系"②。因而,在资本主义社会生活中,表现出"普遍的物化过程,表现为全面的异化"③。所谓"全面异化"即是:劳动创造了资本,资本绑架了国家,资本却变成对经济生活、政治生活、精神生活全面统治的巨大社会权力,反过来对劳动主体进行全面压抑。《资本论》中对异化劳动这一新规定,对于揭示现代国家垄断资本主义的新特点、新趋势,也有极其深刻的启发作用。

异化劳动必然导致商品、货币、资本的拜物教,金钱挂帅、金钱万能、金钱崇拜,流行一时,自由泛滥,必然导致整个社会风气毒化。这一规定从经济异化层面,回归到社会心理、意识形态层面。在早期手稿中,有对金钱异化、货币崇拜的抗议和讽刺,却缺少理论上的科学说明。到《资本论》中,商品拜物教、货币拜物教、资本拜物教,已经作为一个范畴序列,从劳动过程的历史特点出发,揭示了产生这种畸型社会现象的实践根源和认识根源。早期手稿是从具体上升到抽象,从政治异化、思想异化(宗教异化)溯源到最本质的经济异化(劳动异化)。而到《资本论》中,思想行程已经反过来从抽象上升到具体,用最本质的劳动异化说明社会心理、意识形态中的异化现象。商品拜物教的实质和根源在于生产商品的劳动社会性质之中:商品形式呈现了一种颠倒的令人眼花缭乱的假象,使人与人之间的关系掩盖上物的外壳,使劳动的社会性质反映成劳动产品本身的物的性质,使生产者的私人劳动同社会劳动的关系反映成存在于生产者之外的物与物之间的社会关系——从而造成了商品的谜一般的神奇力量,造成了类似宗教崇拜的商品拜物教。货币拜物教的谜就是商品拜物教的谜,只不过随着商品转化为货币,人的社会关系裹上了金银的物质外

---

① 《马克思恩格斯全集》第25卷,人民出版社1972年版,第294页。
② 《马克思恩格斯全集》第26卷第3册,人民出版社1972年版,第517页。
③ 《马克思恩格斯全集》第46卷上册,人民出版社1979年版,第486页。

壳，变得更加炫惑，更加耀眼。随着货币转化为资本，特别是生息资本的形成，货币拜物教随之转化为资本拜物教。金融资本、生息资本成了最完善的自动的物神，自行增殖的价值，创造货币的货币。在这个形式上，再也看不到它起源于劳动的任何痕迹了，社会关系最终成为物同它自身的关系，拜物教至此彻底完成了。马克思劳动异化理论也以此作为归宿点，从经济领域、社会领域回归到思想领域，从抽象回归到具体。

具体说到当下中国，改革开放新阶段，如何对待资本？

在这里，仍然需要我们运用发展马克思《资本论》中奠基的，"劳动、资本、国家"三元结构论的现代史观，用劳动二重性的科学方法，把握驾驭资本的两手——发展资本，规范资本。

第一手，就是发展资本。适应社会主义市场经济发展的需要，我们必须更加积极大胆地发展资本，这是中国现代化的需要，这是推进劳动社会化的需要，更是面对经济全球化大潮，力图使中国经济起飞势头再延续十来年，到2025年前后的需要。

还需要进一步解决一部分干部群众固守国家垄断制僵化模式、僵化观念，对于民间资本、引进外资，采取排斥异己的狭隘态度。

为此要在金融体制，甚至国家体制，整个体制上，采取相应的制度创新，切实解决众多民营企业、小微企业，融资难、生存难、发展更难的问题。

在对外开放的体制创新上，也应克服左右摇摆倾向，更加大胆，更加放手，更加全面。

我们也需要借助于"一路一带"的全球战略，让中国资本走向全球化，走向全世界，走向更广大的空间与天地。

第二手，就是规范资本。下靠劳动，上靠国家，最重要、最根本就是靠紧密联系群众、掌握思想政治领导权的中国共产党，我们就有了规范资本、健康发展的有力手段。

在当代中国国情下，最重要的就是筑起一道用人民监督的制度创新、防治腐败新的长城，切实防止官商勾结，以权谋私，谋取暴利，这是造成当代中国两极分化趋势的最大弊端。这就需要经济体制改革，加上政治体制改革的重大制度创新。

怎样根本解决自发市场经济条件下必然出现的两极分化倾向问题，更是一项命运攸关、影响长远的重大课题。怎么把社会主义与市场经济有机地结合起来，更需要重大系统的制度创新。

怎样把"党的领导—人民监督—法治国家"结合起来，从而让"规范资本"不是一句空话，而是有坚强有力的制度保证，命运攸关，非常重要。

如果我们做到了这一条，毫无疑问，那就是世界历史上的重大创新，甚至堪称是新世纪、新千年的最大创新！

第七节 中国创新的源头活水
——马克思《资本论》的最大生长点

马克思《资本论》，尤其是其中蕴含的"劳动、资本、国家"三元结构论，乃是中国改革开放，开创中国特色社会主义新道路、新体制的源头活水；而中国现代化新道路、新国家、新制度，则是马克思《资本论》在当代的最新运用、最新发展。

在上述具体分析的基础上，我们在这里作出三点结论，借以揭示中国创新之道的目标、实质和特征。

一、中国创新的双重目标——不仅突破国家主体化的苏联模式，而且突破资本主体化的美国模式

中国特色社会主义的创新目标，首先是必须彻底突破以国家垄断制为深层本质、国家主体化为本质特征的传统计划经济的苏联模式。

不仅如此，我们今天还必须对以资本垄断制为深层本质，以资本主体化为典型特征的自由主义西方模式，作出根本突破，否则就无法找到真正出路。

怎样才能真正突破与超越自由主义西方模式、美国模式？

在这里，要害问题是严格分清个人自由与资本放纵。

个性自由、人权自由，以个人财产权保障个性解放，这些东西是反对封建专制的，是有原创性的好东西，我们应当学习借鉴。

而给资本以过度自由，甚至自由放纵的资本主义，脱缰野马式的资本主义，赌场诈骗式的资本主义，势必发展到绑架国家、宰制劳动——这一点我们决不能照着学，跟着走，这正是现代资本主义、自由主义症结所在、危机根源，甚至是其万恶之源。

二、中国创新的深层实质——国家、资本、劳动三者关系的重新建构

中国经验、中国道路、中国模式，创新之处的本质特征是什么？

对于这个问题的回答，可谓众说纷纭，五花八门。

从根本上说，中国经验、中国道路、中国模式、中国创新，最本质的特征乃在于，以社会主义市场经济体制的形式，开辟了一条人民主体论的现代化新道路、新模式，从而根本上超越了国家主体论的苏联模式，资本主体论的西方模式。

市场经济中形成的资本，权力系统中升华出的国家，最大多数人从事的劳动——这是现代发达社会机体的三大要素，三大支柱。问题在于，这三者之间的关系不同，由此决定了现代化道路的不同历史抉择。

资本主义、自由主义的西方现代化模式，本质特征是资本主体论，或叫资本主体化，以资本最高利润为目的，资本自由放纵，过度膨胀，绑架了国家，宰割了劳动，带来了社会不公、两极分化的社会后果。

传统计划经济的苏联现代化模式，本质特征是国家垄断制基础上的国家主体论，或叫国家主体化，形式上简单化地消灭了资本，劳动群众、劳动集体全成了消极被动客体。在这里，追求国家实力、军事实力的高速增长，成了压倒一切的价值目标，造成了"国富民穷"的贫富分化格局，少数官僚特权既得利益集团大发横财，而广大劳动群众仍陷于贫困之中。

三、中国创新的本质特征——从国家主体论、资本主体论到共产党领导下的人民主体论

在中国特色社会主义市场经济新型体制中，资本不应当再成为独一无二的主体，国家也不应当是至高无上的主体，共产党领导的广大人民群众，千千万万的普通劳动者、劳动集体，才是独立自主、充满活力的主体。

在这里，国家权力、国家系统、国家机构，应当首先同广大劳动群众相结合，为人民服务，支持人民当家做主，实行人民监督。

国家与劳动相结合，这既利用了资本、发展了资本，又制约了资本、规范了资本，保证整个社会朝着劳动社会化、经济全球化、交往普遍化的方向发展，保持巨大活力，而又不至于陷入资本垄断化、劳动者贫困化的历史误区。

中国特色社会主义，本质上也是人民主体论的社会主义，造福人民的社会主义。其最高目的既不是资本利润，也不是国家膨胀，而是服务人民，造福人民。

正是在这个本质之点上，中国创新代表了公平正义的创新之道，既超越"富了资本，穷了百姓"的自由主义、资本主义的西方模式，也超越"富了国家，穷了百姓"的传统计划经济的苏联模式。

我们欣喜地看到，从2012年十八大、2017年十九大以来，改革开放的中国特色社会主义发展，进入一个新时代、新阶段，其显著特征、鲜明标志，就是十八届三中全会把国家制度创新——国家治理体系和治理能力现代化，与中国特色社会主义制度创新，并称为改革新阶段的两大总体目标。

由此决定，"解放劳动—创新国家—驾驭资本"，成为新时代中国道路的鲜明本质特征，劳动、资本、国家三元结构复杂互动关系、系统运动，成为决定中国命运的命脉所系。

也由此决定，中国共产党在政治思想上的领导权与核心作用，会比以往任何时期更加突出、更加重要。因为如果没有党在联系群众、组织群众中，发挥政治思想上的领导权与核心作用，那么亿万劳动群众、各族群众，只能是一盘散沙，在垄断资本、国家权力系统面前，望洋兴叹，软弱无力，束手听命，任人宰割。

同时，也由此决定我们为了把握这个正确方向，不仅要反对和防止把垄断资本捧上天的右的新老自由主义思潮，还要防止和反对简单拒斥资本的"左"的教条主义僵化观念。这种"左"的僵化倾向，不仅国内有，国际上也有，甚至包括像美国著名"新左派"学者哈维这样的名家，有时都未能完全幸免于难。他们往往因为中国改革开放容纳了资本，而指责中国特色社会主义实质上变成了中国特色资本主义。这是一种简单化的僵化看法。

正是在马克思《资本论》这里，尤其是现代史观，劳动、资本、国家三元结构论中，我们终于找到改革开放、开创中国特色社会主义市场经济新体制，劳动主导的现代化新道路的源头活水，自由主义全盘西化论、保守主义传统复归论根本无法为之提供理论支点；

也正是在中国创新、中国道路、中国特色社会主义市场经济新体制、新国家中，我们充分看到了马克思主义的思想活力，《资本论》的永久魅力，马克思新世界观、新价值观的最大生命力！

下 篇

作为《资本论》续篇的晚年文本群
——马克思理论创新的晚年升华

由于种种复杂的历史原因，马克思自从在1871年巴黎公社革命实践时期发表《法兰西内战》之后，其晚年12年中，几乎没有公开发表什么重要论著。

囿于这种历史表象，包括梅林著名的《马克思传》在内，几乎都把晚年马克思看成疾病缠身、创造力衰退的"慢性死亡"的历史悲剧。迄今为止，国内外许多流行的马克思主义教科书、理论论著，也大都是这样一种套数，几乎无一幸免。

然而，这只是一种历史表象而已。经过近20多年研究，我穿透表象，洞察实质，表明"思想衰退，慢性死亡"，只是给外人的表面现象，晚年马克思历尽磨难，壮心不已，留下了为创作"《资本论》续篇"，而写下的"晚年笔记"，或称之为"马克思晚年文本群"。

正是在这里，马克思实现了其理论创新的晚年升华，达到一个以世界史观为思想主旨的更高境界，成为其一生的思想总结，凝聚与结晶为四大理论创新：

一是晚年笔记中的世界史观，在唯物史观、现代史观基础上使之更突出纵横交错的系统整体性；

二是1871年《法兰西内战》、1875年《哥达纲领批判》，乃至晚年笔记中的国家观；

三是马克思价值观上的重大创新，旨在超越资本主义商品世界、物欲世界，走向更高的人的世界、精神世界；

四是力倡走向每个人自由全面发展的自由个性观。

尽管马克思晚年未能更多地公开发表其科学论著，但其思想发展的内在逻辑，却绝不是"虎头蛇尾"的，而是克服种种贫病交加、人生悲剧，理论创新走向晚年升华。

作为"《资本论》续篇"的晚年文本群，还敏锐地接触到19世纪70年代后资本主义发展走向新阶段新特点，乃是马克思一生思想的制高点，也是马克思主义在当代最有生机活力的生长点！

第七章　世界史观
——马克思晚年思想升华

纵观马克思一生思想发展、理论创新主要是三部曲、三个阶段：

19世纪40年代，三十而立的成年马克思，主要成果是新唯物论的实践观、世界观、唯物史观。

19世纪50至70年代，中年马克思的主要成果，是《资本论》及其三大手稿，由于剩余价值学说创立而生成现代史观。

19世纪70至80年代，晚年马克思思想升华的思想主旨，是世界史观。

因而可以说，马克思晚年世界史观，乃是马克思一生探索的最后成果，理论创新的最高境界，也是在当今全球化时代，马克思思想在当代的最大闪光点、制高点、生长点。

第一节　晚年马克思文本群
——写出"《资本论》续篇"的四组准备材料

如果说到晚年马克思著作与文本，在多年流行见解中，往往认为是没有什么东西的。

在许多很有影响的马克思主义哲学史著作中，在讲到19世纪70年代以后"马克思主义哲学系统化"时，往往把主创人与"第一提琴手"的角色，自觉不自觉地从马克思转移到恩格斯身上。

再如，以《回到马克思》一书及其提法产生重要影响的张一兵教授的大作，实际上也只是回到《1857—1858 年经济学手稿》，几乎未论及此后 25 年的马克思文本，更几乎只字未论及马克思晚年文本。

为什么会出现这种状况呢？不能不提到多年来关于"晚年马克思"影响较广的新老两种说法，两种说法实质上都倾向于晚年马克思的"慢性死亡论"。

一种多年流传的传统老说法，是梅林在《马克思传》中实际上所持的"晚年慢性死亡论"。

《马克思传》的最后一章是"最后十年"，开头梅林表示对当时已有所流行的晚年马克思"慢性死亡论"，还是有所保留的："马克思生命的最后十年曾被称为'慢性死亡'，但这是过分夸张了。"而后来的叙述中，他却逐渐向这种说法靠近了："正当政治地平线上到处豁然开朗——而这对马克思来说总是最重要的事——的时候，暮色却日益迫近马克思本人和他的家庭。自从欧洲大陆拒他于门外而不让他到温泉去进行疗养以后，他的旧病复发了，这使得他或多或少丧失了工作的能力。从 1878 年起，他就没有为完成他的主要著作而工作。差不多在同一个时候，或者稍晚一些，他又开始为他妻子的健康担忧了。"最终，他采用了"慢性死亡"的说法："马克思比他的妻子只多活了十五个月。但是在这整个期间，他的生活只不过是一种'慢性死亡'。恩格斯在马克思夫人逝世的那天说过：'摩尔也死了'，这话是说得不错的。"①

还有一种近些年流行的新说法，就是在相当一部分西方马克思学家和新马克思主义者中，普遍流行的晚年马克思"衰退论"和《资本论》创作"中断论"。

梅林《马克思传》还透露了一个信息，就是"晚年马克思慢性死亡论"的说法早在当时已有一定的流行市场，具体情况尚待作出历史考究。

今天我们所知，这方面一个典型，或许首推曾是比利时社会主义者的亨·德曼，1932 年发表的《新发现的马克思》一文。他断言："就这种从

---

① [德] 梅林：《马克思传》，樊集译，三联书店 1965 年版，第 638、670、671、673 页。

事创作的质量而言，马克思的成就的顶峰是在1843年和1848年之间。不管人们对他后来的著作评价多么高，但是在这些著作中却表现出创作力的某种衰退和削弱，即使作了最英勇的努力，也并不总是能克服这一点。"①

而晚年马克思《资本论》创作"中断论"的一个典型代表，则是美国的马克思学家诺曼·莱文。他认为，马克思到晚年的时候，由于种种原因，放弃了《资本论》写作，中断了《资本论》研究，回到了人类学笔记上来。

为什么会有"晚年马克思慢性死亡论"这两种说法呢？细致分析起来，一个共同的理论前提和客观根据，就是他们都认为晚年马克思最后十来年间，没有留下什么重要文本，也没有提出什么重要的理论问题，没有作出重大的理论创新。

经过近二十多年的研究，我终于发现这个理论前提其实是并不存在的一个虚假前提，实际上存在着一个晚年马克思文本群，篇幅特别巨大，理论空间特别巨大，理论意义也特别巨大。

的确，"晚年马克思"有一个难解之谜，就是他自从1867年出版《资本论》第一卷之后，至1883年逝世，还有十五六年时间，没有继续出版《资本论》第二卷、第三卷，也几乎没有就别的重大题目发表重要文本，那么他都在做些什么呢？

谜底就在于，执着追求理论完美，理论与实践统一的马克思，在19世纪70年代以后，发现当代资本主义正在经历一些新变化，出现一些新特点，提出一系列新问题，必须扩大研究范围，才能作出更好的回答。因而，他一方面为继续出版《资本论》第二卷、第三卷而努力，而另一方面，他的整个研究思路，尤其是1878年后，则从1862年12月28日致库格曼信中开始形成的"《资本论》四卷构想"，向1858年2月22日致拉萨尔信中提出的"六册构想"回归。因而，他把"国家—国际贸易—世界市场"重新综合到自己的研究对象之中，极大地扩大了自己的研究范围：《资本论》是以"资本"或叫"资本一般"作为核心范畴展开的；晚年马

---

① ［比利时］亨·德曼：《新发现的马克思》，见中央编译局编译：《〈1844年经济学哲学手稿〉研究》，长沙：湖南人民出版社1983年版，第374页。

克思"《资本论》续篇"的创作构想,则是"资本—国家—国际贸易—世界市场"这四大范畴的综合创新研究。

《资本论》第二卷、第三卷迟迟未能出版,不仅仅是由于晚年马克思长期受到病痛困扰,而且因为研究对象、研究范围、理论空间的这种重大扩充、重大创新。

晚年马克思的研究对象与理论构想,我们可以笼而统之地简称为为写出"《资本论》续篇"而进行的研究与创作——这就是晚年马克思文本群的思想主旨。

具体分析起来,晚年马克思文本群,为写出《资本论》续篇而进行的理论工作,又可大致分为两个部分,或叫两个方面:一部分是大体按照《资本论》四卷构想的总体思路,继续加工出版《资本论》第二卷、第三卷,重点是第二卷;另一部分,是结合《资本论》第三卷问题的重新研究,马克思开始从"《资本论》四卷构想"向"六册构想"回归,试图按照"资本—国家—生产关系的国际化—世界市场与世界历史"这四大范畴的综合研究崭新思路,为写出"《资本论》续篇"而努力。

前一部分的相关成果,我们多半在《资本论》文本群中作了简要介绍;这里,我们侧重于后一方面,来探讨一下马克思晚年文本群。

晚年马克思文本群的主体部分与思想重心,是为写出"《资本论》续篇"而作的四组笔记札记,或叫四组准备材料。

第一组:《国家与文明起源笔记》;

第二组:《国际关系与世界历史笔记》;

第三组:《俄国与东方发展道路笔记》;

第四组:《哥达纲领批判》及西方发展道路笔记。

为了简明醒目,干脆简称之为"晚年马克思四大笔记"。当然,我在这里预先声明,这不是一个非常严谨、非常准确的科学概念,因为归到这里的不仅包括本来意义上的读书笔记,还包括一些书信、札记、论著、片断,因而不是清一色的、严格意义上的笔记。不过为了简单明了地把握"马克思晚年文本群"的本质内容,我们简称之为"晚年马克思四大笔记",还是有一定意义的。通过进一步研究,或许我们能找到一个更为确切的科学提法。我们且拭目以待。

提出"马克思晚年四大笔记"——为写出"《资本论》续篇"而作的四组准备材料,意在强调晚年马克思笔记与文本,不是单一的,不是只有一组,而是多样的、丰富的,具有多方面的丰富内容,简要地说是"一个主题,四组笔记"。

下面,先让我们对"晚年马克思文本群"的基本内容,作些简要梳理。

一、《国家与文明起源笔记》

以马克思《摩尔根〈古代社会〉一书摘要》为核心的这组笔记,在苏联东欧学者那里曾被称作"古代社会史笔记",远未得到应有重视;而在美国学者劳伦斯·克拉德、诺曼·莱文那里,倒是受到极其重视,却被称作"人类学笔记",或"民族学笔记",认为马克思青年时代从哲学人类学出发,中间搞《资本论》创作只是一段思想岔道,晚年向经验人类学复归,因而人类学才是马克思一生思想主旨。

我们认为,晚年马克思不仅没有中断或放弃《资本论》创作,而且有从"四卷构想"向"六册构想"复归意向,"资本论—国家论—生产关系国际化—世界市场与世界历史",是其走向新综合的新轨迹。因而从《资本论》到《国家论》是其思想发展必然逻辑,国家与文明起源问题、国家的本质问题,是其题中应有之义。

这组笔记的思想主旨,应称作"国家与文明起源笔记",主要包括以下三篇或四篇笔记,通常认为这组笔记包括五篇,并把柯瓦列夫斯基《公社土地占有制》一书摘要作为开篇的做法,并不科学。

(一)《摩尔根〈古代社会〉一书摘要》

摩尔根的书1877年出版,有一个副标题为:《人类从蒙昧时代经过野蛮时代到文明时代的发展过程的研究》。摘要可能作于1880年底至1881年初,准确点说是在1880年12月至1881年3月间,写在一个大笔记本开头的第1页至第98页上。马克思所关注的焦点问题,更加集中到从原始社会、野蛮时代到国家社会、文明时代的起源问题上来,对摩尔根原书四编结构有所微调:

第一编:原称"由各种发明和发现而来的智力发展"与"生存技

术",马克思则注重蕴含其中的"生活资料的生产方式"——从原始社会、野蛮时代到国家社会、文明时代,发展的物质技术基础,陶器、农业、金属、文字等技术创新和文化创新;

第二编,专讲家庭形式发展的各个阶段,人自身再生产的社会形式,原排第三编,马克思上调到第二部分,与物质生产紧密相关,共同起了重大基础作用;

第三编,原称"财产观念的发展",主要讲"三种所有制和三种继承法",马克思最关注的是私有制的起源与形成;

第四编,原称"管理观念的发展",实质内容是从氏族到国家的发展,并比较研究了"中南美洲—古希腊—古罗马"三种类型,从氏族到国家起源的不同发展道路,原列为第二编,马克思移过来作为压轴部分。

如果说,马克思第一个发现了摩尔根研究的重大科学创新意义的话,那么恩格斯第一个发现了马克思这一笔记的重大哲学创新意义,充分利用马克思这一笔记,1884年写成并发表重要学术专著《家庭、私有制和国家的起源》。

恩格斯主要是利用了这组笔记中这篇核心笔记,还有三四篇相关笔记他没怎么能够研究和利用。

(二)《约翰·菲尔爵士〈印度和锡兰的雅利安人村社〉(1880年版)一书摘要》

马克思注意到,菲尔在印度的加尔各答住了10年,1877—1879年生活在锡兰,该书1880年出版。他更注意到"这里是一个代表着非常原始的农业经济与文明的'典型的活标本'"①。这篇笔记与摩尔根《古代社会》摘要,写在同一个笔记本中,接在其后面。《马克思恩格斯全集》俄文第二版、中文第一版第45卷,并没有收入这篇笔记,1996年出版的单行本《马克思古代社会史笔记》,收入了这篇笔记。

菲尔一书笔记内容有二重性、交叉性,我们暂且放在这一组里,实际上它主要应属于主题为农业村社制度另一组笔记。

---

① 《马克思古代社会史笔记》,人民出版社1996年版,第413页。

（三）《梅恩〈古代法制史讲演录〉（1875年伦敦版）一书摘要》

这篇笔记作于1881年4—6月，与上述两篇笔记写在同一个笔记本中，共38页，占了该笔记本的第159—196页。

梅恩是家庭、国家、社会起源的家长论代表，主观片面地强调家长在国家与法律起源中的重要作用，既忽视了由氏族到国家的转变，也忽视了这一转变的经济基础、物质技术基础，因而受到马克思批评。

马克思注意到这里讲的法制起源，实质上就是国家起源问题，"根据梅恩这家伙的看法"，"被称为国家的政治社会的起源是：它们是由一些集团的混合而形成的，这种原来的集团决不小于父权制的家庭"。"霍布斯想探讨国家（管理和统治的形式）的起源……"①

（四）《约·拉伯克〈文明的起源和人的原始状态〉（1870年伦敦版）一书摘要》

拉伯克是民族学进化论学派的代表人物之一，也是人们熟悉的"新石器时代"这个概念的提出者。这篇笔记写在另外一个笔记本上。该书题目表明了作者注视的两个焦点问题，这也正是马克思笔记注视的两大焦点问题，只不过顺序有所颠倒而已。

马克思笔记首先注意到"人的原始状态"问题，特别是人的婚姻制度、家庭制度、亲属制度，及其在文明起源过程中的历史演变，尤其是从群婚到个体婚姻、从母权到男权、从女系到男系的演化轨迹。

马克思这篇笔记还有一个新颖独特之处，就是他特别注意到宗教起源的几个主要历史阶段，及其在文明起源中的历史作用和历史地位。他依照拉伯克的说法，列出了宗教起源的七个历史阶段：（1）无神论；（2）拜物教；（3）自然崇拜或图腾崇拜；（4）萨满教；（5）偶像崇拜或拟人观；（6）神成了造物主、超自然的存在；（7）道德和宗教联系起来。②

"原始农业经济—原始家庭制度—原始国家—原始文明—原始意识形态—原始宗教"，这六个过程相互联系又有所区别，都落在马克思晚年

---

① 《马克思恩格斯全集》第45卷，人民出版社1985年版，第656页。第645页。
② 《马克思恩格斯全集》第45卷，人民出版社1985年版，第665—666页。

《国家与文明起源笔记》的理论视野之中。而马克思的特点恰恰在于，在上述六个过程的总和之中，综合把握国家与文明起源问题。

马克思晚年《国家与文明起源笔记》，大大拓展了马克思哲学理论空间，原生形态国家与文明的形成期要上溯到距今五千年前，而国家与文明起源的物质技术基础的奠基期，则要进一步上溯到一万年前农业、畜牧、新石器、陶器四大技术创新的起源期。

"国家与文明起源"的必要前提是"人类与文化起源"，这就要上溯到几十万年前，乃至今天知道的近 400 万年前。从摩尔根《古代社会》笔记到拉伯克《文明起源》一书笔记，都已包含着这种探索，这就更大大拓展了马克思哲学理论空间。

马克思对柯瓦列夫斯基《公社土地占有制》一书的笔记，原来列为这组笔记的首篇，占据了核心地位，这种编排并不科学，也不符合马克思晚年笔记原始面貌。

这组笔记的开篇和原始核心部分，无疑应当是摩尔根《古代社会》一书摘要。

柯瓦列夫斯基《公社土地占有制》一书摘要不应当列为这组笔记的首篇和原始核心部分，而只是开头部分和这组笔记有一定关系；主要应当列入另一组笔记中，作为以公社土地制为主题的一组笔记的首篇。

二、《国际关系体系——世界历史笔记》

这组笔记共包括四个笔记本，构成一个整体。马克思没有命名。恩格斯给它加的标题是《编年摘要》，或叫《编年大事记》，*Chronlogiche Auszuge*。苏联马克思列宁主义研究院 1938—1946 年间，把它编入《马克思恩格斯文库》第 V—VIII 卷，题目为《历史学笔记》。中文译本目前也用了《马克思历史学笔记》这个题目（1992，2005）。MEGA^2 打算把它编入第四部分笔记的几乎最后一卷，第 31 卷。

整套笔记篇幅巨大，共 545 页，约合汉字 180 万字左右。

为了准确地再现其独特研究对象与思想主旨，这里称之为《国际关系体系——世界历史笔记》。马克思笔记主要利用的底本，是德国历史学家施洛塞尔的 18 卷本的《世界史》，也有助于证实这一点。

对于这组笔记的主题、主线、主旨，至今研究仍很不够，却又众说纷纭。实际上，我们按照马克思基本思路，可以初步理出基本头绪来：

第一册笔记的起点，是公元前93年，罗马公民权的扩大，以罗马帝国与地中海为中介，古代西方世界国家体系和国际关系体系的形成；

第四册笔记的终点，是1648年，三十年战争的结束，威斯特伐利亚和约的签订，以神圣罗马帝国为核心的古代西方世界历史和国际关系体系走向瓦解，以德、法、英、俄等主权国家为主体的近代世界历史上的国家体系和国际关系体系形成雏形；

贯穿其中的一条思想主线，是怎样从神圣罗马帝国代表的古代世界历史的国际关系体系，走向神圣罗马帝国崩溃，近代世界历史的国际关系体系生成，真正意义上的近代世界市场、世界历史的形成；

这里的终点，正是《资本论》逻辑的历史起点、历史前提。

马克思为什么要做这样一个笔记呢？许多前人感到大惑不解，其实理解这一点的钥匙，就在《资本论》体系构想中。其最初构想，从"五篇构想"到"六册构想"，研究思路都是"资本——国家——国际贸易——世界市场"，从《资本论》过渡到《国家论》，再过渡到《国际贸易论——生产的国际关系》。

这组笔记正反映了这样一种思想进程，堪称是晚年马克思为写出《资本论》续篇而作的第二组准备材料，也可称作"前资本主义的世界历史形成史笔记"，"近代世界历史前史笔记"。

三、《俄国与东方国家村社制度、土地关系、发展道路笔记》

这是一组相对独立的读书笔记，以柯瓦列夫斯基《公社土地占有制》摘要为原始核心笔记发展起来，不应当简单归纳到《国家与文明起源笔记》中去，或所谓"人类学笔记"中去，与摩尔根《古代社会》笔记等混在一起。

关键问题在于，这组笔记有专门的、明确的、独特的研究对象，不是主要研究国家与文明起源问题的，而是重点研究俄国与东方国家、非欧国家土地制度、社会制度、土地所有制关系及其发展道路，乃至走向未来社会主义发展道路问题的，因而可以简称《公社土地制与东方发展道路笔记》。最为简明的指称，或许干脆可以叫《公社土地制笔记》，不过需要补充与说明。

正基于此，这组笔记也有独特的思想主旨、写作目的：既是为续写《资本论》第三卷作准备材料，又是为写出《资本论》续篇，研究世界市场与世界历史，探寻俄国与东方落后国家发展道路，走向社会主义的特殊道路。

这组笔记包括的晚年马克思文本有：四篇读书笔记，两封书信及其草稿，一份俄国书单，至少是七篇文本。

（一）柯瓦列夫斯基《公社土地占有制》一书摘要

这是这组笔记的开篇之作与原始核心，在整组笔记中具有统摄主旨作用的特殊地位，正如摩尔根《古代社会》一书摘要在《国家与文明起源笔记》中独特核心地位一样。前苏联编者与美国学者劳伦斯·克拉德、诺曼·莱文，都不加分析，把二者依次编排在一起，混同称之为"古代社会史笔记"或"人类学笔记"，都是不够科学的。

足以证实这一点的，首先是晚年马克思文本的本来面目：柯瓦列夫斯基《公社土地制》一书摘要写在1878—1879年间所做的一本笔记本中，是与《印度大事记、编年稿》穿插在一起做的；而摩尔根《古代社会》摘要等《国家与文明起源笔记》，则单独写在另外一个笔记本中。

柯瓦列夫斯基是马克思的俄国朋友和学术朋友，1879年出版了《公社土地占有制，其解体的原因、进程和结果》一书第一册，并立即送给了马克思。马克思9月份得到了寄来的赠书，非常重视，10月份即开始作了笔记，按照原书逻辑结构，分三个部分展开：

第一部分，头两章，讲美洲公社土地占有制，印第安人公社制度的原始状态，西班牙殖民政策造成的公社所有制瓦解。

第二部分，中间五章，重点讲印度的公社土地所有制，"没有一个国家像印度那样具有如此多种形式的土地关系"[①]，描述了印度整个土地关系史，伊斯兰化和英国殖民化对公社土地占有制的影响。

---

① 《马克思恩格斯全集》第45卷，人民出版社1985年版，第231页。

第三部分，最后两章，专门讲北部非洲、地中海沿岸的阿尔及利亚的公社土地占有制，以及法国殖民化带来的历史影响。

从总体上来看，马克思对这本书是高度重视、高度评价的；但在方法论上，也提出了一点原则性的批评意见，就是认为应当更加注意具体分析非欧国家历史特点，不要把"西欧封建化"的中世纪发展模式，作为框子硬套到非欧国家头上："由于在印度有'采邑制'、'公职承包制'（后者根本不是封建主义的，罗马就是证明）和荫庇制，所以柯瓦列夫斯基就认为这是西欧意义上的封建主义。别的不说，柯瓦列夫斯基忘记了农奴制，这种制度并不存在于印度，而且它是一个基本因素……土地在印度的任何地方都不是贵族性的，就是说，土地并非不得出让给平民！不过柯瓦列夫斯基自己也看到一个基本差别：在大莫卧儿帝国特别是在民法方面没有世袭司法权。"①

（二）《印度编年稿》

从荷兰阿姆斯特丹国际社会史研究所收藏的《马克思手稿和读书笔记目录》来看，《印度编年稿》和柯瓦列夫斯基《公社土地占有制》摘要，是写在同一个笔记本中，穿插进行的。《印度编年稿》是分三次写成的，至今仍有两部分未见发表：

第一次，在1878、1879年做的这本笔记接近开头部分，写在柯著《公社土地占有制》摘要之前，先就《1848—1858年印度历史编年大事记》，写了三页笔记。

第二次，是在柯著《公社土地占有制》第二部第二章"印度本地罗阇时代土地关系史"中间，在这一笔记的第41—58页，插入了《630—1761年伊斯兰侵占印度后的历史编年大事记》，以埃尔芬斯顿《印度史》（伦敦，1841年）为主要底本。

第三次，在柯著《公社土地占有制》一书摘要的第59—83页，又回到柯著上来，做完了柯著笔记之后，又在第84—137页上，完成了《印度史编年稿》，开头是"印度外来侵略简述"，重点是讲"不列颠东印度公

---

① 《马克思恩格斯全集》第45卷，人民出版社1985年版，第284页。

司入侵印度"。

这就充分证明,柯著《公社土地占有制》摘要是这组笔记的主要笔记、核心部分,而《印度史编年稿》则是隶属这个主要笔记的辅助笔记,其作用是双重的:

一是为更好理解柯著《公社土地占有制》第二部分重点讲的印度公社土地占有制度、土地关系,提供历史背景知识与资料,有补充、修订作用。

二是更有助于理解英国资本入侵后,给印度土地关系带来的新变化、新走向,这一部分占了整个笔记的几乎三分之二,是重心所在,也是《资本论》第三卷及其续篇的关注焦点所在。

这一手稿远未受到应有重视与专门研究。

(三) 菲尔《印度和锡兰的雅利安人村庄》一书摘要

马克思这篇文本内容也有二重性,一方面与《国家与文明起源笔记》有一定联系;另一方面,更主要地却是与《公社土地占有制笔记》这组笔记相联系,从题目到内容,重点还是讲印度与锡兰的公社制度、土地关系。虽然我们在讲《国家与文明起源笔记》时,也附带介绍了这篇笔记,实际上仔细推敲琢磨,还是应把它移至这组笔记中来更为恰当。

在笔记最后,马克思画龙点睛,要求具体分析东西方公社制度、土地关系的不同历史特点:"在欧洲,与东方不同,代替了实物贡赋的是对土地的支配——耕作者被从他们的土地上赶走,沦为农奴或劳工(第266、267页)。在东方,在村社制度下,人民实际上是自己管理自己的,贵族阶级的首领们的权力之争主要是争夺卡查里-塔比尔的控制权(第271页)。"[①]

在笔记中,马克思肯定菲尔对许多实例的介绍,但在方法论上同样批评他也有"西方中心论"影响,也企图用"西欧封建化"模式,生搬硬套到东方村社制度上来:"菲尔这个蠢驴把村社的结构叫作封建的结构,""这头驴子还认为什么都是在个体家庭基础上产生的。"[②] 菲尔的书是1880

[①] 《马克思古代社会史笔记》,人民出版社1996年版,第433页。
[②] 《马克思古代社会史笔记》,第385、429页。

年出版的，马克思笔记作于1881年。

（四）《关于俄国1861年改革和改革后的发展的札记》

马克思研究了俄国经济社会发展的大量材料与数据，1881年底至1882年初，在此基础上写成了这篇札记。

这篇札记揭示了俄国1861年改革的历史过程，更揭示了所谓"农奴解放"的真正实质。

这篇札记也表明，马克思研究俄国，俄国村庄制度、土地关系，不仅是为了追根溯源地弄清东方历史发展道路特征，更是为了重点探讨资本对农村的渗透与统治，土地关系的资本主义化。

这篇札记在马克思生前未能发表，直至1952年才第一次用俄文发表于前苏联马克思列宁主义研究院《马克思恩格斯文库》第12卷上，至今鲜见有专门研究。

（五）1877年11月马克思《给〈祖国纪事〉杂志编辑部的信》

这封信并未寄出，但记录下了马克思的理论思索与哲学方法。

他反对用《资本论》讲的西欧资本主义起源模式，生搬硬套到俄国等其他非欧国家头上。

他特别介绍了自己对俄国发展道路的深入研究与具体分析："为了能够对俄国的经济发展作出准确的判断，我学习了俄文，后来又在许多年内研究了和这个问题有关的官方发表的和其他方面发表的资料。我得到了这样一个结论：如果俄国继续走它在1861年所开始走的道路，那它就会失去当时历史所能提供给一个民族的最好的机会，而遭受资本主义制度所带来的一切极端不幸的灾难。"[①]

（六）1881年2、3月马克思《给维·伊·查苏里奇的信》

1881年2月16日，俄国女革命家查苏里奇致信马克思，希望他能就俄国农村公社的历史命运问题，俄国究竟向何处去的发展道路与发展前景问题，指点迷津。

---

① 《马克思恩格斯全集》第19卷，人民出版社1963年版，第129页。

为了解开俄国发展道路的历史之谜，马克思先后为回信起草了三份长篇草稿，具体分析了俄国村庄制度、土地关系的二重性，发展前景的二重性，内部与外部条件的二重性。马克思正式复信很短，这三份草稿却成了重要历史文献。

在这里，马克思提出一个新颖大胆的闪光思想：在俄国革命的前提下，落后俄国有可能走出一条跨越资本主义峡谷的新道路，使村社制度获得新生命；外部条件是通过世界市场，利用发达资本主义创造的一切文明成果；内部条件是，推翻沙皇专制，并利用银行、信用公司等一整套发达交换机构，克服村社制度的封闭性、孤立性、落后性。

（七）1881、1882 年开的一份俄国书单《我的藏书中的俄国书籍》

这份书单写在六页半纸上，保存在马克思 1881、1882 年所记的最后一个笔记本中，列了 115 个书号，包括 150 多种版本的俄国书籍。

小部分是关于俄国历史道路、村社制度、土地关系的书，大部分是关于 1861 年俄国废除农奴制改革后发展道路问题的书籍，俄文为主，也包括其他文字。

这是一面镜子，可以看出马克思都接触、掌握、研究过哪些俄国资料，他可能做过哪些读书笔记。

这组笔记，我们只列出上述七份文献，如果深入研究下去，可能会发现一系列新文本、新资料、新笔记。这里仅仅举出个别例子：

1879、1881 年他读了车尔尼雪夫斯基《没有收信人的信》等论著；

1876 年，他读哈克斯特豪森《俄国的土地制度》（1866），做 26 页笔记；

1878—1883 年间，他读丹尼尔逊《俄国农业》，做 18 页笔记；

1881 年，他读费·莫尼《爪哇，或怎样管理殖民地》（两卷集，1861 年），做 29 页笔记，恩格斯后来说道："莫尼等人知道并记述了爪哇的土地公社所有制。"①

多年以来，无论在东方，还是西方，这组笔记多半淹没在"古代社

---

① 《马克思恩格斯全集》第 36 卷，人民出版社 1975 年版，第 194 页。

史笔记"或"人类学笔记"之中,其独立性、系统性、重要性,远未得到应有对待,和马克思本人、恩格斯当年的高度重视,形成了强烈反差!

在马克思逝世一个月零10天的时候,恩格斯写了《卡尔·马克思的逝世》一文,尾声之处谈到对马克思遗留手稿的初步看法,占第一位的首先是《资本论》第二卷、第三卷手稿,其次就谈到俄国土地所有制笔记的特殊重要意义:"特别是关于俄国土地所有制关系的材料;这些摘录大概有很多可以利用。"①

在恩格斯花了十年之功,加工整理出版了《资本论》第三卷时,在序言中曾非常突出地讲到晚年马克思为续写《资本论》,而对俄国土地制度、发展道路等问题,作出专门研究的重大意义,实际上也等于讲到这组笔记的巨大价值:"马克思为了写地租这一篇,在七十年代曾进行了全新的专门研究。他对于俄国1861年'改革'以后不可避免地出现的关于土地所有权的统计资料及其他出版物,——这是他的俄国友人以十分完整的形式提供给他的,——曾经按照原文进行了多年的研究,并且作了摘录,打算在重新整理这一篇时使用。由于俄国的土地所有制和对农业生产者的剥削具有多种多样的形式,因此在地租这一篇中,俄国应该起在第一卷研究工业雇佣劳动时英国所起的那种作用。遗憾的是,马克思没有能够实现这个计划。"②

马克思留下的遗憾,其实也就是恩格斯留下的遗憾,因为限于时间、精力、眼力、体力,恩格斯当年只是尽可能原原本本把马克思留下的《资本论》第二卷、第三卷手稿发表出来,按照马克思思路、实现马克思理论宿愿,还有写出《资本论》续篇的计划,只能留待后人了。

非常可惜的是,对这组笔记与准备材料,至今还缺少专门研究,甚至根本没有认识到:这是一组有专门研究对象的独特笔记,蕴含着独立重大的理论价值与实践意义。

四、《西方发展与社会主义道路笔记》

晚年马克思都做了些什么,是否还关注西方发展与社会主义道路

---

① 《马克思恩格斯全集》第19卷,人民出版社1963年版,第383页。
② 马克思:《资本论》第3卷,人民出版社1975年版,第10、11页。

问题？

由于晚年马克思很少公开发表论著，再加上长期流行的晚年马克思"慢性死亡论"，还有诺曼·莱文等人讲到的马克思晚年中断与放弃了《资本论》写作，因而"晚年马克思思想"逐渐成了一个令人难解的历史之谜。

在这里，我们试着采取"摆事实，讲道理"的方式，初步回答这个问题。

我们首先来"讲道理"：晚年马克思在1875年前曾一度病痛严重，难以持续工作，而从1875年开始几乎直到死前，一直是在从各个方面，做好准备，力争加工出版《资本论》第二卷、第三卷，乃至按照"六册构想"的精神，写出《资本论》续篇。可以用中国的一段古老诗句，来形容晚年马克思精神境界：老骥伏枥，志在千里；烈士暮年，壮心不已。

有助于证实这一点的一个证据，是马克思1882年11月10日致小女儿爱琳娜·马克思的信中讲的："我现在还没有开始真正工作，而是在做各种准备。"① 这为理解马克思晚年文本群，提供了一把钥匙。

下面，更重要的是要"摆事实"，让我们大体以1870年为界，列出马克思围绕"西方发展与社会主义道路"这个主题，留下的各种文本、笔记，看来主要有以下10种：

（一）1871年起草《法兰西内战——国际工人协会总委员会宣言》

马克思科学描述了巴黎公社伟大革命的历史过程，总结了成功经验与失败教训，提出了人民民主、人民监督、无产阶级专政等一系列基本原则。

《宣言》有两份草稿、一份正文，都有重要的理论意义。

（二）1875年4、5月间草成的《哥达纲领批判》

这份文献，原来题为《对德国工人党纲领的几点意见》，并不是写成了的供公开发表的论文，带有手稿、笔记性质，供内部传阅，后来由恩格斯公开发表。

---

① 《马克思恩格斯全集》第35卷，人民出版社1971年版，第397页。

这里广泛涉及了劳动观、财富观、国家观、社会主义观等重大理论问题与现实问题，提出了未来社会两个阶段的关系问题，无产阶级专政国家的历史作用问题。

这就明确表明，马克思并未对西方历史发展及其社会主义前景，丧失理想信念与理论兴趣。

（三）1877—1881 年《资本论》第二卷的第 V—VIII 个手稿

《资本论》第二卷头四份手稿，写于 1865—1870 年间，而后因病痛等原因，70 年代前期一度有所中断，1875 年后则又逐步恢复：

第 V 稿，写于 1877 年夏秋两季，对开纸 56 页，包括第二卷开头四章的手稿；

第 VI 稿，作于 1877 年 10 月 26 日前后，四开纸 17 页，是想把第二卷开头部分加工付印的初次尝试；

第 VII 稿，作于 1878 年 7 月 2 日前后，以 V、VI 稿为基础，对第二卷开头部分做加工付印准备的最后尝试；

第 VIII 稿，可能断断续续地写于 1880、1881 年间，四开纸 70 页，比较完整的第 II 稿的第三部分"社会资本的再生产和流通"部分的修改加工稿，留下了马克思同疾病反复斗争的历史痕迹。

（四）1868—1876—1881 年，马克思三次研读毛勒的德国史系列性专著笔记

在西欧史，尤其是德国史研究中，马克思特别注重吸收借鉴德国历史学家格奥尔格·路德维希·毛勒（1790—1872）的学术成果，尤其是他研究德国古代史、马尔克史的系列性专著，关于公社制度、土地关系的有关论述。

《资本论》第一卷已有两处（第 88 页、第 265 页）引证了毛勒的有关著作。第一卷发表后，马克思又在 1868 年、1876 年、1881 年，连续三次研读了毛勒，其中头两次都留下了专门的读书笔记，显然是为写出《资本论》第二、三卷乃至续篇而作的准备材料、读书笔记。

1868 年 3 月马克思在准备加工修改《资本论》第二卷、第三卷过程中，第一次研读毛勒德国史著作，并记了笔记。他是在大英博物馆读的毛

勒所著《马尔克制度、农户制度、乡村制度、城市制度和公共政权的历史概论》（1854），先做了25页笔记，后来又做了19页笔记，共44页笔记。

1868年3月14日，马克思致信恩格斯，说明了自己为什么特别青睐毛勒德国史著作："顺便提一下，在博物馆里，我除钻研其他著作外，还钻研了老毛勒（前巴伐利亚国家枢密官，当时曾以希腊摄政王之一的身份出现，他是远在乌尔卡尔特之前最早揭露俄国的人之一）关于德国的马尔克、乡村等等制度的近著。他详尽地论证了土地私有制只是后来才产生的，等等。""我提出的欧洲各地的亚细亚的或印度的所有制式都是原始形式，这个观点在这里（虽然毛勒对此毫无所知）再次得到了证实。""老毛勒的这些书（1854—1856年的，等等），具有真正德意志的博学，但同时也具有亲切而易读的文风，这是南德意志人有别于北德意志人之处。"①

看来是由于马克思在大英博物馆里，持续地阅读并摘记毛勒著作，感到大有收获，于是1868年3月25日，他又写信给恩格斯说："关于毛勒：他的书是非常有意义的。不仅是原始时代，就是后来的帝国自由市、享有特权的地主、国家权力以及自由农民和农奴之间的斗争的全部发展，都获得了崭新的说明。"

不仅如此，马克思还透露了他如此青睐毛勒的另一个更深层原因，是毛勒在德国民族的原始时代，发现了土地共同占有的公社制、公有制，证明私有制只是一段时期里的历史现象，有助于自己倡导的社会主义："在人类历史上存在着和古生物学中一样的情形。由于某种判断的盲目，甚至最杰出的人物也会根本看不到眼前的事物。后来，到了一定的时候，人们就惊奇地发现，从前没有看到的东西现在到处都露出自己的痕迹。法国革命以及与之相联系的启蒙运动的第一个反作用，自然是把一切都看作中世纪的、浪漫主义的，甚至像格林这样的人也不能摆脱这种看法。第二个反作用是越过中世纪去看每个民族的原始时代，而这种反作用是和社会主义趋向相适应的，虽然那些学者并没有想到他们和这种趋向有什么联系。于是他们在最旧的东西中惊奇地发现了最新的东西，甚至发现了连蒲鲁东看

---

① 《马克思恩格斯全集》第32卷，人民出版社1975年版，第43页。

到都会害怕的平等派。"①

1876年5月至1877年,马克思的身体恢复元气,为写《资本论》第二卷、第三卷乃至续篇做各种准备,其中一项重要准备,就是更深层、更全面、更系统地做了毛勒德国史系列专著的笔记:

从1876年5月开始马克思第二次研读毛勒著作做笔记,他还是从《马尔克制度、农户制度、乡村制度、城市制度和公共政权的历史概论》一书开始,又做了80页笔记,两次加一起,仅这部书就做了144页笔记。

接下来,一直到6月底,或7月,马克思可能觉得光读概论,对他关注的主要问题——德国土地公社制度了解还不够详尽,因而他又穿插着读了《德国领主庄园、农户和农户制度史》(四卷本,1862—1863),四卷本从头到尾读下来,共记了109页笔记。

而后,他又读了毛勒的《德国乡村制度史》(两卷本,1865、1866),做了30页笔记。

这次研读,还穿插了许多其他著作,一直延续到1877年,他又回到开头读的《马尔克制度、农户制度、乡村制度、城市制度和公共政权的历史概论》上来,又做了17页笔记。

这两次,加到一起,他研读了毛勒的上述五部主要著作,共做了300页笔记。

看来,由于马克思特别重视与厚爱毛勒的著作,于是在70年代后期就买了他的全部主要著作,作为藏书,共5部14卷,除了上述3部、7卷之外,还有《德国马尔克制度史》(1856),《德国城市制度史》(四卷本,1869—1871)。恩格斯在1882年写作《马尔克》等论著时,曾经专门借阅了这组著作。

1881年前后,马克思在做《公社土地制度和东方发展道路》《国家与文明起源》这两组笔记,并审读恩格斯《马尔克》一文草稿时,又第三次,也是最后一次研读了毛勒的古代德国史、农村史著作。这次没有留下专门的读书笔记,只是留下了比较研究的蛛丝马迹。

---

① 《马克思恩格斯全集》第32卷,第51、52页。

1879年底至1880年，马克思做柯瓦列夫斯基《公社土地占有制》一书摘要时，在相当程度上是以毛勒研究成果为参照系，进行比较研究的。在前边，他提到"有计划的殖民（用毛勒的话说！）"；而在近于尾声之处，他批评柯瓦列夫斯基忘记了农奴制，泛讲"西欧意义上的封建主义"时，更明确地提出了比较研究毛勒著作要求："罗马—日耳曼封建主义所固有的对土地的崇高颂歌（见毛勒的著作）。"①

1881年4月至6月间，马克思在做梅恩《古代法制史讲演录》一书摘要时，又有两处要求参见毛勒有关著作：一处是在讲英国宫廷制度、等级制度时，马克思插入一句批注，"毛勒早在梅恩之前就知道这一点了"；另一处，是在讲"尊敬的梅恩忘记英国国王及其廷臣的巡游"时，又在批注中特别强调指出，"参见毛勒的著作"。②

1882年9月中到12月上半月，恩格斯在马克思影响下，并利用了马克思私人藏书中的毛勒著作，写成了《马尔克》一文，作为《社会主义从空想变为科学》的德文版附录出版。恩格斯手稿曾请马克思审阅，并得到了马克思好评，在此期间，马克思最后思索了毛勒的历史学成果。

马克思的毛勒历史学著作笔记，也有二重性：一方面，这是对德国史、西方史的研究；另一方面，也是对公社土地制度研究的扩展。

这组笔记至今远未得到应有重视与专门研究，甚至未见公开出版，也未见翻成俄文、中文。

（五）1876年下半年，对卡尔德纳斯《试论西班牙土地所有制的历史》（两卷本）一书的摘要

1876年下半年，在为续写《资本论》做准备时，开头是把毛勒著作作为重要资料来源的，后来又补充了另外一部读书笔记，就是对卡尔德纳斯的历史学著作《试论西班牙土地所有制的历史》（两卷本，1873，1875），共写了166页笔记，中间穿插了对奥·乌提舍诺维奇《南部斯拉夫人的家庭公社》的28页笔记等等，分四次写成，写在三个笔记本上。

---

① 《马克思恩格斯全集》第45卷，人民出版社1985年版，第237、284页。
② 《马克思恩格斯全集》第45卷，人民出版社1985年版，第588、593页。

能看得出来，马克思花如此大气力，读了这两卷本巨著，又做如此长篇笔记，是相当重视的。

马克思的着眼点，主要还在于土地制度，土地关系，地租问题，农村的资本主义化问题。

这一笔记并未发表，更未翻译过来，尚有待作出进一步的具体评论。

（六）1878—1883 年间，马克思还做了一组《罗马史笔记》

古希腊、罗马史是整个西方世界历史的源头，如果这个源头不梳理清楚，后来的许多发展轨迹，就理不清来龙去脉。看来是由于这个原因，在 1878—1883 年留下的"晚年马克思最后笔记"中，在两本笔记中，包含着一组《罗马史笔记》。

其中主要一本，写于 1878、1879 年，在荷兰阿姆斯特丹国际社会史研究所馆藏编号为"B140"，即第 140 本笔记，中间穿插着柯瓦列夫斯基《公社土地占有制》笔记 47 页。

接近开头，有一篇书目摘要，主要是有关罗马史的，2 页笔记；

卡尔·毕歇尔《公元前 143—129 年的奴隶起义》（1879），4 页笔记；

路·弗里德兰德《罗马风俗……历史概述》（第 3 卷，1871），6 页笔记；

鲁·耶林《罗马法精神》（1862，1865），7 页笔记；

朗格《罗马古迹》（第 1 卷，1856），24 页笔记。

另一个笔记本馆藏号为"B133"，中间穿插着一篇《罗马史笔记》：单本位制或复本位制（关于罗马史和中世纪史的笔记），笔记是 4 页。

两处合起来，这组《罗马史笔记》，共 6 篇，47 页，未见出版与研究。

（七）1881、1882 年，和近代资本主义起源相关的意大利史、英国史笔记

这个笔记本的馆藏号为"B149"，前一半以俄国问题为主，后一半则涉及西方近代资本主义起源的历史笔记，主要是两份笔记：

基诺·卡朋尼《佛罗伦萨共和国史》（1875），马克思摘记了 28 页笔记；约·里·格林《英国民族史》（第 1 卷，1877），马克思做了 43 页笔记。

佛罗伦萨是地中海沿岸城市，1500年前后近代文艺复兴的重要发源地之一，西方世界近代资本主义起源时代的典型代表。

英国则是大西洋沿岸国家，1750年前后近代产业革命发源地，近代资本主义大工业时代发源地。

这些笔记也未见公开发表与专门研究。

（八）1878年底—1880年6月，关于美国等国土地关系、发展道路笔记

比较集中地写在一个笔记本中，馆藏号为"B139"，内容可分为两个部分，中心还是美国等国的土地问题与发展问题。

笔记本的头半部分，是开始于1978年11月12日的一组经济学笔记。其中头一篇就是关于美国土地制度、土地关系、地租形式问题的官方报告《美国土地管理总局委员会1870年度报告》（华盛顿，1871年），马克思做了三页笔记。这是一个重要征兆，表明晚年马克思虽身在伦敦，注视重心固然首先放在英国，但希望在续写《资本论》第一卷的过程中，更多地注意到美国资本主义的最新发展、最新走向、最新特点、最新问题。

笔记本的下半部分，则是《泰晤士报》1879年6月——1880年6月的文章摘录，内容是多方面的，也包括英国、加拿大、爱尔兰的工业、农业、商贸等，但主要注视中心已转向美国，与美国相关的题材主要有：合众国的国内商业；美国钢铁贸易；费城铁路公司；明尼苏达州农业，等等。这部分笔记，足有75页之多。另外，还有一个笔记本，馆藏号为"B148"，写于1881年，看来是为了给续写《资本论》第三卷作准备，前面大部分是关于俄国农业与发展道路问题的笔记，但最后两篇笔记，却转而关注美国资本主义农业最新发展问题：

詹姆斯·凯尔德《土地收益和粮食供应》（1878），马克思做了20页笔记；詹姆斯·凯尔德《美国的大草原经营》（1859），马克思做了15页笔记。

（九）1876—1881年，续写《资本论》自然科学基础三大笔记：生理学、农学、地质学笔记

为了续写《资本论》，尤其是和农业息息相关的第三卷有关问题，晚

年马克思还发大志愿，下大功夫，做了一套特殊笔记，我们或许可称之为"《资本论》自然科学基础笔记"，简而言之，其中主要包括三大科学笔记——生理学、农学、地质学笔记。

第一，马克思首先在1876年3月至5月中，为了给《资本论》理论创新，尤其是第三卷农业相关问题，开掘更深层的自然科学基础，他以"动植物与人的生理学"为主题，做了一组笔记，共193页，写在三个连续的笔记本中，馆藏号为"B119、B120、B121"。文献共三篇：

一是对德国大植物学家、细胞学说创立者之一施莱登《动植物生理学》（1850）这本自然科学经典之作，做了认真阅读，做了50页笔记；

二是对《对于农业化学最重要的酸和碱》，做了一页笔记，这页笔记是随机插入的，但透露了马克思做这大组笔记的思想动机与思想主旨；

三是对德国生理学家和人类学家、慕尼黑大学教授约·兰克《人的生理学原理》（1875），做了详尽笔记，第一本上先写了28页，后来又写满了一本80页的笔记本；最后又在第三个笔记本上续写了34页，这部书总共做了142页笔记。

第二，1877年马克思接着又做了"农业科学与植物学笔记"。

这组笔记，写在1877年所作的一个笔记本的接近开头部分，馆藏号为"B128"，主要包括两个文献：

第一篇文献，是赫鲁贝克《农业科学》第一卷的摘要，马克思做了26页笔记，表明马克思做这组笔记是与研究农业经济、土地问题、地租问题相关的，是为《资本论》第三卷创作打下更坚实的农业科学基础；

第二篇文献，是对卡尔·弗腊斯《各个时代的气候和植物界，二者的历史》（1847）的摘要，马克思做了10页笔记。

这两篇笔记合起来，共36页。初看起来，这组笔记似乎比"生理学笔记"分量小得多，实际上并非完全如此，这里只是续作的"农业科学和植物学笔记"下篇，上篇作于《资本论》第一卷发表之后的1868年，早在那时起，他就开始对弗腊斯的农学研究产生特殊兴趣，并做了不少笔记。

马克思认为，弗腊斯像老毛勒一样，是一个博学的南德意志人："这位弗腊斯还具有德国人的那种奇特有趣的特点。他最初是医学博士，后来是视察员，化学和工艺学教师，现在是巴伐利亚兽医管理局局长，大学教授，全国农艺实验所所长，等等。""他的《农业史》也很有意义。"

马克思认为，弗腊斯的农业科学具有内在的自发的社会主义倾向："结论是：耕作如果自发地进行，而不是有意识地加以控制（他作为资产者当然想不到这一点），接踵而来的就是土地荒芜，像波斯、美索不达米亚等地以及希腊那样。可见，他也具有不自觉的社会主义倾向！"①

从1867年底到1868年，马克思还对弗腊斯的两部农学主要著作进行了系统摘记：

弗腊斯的《农业史，或近百年来农业知识前进的历史概述》（1852），马克思做了22页笔记；

弗腊斯的《农业的性质》（两卷本，1857），马克思分五次阅读，共做了107页笔记。

此间，他还两次摘记约·查·摩尔顿《农业百科全书》，共做12页笔记。

1875年，马克思还曾对恩格尔哈特《农业化学》一书，做了12页笔记。

这样，加起来，马克思农学笔记总共至少是六篇，189页。

第三，1878年至1881年间，马克思又做了"地质学笔记"。

1869年，他曾对查·赖尔《地质学原理》（1847）一书，做了摘记。

1875年，他又就阿·费克《自然力间的相互关系》一书，做了4页笔记。

从1878年5、6月间开始，马克思对约·比·朱克斯《地质学教本》（1872），做了367页笔记；

他还以《地质学和农业的直接关系》为题，对约翰斯顿的相关著作，做了12页笔记；

1880年底、1881年初，他还对格兰特·艾伦《地质学和历史》一文，

---

① 《马克思恩格斯全集》第32卷，人民出版社1975年版，第53、54页。

做了 5 页笔记。

这样加起来，马克思地质学笔记至少有五篇，389 页。

这样看起来，晚年马克思为继续《资本论》理论创新和哲学创新，写下的关于自然科学基础的笔记或手稿，至少主要有五部：（1）生理学笔记；（2）农学笔记；（3）地质学笔记；（4）化学手稿；（5）数学手稿。尚有待专门做出研究。

（十）1877—1879 年，关于欧文及社会主义问题和历史的笔记

1877 年马克思写的一个笔记本，馆藏号为"B131"，前一半是经济学笔记，后一半则是关于欧文空想社会主义学说的笔记，篇幅很短，篇数却不少，共 11 篇：

欧文主编《危机》杂志第 4 卷（1832—1834），4 页笔记；

欧文《新社会观》（1813），1 页笔记；

欧文《向新拉纳克居民的致辞》（1816），1 页笔记；

欧文《关于安排贫苦劳动阶级的建议》（1819），7 页笔记；

H. G. 迈纳耳《对欧文先生有关拉纳克村的新观点的公正评价》（1819），1 页笔记；

欧文《关于……穷困的原因的解释》（1823），6 页笔记；

欧文《罗·欧文……的演说》（1830），3 页笔记；

R. 布坎南《社会传教士。对各种谎言、诽谤、诬陷的揭露》（详细摘引了欧文《关于婚姻的讲演》），6 页笔记；

《合作者》（1828—1830），3 页笔记；

欧文《关于新社会全部状况的讲演集》，1 页笔记；

欧文《论〈爱丁堡评论〉中的批评》（1819），2 页笔记。

另外，在 1879 年写的一个笔记本中，列了两类书目：头一类是银行、商业的有关书目，占了 18 页；后一类是，"书目一览，有关社会主义的问题和历史"。仅此书目，占了 4 页篇幅。在最后这个标题上，注明时间为"1879 年"。

这是一个 189 页的笔记本，带封皮，在第 22 页上，有马克思本人的编号，后面还都是空白的，看来是打算陆续写下去、进行系统深入研究

的。可惜天不假人，过早逝世使马克思无法回到这个题目上来，继续把"有关社会主义的问题和历史"这组笔记写下去，写到底……

上述10组笔记，也只是晚年马克思关于《西方发展和社会主义道路笔记》的一部分，还有相当多笔记经济学色彩鲜明，与《资本论》续作关系直接，这里未能加以分类与罗列。这个问题还有待今后专门研究。

第二节　从唯物史观到世界史观
——马克思晚年文本群：哲学创新新阶段

在"摆事实，讲道理"之后，让我们试着对晚年马克思思想，提出几点新的看法：

第一，用"慢性死亡论"、"《资本论》创作中断论"来概括马克思晚年生涯是根本缺少事实根据的，马克思晚年的十来年是战胜病痛、始终如一的持久战斗、韧性战斗。

如果用中国古话来形容晚年马克思心态的话，那就是晚年孔子自我描述的："其为人也，发愤忘食，乐以忘忧，不知老之将至。"

如果用中国古语来形容晚年马克思的精神境界，那就是："老骥伏枥，志在千里，烈士暮年，壮心不已"，"鞠躬尽瘁，死而后已"。

如果用中国古典诗句来形容马克思之死的话，那就是"春蚕到死丝方尽，蜡炬成灰泪始干"。

第二，马克思身后留下了一个篇幅巨大、空间巨大、时间巨大的晚年文本群。过去由于晚年马克思文本群大部分是他生前未能发表的，有许多在马克思身后也未能及时发表，多半是20世纪中后期才开始陆续发表，还有大多数读书笔记至今仍未能公开问世、翻成中文——因而，马克思晚年文本群直至今天仍是一块有待开垦的处女地。

第三，晚年马克思文本群不是一堆缺乏联系的残简断简，而是一个内在联系的有机整体，关键在于有一条思想红线与思想主旨，一以贯之地贯穿于整个文本群中，这就是从当代世界历史新发展高度续写《资本论》，乃至创作《资本论》续篇的总体构想。

第四，晚年马克思《资本论》创作构想，有一个重大调整，时间看来在1875年之后，特别是在1878年后：原来是以1862年底开始形成的《资本论》"四卷结构"为主，以"资本一般"范畴为主，适当吸收1858年"六册构想"的总体框架；而到1878年后，晚年马克思虽然没有放弃《资本论》四卷结构出版计划，而在问题框架、理论框架、范畴框架上，却在相当程度上向"六册构想"复归，从"资本—国家—国家之间的生产关系—世界市场与世界历史"四大层次系统总体考察的高度，重新思考"资本一般"范畴的理论内涵，揭示当代现实的资本主义发展新阶段、新趋势、新特点、新规律。

第五，马克思晚年文本群的本质内容，是包含其中、为写出《资本论》续篇的四组读书笔记，或叫四组准备材料：

一是《国家与文明起源笔记》（通常东西方分别称作《古代社会史笔记》或《人类学笔记》）；

二是《国际关系体系——世界历史笔记》（通常称作"历史学笔记"）；

三是《俄国与东方国家：村社制度和发展道路笔记》；

四是《西方历史发展与社会主义道路笔记》。

第六，马克思晚年文本群的哲学底蕴与核心理念，是世界史观，或叫马克思新唯物主义的世界史观，既是唯物史观的题中应有之义，又是唯物史观重大发展；唯物史观是世界史观的基本原理、理论基础；世界史观是唯物史观的发达机体、更高形态。

因而可以说，晚年马克思文本群，标志着马克思哲学创新升华到一个新阶段，晚年马克思新阶段，其本质特征，就是从唯物史观发展到世界史观。

这种讲法，有什么文本根据吗？特别是在马克思、恩格斯那里有什么文本根据吗？

"马克思六册构想—马克思晚年文本群—恩格斯1878年《卡尔·马克思》传略"，这三个文本相互印证，有助于证实：晚年马克思确实有一个重要的哲学创新、哲学飞跃，就是从唯物史观到世界史观的理论升华、重大创新。

这里且说说恩格斯写的《卡尔·马克思》一文。这篇文章写于1877年6月中，实际上是一篇短小精悍的马克思小传。发表在1878年不伦瑞克发行的《人民历书》丛刊上。《人民历书》实际上也就是《社会民主党年鉴》，1875—1879年连续出了五年，主编是威·白拉克。

这是马克思在世期间，由恩格斯执笔写成，正式发表的少有的两份马克思传略之一，因而是非常珍贵、非常重要的（另一份作于1869年）。

也正是在这里，恩格斯提出，马克思的两个最为重要的理论创新，或称"两大发现"：

"第一点就是他在整个世界史观上实现了变革。"

"马克思的第二个重要发现，就是彻底弄清了资本和劳动的关系，换句话说，就是揭露了在现代社会内，在现存资本主义生产方式下资本家对工人的剥削是怎样进行的。"①

如果我们用理论思维的显微镜仔细辨析，就会发现，关于马克思在理论上的"两大发现"，其中主要是第一个重大发现，实际上有两种提法，甚至三种提法，有微妙差异：

1878年《卡尔·马克思》传略上的提法是"世界史观"；而1880年恩格斯发表的《社会主义从空想到科学的发展》，提法是"唯物主义历史观"："这两个伟大的发现——唯物主义历史观和通过剩余价值揭开资本主义生产的秘密，都应当归功于马克思。"②

1883年3月17日、18日，恩格斯在马克思墓前悼词及其草稿的提法是"马克思发现了人类历史的发展规律"，下面所阐述的内容实际上比较偏重于唯物史观基本原理。③

马克思头一个重大发现，究竟是"唯物史观"，还是"世界史观"？

应当说，这两个提法是大同小异的，从根本上说是基本一致的，但强

---

① 《马克思恩格斯全集》第19卷，人民出版社1963年版，第121、124页。
② 《马克思恩格斯选集》第3卷，人民出版社1995年版，第740页。
③ 《马克思恩格斯全集》第19卷，人民出版社1963年版，第374、372页。

调重点有微妙差异。

问题在于，多年以来，我们仅仅注意到把马克思哲学上的重大发现归结为"唯物史观"的说法，却忽略了"世界史观"这一提法，而后一种提法却生动、鲜明、集中反映了马克思晚年思想发展轨迹——从唯物史观到世界史观。

并且，我们在相当程度上还可判断出，把马克思哲学上的主要创新，概括为"世界史观"这个提法，既是恩格斯个人研究成果，同时也是与马克思共同推敲的思想升华。当然，我们至今还没找到最为直接的文本证据，准确阐明马克思在这一概括中所起的直接作用有多大。根据为数众多的基本事实判断，在"马克思一生最主要的理论贡献、哲学创新是什么"这样一个重大问题上，在如何把这一点写进马克思传略中去的问题上，恩格斯不可能不认真听取与高度尊重马克思本人的提法。他在《路德维希·费尔巴哈和德国古典哲学的终结》中，郑重其事地作出的申明，就是一个有力明证："我不能否认，我和马克思共同工作40年，在这以前和这个期间，我在一定程度上独立地参加了这一理论的创立，特别是对这一理论的阐发。但是，绝大部分基本指导思想（特别是在经济和历史领域内），尤其是对这些指导思想的最后的明确的表述，都是属于马克思的。"① 对上述如此重大问题，恩格斯怎么可能不认真听取马克思意见呢？

另外，我们可以举出一个佐证或旁证，有助于我们理解马克思、恩格斯是怎样认真为对方立传——写传记的。

德国社会民主党杰出领袖威·李卜克内西为《1897年新世界历书》写《忆恩格斯》一文时，一开头就回忆了20年前的历史一幕，也谈到马克思、恩格斯认真对待相互立传的问题："在白拉克编的1878年《人民历书》（第78页及以下各页）中，有一篇文章标题是《三位杰出人物》，讲的是莱辛、雅科比和马克思的生平活动事迹。马克思传略是恩格斯写的。我不知道《三位杰出人物》这个总标题是否出自白拉克之手，但那是很恰当的。如果马克思有时间，他一定也会为《人民历书》写一篇关于他的精

---

① 《马克思恩格斯选集》第4卷，人民出版社1995年版，第242页。

神上的孪生兄弟、我们这位弗里德里希·恩格斯的传记，那么题目就将是《四位杰出人物》了。"①

不过，很快这个历史遗憾问题，在1880年得到部分弥补。这一年，恩格斯《社会主义从空想变为科学的发展》一书出了法文版，译者是马克思的二女婿保·拉法格，法文版前言也是由拉法格署名的。这篇前言既简要介绍了恩格斯这一著作，又简要介绍了恩格斯生平思想，相当于一篇《恩格斯小传》。这里署名虽是拉法格，真正执笔者却是马克思本人，在写作过程中还同恩格斯进行了认真推敲琢磨，做到了字斟句酌，因而在内容上不宜随意改动。马克思在恩格斯1880年5月4日致拉法格信末的附言中，透露了这一历史奥秘："以上论述是我（昨天晚上）同恩格斯商量的结果。请在词句上加以修饰，但是不要改变内容。"②

连马克思写这样一篇千儿八百字的《恩格斯小传》，都要认真推敲，并同恩格斯本人商量；那么，恩格斯在写篇幅长得多、影响大得多的《卡尔·马克思》传略时，在如此重大理论问题上，怎么可能不认真同马克思本人推敲琢磨呢？我们在很大程度上可以合理推断：之所以能作出如此高度的理论概括，在很大程度上是恩格斯听取马克思意见的结果，在很大程度上也反映了马克思本人思想。

在《卡尔·马克思》传略最后，还透露了一个重要历史信息，之所以把"世界史观"与"资本主义生产方式下的剥削奥秘"，作为马克思两大发现，是同马克思正在进行的《资本论》第一卷续作工作紧密相关的，生动鲜活地反映了马克思本人做晚年笔记时哲学创新的兴奋点与生长点："现代科学社会主义就是建立在这两个重要根据之上的。在《资本论》第二卷中，这两个发现以及在对资本主义社会制度研究方面的其他同样重要的科学发现，将得到进一步的发挥，从而在第一卷还没有涉及的政治经济学的那些方面，也会受到根本变革。愿马克思有可能不久就把第二卷付印。"③

其中，"世界史观"这个提法，同《资本论》体系新构想，联系最为

---

① 中央编译局编：《回忆恩格斯》，人民出版社2005年版，第4页。
② 《马克思恩格斯全集》第34卷，人民出版社1972年版，，第420页。
③ 《马克思恩格斯全集》第19卷，人民出版社1963年版，第125页。

直接、最为密切。

第三节　追求自我超越的更大理想目标
——马克思与爱因斯坦：晚年思想共性比较

马克思在 19 世纪 40 年代就基本实现了哲学实践观、世界观，尤其是唯物史观上的重大哲学创新，1867 年，当他刚刚跨入"五十而知天命"的岁月时，又出版了《资本论》第一卷。

而晚年马克思为什么在十多年间，没有趁热打铁，连续出版《资本论》第二卷、第三卷呢？这就留下了一个众说纷纭的历史之谜：梅林等人用"慢性死亡论"来解释，诺曼·莱文等人用"中断放弃论"来解释，但都缺少足够的事实与文本根据。

我们这里基于马克思文本学的新探索，提出一个新看法，供大家分析研究。

晚年马克思在 19 世纪 70 年代中期以后，敏锐地觉察到，现代资本主义正在发生着重大新变化，需要作出更新研究，因而他在问题框架与体系结构上作出了一次重大调整，从《资本论》"四卷构想"在一定程度上向"六册构想"回归：从基本上仅限于研究一国之内、经济领域的"资本一般"范畴，上升到"资本—国家—国际间的生产关系—世界市场（世界历史）"这四大范畴、四大层面的综合研究、总体研究，从而研究对象大大扩展，理想目标大大提高；因而，他不能不暂时放缓《资本论》第二卷、第三卷出版工作，而把工作重心转向为写"《资本论》续篇"，而做了四组读书笔记，作为四组准备材料；正如他在 1882 年 11 月 10 日给小女儿爱琳娜信中所说的那样，"我现在还没有开始真正工作，而是在做各种准备……"①

这种情景，使我们自然而然地会想起 20 世纪伟大自然科学家爱因斯

---

① 《马克思恩格斯全集》第 35 卷，人民出版社 1971 年版，第 397 页。

坦的晚年。这两位"千年思想家",晚年都没有急于收摊子,而是把精力都集注于志在自我超越的更大理想目标,或许这正是真正思想家与思考者的共同本性和相通之处?

晚年马克思面对的研究现状是怎样的?他是从什么样的基础出发的?实际上,截至1870年底为止,除了1867年正式出版了《资本论》第一卷之外,《资本论》第二、三、四卷,都已经有了一个基本完成的最初手稿,顺序正像马克思所说的那样,是"倒着写"的:

在1862年初到1862年底,在写作《1861—1863年手稿》时,马克思首先完成了《资本论》第四卷《剩余价值理论》初稿。

在1865年初到1865年底,在写作《1863—1865年手稿》时,马克思又集中力量写出了《资本论》第三卷《总过程的各种形式》的比较完整的、最初草稿。

1868年底至1870年中,在《资本论》第一卷正式出版后,马克思在原有手稿基础上,写出了《资本论》第二卷第Ⅱ稿,也是"第二卷的唯一相当完整的修订稿"(恩格斯语)。

因而从19世纪70年代初期开始,晚年马克思面临着两种选择:

第一种选择,是快出成果,比较省力的一条捷径,把《资本论》第二、三、四卷手稿,在现有基础上稍加加工,就拿出去公开出版;

第二种选择,是不畏艰险、重新研究、追求完善、力求登顶的曲折道路,暂且不急于按原稿加工出版《资本论》各卷,而是面对19世纪70年代后当代资本主义最新发展,进行更广、更深、更新的全新研究。

应当说,一般人都会选择第一条道路,甚至恩格斯也多次劝马克思,要尽快让《资本论》第二卷、第三卷出手。这不失为一种比较现实、灵活、省力、实惠的选择。

然而,马克思毕竟是马克思,他的创作个性、执着追求,尤其是对理论完美的执着追求个性,在这里起了重要作用,甚至是决定性作用。

在这里,尤为重要的,就是马克思以巨大理论敏锐性,看到从19世纪70年代以来,当代资本主义已经面临着新变化,走向新阶段,需要从新的高度重新研究。

由于上述主客观原因汇合到一起，他毅然决然地放弃了第一种选择，作出了超越常人，也超越自我的第二种选择。这个历史过程初见端倪，是在 1875 年之后，到 1879、1880 年变得更加明确。

这个变化过程，首先明确反映在 1879 年 4 月 10 日马克思致俄国友人尼·丹尼尔逊信中：

> 现在我首先应当告诉您（这完全是机密），据我从德国得到的消息说，只要那里现行的制度仍然像现在这样严格，我的第二卷（指《资本论》——本书作者注）就不可能出版。就当前的形势而论，这个消息并没有使我感到惊奇，而且我还应当承认，它也没有使我感到气愤，这是由于：
>
> 第一，在英国目前的工业危机还没有达到顶峰之前，我决不出版第二卷。这一次的现象是十分特殊的，在很多方面都和以往的现象不同……因此，必须注视事件的目前进程，直到它们完全成熟，然后才能把它们'消费'到'生产上'，我的意思是'理论上'。
>
> 第二，我不仅从俄国而且也从美国等地得到了大批资料，这使我幸运地得到一个能够继续进行我的研究的'借口'，而不是最后结束这项研究以便发表。①

这是不是一个偶然闪现的思想火花呢？1880 年 6 月 27 日，马克思致斐·纽文胡斯的信，不仅重申了上述想法，而且有更加明确的提法，就是当代资本主义"进入了新的发展阶段"，需要重新研究："在目前条件下，《资本论》的第二册在德国不可能出版，这一点我很高兴，因为恰恰是在目前某些经济现象进入了新的发展阶段，因而需要重新加以研究。"②

许多迹象与证据表明，这不是一次小小战术调整，而是马克思晚年《资本论》创作中一次重大的战略调整，是在整个《资本论》创作过程中的第二次重大战略调整。

---

① 《马克思恩格斯全集》第 34 卷，人民出版社 1962 年版，第 344、345、347 页。
② 《马克思恩格斯全集》第 34 卷，人民出版社 1962 年版，第 424 页。

第一次重大战略调整，是从 1862 年 12 月 28 日马克思致库格曼信中开始表露出来的，是从 1857、1858 年形成的《政治经济学批判》"五篇计划"、"六册构想"，转变为《资本论》"四卷构想"。思想主旨是更加突出自己经济学原理部分的科学抽象，从而更加突出"资本"范畴的核心地位，也更加适应尽快出版的需要。这里的关键变化在于，"五篇计划"、"六册构想"共同具有的后三部分，"国家—国际关系—世界市场"，大部分被暂时舍项，抽象掉了，小部分内容浓缩吸收到《资本论》四卷构想之中。"五篇计划"、"六册构想"的前半部分，则被整体吸收到"《资本论》四卷构想"之中。因而"五篇计划"、"六册构想"，从来没有被简单抛弃过，经过这次战略调整，只是前半部分被吸收了，后半部分被暂时搁置、舍项了。这主要是服从当时出版的需要，出版商只答应马克思把他的主要著作，按照"两卷本、六十印张"的篇幅加以出版。

第二次重大战略调整，始于 1875 年之后，集中表露在马克思 1879 年 4 月 10 日致丹尼尔逊、1880 年 6 月 27 日致纽文胡斯信中，马克思以见微知著的敏锐洞察力，看到当代资本主义"进入了新的发展阶段"，"在很多方面都和以往的现象不同"，"因而需要重新加以研究"。

马克思的工作重心，从尽快加工出版《资本论》第二卷、第三卷，转向对当代资本主义发展新阶段、新现象，重新做更深、更广、更新的研究；

马克思研究方法，从注重用科学抽象法，突出"资本一般"范畴，在一国经济领域内的本质规定，转向更注重运用从抽象上升到具体的方法，真实再现当代资本主义的复杂机体、直接现实，本质与现象统一在一起的资本主义当代现实。

马克思的研究对象，也从一个国家、市民社会内部的"资本"范畴，或叫"资本一般范畴"，回归与上升到按照"六册构想"的总体思路，走向"资本—国家—国际关系—世界市场"的综合研究，整体把握，总体再现。

从《资本论》四卷构想，向"六册构想"回归，本质差异就在于，从在一国之内、市民社会内部考察资本一般的本质规定，过渡与升华到从世界史观的新高度，对"资本—国家—国际关系—世界市场"的综合总体研究。

这不仅是马克思辩证思维总体性的要求，更集中反映了当代现实资本主义新阶段、新走向、新现象的三个本质特征：国家的经济职能，比起旧的自由竞争资本主义上升的斯密时代，更加突出了；国际关系、国际贸易、生产关系的国际化趋势，更加突出了；世界市场、世界历史的整体趋势、整体作用，更加突出了。

正是这三大本质特征，提出一个本质要求：

仅限于在一个国家内部、单纯经济领域、市民社会范畴内，研究资本、资本与劳动关系，资本、地租、雇佣劳动关系，眼界是过于狭小了，根本无法真正说明当代资本主义新发展、新现象、新阶段；

急需在研究方式与叙述方式上，有重大的战略创新，就是实现世界史观高度的更大范畴的总体研究、综合研究，走向"资本—国家—国际关系—世界市场"四大层面、四大范畴的综合总体考察。

这里还有个问题要回答，既然要面对19世纪70年代以后出现的新阶段、新现象，为什么在研究方法上要向1857、1858年形成的"五篇计划"、"六册构想"回归呢？因为正是在"五篇计划"、"六册构想"中，马克思提出了自己最富于世界史观总体性的研究思路，后来主要是为了出版策略，改行《资本论》四卷构想，而原有的总体思路并未根本放弃：

> 生产的内部结构构成第二篇。[资产阶级社会]在国家上的概括构成第三篇，[生产的]国际关系构成第四篇，世界市场构成末篇；在末篇中，生产以及它的每一个要素都表现为总体，但是同时一切矛盾都展开了。于是，世界市场又构成总体的前提和承担者。于是，危机就是普遍表示超越这个前提，并迫使采取新的历史形式。①

正是由于晚年马克思在1875年后，特别是在1879年后，在《资本

---

① 《马克思恩格斯全集》第46卷上册，人民出版社1979年版，第178页。

论》创作的总体构想、总体思路上，有了这样一个重大战略调整、战略创新，因而，他以极大毅力，战胜病痛，留下了为写出《资本论》续篇而做的四组读书笔记，或叫四组准备材料：

一是《国家与文明起源笔记》——"六册构想"中《国家论》的准备材料。

二是前《资本论》的《国际关系体系——世界历史笔记》——"六册构想"中《国际关系论》的准备材料。

三是《俄国与东方国家：村社制度与社会发展道路笔记》——《资本论》第三卷和"六册构想"中《世界市场论》的准备材料。

四是《西方历史发展与社会主义道路笔记》——《资本论》第二、三卷和"六册构想"中《世界市场论》准备材料。

为什么我们把这四组读书笔记，称之为马克思为写"《资本论》续篇"而作的四组准备材料呢？我们也找到了一个证据、一把钥匙，这就是马克思在1882年11月20日给小女儿爱琳娜信中所说的："不过，我现在还没有开始真正工作，而是在做各种准备。"①

晚年马克思提出的这种新思考、新问题、新方法，究竟仅仅是个人兴致、个人偏好，还是有普遍意义、重大意义呢？

经过一个多世纪的时间磨砺，大浪淘沙，实践检验，稍有判断力，就不难看出，晚年马克思提出的三个重大课题，一个总体课题，至今仍有重大启迪意义。

三个重大课题，就是应当大大加强对国家问题的研究，对生产关系国际化和国际关系问题的研究，对世界市场、世界历史的研究。

一个总体课题，就是应当根本超越近代古典经济学单纯孤立研究一国市民社会、经济范畴的狭小眼界，上升到对"资本—国家—国际关系—世界市场"四大范畴、四大层面的综合创新、总体研究，才能把握当代资本主义发展新阶段、新走向、新特点。

这不正是对当代资本主义发展百年大势，尤其是国家垄断化、生产关

---

① 《马克思恩格斯全集》第35卷，人民出版社1971年版，第397页。

系国际化、经济全球化大趋势的理论洞察与哲学预见吗？

正如 20 世纪伟大自然科学家爱因斯坦所说，提出一个重大问题，比解决许多具体问题，更困难也更重要，因为解决许多具体问题需要的只是中学时代就能掌握的基本技巧，而提出重大问题需要的却是想象力与创造力。"想象力比知识更重要，因为知识是有限的，而想象力概括着世界的一切，推动着进步，并且是知识进化的源泉。严格地说，想象力是科学研究中的实在因素。"①

说到这里，使我们不由得联想起爱因斯坦的晚年，注意到这两位思想巨人、千年思想家命运的共通之处：他们都在晚年追求一个自我超越的更大理想目标。

爱因斯坦（1879—1955），1905 年，首先解决了牛顿力学与电动力学的统一问题，以狭义相对论的重大发现而名世；1905—1915 年又以"十年磨一剑"之功，推出了广义相对论，进而解决了狭义相对论与引力理论的统一问题。有了这两大发现，爱因斯坦还不满 40 岁，还有 40 年的生涯在前面，如果选择大小适当的研究课题，还会摘取不少科学成果的。

然而，他却选择了统一场论作为自己更高更新的研究课题，他试图以统一性为指导思想，用场的统一解释原子结构，并试图说明电磁相互作用与引力相互作用的统一，并接触到强弱两种相互作用的统一问题。也就是说，他提出了一个特别重大的问题：怎样把已知物理世界中，四种基本的作用力统一起来？

直至晚年，爱因斯坦仍以终生无悔的精神境界，求解这一问题。不过，多年以来，他已意识到这个理想目标自己在有生之年是很难达到了。1953 年，在为他 74 周岁诞辰而举行的记者招待会上，他坦言自己这些年的思想历程：

> 广义相对论刚一完成，也就是在 1916 年，出现了一个内容如下的新问题。广义相对论极其自然地得出了引力场论，但是未能找到一种

---

① 《爱因斯坦文集》第 1 卷，许良英、范岱年编译，商务印书馆 1976 年版，第 284 页。

场的相对论性理论。从那时起，我尽力寻找引力定律的最自然的相对论性概括，希望这个概括性的定律将是一个场的普遍理论。在后来的年代里，我成功地获得了这一概括，弄清了问题的形式方面，找出了必需的方程。但是，数学上的困难不容许从这些方程中得出可以同观察对比的结论。在我有生之年，完成这件事希望甚微。①

他曾写信给自己的老朋友索洛文，坦言自己的学术理想与历史命运："对我来说，对科学的兴趣限于研究原则性的东西，最好用这一点来解释我的活动的特点。我发表的东西这样少，原因就在于上述情况：认识原则性的东西的强烈欲望，导致了把大部分时间耗费在无结果的努力之中。"②

有许多学者、科学家、传记作家都认为，爱因斯坦后半生乃至晚年，始终执着于统一场论而最终未能解决这一问题，是自找苦吃，得不偿失，很不明智，甚至是错误的选择，失败的悲剧。

前苏联著名物理学家约飞则倾向于作出较为公正的评价："如果说这献身于统一场论的最后30年并未留下一些有用的成果的话，但却激发了许多深邃的思想，而且为此后的物理学提出了一系列的问题。"③

20世纪后半叶，爱因斯坦开辟的方向有重大进展，弱电统一理论已获基本成功，更广泛的大统一理论也在取得进展。因这一方面成果而获诺贝尔奖的华夏科学家杨振宁博士，更鲜明地在《爱因斯坦对20世纪上半期物理学的影响》一文中指出：有些人"认为统一的理想是爱因斯坦在他的老年中的一种痼见。是的，这是一种痼见，但是这种痼见是理论物理应该有甚么样的基本结构的一个卓见。并且我要说这个卓见正是今天物理学的一个主题"④。

我们试着比较一下马克思与爱因斯坦这两位科学巨人晚年思想与历史命运的三点共同之处：

---

① [苏] 库兹涅佐夫：《爱因斯坦传》，刘盛际译，商务印书馆1992年版，第334页。
② [苏] 库兹涅佐夫：《爱因斯坦传》，刘盛际译，商务印书馆1992年版，第360页。
③ 朱亚宗：《伟大的探索者——爱因斯坦》，人民出版社1985年版，第211页。
④ 朱亚宗：《伟大的探索者——爱因斯坦》，人民出版社1985年版，第221页。

他们都在中年时代取得辉煌成果之后，没有选择比较简单的课题，比较轻易地扩大战果，而是选择了自我超越的重大难题，树起了更高更大的理想目标。

他们都因问题难度过高，而在晚年上下求索，却未能取得更多成果，适时发表，因而被许多世人认为，并非明智之举，甚至是错误的选择，人生的悲剧。

在世纪之交、千年之交，作为19世纪最伟大哲学社会科学家的马克思，作为20世纪最伟大自然科学家的爱因斯坦，双双被一些世界著名媒体评为"千年思想家"，对他们的终生探索作出了应有评价，马克思还被评为"最大哲学家"。

这种比较，不能不让我们再次地提出一连串的问题：或许，这就是思想家的特有本性？这就是思想者的人生选择？这就是真正哲人的历史命运？

第四节　全球化理论真正源头
——马克思世界史观新发现

在新世纪起点上，什么是世界与中国面临的最大时代课题？

"经济全球化与中国现代化"，经济全球化背景下的中国现代化问题，或许是最为引人注目的焦点问题，也是决定命运的关键问题。在这个问题上，通常认为只有"完全顺应—简单拒斥"两种选择：或者选择西方主流派的全球化理论，采取完全顺应的态度；或者选择当代新"左"派理论，采取简单拒斥态度。

我们这里试图对马克思主义全球化理论作出新发掘，探索一种"积极顺应—自主创新"的新选择，支持这种新选择的是四个新观点：现代全球化理论的真正源头，既不是西方主流派自由主义全球化观，也不是新"左"派全球化观，而是马克思、恩格斯《德意志意识形态》中蕴含的世界历史理论；全球化理论不是只有西方一种，而是存在三大流派——马克思主义主流派、当代新"左"派、西方自由主义主流派；当代全球化是近代以来世界历史走向的第三个新阶段，出现了前所未有的八大新特点，我们应当创造马克思主义全球化理论新形态；针对全球化新阶段起步时"资本占先、西方占先、美国占先"的新挑战，中国现代化应采取开放性与主体性相结合的综合创新、后发战略。

从20世纪末到21世纪初，"全球化"一词在经济、政治、社会、法律、生态等领域，作为一个意义重大的概念而成为使用频率最高的术语之一，而何为全球化的理论源头问题也逐渐成了一个极具学术性的焦点论题。对充满歧义的全球化进行追本溯源式的探讨并非易事，迄今为止，这个问题在学术界众说纷纭，莫衷一是，归纳起来大致有四种比较流行的说法：

——现代西方源头说。他们强调概念考据的意义，认为"全球化"概念首先在当代西方正式提出，具有首创性质，借助此概念的提出，西方现当代全球化研究才得以形成今天的图景。据考证，1960年马歇尔·迈克卢汉（Marshall Mecluhan）在《交往的探索》一书中提出了"全球村"的概念，是"全球"一词高频率出现的发端；1961年"全球"（globe）一词收录于《韦氏大词典》中，进而在次年收录于《牛津英语词典》中；①而"全球化"globalization这一概念是1985年提奥多尔·拉维特（TheodreLevitt）在其《市场全球化》一文中首次提出的。罗伯森说："在80年代后五年里，它的使用极大地增多了，以致实际上已不可能对它当时在世界各地许多当代生活领域中的扩散模式进行跟踪。到现在，尽管这一术语被很宽泛地、而且确实是矛盾地使用着，但它本身已经成为'全球意识'的一部分，成为围绕'全球的'（global）形成的术语令人吃惊地扩散的一个方面。"②但是概念的提出不等于问题和思想本身，现代西方首创全球化概念，但并非首次提出全球化的核心问题和思想。

——"依附理论"源头说。他们认为依附理论是20世纪最早真正在

---

① 王宁、薛晓源主编：《全球化与后殖民批评》，中央编译出版社1998年版，第44页。
② [美]罗兰·罗伯森：《全球化——社会理论和全球文化》，梁光严译，上海人民出版社2000年版，第11、12页。

现代意义上提出并全面论述了全球化思想，它立足于卫星式的非西方社会发展中国家，研究确实切中了全球发展尤其是经济上发展的不均衡问题，提出了世界发展的二元一体模式，产生了较大的影响。我们认为依附理论的探讨在学界不失为一个新的建树，但还不能作为全球化理论的源头。

——"罗马俱乐部"源头说。他们认为诞生于20世纪60年代末的罗马俱乐部虽然不是一个规范意义上的学派，但它最早比较集中地关注了当代社会的人口、粮食、能源、资源、环境等人类面临的全球性问题，率先使用了"全球问题"概念，首次触及"人类共同生存"这个全球化的核心问题，强化了"极限"意识，促进了全球观念的形成。罗马俱乐部的论著有不少是社会调查式的报告，提供了很多经验事实，提出了对人类生存状况的忧思；但历史表象的阐述还不能称之为具有理论深度的研究，因此，以之作为源头有失偏颇。

——"世界体系理论"源头说。他们认为沃勒斯坦对近代以来的整体化趋势作了历史和逻辑的探索，形成了世界体系概念，提出了动态而复杂的世界体系理论，并在20世纪90年代作了补充。和依附理论相比，它更为成熟和系统，学术价值也更高，是迄今为止影响最为深远的西方全球化研究成果。有学者指出，当代林林总总的全球化理论，"值得注意的是，其中相当一些方法都是对沃勒斯坦的世界体系理论的回应"[①]。世界体系理论虽然相当有价值，但它在很大程度上从前人处，特别是马克思处吸取了思想营养，属于对前人思想的发展，并非源头。

我们认为，全球化理论的真正源头应该向前追溯到马克思主义的创始人，尤其是其形成时期的奠基之作——《德意志意识形态》和《共产党宣言》，并在晚年笔记中得到理论升华。《德意志意识形态》（以下简称《形态》）不仅第一次比较系统地阐述了唯物史观、交往观，也是世界历史观的发轫之作，是全球化理论的真正源头。之所以这样说，因为究其实质，《形态》中"世界历史"概念和当代"全球化"概念虽然是相差一个半世

[①] 俞可平主编：《全球化时代的社会主义》，中央编译出版社1998年版，第43页。

纪的不同历史阶段的产物，形成的时代条件不同，描述的层次、过程以及程度上有所区别，但二者在本质上是一致的，属于同一个范畴序列或谱系。二者在文本中同时或交替使用。因为马克思、恩格斯在《德意志意识形态》中提出了富有原创性、前瞻性的世界历史观，也就是最早探讨了全球化的根本问题、中心问题，阐述了全球化理论的主要生长点、基本思想，形成了对后来者的研究有规范作用的总体框架，所以将之视为现代全球化理论的真正源头，是合乎历史和理论的逻辑发展的。现代错综复杂的全球化理论是在马克思世界历史观某些生长点上的展开或者是对其某些方面的回应，是流而非源；当然马克思世界历史观亦并非横空出世，在马克思之前，17世纪意大利的维科，19世纪法国空想社会主义者圣西门、傅立叶等，18、19世纪德国古典哲学大师康德、费希特和黑格尔等人，均对世界历史作了有益的探索，他们是全球化理论的铺垫者和先驱，他们的思想在《形态》中得到了总结和提升。马克思正是在汲取了前人丰富的思想营养的基础上，提出或者说开启了现代意义上的全球化理论，形成了现代全球化理论的真正源头。

《德意志意识形态》是经典马克思主义世界历史观最重要的文本根据。《德意志意识形态》的写作时间，据苏联学者巴加图利亚等人考证，应是开始于1845年11月，于1846年基本完成，其后的写作又持续了一段时间，但不晚于1846年8月中旬。①《形态》虽然完成早，但它的出版面世却有一段曲折的经历。可能正因为出版过程中遗失或缺损、编排和整理，《形态》呈现出错综复杂的面貌。迄今为止，关于其结构和内容还存在着诸多争议，其本来面目的恢复有赖原稿的发掘或现有手稿的进一步考订和研究。世界历史观主要集中于《形态》第一章。第一章并没有写完，还有缺页。第一章大致有三种版本：（1）1924年、1926年分别用俄文、德文发表的及其派生的版本；（2）1932年、1933年分别用俄文、德文全文发表的及其派生版本；（3）1965年由苏共中央马列主义研究院巴加图利亚负责整理编排的版本，1966年由苏联政治书籍出版社以单行本的形式发

---

① 载《马列主义研究资料》1984年第1期，第40页。

表。我们使用的文本的结构编排大体属于第二种类型。

《德意志意识形态》文本中,关于世界历史的阐述,主要有以下几个理论要点,回答了全球化中的三大基本问题:

全球化本质是什么?

全球化过程是怎样的?

全球化前景是什么?

这些基本思想,在马克思晚年笔记中得到理论升华。

第五节　什么是全球化
——世界历史本质论

一、历史向世界历史的转变,是带有历史必然性的、不可逆转的时代主潮,是客观物质性的、可以通过经验确定的事实

"各个相互影响的活动范围在这个发展进程中越是扩大,各民族的原始封闭状态由于日益完善的生产方式、交往以及因交往而自然形成的不同民族之间的分工消灭得越是彻底,历史也就越是成为世界历史。"[①]"历史向世界历史的转变,不是'自我意识'、宇宙精神或者某个形而上学怪影的某种纯粹的抽象行动,而是完全物质的、可以通过经验证明的行动,每一个过着实际生活的、需要吃、喝、穿的个人都可以证明这种行动。"[②]

在此立足点上,马克思的世界历史观与黑格尔等人有了根本的区别。黑格尔用绝对精神来厘定世界历史,认为绝对精神是人类历史全部丰富现象发展的基础和原则,一部世界历史无非就是绝对精神的运动史。马克思扬弃了黑格尔哲学思辨的抽象精神,以一种新的哲学精神和实践原则,确立了新的世界历史观。马克思对世界历史的论述从经验层面开始,这与

---

① 《马克思恩格斯选集》第1卷,人民出版社1995年版,第88页。
② 《马克思恩格斯选集》第1卷,人民出版社1995年版,第89页。

《形态》一书的落脚点大有关系,即"从天上降到地上",面向现实生活。马克思在书中强调,"在思辨终止的地方,在现实生活面前,正是描述人们实践活动和实际发展过程的真正的实证科学开始的地方"①。这是历史发展的必然趋势,正是由于这一点,扬弃了以往康德、黑格尔的思辨的世界历史理论。

二、世界历史过程的本质是指相对于狭隘的民族地域性而言的,全世界各民族、国家在经济、政治、文化等领域,相互依存、相互作用、相互影响、相互渗透,从而获得整体发展的过程

马克思不仅注意到近代化伴随着民族国家的确立,而且洞察到超越民族国家界限的总体化趋势。马克思首先指出:"各民族之间的相互关系取决于每一个民族的生产力、分工和内部交往的发展程度。"② 随着日益完善的生产方式、交往以及因此而自发地发展起来的各民族之间的分工的发展,各民族的原始闭关自守状态消灭得越来越彻底。尤其是大工业消灭了以往自然形成的各国的孤立状态,使每一个文明国家及其每一个个人的需要都依赖于整个世界。在《共产党宣言》中,马克思强调:"资产阶级,由于开拓了世界市场,使一切国家的生产和消费都成为世界性的了。""过去那种地方的和民族的自给自足和闭关自守状态,被各民族的各方面的互相往来和各方面的互相依赖所代替了。"③ 这两个文本的一致表述,揭示出了世界历史过程的本质。

需要注意的是,马克思的思想中还包含着对世界历史一体化趋势的预见。在《形态》中有这样的表述:"大工业到处造成了社会各阶级间相同的关系,从而消灭了各民族的特殊性。"④ 在《共产党宣言》中,马克思指出:"民族的片面性和局限性日益成为不可能,于是由许多种民族的和地方的文学形成了一种世界的文学。"⑤ 马克思世界一体化观念的形成原因

---

① 《马克思恩格斯选集》第1卷,人民出版社1995年版,第73页。
② 《马克思恩格斯选集》第1卷,人民出版社1995年版,第68页。
③ 《马克思恩格斯选集》第1卷,人民出版社1995年版,第276页。
④ 《马克思恩格斯选集》第1卷,人民出版社1995年版,第114页。
⑤ 《马克思恩格斯选集》第1卷,人民出版社1995年版,第276页。

比较复杂，如他的生活经历、法德边界问题等等。应该看到，世界一体化的趋势也确实存在，但马克思对民族文化的长期性多少有点估计不足，所以他这个观点是有一定局限性的。我们认为，世界历史是一个矛盾对立统一的过程，当前全球化趋势与《形态》中揭示的世界历史的本质相比并没有根本区别，但表现形式、发展程度、历史特点，又有重大时代差异；其中一个不可忽视的重大时代潮流就是，全球化与民族化比翼齐飞，并行不悖，文化上尤为突出。

第六节　全球化前提、过程、机理
——世界历史过程论

一、世界历史形成的两个前提，是近代工业化的全球生产力与走向世界市场的普遍交往

近代工业化的生产力是人们由地域性存在转向世界历史性存在的催化剂。马克思认为："生产力的这种发展（随着这种发展，人们的世界历史性的而不是地域性的存在同时已经是经验的存在了）之所以是绝对必需的实际前提，还因为如果没有这种发展，那就只会有贫穷、极端贫困的普遍化；而在极端贫困的情况下，必须重新开始争取必需品的斗争，全部陈腐污浊的东西又要死灰复燃。"① 马克思把近代工业化生产力——大工业视为中世纪以来私有制发展第三期的标志，强调大工业最终形成和稳固了世界市场，"大工业创造了交通工具和现代的世界市场，控制了商业，把所有的资本都变为工业资本，从而使流通加速（货币制度得到发展）、资本集中"②。大工业"首次开创了世界历史，因为它使每个文明国家以及这些国家中的每一个人的需要的满足都依赖于整个世界，因为它消灭了各国以往自然形成的闭关自守的状态"③。

世界历史产生的另一个前提是普遍交往的建立，"普遍交往，一方面，

---

① 《马克思恩格斯选集》第1卷，人民出版社1995年版，第86页。
② 《马克思恩格斯选集》第1卷，人民出版社1995年版，第114页。
③ 《马克思恩格斯选集》第1卷，人民出版社1995年版，第114页。

可以产生一切民族中同时都存在着'没有财产的'群众这一现象（普遍竞争），使每一民族都依赖于其他民族的变革；最后，地域性的个人为世界历史性的、经验上普遍的个人所代替"。普遍交往和生产力的发展是相辅相成的，生产力的发展促使交往扩大，而交往的扩大又有助于保存生产力。"某一个地域创造出来的生产力，特别是发明，在往后的发展中是否会失传，完全取决于交往扩展的情况。当交往只限于毗邻地区的时候，每一种发明在每一个地域都必须单另进行；一些纯粹偶然的事件，例如蛮族的入侵，甚至是通常的战争，都足以使一个具有发达生产力和有高度需求的国家处于一切都必须从头开始的境地"。①"只有当交往成为世界交往并且以大工业为基础的时候，只有当一切民族都卷入竞争斗争的时候，保持已创造出来的生产力才有了保障"。②

二、世界历史的过程，自 1500 年左右到 1845 年为止的约 350 年的长时段，可以分为三个时期

1. "随着美洲和通往东印度的航线的发现，交往扩大了，工场手工业和整个生产运动有了巨大的发展。从那里输入的新产品，特别是进入流通的大量金银完全改变了阶级之间的相互关系，并且沉重地打击了封建土地所有制和劳动者；冒险的远征，殖民地的开拓，首先是当时市场已经可能扩大为而且日益扩大为世界市场，——所有这一切产生了历史发展的一个新阶段，关于这个阶段的一般情况我们不准备在这里多谈"。这个时期主要的历史内容是世界市场的建立。

2. "第二个时期开始于 17 世纪中叶，它几乎一直延续到 18 世纪末。商业和航运比那种起次要作用的工场手工业发展得更快；各殖民地开始成为巨大的消费者；各国经过长期的斗争，彼此瓜分了已开辟出来的世界市场。这一时期是从航海条例和殖民地垄断开始的"。这个时期主要的历史内容是世界市场的瓜分。

3. "在 17 世纪，商业和工场手工业不可阻挡地集中于一个国家——

---

① 《马克思恩格斯选集》第 1 卷，人民出版社 1995 年版，第 86、107 页。
② 《马克思恩格斯选集》第 1 卷，人民出版社 1995 年版，第 108 页。

英国。这种集中逐渐地给这个国家创造了相对的世界市场,因而也造成了对这个国家的工场手工业产品的需求,这种需求是旧的工业生产力所不能满足的。这种超过了生产力的需求正是引起中世纪以来私有制发展的第三个时期的动力,它产生了大工业——把自然力用于工业目的,采用机器生产以及实行最广泛的分工"。① 这个时期主要的历史内容就是大工业的产生。

我们认为,虽然马克思在《形态》文本中使用"中世纪以来私有制发展的时期"这样的提法,但仔细研读文本,可以发现其中包含对到马克思所处的时代为止近代世界历史的明确划分。马克思对世界历史的分期主要以经济要素为标准,对每个时期的分析还处于比较粗略的感性层面。在今天看来,对自由资本主义时代世界历史而言,马克思所划分的三个时期实际上也可以归结为以大工业为标志断开的两个时期。总体上看,马克思对世界历史所作的分期为当代全球化分期问题提供了重要参考。

三、西方资本占统治地位的历史条件下形成的世界历史,具有二重性

马克思分析世界历史所使用的方法是分析劳动二重性、资本二重性的基本方法,指出世界历史具有积极和消极双重后果。马克思一方面指出,在世界历史进程中各民族的原始闭关自守状态由于生产方式、交往以及分工的发展,而被消灭得越来越彻底,这是一个历史的进步;但同时也造成了不平等状况,如果在英国发明了一种机器,它可能会夺走印度和中国的无数工人的饭碗,并引起这些国家的整个生存形式的改变。而大工业"建立了现代的大工业城市——它们的出现如雨后春笋——来代替自然形成的城市。凡是它渗入的地方,它就破坏手工业和工业的一切旧阶段。它使城市最终战胜了乡村"。②

基于这种分析方法,马克思主义创始人对世界历史既不是简单地赞成,也不是轻率地批判和排斥,而是采取了一种辩证理性、一分为二的二重性分析态度。《共产党宣言》对世界历史的二重性问题作了进一步发挥:

---

① 《马克思恩格斯选集》第1卷,人民出版社1995年版,第110、111、113页。
② 《马克思恩格斯选集》第1卷,人民出版社1995年版,第114页。

资产阶级在历史上曾经起过非常革命的作用，它按照自己的面貌为自己创造出一个世界；但资本主义制度是一种扩张性的制度，资本膨胀的需要，驱使资产阶级奔走于全球各地，到处落户，到处开发，到处建立联系，利用自身在世界历史进程中形成的世界性竞争优势，把落后民族和国家强行纳入世界资本主义体系，从而使其成为它们的附属国和殖民地，掠夺其自然资源，倾销其廉价商品，损害其独立和主权，使世界的发展出现失衡的状况。

四、历史由民族历史向世界历史转变过程，内在机理就是从地域交往到普遍交往的演变过程

世界历史一方面立足于实践活动，尤其是生产实践活动，另一方面立足于社会交往活动。在前文中，我们谈到马克思认为普遍交往的建立是世界历史形成的一个前提条件，但如果仅仅停留于此，还不能比较完整地把握马克思世界历史概念和交往活动的关系。马克思提出的交往概念外延远远比我们以前认为的大得多。

实际上，马克思在《形态》中已经形成了自己的交往观。其中有在一般意义上使用的"交往"概念，有和生产关系密切相关的"交往形式"概念，指出交往不仅包含"物质交往"，也包括"精神交往"，甚至"战争也是一种交往形式"。马克思尤其强调普遍交往概念，指出在普遍交往的层次上，人类之间"各个相互影响的活动范围在这个发展进程中越是扩大，各民族的原始封闭状态由于日益完善的生产方式、交往以及因交往而自然形成的不同民族之间的分工消灭得越是彻底，历史也就越是成为世界历史"[1]。"生产力的这种发展之所以是绝对必需的实际前提，还因为：只有随着生产力的这种普遍发展，人们的普遍交往才能建立起来；普遍交往，一方面，可以产生一切民族中同时都存在着'没有财产的'群众这一现象（普遍竞争），使每一民族都依赖于其他民族的变革；最后，地域性的个人为世界历史性的、经验上普遍的个人所代替"[2]。

---

[1] 《马克思恩格斯选集》第1卷，人民出版社1995年版，第88页。
[2] 《马克思恩格斯选集》第1卷，人民出版社1995年版，第86页。

第七节　全球化近期后果与发展远景
——世界历史前景论

一、世界历史的发展趋势必然导致共产主义，资本主义的世界历史终将被共产主义的世界历史所取代

这一点是马克思主义世界历史观和当代西方全球化主流派以及新"左"派关于全球化走向的思路的最根本区别。

资产阶级开创的世界历史是共产主义的客观前提。资本主义本是改造世界的伟大力量，但随着私人资本垄断的加剧，资本主义的异化状态已经成了一种活生生的现实。由人类自由参与的世界历史，必然取代一直自发但最终成为狭隘桎梏的资产阶级社会。在《形态》中，马克思、恩格斯指出："共产主义对我们来说不是应当确立的状况，不是现实应当与之相适应的理想。我们所称为共产主义的是那种消灭现存状况的现实的运动。"

这种"消灭现存状况的现实的运动"有两个基本前提，即生产力和世界交往的"普遍发展"。以往对共产主义前提的理解存在着一种偏差，只注意生产力普遍发展这一方面，而忽略世界交往普遍发展的一面。实际上马克思、恩格斯曾明确表述道："交往的任何扩大都会消灭地域性的共产主义。共产主义只有作为占统治地位的各民族'一下子'同时发生的行动，在经验上才是可能的，而这是以生产力的普遍发展和与此相联系的世界交往为前提的。"[①] 这里指出了必须经由无产阶级革命，世界各国采取共同行动这种途径，才能使共产主义的实现、共产主义的世界历史取代资本主义的世界历史成为经验事实。

二、每一个单独的个人的解放程度是与历史完全转变为世界历史的程度一致的

世界历史为共产主义的个性解放、个性自由创造了充分的条件。马克

---

① 《马克思恩格斯选集》第1卷，人民出版社1995年版，第87、86页。

思、恩格斯指出:"单个人随着自己的活动扩大为世界历史性的活动,越来越受到对他们来说是异己的力量的支配(他们把这种压迫想象为所谓宇宙精神等等的圈套),受到日益扩大的、归根结底表现为世界市场的力量的支配,这种情况在迄今为止的历史中当然也是经验的事实。"①"至于个人的真正的精神财富完全取决于他的现实关系的财富,根据上面的叙述,这已经很清楚了。只有这样,单个人才能摆脱种种的民族局限和地域局限而同整个世界的生产(也同精神的生产)发生实际联系,才能获得利用全球的这种全面的生产(人们的创造)的能力。各个人的全面的依存关系、他们的这种自然形成的世界历史性的共同活动的最初形式,由于这种共产主义革命而转化为对下述力量的控制和自觉的驾驭。"②

在共产主义世界历史时期,人有了在全世界范围内获得全面发展才能的可能,有了达到最普遍最全面的个人自由的可能。在共产主义的世界历史中,人才是名副其实的"世界历史性的"人,是真正普遍的人,是具有丰富个性的人,作为世界历史性存在的人,既是高度社会化的人,也是高度个体化的人。如此一来,未来世界历史的主体不是民族国家,也不是当今的跨国公司、超国家机构,而是个人。马克思对个人是未来世界历史的真正主体的判断是超前的,体现了对人本身的终极关怀。

在当代的一些全球化论著中,《形态》文本的一些经典论述或片段曾被引述,并给予了很高评价。弗里德里克·詹姆逊曾指明,由于马克思主义是对于资本主义的科学分析,"它具有描述资本主义历史起源的无限能力";③ 阿里夫·德里克也提及,"在我看来,最令人发笑的没有条理的表述就是,同时声称资本主义取得胜利和马克思主义已经终结。马克思主义最早对资本主义及其特性与矛盾进行了研究,如果说资本主义现在已经遍

---

① 《马克思恩格斯选集》第1卷,人民出版社1995年版,第89页。
② 《马克思恩格斯选集》第1卷,人民出版社1995年版,第89页。
③ [美]弗里德里克·詹姆逊:《论现实存在的马克思主义》,见俞可平主编:《全球化时代的"马克思主义"》,中央编译出版社1998年版,第85页。

布世界,那么,毫无疑问,马克思主义比以往的意义更大"①。

马克思前期,在《德意志意识形态》和《共产党宣言》中初步形成的世界史观基本思想,经过《资本论》创作这个思想熔炉,在其晚年笔记中得到进一步的理论升华。

第八节 全球化理论的三大流派
——自由主义、新"左"派、马克思主义

自马克思的世界历史理论提出——直到全球化概念高频率使用的历史进程中,形形色色的全球化观念、理论不断涌现,形成了错综复杂的历史图景,似乎难以理清头绪。实际上,这一图景并非"羚羊挂角,无迹可寻",而是有线可查的。我们认为,全球化理论不是只有西方一种,而是存在三大流派——马克思主义主流派、当代新"左"派、西方自由主义主流派。对于这三大流派,我们认为,应该植根于汲取《形态》中马克思世界历史理论的源头活水,借鉴新"左"派的某些观点和研究方法,批评和扬弃西方主流派的全球化话语霸权,立足于当今全球化尤其是经济全球化的新特点、新趋势,进一步发展和深化马克思主义主流派的全球化理论。

一、马克思主义全球化理论

当代美国著名的马克思主义评论家阿里夫·德里克在冷战结束以后所写的一部总结性著作《革命之后》(1994)中,对马克思时代以来的全球化的发展作了一个大致的分期:在第一阶段,即19世纪,马克思、恩格斯把整个全球的一体化假设为资本主义的世界经济;第二个阶段,从19世纪晚期到第二次世界大战,在这一阶段中,资本主义的确已经变成全球性的,但不是马克思所设想的全球同质性与一体化,而是产生了新的分裂

---

① [美]阿里夫·德里克:《弹性时代的马克思主义》,见俞可平、黄卫平主编:《全球化的悖论》,中央编译出版社1998年版。

分化，伴随着全球范围的反殖民主义运动；第三个阶段从 20 世纪 70 年代开始。这个形态虽然仍保留中心—外围形式和相适应的发达—不发达的状况，但它的确证实了马克思早在 19 世纪中期的预言——资本主义确实已经普遍化，造成了现在世界主义与地方主义同时并存的悖论。① 我们认为，德里克为马克思主义学派全球化观念的发展轨迹作了比较确切的背景说明。值得指出的是，马克思主义全球化理论的发展有别于一般性规范的学术研究，有一定的局限性，但它对全球化问题又确实作出了新判断，提出了新观点，所以毋宁说它是一种全球化观。反映不同时代背景的马克思主义全球化理论主要包括以下几个部分：

经典马克思主义的世界历史观，主要包括《德意志意识形态》文本的世界历史观、《共产党宣言》文本的世界历史观以及晚年探索东方社会发展道路过程中形成的世界历史观。《形态》文本如前所述，作为全球化理论的真正源头，采用了世界历史的理论角度和分析方法，从世界历史整体上去完善唯物史观、交往观，对世界历史提出了原创性洞见和预见，具有首创意义。《共产党宣言》文本虽然在书写的时间上比《形态》稍晚，但由于出版原因，它的面世又大大早于《形态》，产生的影响也远远早于《形态》。但是《共产党宣言》的世界历史观是由《形态》奠基的，它只是在《形态》的基础上进行了补充和发挥：主要是更为强调资本主义的世界历史发展的二重性问题；更为系统地阐述了世界历史和共产主义的关系问题；更加明确地提出"全世界无产者联合起来"的世界历史必由之路；补充了对全球化的一体化结果的预见，提出世界历史的发展趋势，不仅表现在经济基础层面上，而且同样表现在文化交往层面上，"各民族的精神产品成了公共的财产。民族的片面性和局限性日益成为不可能，于是由许多种民族的和地方的文学形成了一种世界的文学"（注：这里的"文学"是指科学、艺术、哲学等等方面的书面著作）。总体上看，《共产党宣言》不仅继承了《形态》，又提出了自己的独立思想，在经典马克思主义世界历史观中居于重要的地位。

---

① [美] 阿里夫·德里克：《革命之后》第四章"弹性生产时代的马克思主义"；中译文见俞可平、黄卫平主编：《全球化的悖论》，中央编译出版社 1998 年版，第 263 页。

19世纪70年代，马克思在其晚年探讨东方社会尤其是俄国社会发展道路的过程中，提出了俄国有可能不经过资本主义制度的"卡夫丁峡谷"而直接过渡到社会主义的设想。其条件是："假如俄国革命将成为西方无产阶级革命的信号而双方互相补充的话，那么现今的俄国土地公有制便能成为共产主义发展的起点。"① 这是关于世界历史发展道路的一种新思考，具有重要的方法论意义。这一思想引起了学术界的极大争议和广泛研究。马克思主义经典的全球化理论，奠定了后来的社会主义者分析20世纪以来世界政治经济结构和全球化进程的基本方法和基本立场。

马克思主义全球化理论发展的列宁阶段，主要提出了如下思想：（1）在《帝国主义是资本主义的最高阶段》一书中，列宁指出，资本主义发展到帝国主义，进入了垄断资本主义的阶段，资本垄断的趋势跨越了国界，在整个世界形成了一个具有内在联系的资本主义的世界经济体系。（2）在帝国主义阶段还形成了高度垄断化、政治化、军事化发展趋势，帝国主义国家通过暴力战争在全世界划分势力范围，形成了世界殖民体系。（3）帝国主义使世界经济产生了不平衡的发展结构：占主导地位的核心国家与受其剥削的不发达的边缘地区（基本上是前资本主义时期，但在不同的程度上存有资本主义成分），产生了全球化总体性和不平衡性发展之间的矛盾问题。十月革命后，列宁还基于全球化进程与俄国当时实际国情的分析，及时实现了由"战时共产主义"向"新经济政策"的转变，提出了一系列通过世界市场，学习利用资本主义文明成果，借鉴发达国家的经验，发展俄国新经济政策道路和社会主义的世界史观闪光思想。

可惜列宁的思想没有被完全真正地实施，列宁之后斯大林提出了"两个平行市场"的理论，认为战后两个对立阵营的存在所造成的经济结果，就是统一的无所不包的世界市场瓦解了，因而现在就有了两个平行的也是相互对立的市场。在这一理论的指导下，社会主义经济完全脱离了世界经济体系，最终扩大了苏联和资本主义发达国家差距，也使马克思主义全球化理论出现了停滞和曲折。

---

① 《马克思恩格斯选集》第1卷，人民出版社1995年版，第251页。

马克思主义全球化理论的毛泽东思想阶段，提出了以下宝贵思想：在《新民主主义论》中，毛泽东认为自从有了帝国主义，世界就连成一片了。我们需要从世界历史的高度来为中国革命定位，来看待中国的新民主主义革命，中国革命受世界与中国两者社会状况亦即国际环境和具体国情的制约，因而既不是旧民主主义革命，也不是社会主义革命，而是新民主主义革命。中国的新民主主义革命是世界无产阶级革命的一部分，不应该脱离世界历史的背景来孤立地看待中国的问题。在晚年，毛泽东明确提出了三个世界划分的重大理论，而且还明确宣布：中国属于第三世界。这一划分标明了世界发展层次和程度不同的国家与区域在全球化中的地位、收益及代价的差异等。这种差异至今大体上仍是全球化过程中最突出的问题之一。

冷战结束以后，世界格局发生了很大变化，全球化成了不可阻挡的时代主潮，中国进行了改革开放的伟大实践，作为马克思主义在中国发展的新阶段的邓小平理论，也随之发展出了全新的全球化观念。邓小平在论及国际形势时指出：和平与发展是当代世界的两大问题，现在世界上真正大的问题，带全球性的战略问题，一个是和平问题，一个是经济问题或者说发展问题。和平问题是东西问题，发展问题是南北问题，概括起来，就是东西南北四个字。世界和平与发展这两大问题，至今一个也没有解决。当今世界的发展格局已经由两极向多极化发展，世界的经济、政治新秩序正在建立之中，在这样的背景下，中国的发展离不开世界，中国要面向现代化，面向世界，面向未来。邓小平理论中的全球化观念在后文中还会有所触及。

马克思主义全球化理论基本上准确及时地反映了不同历史时代的情况，形成了一种全球化观念模式，这种模式基本上都坚持马克思的思路：共产主义、社会主义的世界历史将取代资本主义的世界历史，并对这种取代实现的途径进行了实践性探索。这种全球化观念对20世纪产生了巨大的影响，我们不应该数典忘祖。

二、新"左"派全球化理论

新"左"派的主导思想是，全球化实质上是资本主义的全球化，是极其有利于发达国家而对发展中国家的主权和经济生活造成严重威胁的全球化。他们往往是局限于更多关注全球化的负面效应，指责全球化过程中的不平衡发展，并为之提出一些拒斥性方案的流派。其中甚至有学者认为全球化是一个谎言，或者是西方殖民主义为人类设下的"陷阱"，认为全球化对发达国家也有危害，是"对民主和福利的进攻"。新"左"派全球化理论经历了这样一条发展轨迹：依附理论—世界体系理论—陷阱论—拒斥论。

依附理论出现于 20 世纪中期。1950 年拉丁美洲经济委员会主席普列比奇在向联合国提交的被称为"拉美经委会宣言"的报告——《拉丁美洲的经济发展及其主要问题》，依附理论的基本理论框架开始建立起来。此后，经过巴兰于 1957 年出版的《增长经济学》、安德鲁·弗兰克于 20 世纪 60 年代后半期发表的《低度发展的发展》、《资本主义与拉美的低度发展》等、巴西学者多斯·桑托斯在《发展理论的危机与拉美的依附问题》和《依附的新特点》等论著的阐发，逐渐形成有影响的学术潮流。虽然全球化作为主题词还没有登场，但其研究切中了全球发展尤其是经济上发展的不均衡问题，为全球性的发展失衡问题提供了一个结构分析模式：中心—卫星的理论体系，这也是居于世界非中心地位的国家自我意识的第一次凸显。

发展了依附理论思路的，是沃勒斯坦 20 世纪 70 年代提出的世界体系理论。世界体系理论以欧洲原生形态的现代化发展历史为原型与起点，提出了"世界经济体系"或者"资本主义世界经济体系"的重要概念，并用"中心—半边陲—边陲"结构框架来定位世界各国的经济地位。沃勒斯坦认为，资本主义世界经济体系迄今为止已经有了四个发展阶段。从 1450 年到 1640 年是形成与产生时期；从 1640 年到 1815 年是巩固时期；从 1815 年到 1917 年造成了资本主义的全球性行为；从 1917 年至今是加强时期。世界体系理论提出之后，受到了普遍的关注和挑战。针对过于强调经济因素的指责，沃勒斯坦在 20 世纪 90 年代又出版了《地理政治和地理文化》一书，融入了文化因素，补充匡正自己原有的构架，指出文化是现代世界体系不平等时代的一块战略要地。

陷阱论的典型代表，是德国的格拉德·博克斯贝格和哈拉德·克里门塔著的《全球化的十大谎言》，以及汉斯·彼得·马丁和哈拉尔特·舒曼著的《全球化的陷阱——对民主和福利的进攻》。这两本书都以欧美发达国家，尤其是以德国为蓝本，以丰富的经验材料，总结了全球化带来的负面效应，指出全球化并非人们所想象的可以解决错综复杂的全球化问题的灵丹妙药，所以必须对全球化采取非常审慎的态度。他们指出了经济全球化的严酷现实，即"事实上，现在的金融体系及其自由化仅使那些已经享有特权并且主宰世界经济的国家受益。代价却由发展中国家，特别是由它们当中最穷的国家承担"。① 它们还认为全球化并非不可避免。《全球化的十大谎言》的第一个谎言，就是"全球化是不可阻挡的"，指出"政治家仍有可能重新夺回自己的行为能力。把全球化描述成不可避免、无法阻挡的发展是政治诡计。当然，要逆转一个已经开始了的发展过程要比听之任之、放任自流困难得多"。②

拒斥论是指20世纪90年代以来形形色色的反全球化理论或观点。德国柏林自由大学政治系主任埃尔玛力·阿尔特法特教授在《全球化的极限》、《涡轮资本主义》中，格奥尔格·科内特教授在《从金融资本到全球化》中一致认为，全球化是20世纪80年代初新保守主义政党执政以来大力推行新自由主义政策的结果，带来了世界金融市场的严重危机，西欧社会大规模失业的劳动社会危机，社会福利国家危机以及民主制度的危机，使贫富分化加剧，对现存制度造成了威胁。爱德华·S.赫尔曼在《全球化的威胁》中指出："尽管1973—1995年美国的生产率增长了35%，但社会中层人们的实际平均工资率在最近几年还是很低，收入的不平衡上升到70年前的水平。"③ 查尔斯·洛克在《全球化是帝国主义的变种》中明确地说："首先，我认为，全球化不过是帝国主义的另一名称。"④ 还有学者以后殖民地

---

① [德] 格拉德·博克斯贝格和哈拉德·克里门塔：《全球化的十大谎言》（中译本），胡善君、许建东译，新华出版社2000年版，第143页。
② [德] 格拉德·博克斯贝格和哈拉德·克里门塔：《全球化的十大谎言》，胡善君、许建东译，新华出版社2000年版，第55页。
③ [美] 爱德华·S.赫尔曼：《全球化的威胁》，载《马克思主义与现实》1999年第5期。
④ [英] 查力斯·洛克：《全球化是帝国主义的变种》，王宁、薛晓源编译：见《全球化与后殖民批评》，中央编译出版社1998年版。

理论为视角，指出全球化同帝国主义批判、欧洲中心主义批判是相联系的，强调全球化仅是帝国主义的代名词等等，均在不同程度上代表了拒斥全球化的潮流。

对于这类观点，我们要看到它确实提出了严肃的警示，有助于开阔思路。但是，正如罗伯逊所说："我们应当对以下事实有很强烈的意识：否定的姿态，反对的姿态，通常是用当代的术语并联系当代环境表达的。我将试图说明，正如表面上反现代的姿态从某种意义上说不可避免是现代的东西一样，反全球化姿态也被包裹在全球性话语之中。从这种特定的意义上说，不可能有任何从全球化和全球性的后退。"①

拒斥论从根本上说是错误的，缺少对全球化二重性的具体分析。

三、自由主义全球化理论

"全球化"——无论作为一个概念还是一种观念——的提出和确立，多多少少是以西方的存在为前提的，最初是以西方的话语开始出现的，并且跨越了经济、政治、文化等领域。对于全球化的西方话语体系表达，形成了西方主流派的、自由主义全球化理论。简而言之，西方主流派的自由主义基本思路就是：全球化＝一体化＝西方化＝美国化。

比较极端的西方全球化理论，是以亨廷顿、福山为代表的意识形态色彩浓厚的全球化观念，把"全球化"几乎等同于"全球一体化"。在某种程度上，他们实际上代表了官方的话语。该倾向的全球化理念是从自己需要和利益出发，企图把西方文明的价值观、社会制度、行为规范向全世界扩张，实现以西方为主宰的世界霸权或一体化。这种扩张是以"救世"的面目出现的，在军事、政治、经济、文化等方面的全面扩张，认为世界未来的模式就是西方的模式，未来的生活方式就是认同和接受西方生活方式，人类进化的道路就是西化的道路，人类的文化就是西方文化，人类的进化就是西方理性和科学的进步。这就暗示着，只要人类社会能按西方的模式实现一体化，人类最终将会摆脱苦难和困境。哈佛大学教授、奥林战

---

① [美] 罗兰·罗伯森：《全球化——社会理论和全球文化》，梁光严译，上海人民出版社2000年版，第14页。

略研究所所长塞缪尔·亨廷顿,于1993年夏在美国《外交》季刊上发表了《文明的冲突》一文,引起了激烈的争论。该文认为文明间的冲突将主宰今后的全球政治,特别是七八个主要的文明互动。未来国际政治的核心最可能是西方文明与非西方文明的冲突,尤其是儒教文明和伊斯兰文明对西方文明最具"威胁性"。亨廷顿还认为,文明间的冲突将永远不会泯灭,不同文明、文化是不会出现全球性的大融合的,但每一种文明必须学会与其他文明共处。日裔美国人福山(F. Fukuyama)在《历史的终结与最后之人》(*The End of History-The Last Man*)一书中,"则以苏东剧变和冷战结束为蓝本,设想了一幅自由主义在全球全面胜利的景象",认为苏联的解体是"资本主义的最后胜利"。冷战结束的意义远超过了自由民主制度的胜利,而意味着自由民主制度成为人类意识形态进化的终结和人类政府的最后形式,这就导致了"历史的终结"。他把资本主义视作已经成为历史辩证过程最终产物的社会和经济制度的典范,资本主义"自由"、"平等"的价值观为迄今为止唯一合理的价值观,它们将在全球取得全面的胜利,社会主义已经终结。福山的观点,近年来已经有所改变。

相对而言,以英国著名学者吉登斯为代表的社会改良派比较缓和。吉登斯提出了"制度转变论",主张全球化是现代性的基本制度特征向全球范围转变的必然结果。他提出"第三条道路"作为解决全球化问题的途径,"第三条道路政治应该以积极的态度面对全球化",以及它所带来的"个人生活和人与自然关系"的变化。世界的变化使传统的阶级政治分野已经过时,面对挑战,"第三条道路"必须超越"左右对立",兼顾"效率与公正"、"发展与正义",均衡"权利与义务",建立新的"个人与社会关系"。说到资本主义,他明白无误地指出:"美国企图把(它的)宪法条款推及全球。"① 其他社会改良主义的学者针对政治领域的全球化,提出了"建立新的超越传统左右概念的政治坐标"、"世界公民权利"、"世界公民社会"、"世界国家"、"世界管理"等一系列新的政治概念,基本上代表了西方新中间力量的主流观点。

---

① [英] 安东尼·吉登斯:《民族、国家与暴力》,胡宗泽、赵力涛译,生活·读书·新知三联书店1998年版,第308页。

西方主流派全球化理论在政治、经济等领域表现得也很活跃，全球化等同于美国化的观点更为明显。布热津斯基曾宣称："人们还必须把全球性的专门组织网，特别是'国际'金融机构，看做是美国体系的一部分。国际货币基金组织和世界银行，可以说代表'全球'利益，而且它们的构成成分可以解释为世界性。但实际上它们在很大程度上受美国的左右，而且它们本来就是在美国的倡议下产生的，特别是美国倡议的1944年布雷顿森林会议。""美国的全球体系也在很大程度上依靠对依附它的外国精英们行使间接的影响。""由于美国技术优势和全球的军事作用的潜在的有形影响，以上这一切都得到了加强。"① 1999年2月26日克林顿在旧金山演讲，强调要以全球化作为美国外交战略的立足点。同年4月7日，克林顿再次发表有关对外政策讲话，突出强调了全球化将在21世纪给人类社会与美国外交所带来的机遇和挑战。20世纪的最后一天，克林顿在新年献词中强调：在新千年，为了这个互相联系的新世界，推进我们的利益和价值观，美国显然必须继续接触。2000年1月5日，美国新闻署发表了题为《新世纪的国家安全战略》的报告，全面阐述了美国新世纪的安全战略。报告一开篇就强调"全球化"给世界和美国所带来的影响，实质上就是将全球化等同于一体化，进而等同于美国化，推行美国的价值观念、政治模式和行为标准。美国的财政部长萨默斯更是一语道明："美国公司在每一个领域都确定了世界的标准。"②

第九节　面对"三先"挑战，抓住"三后"机遇

——中国应对全球化新方略

在21世纪的起点上，中国怎样面对经济全球化浪潮？

---

① ［美］兹比格纽·布热津斯基：《大棋局——美国的首要地位及其地缘战略》，中国国际问题研究所译，上海人民出版社1998年版，第37、34页。
② 参见袁冬梅、廖进中：《经济全球化与美国经济增长》，载《湖南大学学报》（社会科学版）1999年第3期。

随着中国深度融合于世界经济一体化,这个问题更加尖锐、更加迫切、更加突出。

在这个命运攸关的问题上,在理论上与实践上,我们都面临着三种迥然不同的历史抉择:

第一种选择,是完全接受西方主流派全球化理论,仅仅强调全球化过程的光明面、积极面,采取完全顺应、照搬西方的态势,循规蹈矩地作为边缘地带与附庸国家,纳入到西方资本主义世界体系中去。

第二种选择,是盲目跟从新"左"派全球化理论,仅仅强调全球化过程的消极面、负面作用,采取根本拒斥态度,千方百计地对抗全球化,力图游离于这个过程之外。

第三种选择,是固然要借鉴上述两种全球化理论,但主要是继承发展马克思主义全球化理论,用对立统一的矛盾观,特别是劳动二重性理论,剖析当今时代经济全球化的发展趋势,面对"西方占先—资本占先—美国占先"的新挑战,采取"后发制人—后发优势—后来居上"的新方略。

这三种选择,不是等价等值的,而是"两条死路,一条活路":

前两种选择,到头来只能是死路一条;

只有马克思主义,特别是当代中国马克思主义——中国特色社会主义理论体系提出的新世纪发展战略,提供的第三种选择,才是借助经济全球化时代大潮,推进中国现代化起飞的唯一正确选择、历史必由之路。

下面,我们试着分四个层次,简要阐明这种新方略:

全球化矛盾过程观;

全球化过程二重性观;

经济全球化"三先"现状观;

中国应对经济全球化的"三后"方略观。

一、全球化矛盾过程观

1997年7月1日开始的东亚金融危机,2001年9月11日恐怖主义袭击事件,再加上2008年从美国开始的当代国际金融危机,2011年开始的欧洲主权债务危机,世纪之交的这一系列危机性事件,像暗夜中的闪电那样,使人们一下子看清了全球化过程中潜藏的种种深层矛盾。

经济全球化不是一个一帆风顺、没有矛盾的简单过程，它既是一个不可避免、不可逆转的世界历史过程，又是一个错综复杂、充满矛盾的世界历史过程。

至少有以下九个层次的基本矛盾，依然存在，并长期存在，有时甚至会激化起来：

过去所谓"南北矛盾"依然存在，即少数发达国家与大多数发展中国家的两极分化现象，甚至伴随全球化过程有所加剧；

过去所谓"东西矛盾"依然存在，只不过改变了形式，突出了不同文明价值体系之间的矛盾冲突；

网络全球化与话语权垄断的矛盾；

经济全球化与利益跨国垄断的矛盾；

政治国际化与政治多极化的矛盾；

文化全球化与文化民族化、多元化的矛盾；

全球化过程与民族国家的矛盾；

政治多极化的全球化过程与霸权主义全球垄断的矛盾；

全球化与反全球化的矛盾，其中包括用恐怖主义报复霸权主义等造成的复杂矛盾。

说到底，最深层、最根本、最主要的矛盾，是经济全球化与资本垄断性的矛盾。

我们至今仍然应当说，和平与发展是21世纪的时代主题，甚至应当更高地举起争取永久和平、持续发展的旗帜。

但头脑应当清醒，21世纪全球化过程仍是充满矛盾的：经济全球化—政治多极化—文化多元化，仍是21世纪世界历史的多彩画面。

二、全球化过程二重性观

马克思劳动二重性理论，不仅是唯物史观的理论基石，理解《资本论》的思想枢纽，而且是解开全球化世界历史之谜的一把钥匙。

劳动实践活动的二重性，由此决定了经济全球化过程的二重性。应当从"物质内容与社会形式"、"天人关系与社会关系"、"生产力与生产关系"、"劳动实践与交往形式"的对立统一之中，来完整地把握经济全球化这个世界历史过程的矛盾统一体。

当代经济全球化，至少有以下七块物质技术基石：科技第一生产力的全球化；信息网络的全球化；资源配置的全球化；资金流动的全球化；市场体系的全球化；交往活动的全球化；金融体系全球化。

当代经济全球化，从目前来看在社会关系层面至少表现出以下四个重要历史特点：跨国公司是推动经济全球化的最重要主体力量，尽管不是独一无二的唯一主体；在经济全球化过程中，金融资本借助于信息网络的全球流动，表现得特别突出；资本向全球扩张的内在冲动，成为当代经济全球化的重要内在动力；当代资本主义不仅是从自由竞争资本主义向垄断资本主义发展，而且有从国家垄断向跨国垄断、全球垄断发展的趋势。

正是由于经济全球化有如此深厚的物质技术基础，因而，这是一个不可逆转、不可抗拒的时代潮流，诚可谓顺之者生，逆之者亡；也正是由于当代经济全球化，带有资本垄断、全面异化的社会关系历史印记，因此我们不能简单顺应，必须应对挑战。

三、经济全球化"三先"现状观

经济全球化的历史格局，多少有点像下围棋，先下手为强，先启动就容易占先，就容易掌握主动权。

"西方占先—资本占先—美国占先"，这"三先"态势成了当代经济全球化过程中，不可否认的历史特点。

"西方占先"：1500 年前后，以哥伦布发现新大陆、达·伽马开通欧洲通往印度航道、麦哲伦环球航行这三大远航探险为标志，近代交通革命和商业革命为双轮，开始驱动了近代全球化的最初先兆阶段；1750 年前后，英国开始的产业革命，由此造成的世界市场，推动西方率先走向近代经济全球化的开始起步阶段；从 1950 年到 2000 年前后，西方率先开始了走向经济全球化初步形成阶段。近 500 年间，世界历史走向经济全球化的潮流，已在 1500 年、1750 年、1950 年的西方，先后出现上述三大潮头，其中近代工业化这次潮头领先东方 200 年，当代经济全球化这次潮头依然领先东方 50 年。

"资本占先"：由于跨国公司成了目前推动经济全球化的最活跃的主体

力量，而金融资本借助于信息网络的全球流动远比生产流动、资源流动、商品流动快得多，因而资本的世界化、全球化似乎成了经济全球化的一个重要火车头，占据了相当重要（不是唯一）的主导地位；许多国际经济活动的"游戏规则"、活动规范的确立，资本也起了主导作用。

"美国占先"：当国际商业中心与航道中心从地中海、大西洋转向太平洋的过程中，美国利用后发优势与地缘优势，首先在经济全球化过程中超越了英、法等老牌资本主义工业化国家；而在信息技术革命中，美国又借世界文化大熔炉的独特优势，加上"集约化—数字化—网络化—规范化"四大关键技术创新上，又超越了德国、日本等后起资本主义国家；因而在世纪之交，在经济全球化过程中，美国几乎独占鳌头。另外，根据1944年布雷顿森林会议，国际货币基金组织是以美元为标准货币进行结算的，再加上世界银行、世贸组织两大世界金融贸易机构，由于历史原因，美国都在一定程度上比其他任何一个国家更占重要地位。

在当代经济全球化过程中，我们必须承认"西方占先—资本占先—美国占先"的历史与现状。经济全球化，中国面临的最大挑战是什么？就是"西方占先—资本占先—美国占先"的世界历史格局。

四、中国应对经济全球化的"三后"方略观

"西方占先—资本占先—美国占先"，当代经济全球化的这种历史格局，是近代三五百年来形成的世界历史格局，我们必须承认这种现实，从这种客观实际出发，来制定中国参与经济全球化方略。

中国的正确方略、历史机遇是什么？这就是采取后发制人战略，充分发掘后发资源优势，最终争取达到后来居上的目标——简称"三后"方略。

所谓"后发制人"战略，就是承认在经济全球化历史过程中，现有"西方占先—资本占先—美国占先"的历史现状，先作出一定让步，以便加入世贸组织，取得参与经济全球化的"入场券"；在让步过程中应努力守住一条底线，也是国家经济命脉、政治命脉、文化命脉安全的警戒线，就是金融、交通、通信等现代市场经济条件下的国家经济命脉，不能让主导权控制在外国资本或私人资本手中；在经济全球化过程中，中国决不仅仅是被动卷入、消极应战，而是应当采取化被动为主动的方略，对内改革，对外开放，积极参与，主动推进；应当在理论上更进一步明确，当今时代推动经济全球化的头号火车头固然是美国等西方发达国家，但它们不是唯一动力，中国与东亚也已成为推动经济全球化的又一火车头；当然在加入世贸组织后，介入经济全球化的速度、进度、广度、深度上，要借助于中央政府宏观调控，把握好开放性与主体性恰当结合的尺度；最终目标应当是借助经济全球化，推进中国现代化，实现中华文明的综合创新与现代复兴，而不是作为世界资本主义体系的边缘地带与附庸成分。

所谓"后发优势"，主要指中国以后发态势进入经济全球化的时代潮流，固然有诸多不利因素，但反过来看，也可以认真发掘以下十种"后发优势"：一是开放引进优势，可以通过世界市场从先行国家直接引来资金、技术、设备、人才、智力、管理技巧；二是事半功倍优势，可以用少量资金，买来先行国家花费大量代价取得的信息技术、知识创新；三是借鉴前人优势，前人探索中往往走过了许多弯路，付出了许多代价，浪费了许多时间，通过总结借鉴西方与东亚现代化、全球化历史经验，有助于中国实现转型，做出创新，少走弯路；四是经济起飞的发展速度优势，西方与东亚已率先走过了经济起飞黄金时代，发展速度趋于放缓，通常1%—2%，不超过3%—4%，而中国21世纪头十年速度可达7%—8%，第二个十年也可望接近5%—6%，这是吸引外资的巨大磁石；五是中国内需市场潜力优势，这是一个近代工业化产品、现代信息化产品，都有巨大需求的大市场；六是劳动力价格低廉优势，中国人力资源特别丰富，内地劳动力价格相对比较低廉，有助于降低成本，增加市场竞争力，因而有助于吸引外商投资；七是东西部发展时差优势，东部环太平洋城市已开始走向现代信息化，中西部广大地区才开始近代工业化，因而可以大大延长经济起飞、高速发展持续时间；八是长期稳定发展优势，中国特色社会主义市场经济、民主政治、精神文明这一套制度创新基本定型，有助于中国社会走向长治久安，避免某些国家内乱因素，对内增加凝聚力，对外增加吸引力；九是民族精神优势，因为中国近代化屡经磨难，贫穷落后，受尽欺辱，因而，"万众一心，振兴中华，奋力拼搏，赶超先进"的中华民族精神的动力特别强大；十是哲学智慧与民族文化基因优势，中华文明上下两个五千年长盛不衰，在世界文明史上独树一帜，一个重要根源，是中华民族特别富于以弱胜强、以柔克刚的哲学智慧，特别富于多元一体、兼容并包、圆融无碍、综合创新的文化基因与文化精神。

所谓"后来居上"目标，就是说中国参与经济全球化过程，目的并不是跟在西方发达国家后面，亦步亦趋跟着人家走，完全纳入世界资本主义体系，而是为了实现"振兴中华"的现代化目标。具体说来，这种"后来居上"的战略目标，可以分解为以下七个层次，犹如七层宝塔：第一层，可以借助于加入经济全球化过程，加快中国改革进程，使从传统计划经济体制向社会主义新型市场经济体制的改革不可逆转，同时也有助于促进政治改革深化，建设法治国家；第二层，中国从一般性的、有限度地对外开放，一下子跨进到逐步融入世界经济、全球市场之中，有助于通过世界市场，取得世界资源，加快中国现代化建设；第三层，借助于全球市场与跨国公司，中国最广泛地引进全球资金、技术、设备、人才、智力、管理经验、经营技巧，形成纳百川而成大海之势，使中国现代化起飞势头大大超越前人；第四层，通过深度融入经济全球化，既可以吸收近代工业化文明成果，又可以直接吸收现代信息化最新文明成果，因而有助于中国在努力推进工业化基础上实现信息化，又用信息化带动改造工业化，走出一条"近代工业化—现代信息化"合二为一的新路；第五层，中国经济起飞与改革开放是同时起步的，通常经济起飞期不过一二十年，而中国可能借助于经济全球化势头使经济起飞期延长到40—45年；第六层，积极参与全球化，中国根本超越了封建社会后期闭关锁国三五百年的历史局限，也走出了近代百年落后挨打的屈辱局面，自立于世界民族之林；第七层，融入经济全球化浪潮，走"古今中外、综合创新"的大道，使中华文明不仅保持了民族文化优良基因，而且创造新型文明，为世界新型文明带来东方曙光！

在21世纪世界历史新起点上，中国对外开放又迈出了有决定意义的两大步，充分证实了马克思世界观、全球化理论、东方道路论的强大生命力，"科学分析，积极融入，后发制人，后来居上"中国方略的科学性、合理性、可行性。

第一步，2000年前后，经过长期艰苦的谈判过程，中国终于如愿以偿，主动加入世贸组织，更加积极全面地推进对内改革、对外开放，全面开放地融入全球一体化的世界市场体系，融入经济全球化的世界历史进程。

第二步，2017年1月，在全球化与所谓"逆全球化"之争风生水起之时，美国新任总统特朗普带头主张贸易保护主义，"买美国货，用美国人"，中国国家主席习近平在达沃斯全球论坛上，积极倡导反对狭隘的贸易保护主义盲目抬头，共同构建21世纪人类命运共同体，通过"一带一路"建设，积极扩大各国经济合作、贸易往来，中国对外开放格局也开创一个新时代。

想当初，中国加入世贸组织时，当事双方的许多国人世人都心存疑虑，甚至忧心忡忡。

但曾几何时，国人已经根本走出了过分忧虑的阴霾：经过改革开放40年，中国经济总量已经从世界第十几位，上升到世界第二，如今已直逼美国，并可望在十来年之后，达到世界第一；人均国民生产总值，从1978年的不足300美元，上升到近万美元；中国对世界经济增长率的贡献，已经达到30%，可谓三分天下有其一。

正是在这里，我们可以看到马克思世界史观、全球化理论、东方道路论，已经成为中国改革开放最重要的源头活水，开创中国奇迹的强大思想动力。

第八章　国家观
——重新发现马克思理论创新的一条红线

国家问题，不仅是革命战争时期的根本问题，也是和平建设时期，乃至改革创新时期的根本问题。问题重大，命运攸关，统摄全局，影响长远。

在这个关键问题上，我们必须拂去历史尘埃与思想阴霾，重新发现马克思本人，尤其是蕴涵在《资本论》逻辑深层的国家观，借以达到十八届三中全会提出的国家制度创新目标——实现国家治理体系与治理能力的现代化。

对于马克思国家观的误读误解，不仅存在于波普、哈耶克等人新老自由主义思潮中，西方马克思主义、西方马克思学当中，也相当广泛地存在于我国的一些马克思主义论文、著作、教科书中。

让我们拨开迷雾见青天，努力澄清马克思国家观的思想真谛。

第一节　马克思国家观方法论精髓
——以劳动二重性理论分析国家二重性

要彻底澄清马克思国家观本来面目、科学内涵、现代意义，一个最重要的理论前提，就是首先必须澄清马克思国家观有其独特的方法论精髓，这就是《资本论》开篇中特别强调的劳动二重性理论，这是《资本论》最重要、最直接的哲学基础、方法论基础。

马克思《资本论》开篇讲得如此明了，可惜的是，至今我还没有见到一部论著讲清这一点。

问题在于，搞经济学的人，认为这是个哲学问题，不是经济学专业的问题，因而忽略不计；而搞哲学的人，往往认为这是写在《资本论》中的经济学问题，不是哲学专业问题、因而也不屑一顾。

一、《资本论》逻辑的方法论精髓——劳动二重性理论

马克思国家观，虽然在不同时期、不同场合、不同问题上，有各种不同表述，但贯穿其中、始终如一地使其成为一个有机整体的，是马克思的方法论精髓。

对马克思国家观的诸多误解或曲解，首先出于他们对马克思方法论的不理解。当库诺断言，马克思国家观思想始终未能摆脱黑格尔主义哲学框架时，当列斐弗尔声言马克思有三种不同国家观，甚至断言马克思有三种不同理论模式时，一个共同的认识论根源，就是他们对马克思国家观方法论的根本误解，对其劳动二重性理论的根本忽视。

在苏联模式教科书体系下，乃至今天仍在流行的马克思国家观的僵化理解，其深刻认识根源、理论根源，恰恰在于对于马克思国家观方法论的不理解，对其劳动二重性理论的根本忽视。

马克思国家观的方法论，从根本上说，就是新唯物主义世界观、唯物史观、实践观，其中最重要、最鲜活的聚焦点、生长点，就是劳动二重性理论。《资本论》开篇以及马克思致恩格斯书信，三番五次地点明了这个根本问题。可惜的是，至今鲜见有论者提起这一点。

《资本论》体系开端是独具匠心的，具有巨大的方法论意义。从商品二重性进展到劳动二重性的分析——这是马克思《资本论》体系不同于斯密、李嘉图体系的理论出发点，也是马克思在方法论上超越资产阶级古典政治经济学的起步之处，本质之点。

马克思本人正是从这一高度，来评价劳动二重性学说的方法论意义的。他在1867年8月24日致恩格斯的信中说："我的书最好的地方是：（1）在第一章就着重指出了按不同情况表现为使用价值或交换价值的劳动的二重性（这是对事实的全部理解的基础）；（2）研究剩余价值时，撇开

了它的特殊形态——利润、利息、地租等等。"①

在1868年1月8日马克思致恩格斯的另一封信中，他又批评杜林缺少见识和判断力，再次把劳动二重性学说作为《资本论》的"三个崭新因素"之一："奇怪的是，这个家伙（指杜林——本书作者注）并没有觉察到这部书中的三个崭新的因素……（2）经济学家们毫无例外地都忽略了这样一个简单的事实：既然商品有二重性——使用价值和交换价值，那么体现在商品中的劳动也必然具有二重性，而像斯密、李嘉图等人那样只是单纯地分析劳动，就必然处处都碰到不能解释的现象。实际上，这就是批判地理解问题的全部秘密。"②

在《资本论》开篇中，马克思更是以画龙点睛之笔挑明了这一点：商品中包含的劳动的这种二重性，是首先由我批判地证明了的，这一点是理解政治经济学的枢纽。③

由此可见，《资本论》体系以"商品二重性—劳动二重性"分析为起点，不是顺手拈来的神来之笔，而是马克思深思熟虑的智慧升华，它基于劳动二重性学说有特殊的、巨大的，甚至决定性的方法论意义。

马克思这三次论述，最终从三个层次，揭示了劳动二重性理论的方法论意义：理解整个理论体系的枢纽；对事实的全部理解的基础；批判地理解问题的全部秘密。

二、以劳动二重性分析国家二重性——马克思国家观的方法论精髓

马克思国家观，有一条一以贯之的思想红线，这就是作为方法论的劳动二重性理论。

马克思运用劳动二重性理论，实事求是地具体分析国家二重性，这是马克思国家观的方法论精髓，也是马克思国家观思想实质，继承前人而又超越前人、不同于其他国家学说的本质特征。

马克思不仅用劳动二重性理论作为方法，分析商品二重性、货币二重性、资本二重性，而且用劳动二重性理论作为方法，具体分析国家二

---

① 《马克思恩格斯全集》第31卷，人民出版社1972年版，第331页。
② 《马克思恩格斯全集》第32卷，人民出版社1975年版，第11、12页。
③ 马克思：《资本论》第1卷，人民出版社1975年版，第55页。

重性。

马克思用劳动二重性理论作为科学方法论,具体分析国家本质的二重性。不仅如此,马克思还把劳动二重性的理论分析方法,贯穿到国家学说的整个研究过程中去,贯穿到国家理论的各个方面,包括国家起源问题、国家本质问题、国家职能问题、国家类型问题等等。

正因为马克思《资本论》有了劳动二重性理论作为科学方法,这就使其能够实事求是、具体分析国家起源、国家本质、国家结构、国家功能、国家形态、国家走向、国家前景等一系列基本问题,从而有可能构成独立完整的国家学说。

以劳动二重性学说为方法论,具体分析国家二重性,这是马克思国家观一大特色。

马克思劳动二重性理论既然如此重要,那么,为什么今天却变成一个理论盲点呢?

一个重要的历史原因就在于,长期以来,我们在学科体系、大学体制中,受到苏联模式的严重影响,使这一问题研究两头落空:经济学界认为它属于哲学范畴,不必研究;哲学界认为它在《资本论》中,属于经济学范畴,也不去研究。

正因如此,马克思《资本论》与国家观中的劳动二重性方法,成了两头落空的理论盲点,空白环节。

多年来,还有一种流行说法,认为劳动价值论是马克思政治经济学理论基础,这种说法并不准确。实质上,今天应当说:劳动价值论是亚当·斯密,尤其是大卫·李嘉图经济学说的理论基石;劳动二重性理论才是马克思《资本论》与国家观独特创新的理论基石。

三、劳动二重性学说的哲学底蕴——《资本论》哲学创新的新发现

马克思劳动二重学说具有独特深刻的哲学内涵,旨在强调人的劳动实践活动体现了一般与个别、普遍与特殊、抽象与具体、物质性与社会性乃至物质内容与社会形式的有机统一,人与自然的物质能动关系和人与人社会关系的有机统一。

马克思劳动二重性学说的直接理论渊源,首推黑格尔:首先是其《逻

辑学》中的共殊观，普遍、特殊、单一关系中的辩证法；二是《精神现象学》中蕴涵的劳动二重性思想萌芽。

马克思劳动二重性学说，其形成发展过程贯穿于《资本论》创作40年，主要经历了三部曲：在《1844年经济学哲学手稿》中已有最初萌芽；在《1857—1858年手稿》中基本形成；而在《资本论》中理论升华，真正形成。

正因为有了劳动二重性学说的哲学创新作为哲学基础，马克思才从根本上超越了英国古典经济学以及一切庸俗经济学。

马克思劳动二重性理论，不仅是要求在政治经济学层面区分抽象劳动与具体劳动，而且有其独特深刻的哲学底蕴。其中首要一条，是要求传承创新从古希腊亚里士多德到德国古典哲学黑格尔的共殊观，一般与个别的辩证法，一般与个别、共性与个性关系上的辩证法。这一点很重要，却不易把握。

"商品—劳动二重性"学说的哲学深意，还在于要求把握实践—劳动活动最基本的双重属性——物质性和社会性。从商品二重性到劳动二重性的逻辑进程，从哲学上看，也就是从物到人的活动的逻辑进程，是马克思不同于古典经济学说的独特思想进程。这说明，他不满意于古典经济学说在商品分析中"见物不见人"的狭隘眼界，而要求进而探究物化形式中凝结的人的活动，物质外壳掩盖下人与人之间的社会关系。

在马克思看来，劳动实践活动都包含着以人为主体的两个方面的关系：人与自然的关系，人改造自然的能动的物质关系；人与人之间的关系，是人与人之间的社会关系。前者决定着劳动实践活动的物质性，后者决定着劳动实践活动的社会性。使用价值、具体劳动、特殊劳动是实在劳动的范畴序列，揭示着劳动实践活动的物质基础，人和自然之间的物质变换，即人类生活得以实现的永恒的自然必然性。价值、抽象劳动、一般劳动是社会劳动的范畴序列，揭示着劳动实践活动的社会形式，人与人之间的社会关系，是"劳动的社会规定，或者说，是社会劳动的规定"。

物质性和社会性，物质基础和社会形式，这是实践—劳动活动贯穿始终的最基本、最原始、最根本的两重属性。

一般与个别的统一，物质性与社会性的统一——这是劳动二重性学说哲学底蕴的两大层次，深入开掘，有待来日。

四、劳动二重性学说的独特哲学创新——马克思国家观的思想活力源泉

劳动二重性学说是马克思主义实践观在《资本论》中实现的重大理论创新，随即用来分析政治经济学中的四大基本范畴——商品、货币、资本、剩余价值，实现了政治经济学理论的重大创新。

今天，我们按照马克思的基本思想继续向前走，也就是说，把劳动二重性理论作为方法论，系统分析国家问题，必将使马克思国家观在当代大放光彩。

马克思在与恩格斯在书信中切磋《资本论》方法论及独特理论贡献时，特别强调蕴涵其中的劳动二重性理论，称之为"首先由我批判地证明了的"，"我的书最好的地方"，"这部书中的三个崭新的因素"，——说明这是马克思理论创新的主要哲学基础、方法论基础，超越前人、不同他人的本质之点。

对劳动的哲学分析应当从劳动二重性的观点出发。也就是说，作为出发点的劳动，应当是一般与个别的统一，物质性与社会性的统一，物质基础与社会形式的统一，人对自然的改造关系和人与人的社会关系的统一。仅仅提"从人对自然的改造关系出发"或"从人与人的社会关系出发"，都是片面的。"从带有社会性质的人与自然的关系出发"这个提法，在强调劳动二重属性方面仍显得不够明确。事实上，只要有劳动，即使是最简单、最原始、最普通的劳动，就具有物质性与社会性这双重规定，就既有人与自然的能动关系、又有人与人的社会关系，就会像马克思所说的，"立即表现为双重关系"。

劳动二重性学说是马克思主义哲学实践观在《资本论》中形成的理论升华，具有深刻系统的哲学内涵，以此作为科学方法论，使马克思国家观在回答国家起源、国家本质、国家功能、国家走向等一系列基本问题时，远比其他人、其他学派站得更高、看得更远。

在国家起源问题上，素有"冲突论"与"融合论"之争，马克思国家观由于有了劳动二重性作为科学方法论，就可以既看到人与自然的物质关系，又看到人与人的社会关系，并可以充分估计到生态环境、人口因素、资源问题、贸易问题、战争因素的相互作用，从而超越"冲突论"、"融合论"之争，走向更高综合。

在国家本质问题上，则有"公共权力论"、"暴力机器论"之争，马克思国家观由于有了劳动二重性理论作为科学方法，也可以超越这种各执一端的理论偏颇，作出国家本质二重性的更高综合。

在国家职能问题上，与此相联系，则有"公共权力论"与"暴力工具论"之争，马克思国家观则可以依据劳动二重性方法，更深刻、更全面地揭示国家职能二重性及其关系发展的辩证法。

以劳动二重性作为方法论精髓，这是马克思国家观在当今时代仍保持巨大活力的深刻源泉，也是马克思国家观的真正伟大之处，继承前人而又超越前人的深层奥秘。

第二节　马克思国家观基本理论
——国家起源二重性

一、国家起源论：公共权力与暴力机器的形成机制

（1）用劳动二重性理论作为方法论，来具体分析国家起源问题，首先应当确立的基本思路，是从"人与自然的关系"和"人与人的社会关系"这两个关系的对立统一之中，去分析国家形成机制、形成道路：其中人与自然的关系发展，是其物质基础、物质前提；而人与人的社会关系发展，则是国家形成的社会基础、社会形式。

在1845年至1846年间写成的《德意志意识形态》第一章《费尔巴哈》中，对这种研究思路、研究起点，作了明确阐发，当然也适用于国家观：

> 全部人类历史的第一个前提无疑是有生命的个人的存在。因此，第一个需要确认的事实就是这些个人的肉体组织以及由此产生的个人

对其他自然的关系。当然,我们在这里既不能深入研究人们自身的生理特性,也不能深入研究人们所处的各种自然条件——地质条件、山岳水文地理条件、气候条件以及其他条件。任何历史记载都应当从这些自然基础以及它们在历史进程中由于人们的活动而发生的变更出发。①

原始农业引发的人口剧增、生态剧变,是国家与文明起源的首要自然条件、环境前提,值得我们今天重新研究、重新认识:放火烧荒、毁林烧荒的原始农业,造成了怎样的生态破坏、水土流失?那个时代,在环地中海与环太平洋的文明起源地带,为什么相当普遍发生了"大洪水"?人口剧增、生态剧变的危机,怎样逼进了国家与文明起源?

(2)马克思要求从"家庭——市民社会——国家"三者关系的历史链条,去探寻国家起源的历史奥秘,认为家庭是国家的天然基础、市民社会是国家的人为基础。马克思这种哲学概括、基本观点,首见于 1843 年《黑格尔法哲学批判》手稿:

"家庭和市民社会是国家真正的构成部分。""家庭和市民社会本身把自己变成国家。它们才是原动力。""政治国家没有家庭的天然基础和市民社会的人为基础就不可能存在。"②

1845—1846 年写成的《德意志意识形态》手稿,则以提纲挈领的方式,重提国家起源与市民社会关系:

"国家的起源和国家同市民社会的关系。""这个市民社会是全部历史的真正发源地和舞台……"③

由于市民社会是与私人利益、私有制相互联系的,因而,恩格斯晚年发挥马克思国家观基本思想,专门研究国家起源的专著,题目就是《家庭、私有制和国家的起源》。这个题目本身,画龙点睛式地指出了马克思研究国家起源的基本思想。

---

① 《马克思恩格斯选集》第 1 卷,人民出版社 1995 年版,第 67 页。
② 《马克思恩格斯全集》第 1 卷,人民出版社 1956 年版,第 251、252 页。
③ 《马克思恩格斯选集》第 1 卷,人民出版社 1995 年版,第 88 页。

（3）劳动分工与交往合作的相辅相成发展机制，乃是国家起源的动力机制，国家形成是三次大分工的历史产物。

> 分工包含着所有这些矛盾，而且又是以家庭中自然形成的分工和社会分裂为单个的、互相对立的家庭这一点为基础的。与这种分工同时出现的还有分配，而且是劳动及其产品的不平等的分配（无论在数量上或质量上）；因而产生了所有制，它的萌芽和最初形式在家庭中已经出现……
>
> 正是由于特殊利益和共同利益之间的这种矛盾，共同利益才采取国家这种与实际的单个利益和全体利益相脱离的独立形式，同时采取虚幻的共同体的形式，而这始终是在每一个家庭集团或部落集团中现有的骨肉联系、语言联系、较大规模的分工联系以及其他利益的联系的现实基础上，特别是在我们以后将要阐明的已经由分工决定的阶级的基础上产生的，这些阶级是通过每一个这样的人群分离开来的，其中一个阶级统治着其他一切阶级。①

这一基本思想、基本思路，始见于《德意志意识形态》第一章。与格劳秀斯自然法学、卢梭等人社会契约论思想不同的是，马克思旨在从"劳动分工—交往合作"的历史发展内在机理中，去探寻国家起源的现实道路，并把这种双线建构的历史过程，初步展开为促使国家形成的四大历史环节，"劳动分工—交往合作—社会大分工—阶级分化与国家整合"：

> 物质劳动和精神劳动的最大的一次分工，就是城市和乡村的分离。城乡之间的对立是随着野蛮向文明的过渡、部落制度向国家的过渡、地域局限性向民族的过渡而开始的，它贯穿着文明的全部历史直至现在（反谷物法同盟）。——随着城市的出现，必然要有行政机关、警察、赋税等等，一句话，必然要有公共的政治机构［Gemeindewes-

---

① 《马克思恩格斯选集》第1卷，人民出版社1995年版，第83、84页。

en]，从而也就必然要有一般政治。在这里，居民第一次划分为两大阶级，这种划分直接以分工和生产工具为基础。①

借助于马克思提出的基本思想，恩格斯在《家庭、私有制和国家的起源》中比较研究了古希腊、罗马、日耳曼三种国家起源模式，总结概括出一个结论：

三次社会大分工是国家起源的主要历史动力：

第一次社会大分工，是游牧部落从其他野蛮人中分化出来；

第二次社会大分工，是手工业与农业的分离，商业的形成；

第三次社会大分工，则是城市与乡村的分离，脑力劳动与体力劳动的分离。

分化与整合——这是原始社会后期，对立统一的两种基本趋势，国家起源的社会基础。

（4）从比较简单的原始社会，走向复杂系统的文明社会、文明时代，除了考古学上的具体标志之外，最重要的是有两个划时代的重大创新：一是文字符号系统产生的文化创新，这是摩尔根在《古代社会》一书中提出的（是不是此前西方世界流行的公认看法，有待研究），马克思、恩格斯都对此以基本认同的方式摘录引证过；二是国家产生的制度创新，这一点则是马克思在晚年笔记、恩格斯在《家庭、私有制和国家的起源》中，特别突出强调的重大理论创新。

摩尔根《古代社会》一书，一开头也触及了"从氏族到国家"的制度创新问题，但没有自始至终、突出强调这一点，反而在总结概括时，多半偏向于文字主要标志论：

"文明社会，如上所述，这一阶段始于标音字母的使用和文献记载的出现。"②

马克思、恩格斯没有否定摩尔根的上述说法，但他们在表述自己思想

---

① 《马克思恩格斯选集》第1卷，人民出版社1995年版，第104页。
② ［美］路易斯·亨利·摩尔根：《古代社会》，杨东莼、张栗译，商务印书馆1977年版，第11页。

时，则更加明确地强调国家形成，是原始社会走向复杂系统的文明时代、文明社会的最重要的总体性标志。

（5）国家机制形成的本质特征，就是建立在地缘政治关系的政治共同体，超越了建立在血缘关系纽带基础上的原始氏族制度、氏族共同体。氏族制是理解原始社会的一把钥匙，其根源在蒙昧时代，真正形成则在野蛮时代，与用火技术创新联系在一起。由于复合工具的发明创造，生产力的发展，使家庭制度有了重大创新，出现了一夫一妻制家庭，产生了生产资料、劳动条件的私有制，从而产生了阶级分化，导致了氏族制度解体，国家制度形成。

（6）国家形成具有双重的历史标志：一是产生了超越原始氏族血缘关系的地缘政治组织、公共权力；二是有了统治阶级统治被压迫阶级的暴力工具、国家机器。

（7）国家起源的本质是共同的，而国家起源与形成的道路却是多样的、特殊的。在马克思晚年笔记基础上，恩格斯加上自己的补充，在当时把握的欧洲范围内，总结概括出国家起源的三条道路，或叫三种模式，三种主要形式：雅典形式、罗马形式、德意志形式：

> 前面我们已经分别考察了国家在氏族制度的废墟上兴起的三种主要形式。雅典是最纯粹、最典型的形式：在这里，国家是直接地和主要地从氏族社会本身内部发展起来的阶级对立中产生的。在罗马，氏族社会变成了封闭的贵族制，它的四周则是人数众多的、站在这一贵族制之外的、没有权力只有义务的平民；平民的胜利炸毁了旧的血族制度，并在它的废墟上面建立了国家，而氏族贵族和平民不久便完全融化在国家中了。最后，在战胜了罗马帝国的德意志人中间，国家是直接从征服广大外国领土中产生的，氏族制度不能提供任何手段来统治这样广阔的领土。但是，由于同这种征服相联系的，既不是跟旧有居民的严重斗争，也不是更加进步的分工；由于被征服者和征服者差不多处于同一经济发展阶段，从而社会的经济基础依然如故，所以，氏族制度能够以改变了的、地区的形式，即以马尔克制度的形式，继

续存在几个世纪,甚至在以后的贵族血族和城市望族的血族中,甚至在农民的血族中,例如在迪特马申,还以削弱了的形式复兴了一个时期。①

这三种模式,都属于欧洲国家范畴、欧洲国家体系,共同的本质特征,就是地缘政治关系取代了氏族血缘关系的主导地位。

而中国、亚洲、非洲等历史上占绝大多数非欧国家起源道路特点,则在于不是地缘政治关系取代氏族血缘关系,而是包容了氏族血缘关系——这是我们今天要特别加以补充的。

还应补充指出的是,马克思当年讲的雅典国家起源,根据此后的考古发现证明,公元前800至500年前的"古希腊国家",已经是第三茬古希腊国家,在此之前还有形成于公元2000年前的克里特文明及其国家,公元前1500至前1000年之间的迈锡尼文明及其国家,其起源道路、历史特点,当须根据考古发现,另外作出实事求是的具体分析。

二、国家本质论:公共权力与暴力机器二重性的统一

(1)马克思是用劳动二重性理论作为方法论,来具体分析国家本质问题的。这种方法论有助于超越在国家本质问题上,各执一端的两种倾向:在欧洲政治学、法学传统中,在国家起源论中占主统地位的是自然法理论,以及与此大同小异的社会契约论,比较侧重于强调国家本质是公共权力这一方面,如洛克、格劳秀斯、卢梭等人;还有一种观点则是"暴力论"、"怪兽论"(利维坦),强调国家本质在于暴力机器,如霍布斯、杜林、古姆普洛维奇等人。

恩格斯在马克思支持下写成的《反杜林论》一书,破例地把《暴力论》一连用作了三节小标题,旨在澄清马克思国家观的哲学基础是劳动二重性理论,而不是像杜林那样,滥用暴力论说明问题。

用劳动二重性理论说明国家本质,特别要求注意国家建构在人与自然关系、人与人社会关系这两个方面,引起的划时代的实质性变化,并且把

---

① 《马克思恩格斯选集》第4卷,人民出版社1995年版,第169、170页。

这两个方面的关系统一起来。

（2）马克思用劳动二重性理论作为方法论，回答国家本质问题时，深刻揭示了国家本质集中体现了"公共权力"与"暴力机器"的统一：

首先，国家本质上是代表社会整合的公共权力；

同时，国家本质上又是统治阶级的暴力机器。

过去人们讲马克思主义国家观，不管赞成也好，反对也好，多年以来多半主要都是依据"恩格斯国家定义"、"列宁国家定义"。今天，我们为了正本清源地澄清马克思国家观，大有必要首先弄清"马克思国家定义"。

马克思国家定义，首见于1845至1846年写成的《德意志意识形态》手稿第一章《费尔巴哈》，其中相对独立的最后部分，题目就是《国家和法同所有制的关系》，正是在这一部分开头，包含着马克思本人首次作出的国家定义：

> 国家是统治阶级的各个人借以实现其共同利益的形式，是该时代的整个市民社会获得集中表现的形式……①

马克思国家定义，用了两个"是"字，说了两句话，揭示了国家本质二重性：

第一句话，讲的是国家性质的阶级属性，可谓国家阶级性、特殊性；

第二句话，讲的是国家性质的共同属性，可谓国家公共性、普遍性。

正是从这个"马克思国家定义"，才引出了《资本论》中关于国家职能二重性的马克思定义；

也正是从"马克思国家定义"对国家本质二重性的科学规定，才引申出马克思国家观、国家学说、国家理论的方方面面具体内容；

也正是从"马克思国家定义"出发，加上恩格斯本人对具体问题的具体分析，才引出恩格斯在《家庭、私有制和国家的起源》中对马克思国家

---

① 《马克思恩格斯选集》第1卷，人民出版社1995年版，第132页。

观的种种阐发。

（3）以往的论述中，往往把马克思、恩格斯国家观，作为"冲突论"、"暴力论"的典型代表，实质上这种理解是带有很大的主观片面性的。事实上，恩格斯在《家庭、私有制和国家的起源》中，科学揭示国家不同于氏族组织的本质特征时的首要着眼点，恰恰就在于国家是基于地缘政治关系而确立的公共权力：

> 国家和旧的氏族组织不同的地方，第一点就是它按地区来划分它的国民。正如我们所看到的，由血缘关系形成和联结起来的旧的氏族公社已经很不够了，这多半是因为它们是以氏族成员被束缚在一定地区为前提的，而这种束缚早已不复存在。地区依然，但人们已经是流动的了。因此，按地区来划分就被作为出发点，并允许公民在他们居住的地方实现他们的公共权利和义务，不管他们属于哪一氏族或哪一部落。这种按照居住地组织国民的办法是一切国家共同的。因此，我们才觉得这种办法很自然；但是我们已经看到，当它在雅典和罗马能够代替按血族来组织的旧办法以前，曾经需要进行多么顽强而长久的斗争。
>
> 第二个不同点，是公共权力的设立，这种公共权力已经不再直接就是自己组织为武装力量的居民了。这个特殊的公共权力之所以需要，是因为自从社会分裂为阶级以后，居民的自动武装组织已经成为不可能了。①

无独有偶。在《反杜林论》中，正是把原始社会氏族组织中孕育着的公共权力，作为国家起源的萌芽：

> 人们最初怎样脱离动物界（就狭义而言），他们就怎样进入历史：他们还是半动物，是野蛮的，在自然力量面前还无能为力，还不认识

---

① 《马克思恩格斯选集》第4卷，人民出版社1995年版，第170、171页。

他们自己的力量；所以他们像动物一样贫困，而且生产能力也未必比动物强。那时普遍存在着生活状况的某种平等，对于家长，也存在着社会地位的某种平等，至少没有社会阶级，这种状况在开化得比较晚的民族的原始农业公社中还继续存在着。在每个这样的公社中，一开始就存在着一定的共同利益，维护这种利益的工作，虽然是在全体的监督之下，却不能不由个别成员来担当：如解决争端；制止个别人越权；监督用水，特别是在炎热的地方；最后，在非常原始的状态下执行宗教职能。这样的职位，在任何时候的原始公社中，例如在最古的德意志的马尔克公社中，甚至在今天的印度还可以看到。这些职位被赋予了某种全权，这是国家权力的萌芽。①

（4）马克思、恩格斯在阐明国家本质上首先是公共权力的同时，也指明了国家本质上也是统治阶级的暴力机器，有的时候确实把这一点强调得特别突出。

在《家庭、私有制和国家的起源》中，正是在阐明国家本质上作为公共权力的时候，一针见血地指出了其作为统治阶级暴力机器的实质、特征：

> 这种公共权力在每一个国家里都存在。构成这种权力的，不仅有武装的人，而且还有物质的附属物，如监狱和各种强制设施，这些东西都是以前的氏族社会所没有的。在阶级对立还没有发展起来的社会和偏远的地区，这种公共权力可能极其微小，几乎是若有若无的，像有时在美利坚合众国的某些地方所看到的那样。但是，随着国内阶级对立的尖锐化，随着彼此相邻的各国的扩大和它们人口的增加，公共权力就日益加强。就拿我们今天的欧洲来看吧，在这里，阶级斗争和争相霸占已经把公共权力提升到大有吞食整个社会甚至吞食国家之势的高度……

---

① 《马克思恩格斯选集》第3卷，人民出版社1995年版，第522页。

> 官吏既然掌握着公共权力和征税权，他们就作为社会机关而凌驾于社会之上……
>
> 由于国家是从控制阶级对立的需要中产生的，由于它同时又是在这些阶级的冲突中产生的，所以，它照例是最强大的、在经济上占统治地位的阶级的国家，这个阶级借助于国家而在政治上也成为占统治地位的阶级，因而获得了镇压和剥削被压迫阶级的新手段。因此，古希腊罗马时代的国家首先是奴隶主用来镇压奴隶的国家，封建国家是贵族用来镇压农奴和依附农的机关，现代的代议制的国家是资本剥削雇佣劳动的工具。①

（5）国家本质二重性——公共权力与暴力机器，二者是什么关系？在《反杜林论》中，有一个极其凝练的简要把握：公共权力是前提，暴力机器是重点。

国家本质特征的二重性中，暴力工具虽然后来成了重要一面，而毕竟公共权力是前提，是基础。对于这一点讲得最透彻的，莫过于《反杜林论》中恩格斯在《暴力论》一节最后的表述：

> 在这里我们没有必要来深入研究：社会职能对社会的这种独立化怎样逐渐上升为对社会的统治；起先的公仆在情况有利时怎样逐步变为主人；这种主人怎样分别成为东方的暴君或总督，希腊的部落首领，克尔特人的族长等等；在这种转变中，这种主人在什么样的程度上终究也使用了暴力；最后，各个统治人物怎样结合成一个统治阶级。在这里，问题仅仅在于确定这样的事实：政治统治到处都是以执行某种社会职能为基础，而且政治统治只有在它执行了它的这种社会职能时才能持续下去。不管在波斯和印度兴起和衰落的专制政府有多少，每一个专制政府都十分清楚地知道它们首先是河谷灌溉的总管，在那里，没有灌溉就不可能有农业。只有文明的英国人才在印度忽视

---

① 《马克思恩格斯选集》第4卷，人民出版社1995年版，第171、172页。

了这一点;他们听任灌溉渠道和水闸毁坏,现在,由于周期发生饥荒,他们才终于发现,他们忽视了唯一能使他们在印度的统治至少同他们前人的统治一样具有某种合理性的那种行动。①

至于说到,在国家发展过程中,尤其是在其较为发达的帝国阶段,暴力机器这一方面怎样自我膨胀起来,成为国家的显著特征——对于这一点,描述得最为充分,莫过于马克思《法兰西内战》:

> 像蟒蛇似地用官僚、警察、常备军、僧侣、法官把社会机体从四面八方缠绕起来的庞大的寄生政府,诞生于专制君主制时代。那时需要中央集权的国家政权来充当新兴资产阶级社会在争取摆脱封建制度束缚的斗争中的有力武器。以扫除领主的、地方的、城镇的、外省的特权这些中世纪垃圾为任务的18世纪法国革命,不能不同时从社会基地上清除那些妨碍着中央集权的国家政权充分发展的最后障碍,这种国家政权有着按照系统的和等级的分工原则建立的遍布各地的机关。②

(6) 马克思、恩格斯经典著作中,有些地方,有的说法,的确比较突出地强调了国家本质阶级性这个侧面,甚至径直称之为"国家实质";但不能离开马克思国家观基本方法、基本思路、基本观点,主观孤立、片面夸大这些论断,乃至走向否定马克思国家本质二重性的基本思路,简单地把国家本质完全归结为统治阶级暴力工具。

比较典型的表现,就是对恩格斯《反杜林论》、《家庭、私有制和国家的起源》中的国家观,完全无视他首先讲的是国家本质特点,首先是文明社会中的公共权力这一方面,只讲国家实质上只能是统治阶级暴力机器这一方面。

恩格斯在《家庭、私有制和国家的起源》,还有一段总结概括,也常

---

① 《马克思恩格斯选集》第3卷,人民出版社1995年版,第523页。
② 《马克思恩格斯选集》第3卷,人民出版社1995年版,第118页。

被引用，作为主要立论根据：

> 国家是文明社会的概括，它在一切典型的时期毫无例外地都是统治阶级的国家，并且在一切场合在本质上都是镇压被压迫被剥削阶级的机器。①

在这里，第一句话"国家是文明社会的概括"，恩格斯正是不打引号地引述马克思不仅一次讲到的原话，首先讲的恰恰就是"公共权力"这一本质规定。

这个问题，不仅存在于20世纪30至50年代形成的苏联模式体系的哲学教科书体系中，而且存在于后来的苏联模式教科书中；不仅存在于苏联模式几乎所有教科书中，而且广泛存在于中国各类马克思主义教科书中；不仅存在于改革开放前的各类马克思主义的教科书中，而且广泛存在于至今还存在的广泛流行的各类马克思主义教科书中。

如果我们在马克思主义理论内部，不能彻底澄清这个问题，那么，我们就不可能从根本战胜马克思主义国家观过时论，不可能让马克思国家观在新时代、新体制中发挥更大生命力。

三、国家职能论：两大基本功能、三大社会功能、五大法律功能

（1）马克思运用劳动二重性理论，具体分析国家本质二重性，由此也就必然引出了国家职能二重性理论，可称之为"国家职能二重性"的"马克思定位"。

马克思这一经典表述，不是见于别的什么地方，恰恰就在凝聚了他40年心血的主要著作《资本论》中。由于蕴涵在《资本论》第三卷对指挥劳动、监督劳动的理论分析中，至今还鲜为人知，如"藏在深闺人未知"：

> 政府的监督劳动和全面干涉包括两方面：既包括执行由一切社会的性质产生的各种公共事务，又包括由政府同人民大众相对立而产生

---

① 《马克思恩格斯选集》第4卷，人民出版社1995年版，第176页。

的各种特殊职能。①

马克思在分析国家职能二重性，提出国家两大基本功能时，运用的是劳动二重性理论，其哲学底蕴是经过新唯物主义改造过的黑格尔辩证法范畴——普遍与特殊范畴。

把国家承担公共事务、公共权力的职能，称之为普遍功能；

而把国家作为统治阶级暴力机器的职能，称之为特殊功能。

"普遍与特殊"、"普遍功能与特殊功能"，在这里不是"黑格尔哲学遗迹"、"黑格尔主义幽灵"，而是源于黑格尔，经过马克思根本改造的辩证逻辑范畴，与"劳动二重性"理论一样，闪现着马克思唯物辩证法、历史唯物论的哲学智慧之光。

在《资本论》中，马克思国家职能二重性，或叫国家两大基本职能的思想多半还只是引而未发的，看来原本打算在后面的"国家论"中，再作专门系统阐发的。

（2）马克思国家职能二重性理论，或称"国家两大基本职能"，不仅见于当时未能公开发表的"资本论"第三卷手稿中，而且见于1871年公开发表的《法兰西内战》中。

在公开发表的《法兰西内战》正文中，表述得比较简单，而其思想还是相当清楚的，即把国家职能简要分成两大基本职能，公共管理的合理职能和阶级压迫的政治统治职能：

> 民族的统一不是要加以破坏，相反地，要由公社在体制上、组织上加以保证，要通过这样的办法加以实现，即消灭以民族统一的体现者自居同时却脱离民族、凌驾于民族之上的国家政权，这个国家政权只不过是民族躯体上的寄生赘瘤。旧政权的纯属压迫性质的机关予以铲除，而旧政权的合理职能则从僭越和凌驾于社会之上的当局那里夺取过来，归还给社会的负责任的勤务员。②

---

① 马克思：《资本论》第3卷，人民出版社1975年版，第432页。
② 《马克思恩格斯选集》第3卷，人民出版社1995年版，第56、57页。

而在《法兰西内战》第二稿的尾声之处，借阐发巴黎公社对国家制度的创新举措，更具体地阐发了国家职能二重性理论，更加明确地区分了公共事务、公共权力的"合理职能"，和阶级统治的压迫职能：

> 一切公务员像公社委员一样，其工作报酬只能相当于工人的工资。法官也应该由选举产生，可以罢免，并且对选民负责。一切有关社会生活事务的创议权都由公社掌握。总之，一切社会公职，甚至原应属于中央政府的为数不多的几项职能，都要由公社的勤务员执行，从而也就处在公社的监督之下。硬说中央的职能——不是指政府统治人民的权威，而是指由于国家的一般的共同的需要而必须执行的职能——会变得不可能，是极其荒谬的。这些职能会存在……
>
> 这样，政府的压迫力量和统治社会的权威就随着它的纯粹压迫性机构的废除而被摧毁，而政府应执行的合理职能，则不是由凌驾于社会之上的机构，而是由社会本身的负责任的勤务员来执行。①

（3）1853年6月，马克思和恩格斯，在书信和论文中，以印度为例，探讨了东方国家、亚洲国家职能上的历史特征，特别强调了治水、节水、用水的公共工程，在国家职能上的特殊重要意义。

1853年6月2日，马克思在致恩格斯信中谈到，东方一切现象的基础是不存在的土地私有制。这甚至是了解东方天国的一把真正的钥匙。同年6月6日，在探讨这个问题根源时，恩格斯就此提出了，管理人工灌溉的公共工程，是东方国家的重要职能，并就此批评了英国殖民者：

> 不存在土地私有制，的确是了解整个东方的一把钥匙。这是东方全部政治史和宗教史的基础。但是东方各民族为什么没有达到土地私有制，甚至没有达到封建的土地所有制呢？我认为，这主要是由于气候和土壤的性质，特别是由于大沙漠地带，这个地带从撒哈拉经过阿

---

① 《马克思恩格斯选集》第3卷，人民出版社1995年版，第121、122页。

拉伯、波斯、印度和鞑靼直到亚洲高原的最高地区。在这里，农业的第一个条件是人工灌溉，而这是村社、省或中央政府的事。在东方，政府总共只有三个部门：财政（掠夺本国）、军事（掠夺本国和外国）和公共工程（管理再生产）。在印度的英政府成立了第一和第二两个部门，使两者具有了更加庸俗的形态，而把第三个部门完全抛开不管，结果是印度的农业完全衰落了。①

1853年6月10日，马克思为《纽约每日论坛报》写了《不列颠在印度的统治》一文，吸收了恩格斯在信中关于东方国家调节用水与农村生产的公共职能论的基本观点，并作了发挥：

> 在亚洲，从远古的时候起一般说来就只有三个政府部门：财政部门，或者说，对内进行掠夺的部门；战争部门，或者说，对外进行掠夺的部门；最后是公共工程部门。气候和土地条件，特别是从撒哈拉经过阿拉伯、波斯、印度和鞑靼区直至最高的亚洲高原的一片广大沙漠地带，使利用水渠和水利工程的人工灌溉设施成了东方农业的基础。无论在埃及和印度，或是在美索不达米亚、波斯以及其他地区，都利用河水的泛滥来肥田，利用河流的涨水来充注灌溉水渠。节省用水和共同用水是最基本的要求，这种要求，在西方，例如在佛兰德和意大利，曾促使私人企业结成自愿的联合；但是在东方，由于文明程度太低，幅员太大，不能产生自愿的联合，因而需要中央集权的政府进行干预。所以亚洲的一切政府都不能不执行一种经济职能，即举办公共工程的职能。这种用人工方法提高土壤肥沃程度的设施靠中央政府办理，中央政府如果忽略灌溉或排水，这种设施立刻就会荒废……
> 现在，不列颠人在东印度从他们的前人那里接收了财政部门和战争部门，但是却完全忽略了公共工程部门。因此，不能按照不列颠的自由竞争原则——听之任之原则——行事的农业便衰败下来。②

---

① 《马克思恩格斯全集》第28卷，人民出版社1972年版，第263页。
② 《马克思恩格斯选集》第1卷，人民出版社1995年版，第762、763页。

1876年9月至1878年6月，恩格斯写作的《反杜林论》，在批判了杜林暴力论观点之后，阐明了国家职能二重性及其相互关系，并且特别强调了公共权力是前提和基础，阶级统治、暴力工具的功能只有在这个前提基础上，才能维持下去：

> 在每个这样的公社中，一开始就存在着一定的共同利益，维护这种利益的工作，虽然是在全体的监督之下，却不能不由个别成员来担当：如解决争端；制止个别人越权；监督用水，特别是在炎热的地方；最后，在非常原始的状态下执行宗教职能。这样的职能，在任何时候的原始公社中，例如在最古的德意志的马尔克公社中，甚至在今天的印度，还可以看到。这些职位被赋予了某种全权，这是国家权力的萌芽……
>
> 在这里我们没有必要来深入研究：社会职能对社会的这种独立化怎样逐渐上升为对社会的统治；起先的公仆在情况有利时怎样逐步变为主人；这种主人怎样分别成为东方的暴君或总督，希腊的部落首领，克尔特人的族长等等；在这种转变中，这种主人在什么样的程度上终究也使用了暴力；最后，各个统治人物怎样结合成一个统治阶级。在这里，问题仅仅在于确定这样的事实：政治统治到处都是以执行某种社会职能为基础，而且政治统治只有在它执行了它的这种社会职能时才能持续下去。不管在波斯和印度兴起和衰落的专制政府有多少，每一个专制政府都十分清楚地知道它们首先是河谷灌溉的总管，在那里，没有灌溉就不可能有农业。只有文明的英国人才在印度忽视了这一点；他们听任灌溉渠道和水闸毁坏，现在，由于周期发生饥荒，他们才终于发现，他们忽视了唯一能使他们在印度的统治至少同他们前人的统治一样具有某种合理性的那种行动。①

（5）在国家职能问题上，马克思、恩格斯在国家职能二重性、公共权

---

① 《马克思恩格斯选集》第3卷，人民出版社1995年版，第522、523页。

力与政治统治工具的基础上,还提出复杂社会有机体三个层次,提出国家在经济、政治、文化三个层次上的职能问题,可以简要地称之为"国家经济、政治、文化三大功能论"。这就牵涉到:国家经济职能;国家政治职能;国家文化职能。

(6)在《资本论》第一大手稿,《1857—1858 年经济学手稿》导言尾声之处,马克思提出《资本论》体系的五篇结构设想,其中在第三篇专讲"国家",实际上等于开列出了一个国家(当然这里主要指的是近代发达的资本主义国家)经济职能的研究纲要,其中包括国家的七项经济职能:

> 资产阶级社会在国家形式上的概括。就它本身来考察。"非生产"阶级。税。国债。公共信用。人口。殖民地。向外国移民。①

现存《资本论》中没有专门论述国家的经济作用的章节,而是在论述其他问题时,至少有四处,重点涉及国家的作用:在论述工作日的问题时,考察了国家规定工作日长度的工厂法,其中论及国家职能问题。在论机器和大工业的部分,考察了工人的卫生保健和劳动教育等问题。在原始积累章中,考察了国家在剥夺农民方面的作用,迫使被剥夺者接受工厂纪律的强制手段,国家贸易政策、殖民地政策和赋税政策和作用,以及国债在资本原始积累中的作用。在分析社会资本的再生产和流通时,马克思指出了部分剩余价值会被国家所占有;再生产受阻时,国家会丧失部分收入;而且利用雇佣劳动力的国营企业的资本也会进入社会资本。②

(7)关于国家的政治职能,马克思在 1843 年《黑格尔法哲学批判》手稿中,就有所涉猎,对国家与法律的关系,立法权、司法权、行政权的关系,都程度不同地有所触及。在 1845—1846 年间写成的德意志形态手稿第一章《费尔巴哈》的结尾部分,有一段相对独立的手稿,题目就是《国家和法同所有制的关系》,主题就是国家的政治职能和经济职能的关系

---

① 《马克思恩格斯全集》第 46 卷上册,人民出版社 1979 年版,第 46 页。
② 参见汤在新主编:《〈资本论〉续篇探索》,重庆出版社 1995 年版,第 652、653 页。

问题。其中,有一段话,为研究国家政治职能,提供了一个简要指南,并把"罗马法",作为国家政治职能、法律职能,介入市民社会、经济基础的中介:

> 因为国家是统治阶级的各个人借以实现其共同利益的形式,是该时代的整个市民社会获得集中表现的形式,所以可以得出结论:一切共同的规章都是以国家为中介的,都获得了政治形式。由此便产生了一种错觉,好像法律是以意志为基础的,而且是以脱离其现实基础的意志即自由意志为基础的。同样,法随后也被归结为法律。
> 私法和私有制是从自然形成的共同体[Gemeinwesen]的解体过程中同时发展起来的。在罗马人那里,私有制和私法的发展没有在工业和商业方面引起进一步结果,因为他们的整个生产方式没有改变……
> 起初在意大利,随后在其他国家——进一步发展了私有制的时候,详细拟定的罗马私法便又立即得到恢复并取得威信。后来,资产阶级力量壮大起来,君主们开始照顾它的利益,以便借助资产阶级来摧毁封建贵族,这时候法便在所有国家中——法国是在16世纪——开始真正地发展起来了,除了英国以外,这种发展在所有国家中都是以罗马法典为基础的。即使在英国,为了私法(特别是其中关于动产的那一部分)的进一步完善,也不得不参照罗马法的原则。①

马克思在这里还提到,国家政治功能在发挥过程中,暴力镇压的作用不可忽视:

> 镇压在国家、法、道德等等中的作用。
> 资产者之所以必须在法律中使自己得到普遍表现,正因为他们是作为阶级进行统治的。②

---

① 《马克思恩格斯选集》第1卷,人民出版社1995年版,第132、133页。
② 《马克思恩格斯选集》第1卷,人民出版社1995年版,第134页。

与此相应，马克思还提到战争与征服，在国家政治功能与国际交往中的历史作用：

> 征服这一事实看起来好像是同整个这种历史观矛盾的。到目前为止，暴力、战争、掠压、抢劫等等被看作是历史的动力。这里我们只能谈谈主要之点，因此，我们举一个最显著的例子：古老文明被蛮族破坏，以及与此相联系重新开始形成一种新的社会结构（罗马和蛮人，封建制度和高卢人，东罗马帝国和土耳其人）。对进行征服的蛮族来说，正如以上所指出的，战争本身还是一种通常的交往形式；在传统的、对该民族来说唯一可能的粗陋生产方式下，人口的增长越来越需要新的生产资料，因而这种交往形式越来越被加紧利用。①

（8）马克思国家观不仅探讨了国家的经济职能、政治职能，而且当时就别开生面地探讨了国家的思想文化功能，特别是国家的意识形态功能，掌控思想文化话语权、领导权的功能。

在《德意志意识形态》手稿的《费尔巴哈》章，第三手稿的一开头，就开门见山地提出了国家的意识形态主导权问题，或者说思想文化功能，思想统治作用问题：

> 统治阶级的思想在每一时代都是占统治地位的思想。这就是说，一个阶级是社会上占统治地位的物质力量，同时也是社会上占统治地位的精神力量。支配着物质生产资料的阶级，同时也支配着精神生产资料，因此，那些没有精神生产资料的人的思想，一般地是隶属于这个阶级的。占统治地位的思想不过是占统治地位的物质关系在观念上的表现，不过是以思想的形式表现出来的占统治地位的物质关系；因而，这就是那些使某一个阶级成为统治阶级的关系在观念上的表现，因而这也就是这个阶级的统治的思想。②

这方面讲得最透彻的，首推恩格斯晚年之作，1888 年发表的《费尔

---

① 《马克思恩格斯选集》第 1 卷，人民出版社 1995 年版，第 125 页。
② 《马克思恩格斯选集》第 1 卷，人民出版社 1995 年版，第 98、99 页。

巴哈论》：

> 国家作为第一个支配人的意识形态力量出现在我们面前。社会创立一个机关来保护自己的共同利益，免遭内部和外部的侵犯。这种机关就是国家政权。它刚一产生，对社会来说就是独立的，而且它越是成为某个阶级的机关，越是直接地实现这一阶级的统治，它就越独立。被压迫阶级反对统治阶级的斗争必然要变成政治的斗争，变成首先是反对这一阶级的政治统治的斗争；对这一政治斗争同它的经济基础的联系的认识，就日益模糊起来，并且会完全消失。即使在斗争参加者那里情况不完全是这样，但是在历史编纂学家那里差不多总是这样的。在关于罗马共和国内部斗争的古代史料中，只有阿庇安一人清楚而明确地告诉我们，这一斗争归根到底是为什么进行的，即为土地所有权进行的。①

四、国家结构论——二元一体、三分结构的国家权力系统论

马克思主义创始人在几十年的上下求索中，从不同角度、不同方面探讨过国家结构问题，但看来没有在一个地方作过明确系统表述。在这里，需要我们遵循马克思国家观思路，梳理出马克思的国家结构论，或者叫国家权力系统。马克思是把国家看成超越古代原始社会、简单系统的复杂社会系统的复杂权力系统。我们在这里，试着把"二元一体、三分结构"，作为马克思国家结构论的显著特征，借以回答国家作为复杂系统结构，包含着那些层次、要素、机构，怎样建构成为一个复杂有机的国家权力系统？

所谓"二元一体"的国家结构，主要指运用新唯物主义劳动二重性理论作为方法论，首先注意到马克思眼中的国家结构，如马德堡半球一样，体现了"公共权力系统——暴力机器系统"的有机统一，由此才能体现国家本质二重性、国家功能二重性。

---

① 《马克思恩格斯选集》第 4 卷，人民出版社 1995 年版，第 253 页。

这就是说，国家结构主要由两大要素、两大层次、两个方面的机构组成：一方面，是处理共同事务的公共权力系统；另一方面，则是借以体现政治统治的暴力机器系统。这两个方面，两大系统，是缺一不可的，相辅相成的，缺少任何一个方面，都不能成为完全意义上的国家。

所谓"三分结构"，就是讲马克思国家结构论，不仅讲公共权力系统与暴力机器系统这两大要素、两大硬件系统，而且还特别强调"国家形成"同法的关系的统一，法律系统是构成国家系统一个不可缺少的基本要素。马克思出自于一个律师之家，从波恩大学到柏林大学，马克思学的大学专业都是法律，因而可以说，马克思是带着相当深厚的法学专业知识背景，来看待国家问题的。1843年，25岁的马克思写的第一部著作，题为《黑格尔法哲学批判》，就是一面镜子。

国家公共权力系统的三分结构——立法权、行政权、司法权。从1843年《黑格尔法哲学批判》手稿到1871年《法兰西内战》，马克思的思想触角，都曾触及到国家公共权力系统的三分结构——立法权、司法权、行政权。在这种三分法的国家权力结构中，马克思最为强调的首先是立法权，在详论黑格尔法哲学内在矛盾时，主张人民主体的立法权，才是现代国家制度的核心内容。立法权、司法权、行政权，如同一体两翼式的关系，共同支撑起国家公共权力系统。在巴黎公社革命过程中写成的《法兰西内战》，也曾以巴黎公社实践经验为个案，探讨议行合一，立法权与行政权统一的新型国家体制。看来，在马克思这里，三权分立未必是不可越雷池一步的"天条"，但人民主权的统一性，不同权力之间的相互制约原则，却是防止权力腐败蜕化的铁律，不可违背的基本原理、基本规律。

国家暴力机器系统的三分结构——军队、警察、法院和监狱。

1871年马克思写作的《法兰西内战》中，以法国为例，描述了自古以来形成的国家暴力机器系统三分结构，以及在当代的变本加厉：

> 中央集权的国家政权连同其遍布各地的机关，即常备军、警察局、官厅、教会和法院——这些机关是按照系统的和等级的分工原则建立的——起源于专制君主制时代，当时它充当了新兴资产阶级社会

反对封建制度的有力武器。但是，领主权力、地方的特权、城市和行会的垄断以及地方的法规等这一切中世纪的垃圾还阻碍着它的发展。18世纪法国革命的大扫帚，把所有这些过去时代的残余都扫除干净，这样就从社会基地上清除了那些妨碍建立现代国家大厦这个上层建筑的最后障碍。现代国家大厦是在第一帝国时期建立起来的，而第一帝国本身又是从半封建的旧欧洲反对现代法国的几次同盟战争中产生的。①

而在《资本论》中，马克思驳斥了国家、政府在资本主义原始积累的起家过程中只有"守夜人"功能的"斯密假说"、"斯密教条"，揭示了国家作为暴力工具的本质特征，也揭示了暴力在历史上作用的二重性：

> 这些方法一部分是以残酷的暴力为基础，例如殖民制度就是这样。但所有这些方法都利用国家权力，也就是利用集中的有组织的社会暴力，来大力促进从封建生产方式向资本主义生产方式的转变过程，缩短过渡时间。暴力是每一个孕育着新社会的旧社会的助产婆。暴力本身就是一种经济力。②

五、国家类型论——国家发展的两大历史形态、东西方两种类型

马克思的历史观的发展，经历了三部曲：早期以新唯物主义劳动实践观为历史起点和理论细胞；中期上升到唯物史观、现代史观；后期进而上升到世界史观。因而，他第一次从纵横交错、多线一体的世界历史观高度，比较研究了国家的不同类型。

从世界历史纵向结构的历史发展来看，马克思先后以欧洲为主要对象，考察了国家发展的四大历史形态：以古希腊罗马为典型代表的古代奴隶制国家——以罗马帝国、日耳曼国家为典型代表的中世纪专制主义国

---

① 《马克思恩格斯选集》第3卷，人民出版社1995年版，第52页。
② 马克思：《资本论》第1卷，人民出版社1975年版，第819页。

家——文艺复兴以来，英、法、德等资本主义现代国家——以巴黎公社为萌芽形态的无产阶级新型国家。

从世界历史横向结构的历史发展来说，马克思从19世纪50年代开始，尤其是晚年阶段，还试图根据他当时能掌握的文献资料，各种信息，对于欧洲以外的国家，特别是以中国、印度、俄国为代表的东方国家、亚洲国家，对其国家制度与土地制度不同于西方欧洲的特殊性，作出过当时力所能及的具体分析、比较研究。

下面分别就此作出简要考察。

马克思研究的第一种国家类型，就是公元前1000年至公元5世纪前后这近1500年间，古希腊、罗马和日耳曼的奴隶制国家，这是欧洲历史上第一种国家形态，当时曾认为这也是世界历史上的第一种国家形态。马克思从青年时代起，就对古希腊、罗马的国家与法的问题，产生了浓厚兴趣。在这方面，他写的第一篇论文，是1835年，他17岁时写的中学毕业的历史学论文，《奥古斯都的元首政治应不应当算是罗马国家比较幸福的时代？》。马克思比较了罗马国家发展史上的三个阶段：罗马城邦国家征服意大利的早期阶段——尼禄时代——奥古斯都元首政治时代。最后，他强调的结论是："我认为，奥古斯都所建立的国家则是最适合他那个时代的国家。"[①] 在1841年作博士论文期间，1843年《克罗茨那赫笔记》中，他通过借助伊壁鸠鲁和亚里士多德的著作，不同程度地触及了古希腊、罗马国家问题。马克思晚年笔记，则通过摩尔根《古代社会》一书，比较系统地比较研究了古希腊、罗马的国家起源、国家制度。而作为德国人，1881—1882年前后，根据马克思建议，恩格斯看来一度曾想写出一部类似《德国国家制度起源发展史》的专著，可惜未能完成。现在仅留下了三篇专题论文：《马尔克》，《日耳曼人的古代历史》，《法兰克时代》。正基于此，1884年恩格斯在马克思晚年笔记基础上，写出《家庭、私有制和国家的起源》，在比较研究基础上，总结概括出了国家起源道路的三种模式：雅典模式——罗马模式——日耳曼模式。

[①]《马克思恩格斯全集》第1卷，人民出版社1995年版，第464页。

马克思还以罗马帝国、德国、法国、意大利等国为典型，研究了公元5世纪至15世纪前后的欧洲中世纪国家制度，作为国家历史形态的第二种类型。1833年，青年马克思最早写出的两首诗歌之一，就是讲公元800年前后的查理大帝。1845、1848年间写成的《德意志意识形态》一书《费尔巴哈》章，其中讲到欧洲历史，世界历史上的第三种所有制形态时，专门讲到了中世纪土地制度与国家制度，认为其主要的四大支柱是，"土地的封建等级制度——部分人身依附农奴制度——武装扈从制度——封建庄园领主制度"，此外还加上"神圣罗马帝国"统治的政教合一的宗教蒙昧制度、国家体系制度。

1868年、1876年、1881年，马克思三次研读毛勒的德国史系列性专著，并做系统笔记。在西欧史尤其是德国史研究中，马克思特别注重吸收借鉴德国历史学家格奥尔·路德维希·毛勒（1790—1872）的学术成果，尤其是他研究德国古代史、马尔克史的系列性专著，关于公社制度、土地关系、国家制度的有关论述。

《资本论》第一卷已有两处（第88页、第265页），引证了毛勒的有关著作。第一卷发表后，马克思又在1868年、1876年、1881年，连续三次研读了毛勒有关著作，其中头两次都留下了专门的读书笔记，显然是为写出《资本论》第二、三卷乃至续篇而做的准备材料、读书笔记。

1868年3月，马克思在准备加工修改《资本论》第二卷、第三卷过程中，第一次全面系统研读毛勒德国史著作，并记了笔记。他是在大英博物馆读的毛勒所著《马尔克制度、农户制度、乡村制度、城市制度和公共政权的历史概论》（1854），先做了25页笔记，后来又做了19页笔记，共44页笔记。

1868年3月14日，马克思致信恩格斯，说明了自己为什么特别青睐毛勒的德国史系列性著作："顺便提一下，在博物馆里，我除钻研其他著作外，还钻研了老毛勒（前巴伐利亚国家枢密官，当时曾以希腊摄政王之一的身份出现，他是远在乌尔卡尔特之前最早揭露俄国的人之一）关于德国的马尔克、乡村等等制度的近著。他详尽地论证了土地私有制只是后来才产生的，等等。""我提出的欧洲各地的亚细亚的或印度的所有制形式都是原始形式,这个观点在这里(虽然毛勒对此毫无所知)再次得到了证实。"
"老毛勒的这些书(1854—1856年的,等等),具有真正德意志的博学,但同时也具有亲切而易读的文风,这是南德意志人有别于北德意志人之处。"①

看来是由于马克思在大英博物馆里,持续地阅读并摘记毛勒著作,感到大有收获,于是1868年3月25日,他又写信给恩格斯说:"关于毛勒:他的书是非常有意义的。不仅是原始时代,就是后来的帝国自由市、享有特权的地主、国家权力以及自由农民和农奴之间的斗争的全部发展,都获得了崭新的说明。"②

对中世纪专制主义国家制度的批判,贯穿了马克思一生,从1842年《莱茵报》论文,1843年《黑格尔法哲学批判》手稿,直到1871年《法兰西内战》。

马克思研究的另一种国家类型,就是近代资本主义国家那个时代,新兴的资产阶级国家,马克思当年多半称之为"现代国家",以区别于古希腊罗马的奴隶制国家、中世纪封建专制主义国家。资本主义的现代国家,是马克思一生国家研究的重心所在。从1843年《黑格尔法哲学批判》手稿,到中年《资本论》,乃至晚年的《法兰西内战》、《哥达纲领批判》,资本主义现代国家几乎一直是马克思国家问题研究的头号重点。

纵观马克思一生,是把英国看成资本主义市场经济发展的典型国家,而把法国看成资本主义现代国家发展的典型国家。因而,1844年1月,他的《现代国家》一书构想,单刀直入、直奔主题,以法国革命为历史起点,谈论"现代国家起源",粗线条式展开现代国家的理论建构。

而到《资本论》中,马克思以世界历史近代走向为经线,以现代国家制度创新为纬线,简明扼要地研究了现代国家形成发展的六种类型,或叫六个阶段:

(1)公元1500年前后,地中海沿岸、国际商道上的意大利各个城市共和国,如比萨、佛罗伦萨、威尼斯等,开始突破中世纪专制主义国家,有现代国家之最初萌芽,却未能解决意大利民族国家统一问题,未能形成

---

① 《马克思恩格斯全集》第32卷,人民出版社1975年版,第43页。
② 《马克思恩格斯全集》第32卷,人民出版社1975年版,第51页。

完全意义上的现代主权国家，统一的近代民族国家。

（2）17世纪荷兰、借30年战争与1648年威斯特伐利亚条约之势，第一次形成现代意义上的主权国家、民族国家，堪称17世纪现代国家最初典型；

（3）18世纪英国，借1642年英国资产阶级革命之势，率先突现了国家制度的现代创新，而后来1788年所谓"光荣革命"，又退回到君主立宪的国家体制，则反映了英国社会特有的贵族保守性，妥协性，复杂性。

（4）马克思对法国革命情有独钟，曾将法国定位于近代资本主义国家起源的典型，甚至盛赞法国巴黎代表了新时代、新国都、新首府，他先后写下法国国家起源与新发展的三篇长篇专题论文，1850年的《1848年至1850年的法兰西阶级斗争》，1852年的《路易·波拿巴的雾月十八日》，1871年的《法兰西内战》。

（5）马克思创始人把德国视为现代国家起源特别曲折的典型，直至1870年才姗姗来迟地走向近代统一的民族国家，而德国最大特点是普鲁士国家专制主义根基特别深厚。马克思一生有一组论著，还专门研究了德国国家发展道路，如1843年《黑格尔法哲学批判》及其导言、《论犹太人问题》、《哥达纲领批判》等。恩格斯更先后围绕德国国家问题写下系列性论著：《德国的革命与反革命》（1851年9月—1852年9月）、《日耳曼人的古代历史》、《马尔克》、《法兰克时代》（1881、1882）……

（6）马克思把美国作为一个最新的现代国家，给以特别关注。1857年7月间，甚至一度曾试图在《资本论》第一大手稿《前言》部分，就以《巴师夏和凯里》为名推出，借以开门见山地谈到美国国家制度的最新历史特征：

> 凯里是北美唯一的有创见的经济学家。他属于这样一个国度：在那里，资产阶级社会不是在封建制度的基础上发展起来的，而是从自身开始的；在那里，它不是表现为一个长达数百年的运动的遗留下来的结果，而是表现为一个新的运动的起点；在那里，国家和一切以往

的国家的形成不同，从一开始就从属于资产阶级社会，从属于这个社会的生产，并且从来未能用某种自我目的掩饰起来；最后，在那里，资产阶级社会本身把旧大陆的生产力和新大陆的巨大的自然疆域结合起来，以空前的规模和空前自由地发展着，在制服自然力方面远远超过了以往的一切成就，并且最后，在那里，资产阶级社会本身的对立仅仅表现为隐约不明的因素。[①]

（7）不仅如此，马克思还曾先后研究过波兰、爱尔兰、丹麦等多国历史，并且自始至终、热烈执着，为爱尔兰、波兰等备受霸权国家压迫的民族国家鸣不平。

马克思不仅探讨了如何超越中世纪专制主义国家、走向现代国家的问题，而且还在那个时代特别超前地探讨了如何进一步超越资本主义现代国家，走向未来社会主义的新型国家。

纵观马克思主义创始人毕生思想，对于未来社会新型国家的主要探讨，集中起来有四次：

第一次，是在1844年欧洲中，在写作《共产党宣言》前后，包括此前恩格斯执笔写的两份草稿，《共产主义信条草案》、《共产主义原理》，主要由马克思执笔写成的《共产党宣言》，都把未来的新型国家制度创新，作为一个命运攸关的重大时代课题，而后在1852年进而提出了"无产阶级专政"概念，作为特殊时期的特殊国家形态。

第二次，是在1871年法国巴黎公社革命中，马克思执笔起草的《法兰西内战》，是把巴黎公社革命实践，作为一个新型国家最初萌芽，阐发新型国家根本超越资产阶级现代国家的本质特征，强调"工人阶级不能简单地掌握现成的国家机器，并运用它来达到自己的目的"，"公社已经不是本来意义国家了"。

第三次，是在1875年，马克思写成《哥达纲领批判》，借探讨党的理论纲领，政治纲领之机，再次探讨了未来社会国家制度创新问题，指出无

[①] 《马克思恩格斯全集》第46卷上册，人民出版社1979年版，第4页。

产阶级专政与未来社会新型民主国家，实际上一而二、二而一，相互制约又相互联系的重大问题。

第四次，是晚年恩格斯《1891年社会党纲领草案批判》，1895年恩格斯写的《卡·马克思1848年至1850年的法兰西阶级斗争》一书导言，这里探讨了在新时代、新条件下，在普选制、民主制的和平形势下，走向工人阶级新型民主的现实途径，通过共和国的路径，走向新型民主。

马克思不是言必称希腊罗马的狭隘的"欧洲中心论者"，在重点研究欧洲国家的发展道路的同时，还以世界历史的全球眼光，广泛关注到欧洲之外的世界各国发展道路问题，其中尤为关注欧亚大陆另一端的东方国家，亚细亚国家的生产方式、发展道路问题。举世关注，众说纷纭的所谓"亚细亚生产方式"问题之谜，实质上也是"亚细亚国家"问题之谜，"东方国家"之谜，最为关注的两个焦点问题，就是土地所有制关系和国家制度的问题。

马克思最初把理论视线转向东方的时候，不是今天人们热议的晚年笔记，甚至也不是通常所说的1853年，而是早在1849、1850年，他与恩格斯就曾远见卓识地断言，古代地中海时代、近代大西洋时代，从今以后开始要让位于全球化的太平洋新时代。

从1853年至1859年，亚细亚生产方式与东方国家制度问题，更一直是马克思关注的重要问题。

他把欧亚大陆东端的中国，当成亚细亚生产方式与东方国家制度的主要代表，先后写了系列性18篇文章；

他把印度作为亚细亚生产方式与东方国家制度奥秘的另一个典型，先后写了专题论文《不列颠在印度的统治》、《不列颠在印度统治的未来结果》，晚年还写下了长篇读书笔记《印度编年史》；

他把俄罗斯作为亚细亚生产方式与东方国家制度的又一个典型，专门下功夫做了深入研究。

马克思已经深刻洞察到，亚细亚生产方式与东方国家制度，代表了一条不同于欧洲的历史发展道路与文明类型、国家类型，必须实事求是，深入具体分析其不同于欧洲的具体历史特征。

第三节　马克思现代国家论纲
——十大关系

现代国家论——资本主义近代国家创新论，是马克思国家观的思想重心所在，也是马克思一生中与《资本论》密不可分的重大研究课题。马克思历史文献的最新发现与重新研究，可以有力地证实这一点。同时也向我们揭示出，这是青年马克思从德国开始登上政治论坛、世界论坛，在那个时代面临的最大时代课题。

青年马克思是在1848年欧洲革命前夕，开始登上德国论坛的。19世纪30、40年德国面临的最大矛盾、最大难关就是，现代化起飞势头蓄之既久，十分强劲，而现代国家制度创新，却因普鲁士专制主义国家传统，加上300来个小国林立，国家分裂，而严重滞后，步履艰难：

1789年法国大革命势如破竹，震撼世界，而德国的普鲁士专制主义国家传统却根深蒂固，难以越雷池一步；

300来个德意志选侯，邦国林立，无法统一，无法形成统一近代民族国家，统一市场；

1818年至1831年，黑格尔在柏林大学，作为德皇恩准的国家哲学代表，却在人民主权与君主立宪之间，迟疑不前。

青年马克思如思想雄鹰，自由奔放，而新的书报检查令，加上普鲁士专主义国家制度，却使他屡屡碰壁，折断翅膀，退回书斋，乃至流亡巴黎，终赴伦敦。

正是在这种复杂历史背景下，在"世界历史——德国症结"的双重思考历史背景下，青年马克思在来到巴黎后一年，在先后完成《黑格尔法哲学批判》及其导言，《1844年经济学哲学手稿》、《神圣家族》之后，1844年11月提出了写作一本《现代国家论》的构思提纲——《关于现代国家的著作计划草稿》：

（1）现代国家起源的历史或者法国革命。政治制度的自我颂扬——同古代国家混为一谈。革命派对市民社会的态度。一切因素都具有双重形式，有市民的因素，也有国家的因素。

（2）人权的宣布和国家的宪法。个人自由和公共权力。自由、平等和统一。人民主权。

（3）国家和市民社会。

（4）代议制国家和宪章。立宪的代议制国家，民主的代议制国家。

（5）权力的分开。立法权力和执行权力。

（6）立法权力和立法机构。政治俱乐部。

（7）执行权力。集权制和等级制。集权制和政治文明。联邦制和工业化主义。国家管理和公共管理。

（8'）司法权力和法。

（8"）民族和人民。

（9'）政党。

（9"）选举权，为消灭［Aufhebung］国家和市民社会而斗争。①

马克思关于这本书构思提纲具有特殊理论意义，相当于那个时期形成的《马克思现代国家理论纲要》，或者干脆叫马克思《现代国家论纲》。

迄今为止，不论国内国外学术界还很少有人对马克思这份《现代国家论纲》作过专门研究。

就现有形式而论，马克思试图分九个层次，系统阐发其现代国家观。

在一定程度上，《现代国家论纲》，相当于现代国家的十大关系，十大矛盾论纲：

（1）现代国家起源与法国大革命的关系；

（2）人权宣言和国家宪法——个人自由和公共权力关系；

（3）国家和市民社会关系；

---

① 《马克思恩格斯全集》第42卷，人民出版社1979年版，第238页。

（4）代议制国家和宪章关系；

（5）权力的分开——立法权力和执行权力的关系；

（6）立法权力和立法机构的关系；

（7）执行权力中集权制与现代国家公共管理的关系；

（8）司法权力和法的关系；

（9）现代国家与政党关系；

（10）选举权与国家、市民社会的关系。

这份马克思《现代国家论纲》，写于1844年11月，已是马克思、恩格斯合作写作《神圣家族》之后，马克思成了马克思之后。

这里的思想值得重视。

第四节 人民主权论
——人民主体、主权在民

人民主权论——这是马克思现代国家观的一个基本观点，借以揭示现代国家根本超越中世纪封建专制主义国家的一个本质特征。

主权在君，还是主权在民？——这是国家体制、国家权力问题的首要问题，在中世纪上下千年的欧洲历史上，君主专制统治，加上神圣罗马帝国神权统治，交织在一起，统治了欧洲各国上千年。

本来，1642年英国资产阶级革命，1648年威斯特伐利亚条约，主权在民的近代主权国家似乎已成大势所趋，然而，后来的复辟浪潮兴起，在1688年"光荣革命"中，最终以君主立宪制形成妥协，又使这个问题变得复杂起来，难以捉摸。

主权在君，还是主权在民？——这个问题在德国显得特别突出。中世纪封建专制主义国家制度，在德国特别表现得根深蒂固，成为一个主要堡垒。公元800年威震一时的查理大帝，上罗马教皇给地加冕称帝，号为"罗马人的皇帝"，罗马世界帝国的皇帝，加上基督教会的保护人，后世更称之为"德意志民族神圣罗马帝国"，统治800年之久。

至马克思时代，这种德国国家崇拜、君权崇拜传统，转化为根深蒂固的普鲁士专制主义国家传统。

这正是马克思在那个时代倡导现代国家观的主要历史背景，主要锋芒所向。

1843年《黑格尔法哲学批判》，一个重要的焦点问题，就是黑格尔企图调和人民主权论与君主主权论，主张在德国实行君主立宪制，而马克思则旗帜鲜明地主张人民主权论，批判君主主权论、君主立宪论：

> 这是尽人皆知的道理。如果国王是"国家的真正的主权"，那他对外也应当被认为是"独立的国家"，甚至不要人民也行。如果说，国王可以主宰一切，只是因为他代表了人民的统一性，那他本人就只是人民主权的代表和象征。人民的主权不是从国王的主权中派生出来的，相反地，国王的主权倒是以人民的主权为基础的。

（1）问题就在于，所谓集中于君主身上的主权难道不是一种幻想吗？不是君主的主权，就是人民的主权——问题就在这里！

（2）如果要谈同君主主权对立的人民主权，那也是可以的。但是这里讲的已经不是存在于两个方面的同一个主权，而是两个完全对立的主权概念，一个能在君主身上实现的主权，另一个是只能在人民身上实现的主权。这同上帝主宰一切还是人主宰一切这个问题是一样的。①

（3）1844年11月马克思《关于现代国家的著作的计划草稿》的第二部分，通过总结法国大革命的历史经验，再次把"人民主权"作为现代国家制度创新的本质特征：

> 人权的宣布和国家的宪法。个人自由和公共权力。
> 自由平等和统一。人民主权。

---

① 《马克思恩格斯全集》第1卷，人民出版社1956年版，第279页。

马克思在这里，是把法国革命作为现代国家起源的一个典型，从中总结历史经验，找到现代国家的本质特征。

"人权的宣布和国家的宪法。"这里点出了法国大革命在现代国家制度创新上最有意义的突破口和生长点。1789年7月14日，巴黎人民攻下了巴士底狱，8月23日，制宪议会趁热打铁，通过了具有世界历史意义的《人权宣言》，以人权和公民权两大原则，为现代国家制度创新，确立了两大柱石：第一，人权原则，"人生来是和始终是自由的，并应享有平等的权利"；第二，公民权原则，国家本身不是目的，国家的存在是因为它负有保障公民享有其公民权的使命，主权属于全体公民，国民把他们的权力委托给一个负责的政府，如国家不履行其使命，人民有权决定其弃取。1791年宪法虽然是现代国家第一部成文法，尚保留了君主立宪的尾巴；而在雅各宾派推动下确立的1793年宪法，更明确体现了主权在民的原则，确立了体现人民主权论的现代国家治理原则和治理制度。

"个人自由和公共权力"。正是点明了《人权与公民权利宣言》中的这两大原则：人权原则强调的是个人自由；公民权原则强调的是公共权力。

"自由、平等和统一，"体现的是上述两大原则的思想主旨，其中包含的三个要点。

"人民主权"——正是贯穿了《人权与公民权利宣言》，"人权的宣布和国家的宪法"，人权原则与公民权原则的一条红线，最高的思想宗旨。因而，马克思把"人民主权"这个提法，作为画龙点睛，思想主旨在于揭示现代国家制度创新的本质特征。

第五节　市民社会基础论
——国家与市民社会关系新论

科学揭示国家与市民社会的关系，自始至终是马克思国家观，尤其是现代国家观的一个基本内容。

经过《莱茵报》时期的革命实践，马克思对黑格尔法哲学原理，尤其是其中国家决定市民社会的理论产生了根本质疑。于是在 1843 年《克罗茨纳赫笔记》的基础上，写出了他的第一部著作手稿《黑格尔法哲学批判》，其中首当其冲的一个基本问题，就是水落石出地彻底澄清国家与市民社会的关系，把被黑格尔唯心主义颠倒了的国家与市民社会关系，再重新颠倒过来，摆正其头足关系。

马克思先后从四个层面，阐发了市民社会基础论的基本观点。

第一层，市民社会前提论——市民社会是国家存在的前提，没有这个历史前提，就没有政治国家的形成：

> 理念变成了独立的主体，而家庭和市民社会对国家的现实关系变成了理念所具有的想象的内部活动。实际上，家庭和市民社会是国家的前提，它们才是真正的活动者；而思辨的思维却把这一切头足倒置。如果理念变为独立的主体，那么现实的主体（市民社会、家庭、"情势、任性等等"）在这里就会变成和它们自身不同的、非现实的、理念的客观要素。

第二层，市民社会建构论——市民社会作为真正的活动者，建构了国家机构，而不是相反：

> 家庭和市民社会是国家的构成部分。国家材料是"通过情势、任性和本身使命的亲自选择"而分配给它们的。国家的公民是家庭和市民社会的成员。

第三层，市民社会动力论——市民社会是国家形成与发展的原动力，推动着国家形式与法律关系的建构与发展：

> 家庭和市民社会是国家的真正的构成部分，是意志所具有的现实的精神实在性，它们是国家存在的方式。家庭和市民社会本身把自己

变成国家。它们才是原动力。

第四层，市民社会基础论——国家的自然基础是家庭，人为基础则是市民社会：

> 政治国家没有家庭的天然基础和市民社会的人为基础就不可能存在。它们是国家的 conditio sine qua non［必要条件］。但是在黑格尔那里条件变成了被制约的东西，规定其他东西的东西变成了被规定的东西，产生其他东西的东西变成了它的产品的产品。①

在《黑格尔法哲学批判》手稿中，马克思还粗线条地考察了"古希腊国家—中世纪国家—欧洲近代国家"的历史发展基本脉络，并与东方国家、亚洲国家作了历史对照，从而总结概括出欧洲近代国家发展的一条特殊规律，就是国家的抽象化，政治国家形式上与市民社会相对独立的发展，似乎取得了某种形式上的自主性——然而这只是一段历史时期的一条历史表象而已，历史任务是使政治国家回到市民社会的现实基础：

> 在人民生活的各个不同环节中，政治国家即国家制度的形成是经历了最大的困难的。对其他领域说来，它是作为普遍理性、作为彼岸之物而发展起来的。所以，历史任务就是要使政治国家返回实在世界，但是各个特殊领域并不因此就意识到：它们自己的本质将随着国家制度或政治国家的彼岸本质的消除而消除，政治国家的彼岸存在无非就是要确定它们这些特殊领域的异化。政治制度到现在为止一直是宗教的领域，是人民生活的宗教，是同人民生活现实性的人间存在相对立的人民生活普遍性的上天。政治领域是国家中的唯一国家领域，是这样一种唯一的领域，它的内容同它的形式一样，是类的内容，是真正的普遍物，但因为这个领域同别的领域相对立，所以它的内容也

---

① 《马克思恩格斯全集》第 1 卷，人民出版社 1956 年版，第 250—252 页。

成了形式的和特殊的。就现代的意思讲来，政治生活就是人民生活的经院哲学。君主制是这种异化的完整的表现，共和制则是这种异化在它自己的领域内的否定。①

在 1844 年 1 月写成的《关于现代国家的著作的计划草稿》中，在第三个要点中，即列出了这个专题："国家和市民社会"。这就说明，在写成了《黑格尔法哲学批判》，并来到巴黎一年之后，马克思依然把这个问题作为他的国家观，特别是现代国家观的基本问题之一，要求结合法国大革命的实践经验，进一步作出科学阐发，更好地揭示国家与市民社会的真实关系、本质关系。②

在 1845、1846 年间写成的《德意志意识形态》手稿第一章《费尔巴哈》中，马克思再次回到"国家与市民社会"关系这个重要话题上来，并给"市民社会"这个基本概念，作出了一个广义的定义，作为国家形成的社会基础、经济基础，然后他写下了"国家的起源和国家同市民社会的关系"这个重要命题，却未能就此展开论述：

> 在过去一切历史阶段上受生产力制约同时又制约生产力的交往形式，就是市民社会。从前面已经可以得知，这个社会是以简单的家庭和复杂的家庭，即所谓部落制度作为自己的前提和基础的。关于市民社会的比较详尽的定义已经包括在前面的叙述中了。从这里已经可以看出，这个市民社会是全部历史的真正发源地和舞台，可以看出过去那种轻视现实关系而局限于言过其实的历史事件的历史观何等荒谬。
>
> 到现在为止，我们主要只是考察了人类活动的一个方面——人改造自然。另一方面，是人改造人……
>
> 国家的起源和国家同市民社会的关系。③

---

① 《马克思恩格斯全集》第 1 卷，人民出版社 1956 年版，第 283 页。
② 《马克思恩格斯全集》第 42 卷，人民出版社 1979 年版，第 238 页。
③ 《马克思恩格斯选集》第 1 卷，人民出版社 1995 年版，第 87、88 页。

下篇　作为《资本论》续篇的晚年文本群

1859年，在第一次公开出版《政治经济学批判》时，马克思在《序言》中，马克思回顾了自己从1843年《黑格尔法哲学批判》以来的思想历程，并在此对于国家与市民社会的关系问题，作了一段画龙点睛式的经典表述，可以说是对这个问题的某种理论总结：

> 我学的专业本来是法律，但我只是把它排在哲学和历史之次当作辅助学科来研究。1842—1843年间，我作为《莱茵报》的编辑，第一次遇到要对所谓物质利益发表意见的难事。莱茵省议会关于林木盗窃和地产析分的讨论，当时的莱茵省总督冯·沙培尔先生就摩塞尔农民状况同《莱茵报》展开的官方论战，最后，关于自由贸易和保护关税的辩论，是促使我去研究经济问题的最初动因……
>
> 为了解决使我苦恼的疑问，我写的第一部著作是对黑格尔法哲学的批判性的分析，这部著作的导言曾发表在1844年巴黎出版的《德法年鉴》上。我的研究得出这样一个结果：法的关系正像国家的形式一样，既不能从它们本身来理解，也不能从所谓人类精神的一般发展来理解，相反，它们根源于物质的生活关系，这种物质的生活关系的总和，黑格尔按照18世纪的英国人和法国人的先例，概括为"市民社会"，而对市民社会的解剖应该到政治经济学中去寻求。我在巴黎开始研究政治经济学，后来因基佐先生下令驱逐移居布鲁塞尔，在那里继续进行研究。我所得到的、并且一经得到就用于指导我的研究工作的总的结果，可以简要地表述如下：人们在自己生活的社会生产中发生一定的、必然的、不以他们的意志为转移的关系，即同他们的物质生产力的一定发展阶段相适合的生产关系。这些生产关系的总和构成社会的经济结构，即有法律的和政治的上层建筑竖立其上并有一定的社会意识形式与之相适应的现实基础。物质生活的生产方式制约着整个社会生活、政治生活和精神生活的过程。不是人们的意识决定人们的存在，相反，是人们的社会存在决定人们的意识。①

---

① 《马克思恩格斯选集》第2卷，人民出版社1995年版，第31、32页。

第六节　法治国家论
——从人治走向法治

从青年马克思到成熟马克思，超越中世纪君主专制主义原则，走向以法治国的现代国家制度，自始至终是马克思国家观、现代国家观的思想主旨之一。

马克思出生在一个律师之家。从波恩大学到柏林大学，马克思系统学习的大学专业一直是法律学。从青年时代起，从康德到黑格尔的德国古典哲学中主张理性王国、法治传统的启蒙思想，成为他的思想原色之一。而法国启蒙学派的主张，法国大革命中的法治理想，拿破仑法典中贯穿的法治精神，都从青年时代起就给了马克思以深刻影响。

正基于此，从《莱茵报》时期、《德法年鉴》时期起，马克思就一方面痛斥普鲁士专制主义国家制度、君主专制原则，一方面把法治国家作为理性国家、现代国家的重要标准、重要目标：

> 法国拿破仑法典并不起源于旧约全书，而是起源于伏尔泰、卢梭、孔多塞、米拉波、孟德斯鸠的思想，起源于法国革命……
>
> 从前的国家法的哲学家是根据本能，例如功名心、善交际，或者甚至是根据理性，但并不是公共的而是个人的理性来看国家的。最新哲学持有更加理想和更加深刻的观点，它是根据整体的思想而构成自己对国家的看法。它认为国家是一个庞大的机构，在这个机构里，必须实现法律、伦理的、政治的自由，同时，个别公民服从国家的法律也就是服从自己本身理性的即人类理性的自然规律。①

1843年至1844年初，马克思写的第一部著作《黑格尔法哲学批判》，

---

① 《马克思恩格斯全集》第1卷，人民出版社1956年版，第129页。

批判的是黑格尔唯心主义，保守主义的国家学、法哲学，同时也就提出了新唯物主义的国家学、法哲学的思想萌芽，甚至是理论雏形，而不是简单否定国家学、法哲学。

当马克思1859年《政治经济学批判》序言中，称之为"我的第一部著作"时，不仅意味着这是马克思当年系统批判黑格尔哲学世界观的第一部著作，也是马克思正面阐述孕育之中的新唯物主义国家观、法哲学的第一部著作，从而也是马克思主义法治国家理论的第一部著作——我们今天应当从这个新视角、新高度，重新评价马克思这一著作，重新解读马克思这一著作。

按照马克思的思想轨迹，我们需要对1789年法国《人权与公民权利宣言》——1793年法国宪法——马克思《关于现代国家的著作的计划草稿》三个历史文献，作出比较研究，从而找到一把钥匙，真正把握蕴涵在马克思《现代国家论纲》中的"法治国家论"基本思想。

马克思在这个论纲中首先提到的是"人权的宣言"，即1789年8月法国国民会议通过的《人权与公民权利宣言》，"个人人权—法治国家"是全部宣言凝聚的两个核心理念。一共16条，其中头四条，着重讲人权，中间六条都是围绕"法治国家"这一原则展开的：

第四条　这些边界只能通过法律加以确定。

第五条　法律仅有权禁止那些有害于社会的行为。任何未被法律禁止的事情都不得阻止，任何人不得被迫去做法律并未明令要做的事情。

第六条　法律是公共意志的表达。所有公民有权亲自或通过代表参与立法；无论是保护还是惩罚，法律必须一视同仁。所有公民在法律面前一律平等，因而同样有权根据各自的能力获得高位、公职与就业，一切视德行与才能而定。

第七条　非经法律裁定，且遵循法定程序，任何人不得被指控、逮捕或拘留。凡寻求、推动、执行或促进任意裁决者，应受惩罚；但是，任何被依法传唤或拘留的公民必须立即服从，抵抗即构成犯罪。

第八条　法律所规定的惩罚应该仅限于严格且明显必要的范围内。对任何人的惩罚必须依据在其犯罪前业已制定且公之于众并依法实施的法律。

第九条 每个人在宣判有罪之前推定无罪,即使认为有必要逮捕他,任何为关押其人身所不必要的酷刑,应通过法律严加限制。

第十条 任何人不得因自己的言论,即便是宗教言论而遭骚扰。只要这些言论的表达不干扰既定的法律与秩序。

第十六条 社会如没有任何明文规定保障权利或者权力分立,即无宪法。

最后尾声第十六条,又画龙点睛,重新回到保障人权与法治国家两大原则的统一上来。①

法国大革命高潮中,还在《人权宣言》基础上,两次制定了宪法:1791年宪法还不够彻底,保留了君主立宪制;而在雅各宾派领导人民革命走向高潮的形势下,1793年宪法又称"共和元年宪法",则把"人民主权"、"法治国家"的原则,发挥到了极致之点,要求彻底体现以法治国的最高原则,没有比法律更高的权力。

马克思的《现代国家论纲》,中间的五条,即从第四条到第八条,恰恰提出了一个极为简要的"法治国家"论纲。

其中第四条讲的是"法治国家"的近代形态特征:"代议制国家和宪章"。立宪的代议制国家,民主的代议制国家,正反映了从1791年宪法到1793年宪法的发展进程,两个不同阶段。

第五条,讲"权力的分开",权力的分开与相互制约原则,正是法治精神、法治国家的一条基本原则,其中尤为重要的是,"立法权力和执行权力"的分开与相互制约。

下面,则分别探讨了"立法权—行政权—司法权"依法行使的问题,最后还是落脚到一个"法"字上来,三权分立,相互制约,最后要统一到国家根本大法——宪法上来,"人民主权—法治国家"的统一原则上来。

综上所述,1843年、1844年,马克思针对德国现代国家制度创新滞后,普鲁士专制制度盛行的现状,比较研究了英法等国走向现代国家的不

---

① [德] 格奥尔格·耶利内克:《人权与公民权利宣言》,钟云龙译,中国政法大学出版社2012年版,第143、144页。

同道路，提出了他自己的现代国家观，其中的一个重要观点就是"法治国家论"；

1843年《黑格尔法哲学批判》，相当于马克思现代国家观、法治国家观的上篇，主要是借批判黑格尔国家学、法哲学展开其细目；

1844年11月制定的《现代国家的著作的计划草稿》，相当于比较研究法国革命经验后初步拟出的下篇纲要，在这一意义上，可称为马克思"现代国家观纲要"，或"法治国家论纲要"；

我们过去受到苏联模式教科书僵化观念影响，常常把它们全都作为"不成熟时期的不成熟著作"，打入冷宫，今天看来这是根本错误的：这些闪光思想不仅有重大历史意义、理论意义；而且在当代，在当代中国至今仍有重大的现实意义、实践意义。

在1845、1846年写成的《德意志意识形态》手稿中，马克思、恩格斯仍然从哲学高度，充分肯定了法治国家原则对现代国家的重要意义：

> 在现实的历史中，那些认为权力是法的基础的理论家和那些认为意志是法的基础的理论家是直接对立的，这种对立，圣桑乔也可以认为是现实主义（儿童、古代人、黑人）和理想主义（青年、近代人、蒙古人）的对立。如果像霍布斯等人那样，承认权力是法的基础，那么法、法律等等只不过是作为国家权力基础的其他关系的一种标志，一种表现。个人的完全不依他们的单纯"意志"为转移的物质生活，即他们的相互制约的生产方式和交往形式，是国家的现实基础，而且在分工和私有制还是必要的一切阶段上都是这样，这是完全不依个人的意志为转移的。这些现实的关系决不是国家权力创造出来的，相反地，它们是创造国家权力的力量。在这种关系中占统治地位的个人，除了必须把自己的力量构建成国家外，还必须使他们的由这些特定关系所决定的意志具有国家意志即法律这种一般表现形式，其内容总是由这个阶级的关系决定的，像私法和刑法最清楚地证明的那样。这些个人通过法律形式来实现自己的意志，同时使自己的意志不受他们之中任何一个单个人的任性所左右，这一点不取决于他们的意志，如同

他们的体重不取决于他们的唯心的意志或任性一样。他们的个人统治必须同时确立为一般的统治。他们的个人权力是以作为许多人共同的生活条件而发展起来的那些生活条件为基础的，他们作为同其他人对立的统治者，同时也作为管辖所有人的统治者，必须维护这些生活条件的持续存在。这种由他们的共同利益所决定的意志的表现，就是法律。①

《德意志意识形态》的第一章《费尔巴哈》，还从哲学高度揭示出，共同的法律规范何以成为国家治理的一般形式，尤其是现代国家的普遍形式、普遍原则：

> 由于私有制摆脱了共同体［Gemein wesen］，国家获得了和市民社会并列并且在市民社会之外的独立存在；实际上国家不外是资产者为了在国内外相互保障各自的财产和利益所必然要采取的一种组织形式……
> 因为国家是统治阶级的各个人借以实现其共同利益的形式，是该时代的整个市民社会获得集中表现的形式，所以可以得出结论：一切共同的规章都是以国家为中介的，都获得了政治形式。由此便产生了一种错觉，好像法律是以意志为基础的，而且是以脱离其现实基础的意志即自由意志为基础的。同样，法随后也被归结为法律。
> 私法和私有制是从自然形成的共同体［Gemeinwesen］的解体过程中同时发展起来的。在罗马人那里，私有制和私法的发展没有在工业和商业方面引起进一步的结果，因为他们的整个生产方式没有改变。在现代民族那里，工业和商业瓦解了封建的共同体［Gemeinwesen］，随着私有制和私法的产生，开始了一个能够进一步发展的新阶段。在中世纪进行了广泛的海上贸易的第一个城市阿马尔菲也制定了海商法。当工业和商业——起初在意大利，随后在其它国家——进一步发

---

① 《马克思恩格斯全集》第3卷，人民出版社1956年版，第377、378页。

展了私有制的时候，详细拟定的罗马私法便又立即得到恢复并取得威信。后来，资产阶级力量壮大起来，君主们开始照顾它的利益，以便借助资产阶级来摧毁封建贵族，这时候法便在所有国家中——法国是在 16 世纪——开始真正地发展起来了，除了英国以外，这种发展在所有国家中都是以罗马法典为基础的。即使在英国，为了私法（特别是其中关于动产的那一部分）的进一步完善，也不得不参照罗马法的原则。①

在《资本论》体系及其"五篇计划"、"六册构想"中，马克思突破了亚当·斯密关于近代国家只是"守夜人"的教条主义假说，揭示出在资本主义起源过程中，国家及其法律在其中的重要能动作用：

> 十七世纪经济学家无形中是这样接受国民财富这个概念的，即认为财富的创造仅仅是为了国家，而国家的实力是与这种财富成比例的，——这种观念在十八世纪的经济家中还部分地保留着。这是一种还不自觉的伪善形式，通过这种形式，把财富本身和财富的生产宣布为现代国家的目的，而把现代国家看成只是生产财富的手段。
> 资产阶级社会在国家形式上的概括，就它本身来考察"非生产"阶级、税、国债、公共信用、人口、殖民地、向外国移民。②

1886 年，晚年恩格斯在《费尔巴哈论》中，对于马克思现代国家观、法治国家观，作出了理论总结和简要概述。

他首先回答了国家意志的法律形式，与市民社会、经济关系究竟是什么关系：

> 因此，在现代历史中至少已经证明，一切政治斗争都是阶级斗争，而一切争取解放的阶级斗争，尽管它必然地具有政治的形式（因

---

① 《马克思恩格斯选集》第 1 卷，人民出版社 1995 年版，第 132、133 页。
② 《马克思恩格斯全集》第 46 卷上册，人民出版社 1979 年版，第 46 页。

为一切阶级斗争都是政治斗争），归根到底都是围绕着经济解放进行的。因此，至少在这里，国家、政治制度是从属的东西，而市民社会，经济关系的领域是决定性的因素。从传统的观点看来（这种观点也是黑格尔所尊崇的），国家是决定的因素，市民社会是被国家决定的因素。表面现象是同这种看法相符合的。就单个人来说，他的行动的一切动力，都一定要通过他的头脑，一定要转变为他的意志的动机，才能使他行动起来，同样，市民社会的一切要求（不管当时是哪一个阶级统治着），也一定要通过国家的意志，才能以法律形式取得普遍效力。这是问题的形式方面，这方面是不言而喻的；不过要问一下，这个仅仅是形式上的意志（不论是单个人的或国家的）有什么内容呢？这一内容是从哪里来的呢？为什么人们所期望的正是这个而不是别的呢？在寻求这个问题的答案时，我们就发现，在现代历史中，国家的意志总的说来是由市民社会的不断变化的需要，是由某个阶级的优势地位，归根到底，是由生产力和交换关系的发展决定的。①

接着，他进一步回答了现代国家为什么普遍采取法治国家的制度创新，其经济根源、历史根源何在：

> 如果说国家和公法是由经济关系决定的，那么不言而喻，私法也是这样，因为私法本质上只是确认单个人之间的现存的、在一定情况下是正常的经济关系。但是，这种确认所采取的形式可以是很不相同的。人们可以把旧的封建的法的形式大部分保存下来，并且赋予这种形式以资产阶级的内容，甚至直接给封建的名称加上资产阶级的含义，就像在英国与民族的全部发展相一致而发生的那样；但是人们也可以像在西欧大陆上那样，把商品生产者社会的第一个世界性法律即罗马法以及它对简单商品所有者的一切本质的法的关系（如买主和卖主、债权人和债务人、契约、债务等等）所作的无比明确的规定作为

---

① 《马克思恩格斯选集》第4卷，人民出版社1995年版，第251页。

基础。这样做时，为了仍然是小资产阶级的和半封建的社会的利益，人们可以或者是简单地通过审判的实践贬低罗马法，使它适合于这个社会的状况（普通法），或者是依靠所谓开明的进行道德说教的法学家的帮助把它加工成一种适应于这种社会状况的特殊法典，这种法典，在这种情况下即使从法学观点看来也是不好的（普鲁士邦法）；但是这样做时，人们也可以在资产阶级大革命以后，以同一个罗马法为基础，制定出像法兰西民法典这样典型的资产阶级社会的法典。因此，如果说民法准则只是以法的形式表现了社会的经济生活条件，那么这种准则就可以依情况的不同而把这些条件有时表现得好，有时表现得坏。①

第七节　国家体系论
——国家对外、国际关系

马克思的国家观、现代国家观，不局限于孤立地考察个别国家，而是立足于从世界历史的整体高度，系统纵观整个国际关系、世界格局，由此形成了一个独特概念，这就是"国家体系"。

马克思"国家体系"概念的提出，有一个酝酿过程与思想飞跃。

在 1857 年 8 月，马克思在提出《资本论》体系五篇构想时，在第三篇"资产阶级社会在国家形式上的概括"之后，他的提法是分两个层次的，罗列了国际关系体系的发展，从单项层面到总体层面：

　　显然，应当这样来分篇……（3）资产阶级社会在国家形式上的概括。就它本身来考察。"非生产"阶级。税。国债。公共信用。人口。殖民地。向外国移民。（4）生产的国际关系。国际分工。国际交

---

① 《马克思恩格斯选集》第 4 卷，人民出版社 1995 年版，第 252、253 页。

换。输出和输入。汇率。（5）世界市场和危机。①

三个月后，1857年，在写到《资本论》第一手稿的《货币章》结尾时，马克思提出"五篇构想"的第二方案，把上述两个层面的内容，表达为更加凝练的两句话：

> 资产阶级社会在国家上的概括构成第三篇，生产的国际关系构成第四篇，世界市场构成末篇；在末篇中，生产以及它的每一个要素都表现为总体，但是同时一切矛盾都展开了。于是，世界市场又构成总体的前提和承担者。于是，危机就是普遍表示超越这个前提，并迫使采取新的历史形式。②

1857年1月中旬，在写完《货币章》之后，马克思对于"五篇构想"又有一个新的表述，简单地说就是两个说法：
（1）国家对外；
（2）世界市场。③

经过多年沉淀，反复思考，马克思的思想在1875年《哥达纲领批判》中，有一个新飞跃，新升华，就是提出与"世界市场"相对应的"国家体系"概念：

> 不言而喻，为了能够进行斗争，工人阶级必须在国内作为阶级组织起来，而且它的直接的斗争舞台就是本国。所以，它的阶级斗争不就内容来说，而像《共产党宣言》所指出的"就形式来说"，是本国范围内的斗争。但是，"现代民族国家的范围"，例如德意志帝国，本身又在经济上处在"世界市场的范围内"，在政治上"处在国家体系的范围内"。任何一个商人都知道德国的贸易同时就是对外贸易，而

---

① 《马克思恩格斯全集》第46卷上册，人民出版社1979年版，第46页。
② 《马克思恩格斯全集》第46卷上册，人民出版社1979年版，第178页。
③ 《马克思恩格斯全集》第46卷上册，人民出版社1979年版，第219页。

俾斯麦先生的伟大恰好在于他实行一种国际的政策。①

在《哥达纲领批判》中，马克思在分析批判"现代社会"、现代国家概念时，还特别指出，在当代世界历史进程中，"现代社会"、"世界市场"与"现代国家"、"国家体系"，经济与政治两个层面的发展，出现不平衡现象、不平衡进程、不平衡规律，以世界市场为经济基础的"现代社会"发展得相对比较顺利、比较一致，而在国际政治层面的"现代国家"、"国家体系"，却有相当突出的差异性、不平衡性、矛盾特殊性：

> 而且纲领还荒谬地滥用了"现代国家"、"现代社会"等字眼，甚至更荒谬地误解了向之提出自己要求的那个国家！
> "现代社会"就是存在于一切文明国度中的资本主义社会，它或多或少地摆脱了中世纪的杂质，或多或少地由于每个国度的特殊的历史发展而改变了形态，或多或少地有了发展。"现代国家"却随国境而异。它在普鲁士德意志帝国同在瑞士不一样，在英国同在美国不一样。所以，"现代国家"是一种虚构。
> 但是，不同的文明国度中的不同的国家，不管它们的形式如何纷繁，却有一个共同点，它们都建立在现代资产阶级社会的基础上，只是这种社会的资本主义发展程度不同罢了。所以，它们具有某些根本的共同特征。在这个意义上可以谈"现代国家制度"……②

从国际贸易走向世界市场，从国际关系走向国家体系，在世界历史发展轨迹中，还是有迹可循的，"古代地中海体系—近代大西洋体系—现代太平洋体系"，是其发展的三大历史形态，三大历史阶段。

马克思、恩格斯早在1849年、1850年，就在两篇国际述评中，揭示了世界历史、世界市场、国家体系发展中的这样一条缕缕不绝的发展线索，有助于我们不仅把握国际商道、国际贸易的时代脉搏，而且深刻把握

---

① 《马克思恩格斯选集》第3卷，人民出版社1995年版，第308页。
② 《马克思恩格斯选集》第3卷，人民出版社1995年版，第313页。

国际关系、国家体系发展的时代脉搏。

在《国际述评》中，有大段描述，生动地再现了世界历史发展的这条重要历史主线：

> 在纬度30度上的漫长海岸是世界上最美丽最富饶的地区之一，以前它几乎是荒无人迹的地方，而现在它在我们眼前正变成一个富足的文明区域，聚集着一切种族和民族的代表：从美国佬到中国人，从黑人到印第安人和马来亚人，从克里奥洛和美司代佐到欧洲人。加利福尼亚的黄金源源流入美洲和亚洲的太平洋沿岸地区，甚至把最倔强的野蛮民族也拖进了世界贸易——文明世界。世界贸易第二次获得了新的方向。世界贸易中心在古代是泰尔、迦太基和亚历山大，在中世纪是热那亚和威尼斯，在现代，到目前为止是伦敦和利物浦，而现在的世界贸易中心将是纽约和旧金山、尼加拉瓜的圣胡安和利奥、查理斯和巴拿马。世界交通枢纽在中世纪是意大利，在现代是英国，而目前将是北美半岛南半部。古老欧洲的工业和贸易如果不愿意像16世纪以来意大利的工业和贸易那样衰落不振的话，如果不愿意让英国和法国变成今天的威尼斯、热那亚和荷兰的话，就必须作巨大的努力。再过几年，在我们面前将会出现一条固定航线，从英国通往查理斯，从查理斯和旧金山通往悉尼、广州和新加坡。由于加利福尼亚金矿的开采和美国佬的不断努力，太平洋两岸很快就会像现在从波士顿到新奥尔良的海岸地区那样人口密集、贸易方便、工业发达。这样，太平洋就会像大西洋在现代、地中海在古代和中世纪一样，起着伟大的世界交通航线的作用；大西洋的作用将会降低，而像现在的地中海一样成为内海。①

无独有偶，马克思、恩格斯对国家体系研究与描述，不是仅有1850年《国际述评》中的个别思想闪光，最有分量的是马克思晚年笔记。

---

① 《马克思恩格斯全集》第7卷，人民出版社1959年版，第263、264页。

《国际关系体系——世界历史笔记》。

这组笔记共包括四个笔记本，构成一个整体。马克思没有命名。恩格斯给它加的标题是《编年摘录》，或叫《编年大事记》，*Chronlogiche Auszuge*。苏联马克思列宁主义研究院1938—1946年间，把它编入《马克思恩格斯文库》第Ⅴ—Ⅷ卷，题目为《历史学笔记》；中文译本目前也用了《马克思历史学笔记》这个题目（1992，2005）。MEGA² 打算把它编入第四部分笔记的几乎最后一卷，第31卷。

整套笔记篇幅巨大，共545页，翻译成汉字约180万字左右。

为了准确地再现其独特研究对象与思想主旨，这里称之为《国际关系体系——世界历史笔记》。马克思笔记主要利用的底本，是德国历史学家施洛塞尔的18卷本的《世界史》，也有助于证实这一点。

对于这组笔记的主题、主线、主旨，至今研究仍很不够，却又众说纷纭。实际上，我们按照马克思基本思路，可以初步理出基本头绪来：

第一册笔记的起点是公元前93年，罗马公民权的扩大、以罗马帝国与地中海为中介，古代西方世界国际关系体系形成的历史起点；

第四册笔记的终点是1648年，三十年战争的结束，威斯特伐利亚和约的签订，以神圣罗马帝国为核心的西方古代世界历史和国际关系体系走向瓦解，以德、法、英、俄等主权国家为主体的近代世界历史上的国际关系体系，开始形成雏形。

贯穿其中的一条思想主线，是怎样从神圣罗马帝国代表的古代世界历史的国际关系体系，走向神圣罗马帝国崩溃、近代世界历史的国际关系体系生成，真正意义上的近代世界市场、世界历史的形成。

这里的终点，正是《资本论》逻辑的历史起点、历史前提。

马克思为什么要做这样一个笔记呢？许多人感到大惑不解，其实理解这一点的钥匙就在《资本论》体系构想中。其最初从"五篇构想"到"六册构想"的研究思路，都是"资本—国家—国际贸易—世界市场"，从《资本论》过渡到《国家论》，再过渡到《国际贸易论——生产的国际关系》。

这组笔记正反映了这样一种思想进程，堪称是晚年马克思为写出《资本论》续篇而做的第二组准备材料，也可称作"前资本主义的世界历史形成史笔记"，"近代世界历史前史笔记"。

马克思的世界市场论与国家体系论思想，在当代具有巨大的理论意义与现实意义。

世纪之交近 20 多年来，一个世界历史上的新矛盾、新问题，就是出现了统一的世界市场而不同的国家体系。

国家制度创新、国际关系创新、国家体系创新，远远地滞后于全球化的经济创新、世界市场创新、跨国公司制度创新、科技创新。

世纪之交的五次全球性危机，背后的一个共同根源，都紧密地连接着一个共同症结——国家制度、国家体系创新滞后：

一是 1991 年前后，苏联解体，东欧剧变的危机；

二是 1997 年，东南亚金融危机；

三是 2008 年，当代国际金融危机；

四是 2011 年，欧洲主权债务危机；

五是 2010 年以来迄今为止的中东剧变，颜色革命，多国动荡……

第八节　马克思首倡新型国家观
——立足 1848 年革命实践的理论创新先声

马克思一生的主要著作是《资本论》，与此相应的政治哲学理论创新是现代国家观；而马克思毕生的社会理想、理论追求，则是人类解放、自由个性。为此需要根本超越资本主义社会的新型社会，根本超越资产阶级现代国家的工人阶级新型国家。这是人类社会的历史命运，也是工人阶级的历史使命。

对于工人阶级新型国家的理论创新、实践创新、制度创新的上下求索，贯穿在马克思一生的理论探索与革命实践之中，特别集中地体现在他一生遭遇的两次革命实践中，第一次是 1848 年欧洲革命，第二次则是法国巴黎公社的革命实践。

在 1848 年欧洲革命前后，在《共产党宣言》起草过程中，马克思、恩格斯根据那个时代还相当有限的工人阶级革命实践，加上英、法、美、德等欧美各国现代化历史经验，首次初步探讨了工人阶级新型国家的制度创新问题。

在 1847 年 6 月初，恩格斯受命为共产主义者同盟第一次代表大会准备纲领方案，执笔起草了《共产主义信条草案》，在回答第十六个问题时，恩格斯首次提出了无产阶级新型民主国家观的基本思想：

第十六个问题：你们认为，用什么方法才能实现从目前状况到财产公有的过渡呢？

答：实行财产公有的第一个基本条件是通过民主的国家制度达到无产阶级的政治解放。

第十七个问题：一旦你们实现了民主制，你们的第一个措施是什么？

答：保障无产阶级的生活。①

1847 年 10 月，恩格斯又在信条草案的基础上，为共产主义者同盟起草了第二份纲领草案，题目改为《共产主义原理》，仍取问答方式，在回答第十八个问题时，再次阐发了无产阶级新型国家观的基本观点。

第十八个问题：这个革命的发展过程将是怎样的？

答：首先无产阶级革命将建立民主的国家制度，从而直接或间接地建立无产阶级的政治统治。在英国可以直接建立，因为那里的无产者现在已占人民的大多数。在法国和德国可以间接建立，因为这两个国家的大多数人民不仅是无产者，而且还有小农和小资产者，小农和小资产者正处在转变为无产阶级的过渡阶段，他们的一切政治利益的实现都越来越依赖无产阶级，因而他们很快就会同意无产阶级的要

---

① 《马克思恩格斯全集》第 42 卷，人民出版社 1979 年版，第 379 页。

求。这也许还需要第二次斗争,但是,这次斗争只能以无产阶级的胜利而告终。①

在恩格斯前两稿的基础上,马克思执笔起草了《共产党宣言》,也正是在这里,明确提出根本超越资产阶级现代国家的无产阶级新型国家观,在这一意义上可以说,《共产党宣言》实质上也是《新型国家观宣言》。

前面我们已经看到,工人革命的第一步就是使无产阶级上升为统治阶级,争得民主。

无产阶级将利用自己的政治统治,一步一步地夺取资产阶级的全部资本,把一切生产工具集中在国家即组织成为统治阶级的无产阶级手里,并且尽可能快地增加生产力的总量。

要做到这一点,当然首先必须对所有权和资产阶级生产关系实行强制性的干涉,也就是采取这样一些措施,这些措施在经济上似乎是不够充分的和没有力量的,但是在运动进程中它们会越出本身,而且作为变革全部生产方式的手段是必不可少的。

这些措施在不同的国家里当然会是不同的。

但是,最先进的国家几乎都可以采取下面的措施:

1. 剥夺地产,把地租用于国家支出。
2. 征收高额累进税。
3. 废除继承权。
4. 没收一切流亡分子和叛乱分子的财产。
5. 通过拥有国家资本和独享垄断权的国家银行,把信贷集中在国家手里。
6. 把全部运输业集中在国家手里。
7. 按照总的计划增加国家工厂和生产工具,开垦荒地和改良土壤。

---

① 《马克思恩格斯选集》第1卷,人民出版社1995年版,第239页。

8. 实行普遍劳动义务制，成立产业军，特别是在农业方面。

9. 把农业和工业结合起来，促使城乡对立逐步消灭。

10. 对所有儿童实行公共的和免费的教育。取消现在这种形式的儿童的工厂劳动。把教育同物质生产结合起来，等等。

当阶级差别在发展进程中已经消失而全部生产集中在联合起来的个人的手里的时候，公共权力就失去政治性质。原来意义上的政治权力，是一个阶级用以压迫另一个阶级的有组织的暴力。如果说无产阶级在反对资产阶级的斗争中一定要联合为阶级，如果说它通过革命使自己成为统治阶级，并以统治阶级的资格用暴力消灭旧的生产关系，那么它在消灭这种生产关系的同时，也就消灭了阶级对立的存在条件，消灭了阶级本身的存在条件，从而消灭了它自己这个阶级的统治。．

代替那存在着阶级和阶级对立的资产阶级旧社会的，将是这样一个联合体，在那里，每个人的自由发展是一切人的自由发展的条件。①

这里的一个中心思想就是，工人阶级必须夺取国家政权，开创现代新型民主国家，这是其历史使命由以实现的制度创新、根本保证。

第九节　1871年马克思再次阐发新型国家观
——在巴黎公社革命实践基础上写成的《法兰西内战》

在1871年巴黎公社革命实践的基础上，马克思为国际工人协会总委员会，起草了致欧洲和美国全体会员的一篇宣言，这就是1871年5月30日通过的历史文献《法兰西内战》。也正是在这里，马克思主义创始人比在《共产党宣言》中，更具体、更鲜明、更充分地初步阐发了自己的新型

---

① 《马克思恩格斯选集》第1卷，人民出版社1995年版，第293、294页。

国家观。

在这份宣言核心部分的第三章开头,就开宗明义地提出了工人阶级通过革命实践开创新型国家的思想主旨:

> 1871年3月18日清晨,巴黎被"公社万岁!"的雷鸣般的呼声惊醒了。公社,这个使资产阶级的头脑怎么也捉摸不透的怪物,究竟是什么呢?
>
> 中央委员会在它的3月18日宣言写道:
>
> "巴黎的无产者,目睹统治阶级无能和叛卖,已经懂得:由他们自己亲手掌握公共事务的领导以挽救时局的时刻已经到来……他们已经懂得:夺取政府权力以掌握自己的命运,是他们无可推卸的职责和绝对权力。"
>
> 但是,工人阶级不能简单地掌握现成的国家机器,并运用它来达到自己的目的。①

这段话虽然十分简单,却非常重要,也可以称之为马克思"新型国家观"的基本原则,也是巴黎公社原则的思想真谛。也就是说,工人阶级历史使命,不仅是夺取政权、掌握政权,使国家政权易手,掌握在自己手中,而且要根本改造国家制度,根本创新国家制度,并创新型国家。

为了强调新型国家观中国家制度创新原则的重要性,1872年6月24日,马克思、恩格斯为纪念《共产党宣言》发表25年,写了《1872年德文版序言》,其中强调25年来最重要的修改补充,就是巴黎公社提出的新型国家制度创新的原则:

> 由于最近25年来大工业有了巨大发展而工人阶级的政党组织也跟着发展起来,由于首先有了二月革命的实际经验而后来尤其是有了无产阶级第一次掌握政权达两月之久的巴黎公社的实际经验,所以这个

---

① 《马克思恩格斯选集》第3卷,人民出版社1995年版,第52页。

纲领现在有些地方已经过时了。特别是公社已经证明："工人阶级不能简单地掌握现成的国家机器，并运用它来达到自己的目的。"（见《法兰西内战。国际工人协会总委员会宣言》德文版第19页，那里把这个思想发挥得更加完备。）①

什么叫新型国家的制度创新？这就是意味着"双重突破"：不仅突破了中世纪专制主义国家制度，而且要突破资产阶级的现代国家制度。只有这"两个突破"都达到了，才能叫现代主义上的"新型国家"。

《法兰西内战》第三章开头，就提出了"双重突破"的国家制度创新准则与目标：

> 中央集权的国家政权连同其遍布各地的机关，即常备军、警察局、官厅、教会和法院——这些机关是按照系统的和等级的分工原则建立的——起源于专制君主制时代，当时它充当了新兴资产阶级社会反对封建制度的有力武器。但是，领主权利、地方的特权、城市和行会的垄断以及地方的法规等这一切中世纪的垃圾还阻碍着它的发展。18世纪法国革命的大扫帚，把所有这些过去时代的残余都扫除干净，这样就从社会基地上清除了那些妨碍建立现代国家大厦这个上层建筑的最后障碍。现代国家大厦是在第一帝国时期建立起来的，而第一帝国本身又是从半封建的旧欧洲反对现代法国的几次同盟战争中产生的。在以后各个时期的政治体制下，政府都被置于受议会控制，即受有产阶级直接控制的地位。它不但变成了巨额国债和苛捐重税的温床，不但由于拥有令人倾心的官职、金钱和权势而变成了统治阶级中各不相让的党派和冒险家们彼此争夺的对象，而且，它的政治性质也随着社会的经济变化而同时改变。现代工业的进步促使资本和劳动之间的阶级对立更为发展、扩大和深化。与此同步，国家政权在性质上也越来越变成了资本借以压迫劳动的全国政权，变成了为进行社会奴

---

① 《马克思恩格斯选集》第1卷，人民出版社1995年版，第249页。

役而组织起来的社会力量,变成了阶级专制的机器。每经过一场标志着阶级斗争前进一步的革命以后,国家政权的纯粹压迫性质就暴露得更加突出。1830年的革命使政权从地主手里转到了资本家手里,也就是从离工人阶级较远的敌人手里转到了工人阶级的更为直接的敌人手里。资产阶级共和党人以二月革命的名义夺取了国家政权,并且用这个政权进行了六月屠杀,从而向工人阶级证明,"社会"共和国就是保证使他们遭受社会奴役的共和国;向资产阶级的大批保皇派和地主阶级证明,他们尽可以放心地让资产阶级"共和党人"去操治理国家之心,得治理国家之利。①

马克思描述了巴黎公社的基本特征,并在此基础上揭示出巴黎公社的真正秘密,在于它实质上是工人阶级的政府,新型国家,是终于发现的可以使劳动在经济上获得解放的政治形式、国家形态。

马克思这样简明扼要地描述了巴黎公社在国家制度上的创新举措、基本特征:

> 帝国制度是国家政权的最低贱的形式,同时也是最后的形式。它是新兴资产阶级社会当作自己争取摆脱封建制度的解放手段而开始缔造的;而成熟了的资产阶级社会最后却把它变成了资本奴役劳动的工具。
>
> 帝国的直接对立物就是公社。巴黎无产阶级在宣布二月革命时所呼喊的"社会共和国"口号,的确是但也仅仅是表现出这样一种模糊的意向,即要求建立一个不但取代阶级统治的君主制形式、而且取代阶级统治本身的共和国。公社正是这个共和国的毫不含糊的形式……
>
> 公社是由巴黎各区通过普选选出的市政委员组成的。这些委员是负责任的,随时可以罢免。其中大多数自然都是工人或公认的工人阶级代表。公社是一个实干的而不是议会式的机构,它既是行政机关,

---

① 《马克思恩格斯选集》第3卷,人民出版社1995年版,第52、53页。

同时也是立法机关。警察不再是中央政府的工具,他们立刻被免除了政治职能,而变为公社的负责任的、随时可以罢免的工作人员。所有其他各行政部门的官员也是一样。从公社委员起,自上至下一切公职人员,都只能领取相当于工人工资的报酬。从前国家的高官显宦所享有的一切特权以及公务津贴,都随着这些人物本身的消失而消失了。①

在此基础上,马克思一语破的,揭示出巴黎公社的本质特征与真正秘密:

> 人们对公社有多种多样的解释、多种多样的人把公社看成自己利益的代表者,这证明公社完全是一个具有广泛代表性的政治形式,而一切旧有的政府形式都具有非常突出的压迫性。公社的真正秘密就在于:它实质上是工人阶级的政府,是生产者阶级同占有者阶级斗争的产物,是终于发现的可以使劳动在经济上获得解放的政治形式。②

巴黎公社所预示的新型国家的本质特征,在于国家与社会关系的重新建构,根本克服了国家高踞于社会与劳动之上的传统痼疾。

在《法兰西内战》初稿中,特别鲜明地指出了这一点:

> 公社——这是社会把国家政权重新收回,把它从统治社会、压制社会的力量变成社会本身的生命力;这是人民群众把国家政权重新收回,他们组成自己的力量去代替压迫他们的有组织的力量;这是人民群众获得社会解放的政治形式,这种政治形式代替了被人民群众的敌人用来压迫他们的假托的社会力量(即被人民群众的压迫者所篡夺的力量)(原为人民群众自己的力量,但被组织起来反对和打击他们)。这种形式很简单,像一切伟大事物一样。③

---

① 《马克思恩格斯选集》第3卷,人民出版社1995年版,第55页。
② 《马克思恩格斯选集》第3卷,人民出版社1995年版,第59页。
③ 《马克思恩格斯选集》第3卷,人民出版社1995年版,第95页。

第十节　无产阶级专政论
——特殊过渡时期的特殊国家形态

毫无疑问，无产阶级专政是马克思国家观尤其是新型国家观的基本观点之一。可是，由于种种复杂原因，马克思无产阶级专政说受到"左"和右、僵化与自由化两个方面的重大误解，因而近百年来自始至终成为一个争论的焦点问题。直至2014年，中国社会科学院院长王伟光文章，讲人民民主专政并不输理，却引起轩然大波，仍然像一面镜子那样，反映出这个基础理论问题上的重大分歧，众说纷纭。现在的问题是，对马克思无产阶级专政学说，反对的很多，支持的人也不少，就是深入研究的人太少太少。因而，我们在这里提出的任务，是把前人争论的是是非非暂且先放在一旁，首先要追根溯源，水落石出，真正看清马克思本人思想的本来面目。

对于马克思讲无产阶级专政的历史过程、思想分量，要作出实事求是的科学评价，既不能主观随意地贬低，也不能主观随意地夸大。

马克思讲"无产阶级专政"这个概念，主要是在两个重要时期、两部经典著作之中。

第一次，是在1848年革命后期，在1852年写成的《1848年至1850年法兰西的阶级斗争》这部著作之中，还有与此相关的致魏德迈的书信中。

第二次，是在1871年巴黎公社革命失败之后，1875年马克思写作《哥达纲领批判》时，再次比较突出强调了无产阶级专政这个概念。

有些贬低马克思"无产阶级专政"思想的人，企图把"无产阶级专政"这个概念，说成是马克思偶然使用的"个别提法"，倏忽而逝的思想火花，无关宏旨的枝节之论，这种说法是根本站不住脚的。

而有些夸大"无产阶级专政"思想的人，则企图把这一思想说成马克思国家观、新型国家观的唯一要点，甚至全部思想，似乎马克思在讲新型国家观时，从头到尾，连篇累牍，只讲"无产阶级专政"，这同样脱离了历史的真实、马克思思想的本来面目。

实事求是地讲，在1847、1848年《共产党宣言》起草过程中，马克思、恩格斯已经形成了无产阶级专政的基本思想，但并没有提出"无产阶级专政"这个概念，最初明确提出这个概念，是在1848年革命遭受失败的后期，先后讲了三次，两次是在1850年写的《1848年至1850年的法兰西阶级斗争》之中，一次是在1852年3月5日致魏德迈书信中。

如果从辞源学角度作考据研究，或许可以追溯到罗马共和国时代的专政概念，法国大革命时代巴贝夫提出的人民革命、人民专政概念；但是，这并不是马克思提出"无产阶级专政"概念的主要历史背景、历史渊源。

马克思第一次提出"无产阶级专政"概念的主要历史背景、实践依据，就是在1850年写作《1848年至1852年的法兰西阶级斗争》，第一篇论文《1848年六月失败》，总结了1848年2月法国革命的成功经验与历史教训，特别是1850年六月起义失败的惨痛历史教训，于是在尾声之处，第一次提出了"工人阶级专政"这个概念。

1848年2月，巴黎工人武装起义，一度取得巨大成功，工人筑起1500多座街垒，工人游行示威震巴黎；统治法国18年的"七月王朝"宣布垮台。法国国王路易·菲力普仓皇出逃英国，临时政府取而代之。

问题就是，起义之后建立的国家政权、国家制度，无法巩固工人阶级革命成果：临时政府的多数成员还是资产阶级共和派；名噪一时的小资产阶级社会主义者路易·勃朗、工人起义首领阿尔伯，虽然也加入了临时政府，却只能成为资产阶级共和派的尾巴；成立劳动部、国家工场等改良措施，成了点缀；布朗基等激进的工人运动领袖全部被抓进监狱……

于是，当1848年6月22日，巴黎工人再度起义时，等待工人的只能是人头落地的悲惨结局：

> 工人们没有选择的余地：不是饿死，就是斗争。他们在6月22日以大规模的起义作了回答——这是分裂现代社会的两个阶级之间的第

一次大规模的战斗。这是为资产阶级制度的存亡而进行的斗争。蒙在共和国头上的面纱被撕破了。

大家知道,那些没有领袖、没有统一计划、没有经费和多半没有武器的工人,是如何以无比的勇敢和机智扼制了军队、别动队、巴黎国民自卫军以及从外省开来的国民自卫军,一直坚持了5天。大家知道,资产阶级为自己所经受的死亡恐怖进行了闻所未闻的残酷报复,残杀了3000多名俘虏。①

正是在总结这种血的历史教训的基础上,马克思第一次提出了"工人阶级专政"这个概念:

> 巴黎无产阶级在资产阶级逼迫下发动了六月起义。单是这一点已注定无产阶级要失败。既不是直接的、公开承认的要求驱使无产阶级想用武力推翻资产阶级;也不是无产阶级已经到了有能力解决这个任务的地步。《通报》只得正式向无产阶级挑明,共和国认为对它的幻想表示尊重的时代已经过去了,并且只有它的失败才使它确信这样一条真理:它要在资产阶级共和国范围内稍微改善一下自己的处境只是一种空想,这种空想只要企图加以实现,就会成为罪行。于是,原先无产阶级想要强迫二月共和国予以满足的那些要求,那些形式上浮夸而实质上琐碎的、甚至还带有资产阶级性质的要求,就由一个大胆的革命战斗口号取而代之,这个口号就是:推翻资产阶级!工人阶级专政!②

马克思第二次使用"无产阶级专政"这个概念,是在1850年写作《1848年至1850年的法兰西阶级斗争》,第三篇论文《1849年6月13日事件的后果》,近于尾声之处,区分了法国社会主义中的两种思潮、两种倾向,"空论社会主义"与"革命社会主义",并把主张"无产阶级的阶

---

① 《马克思恩格斯选集》第1卷,人民出版社1995年版,第398页。
② 《马克思恩格斯选集》第1卷,人民出版社1995年版,第400页。

级专政",作为走向消灭一切阶级差异、实现社会主义变革的"必然的过渡阶段"。

马克思在这里,以他特有的理论敏感与政治触觉,分析1848年革命后法兰西阶级斗争的发展轨迹:1848年2月革命是雄壮的胜利开篇,1840年六月起义的失败是革命形势逆转标志,1849年6月13日事件后,路易·波拿巴更依靠秩序党,排挤共和派,法国革命转入下滑路线……

在法国、在巴黎,工人运动有基础,社会主义也有基础,为什么还屡遭磨难,百转千回呢?马克思认为,一个重要的历史原因,在于小资产阶级空论社会主义思潮,在法国有深厚土壤,蒲鲁东、路易·勃朗等人的主张,只是他们不同形式的不同代表:

> 这种资产阶级社会主义,也和任何一种社会主义的变种一样,自然也吸引了一部分工人和小资产者。跟这种资产阶级社会主义不同的是本来意义的社会主义,即小资产阶级社会主义,地道的社会主义。资本主要以债权人的身份来迫害这个阶级,所以这个阶级要求设立信贷机关;资本以竞争来扼杀它,所以它要求设立由国家维持的协作社;资本以集中来战胜它,所以它要求征收累进税、限制继承权并由国家承办大型工程以及采取其他各种强力抑止资本增长的措施。既然它梦想和平实现自己的社会主义,——哪怕再来一次短促的二月革命也行,——那么它自然就把未来的历史进程想象为正在或已经由社会思想家协力或单独设计的种种体系的实现。于是这些思想家就成为折衷主义者或成为现有社会主义体系即空论的社会主义的行家,这种社会主义只有在无产阶级尚未发展为自己那个自由历史运动的时候,才是无产阶级的理论表现。①

与小资产者空论社会主义相比,马克思对布朗基派的"革命社会主义",给予了更多的肯定。在肯定与吸收了从巴贝夫到布朗基的"革命社

---

① 《马克思恩格斯选集》第1卷,人民出版社1995年版,第461页。

会主义"、"革命专政"的合理因素的基础上,马克思提出自己的科学社会主义主张,把"无产阶级的阶级专政",作为不断革命、完全实现社会主义改造的"必然的过渡阶段":

> 这种乌托邦,这种空论的社会主义,想使全部运动都服从于运动的一个阶段,用个别学究的头脑活动来代替共同的社会生产,而主要是幻想借助小小的花招和巨大的感伤情怀来消除阶级的革命斗争及其必要性;这种空论的社会主义实质上只是把现代社会理想化,描绘出一幅没有阴暗面的现代社会的图画,并且不顾这个社会的现实而力求实现自己的理想。所以,当无产阶级把这种社会主义让给小资产阶级,而各种社会主义首领之间的斗争又表明每个所谓体系都是特意强调社会变革中的一个过渡阶段以与其他各个阶段相对抗时,无产阶级就愈益团结在革命的社会主义周围,团结在被资产阶级用布朗基来命名的共产主义周围。这种社会主义就是宣布不断革命,就是无产阶级的阶级专政,这种专政是达到消灭一切阶级差别,达到消灭这些差别所由产生的一切生产关系,达到消灭和这些生产关系相适应的一切社会关系,达到改变由这些社会关系产生出来的一切观念的必然的过渡阶段。①

这是讲的"无产阶级专政",究竟是马克思本人的思想,还是照搬布朗基的思想?"无产阶级的阶级专政",这个提法本身,就昭示了马克思对布朗基主义的理论超越与根本创新。恩格斯的阐发,可以令人信服地说明这一点,有助于我们澄清这个问题:

> 他们之所以被称为布朗基主义者,决不是因为他们属于布朗基本人所创立的集团(三十三个在纲领上签字的人中只有两三个人曾同布朗基谈过话),而是因为他们想要根据布朗基的精神和传统行动。布

---

① 《马克思恩格斯全集》第 1 卷,人民出版社 1995 年版,第 462 页。

朗基主要是一个政治革命家；他只是在感情上，即在同情人民的痛苦这一点上，才是一个社会主义者，但是他既没有社会主义的理论，也没有改造社会的确定的实际的建议。布朗基在他的政治活动中主要是一个"实干家"，他相信组织得很好的少数人只要在恰当的时机试着进行某种革命的突袭，能够通过最初的若干胜利把人民群众吸引到自己方面来，就能实现胜利的革命。在路易-菲力浦时代，布朗基当然只有通过秘密结社的形式才组成了这样的核心，于是便发生了在搞密谋时通常会发生的事情：那些对没完没了地保证马上就干起来这种空洞诺言感到厌倦的人，终于再也忍耐不住了，开始闹了起来。在这种情况下只能有一种选择：或者使密谋瓦解，或者在没有任何外部导因的情况下开始起义。起义爆发了（1839年5月12日），但是立刻就被镇压下去。顺便说一句，这是布朗基的惟一的一次没有被警方侦查出来的密谋；这次起义对警察局是一个晴天霹雳。由于布朗基把一切革命想象成由少数革命家所进行的突袭，自然也就产生了起义成功以后实行专政的必要性，当然，这种专政不是整个革命阶级即无产阶级的专政，而是那些进行突袭的少数人的专政，而这些人事先又被组织在一个人或某几个人的专政之下。

由此可见，布朗基是过去一代的革命家。①

在1848年革命后，马克思在19世纪50年代第三次使用"无产阶级专政"这个概念，是在1852年3月5日致友人约瑟夫·魏德迈的书信中，使这一概念的准确性、科学性、重要性，都更加凸显出来。

魏德迈是马克思最亲近的朋友与学生之一。他和马克思同样出生于1818年，而且原是普鲁士官吏，他大学上的是柏林陆军大学，毕业后当六年普鲁士军官，而后辞去军职，从事新闻事业，并把传播马克思论著作为最高事业，1851年9、10月间举家赴美。他在热心研读马克思《1848年到1850年的法兰西阶级斗争》基础上，1852年1月1日在德国民主派

---

① 《马克思恩格斯选集》第3卷，人民出版社1995年版，第243、244页。

报纸纽约《体育报》上发表文章《论无产阶级专政》。他以曾经当过职业军人,加上新闻记者的特殊的理论敏感,提到了马克思关于无产阶级专政的闪光思想,并拿来作为自己文章题目,加以专门阐发,不失为一个独特的理论贡献。

在文章中,他依据自己对于马克思的理解,谈了对于无产阶级专政的看法。他主要依据《共产党宣言》当中关于无产阶级取得政治经济统治地位的论述,来阐发无产阶级专政的历史使命。他认为,在世界历史上,任何革命都要建立专政。他把无产阶级专政,看成是与巴黎这类大城市相联系的国家政治统治方式。同时,他也试图以自己独特方式,来阐发无产阶级专政特殊历史使命:"无产阶级的统治跟粗暴的野蛮统治毫无共同之处……这是最后一个享有政治统治权的阶级,因为随着一切阶级特权的废除,其他一切阶级都将融合到它里面,因为它吸取了其他阶级的一切创造性的因素……"魏德迈的这篇文章是在马克思的《1848 年至 1850 年的法兰西阶级斗争》一书的直接影响下写出的。①

魏德迈研究与宣传马克思关于阶级专政思想,是真诚的热情的,而囿于当时历史条件,又难于一下子把握马克思思想真谛,一时讲不清其与魏特林、巴枯宁、布朗基等人的本质差异。因而,这就促使马克思对自己的阶级斗争、无产阶级专政学说,重新进行理论反思、理论升华,在书信中,以要言不烦的方式,点出了自己无产阶级学说不同于前人的独特理论创新:

> ……至于讲到我,无论是发现现代社会中有阶级存在或发现各阶级间的斗争,都不是我的功劳。在我以前很久,资产阶级历史编纂学家就已经叙述过阶级斗争的历史发展,资产阶级的经济学家也已经对各个阶级作过经济上的分析。我所加上的新内容就是证明了下列几点:(1)阶级的存在仅仅同生产发展的一定历史阶段相联系;(2)阶级斗争必然导致无产阶级专政;(3)这个专政不过是达到消

---

① 参见[苏]康健尔编:《马克思恩格斯和第一批无产阶级革命家》,杨静远等译,生活·读书·新知三联书店 1963 年版,第 306 页。

灭一切阶级和进入无阶级社会的过渡……①

在1871年巴黎公社革命中，马克思在写作《法兰西内战》时，起初并没有使用"无产阶级专政"这个概念，当然也没有放弃"无产阶级专政"的基本观点。而在巴黎公社失败以后，在总结巴黎公社历史经验，并写作《哥达纲领批判》的19世纪70年代，马克思、恩格斯至少有三次，或者说主要有三次，又重新使用了"无产阶级专政"这个重要概念。

第一次，是1871年9月24日，为纪念第一国际创立七周年，在伦敦举行了庆祝大会，马克思被推选为大会主席。参加大会的有国际总委员会委员，巴黎公社参加者，马克思和恩格斯的战友等。马克思在会上作了《纪念国际成立七周年》的主旨讲演。讲到最后，专门提到当年发生巴黎公社革命，充分肯定其首倡工人阶级夺取政权的伟大创新，而主要历史教训，就是未能首先建立无产阶级专政，从而未能建立一个新的阶级统治形式，从而去创造新型国家：

> 最近的运动就是巴黎公社，这是迄今最伟大的运动。公社就是工人阶级夺取政权，关于这一点不可能有任何异议。对公社曾有很多误解。公社未能建立一个新的阶级统治形式。只要把一切劳动资料转交给从事生产的劳动者，从而消灭现存的压迫条件，并由此迫使每一个身体健康的人为生存而工作，这样，阶级统治和阶级压迫的唯一的基础就会消除。但是，在实行这种改变以前，必须先建立无产阶级专政，其首要条件就是无产阶级的大军。工人阶级必须在战场上赢得自身解放的权利。国际的任务就是为迎接即将到来的斗争，把工人阶级的力量组织并团结起来。②

19世纪70年代，马克思主义创始人第二次明确使用"无产阶级专政"概念，是1874年6月，恩格斯针对法国布朗基派流亡者团体"革命

---

① 《马克思恩格斯选集》第4卷，人民出版社1995年版，第541页。
② 《马克思恩格斯选集》第3卷，人民出版社1995年版，第126页。

公社"1874年6月在伦敦发表的宣言《致公社社员》，在《流亡者文献》第二篇论文《公社的布朗基派流亡者的纲领》中，划清了马克思"无产阶级专政"理论与布朗基派"少数革命家专政"的原则区别：

> 由于布朗基把一切革命想像成由少数革命家所进行的突袭，自然也就产生了起义成功以后实行专政的必要性，当然，这种专政不是整个革命阶级即无产阶级的专政，而是那些进行突袭的少数人的专政，而这些人事先又被组织在一个人或某几个人的专政之下。
>
> 由此可见，布朗基是过去一代的革命家。
>
> 对革命事变进程的这种看法，至少对德国工人政党来说，早已过时了，就是在法国也只能得到不太成熟或比较急躁的工人的支持。我们同样可以看到，就是在上面提到的纲领中，这些看法也已经受到一定的限制。但是，我们伦敦的布朗基主义者所根据的仍然是这样的原则：革命完全不是自行成熟的，而是制造出来的；革命是由为数不多的一批人根据预定的计划实现的；在任何时刻都可以"马上干起来"。①

在巴黎公社失败后，马克思主义创始人第三次运用"无产阶级专政"这个重要概念，就是在1875年马克思的《哥达纲领批判》中，在批判"人民国家"、"自由国家"这种流行说法时，再次郑重地运用了"无产阶级专政"概念：

> 于是就产生了一个问题：在共产主义社会中国家制度会发生怎样的变化呢？换句话说，那时有哪些同现在的国家职能相类似的社会职能保留下来呢？这个问题只能科学地回答；否则，即使你把"人民"和"国家"这两个词联接一千次，也丝毫不会对这个问题的解决有所帮助。

---

① 《马克思恩格斯选集》第3卷，人民出版社1995年版，第244页。

在资本主义社会和共产主义社会之间，有一个从前者变为后者的革命转变时期。同这个时期相适应的也有一个政治上的过渡时期，这个时期的国家只能是无产阶级的革命专政。

但是，这个纲领既不谈无产阶级的革命专政，也不谈未来共产主义社会的国家制度。①

在马克思、恩格斯看来，无产阶级专政是无产阶级革命时代特殊时期，必不可少的特殊措施；但这并不等于新型国家的全部内容，新型国家制度创新还有更加丰富得多的本质内容，重点还在于新型民主制度，人民群众生机勃勃的全新创造！

从2012年十八大，到2017年十九大，尤其是十八届三中全会全面深化改革的决定中，国家治理体系与治理能力现代化，成为改革开放新阶段、中国特色社会主义新时代的两大总体目标之一，从而把国家问题、国家制度创新问题，提到一个前所未有的新高度。

在这个新时代，以国家制度现代化创新为主旨的全面依法治国、全面从严治党，在"四个全面"战略布局中就占了两个，几乎是二分天下有其一，其重要地位也正是前所未有、无以复加的。

我们还欣喜地看到，在以习近平总书记为核心的党中央集体领导下，"打老虎"、"拍苍蝇"，铁腕反腐，反腐败斗争压倒性态势已经形成，并且正在巩固发展，根本扭转了腐败之风流行一时的那种令人堪忧局面。

可以说，中国特色社会主义国家制度创新的大道，坚冰已经打破，方向已经指明，道路已经开通。摆在我们面前的时代课题与攻关难题，就是深入发掘马克思列宁主义国家观的源头活水，更好地开创新时代长治久安的国家制度创新之道，更好地抓住国家制度创新这个新时代"牛鼻子"，把点子主要打在党和国家制度创新上。

用国家制度创新，为反腐败筑起一道新的长城——这是我们在新时代的新使命！

---

① 《马克思恩格斯选集》第3卷，人民出版社1995年版，第314页。

第九章　马克思价值观十大创新
——《资本论》哲学底蕴新发掘

马克思价值观在哪里，有什么内容，有什么意义？

毫无疑问，这是一个有重大理论意义、实践意义、现实意义的重大问题。

然而，对这样一个有重大意义的哲学问题、理论问题，为什么在国内外学术研究中，却鲜见有专门论著与重大成果呢？

或许，症结就在于以下两个层面上：

一是就马克思理论现有形态上说，在其一生主要著作《资本论》中，主要讲的是政治经济学层面的劳动价值观、商品价值观、商品价值形态论，并没有专讲上升到哲学高度的"一般价值论"，通常经济学界并不关心《资本论》中哲学思想，而哲学家也很少到《资本论》中开掘马克思哲学世界观、价值观；

二是就后来研究者的思维方式来讲，19世纪70年代至20世纪70年代曾广泛流行一时的价值论哲学，多半是新康德主义者，他们当然不会去专门研究马克思价值观，而后来的马克思主义者，尤其是20世纪30至50年代占据统治地位的苏联模式哲学教科书体系，几乎把价值观研究一概视为资产阶级意识形态异端，自然也不会去费力研究马克思价值观。

今天，在21世纪新时代，在2012年十八大、2017年十九大以后，把社会主义核心价值观提到如此高地位的时候，我们必须根本打破这种长期形成的思想格局，把马克思价值观当作社会主义核心价值观的首要源头活水，真正发掘出来！

为了解决这个理论难题，我们在这里，有必要另辟蹊径：

把马克思反复推敲琢磨的《资本论》第一篇，作为马克思哲学思维的思想王冠，把"存在论—活动论（劳动二重性理论）—价值论"，作为其深层结构，以此作为理论思维制高点，统摄起马克思一生的文献与思想，而把马克思价值观作为其凝聚焦点；

在这里，难点与突破口，又是借助于马克思的独特哲学理论思维，把这里原本是经济学层面的劳动价值论、商品价值论、商品价值形态论，努力升华为哲学理论思维层面的"一般价值论"；

在此基础上，以《资本论》第一篇《商品和货币》中蕴涵的"马克思价值观——一般价值论"为主线，把马克思一生思想足迹，价值观的闪光思想，作为散落在地的颗颗珍珠，全部串联起来，成为一条"马克思价值观"的思想项链，让它成为一个整体，熠熠放光。

借助于我自己研究马克思及其价值观50年的思想成果，也借鉴国内外前人成果，把马克思价值观及其理论创新，概括为三大层面、十个要点。

第一节　价值体系的总体创新
——从"商品世界"到"自由人联合体"

从《1844年经济学哲学手稿》开始，马克思把整个世界一分为二，区分为自然世界与文化世界、天然自然与人化自然、整个世界与属人世界、世界体系与价值体系；而后发现"活的劳动"与"劳动条件"的分离与异化，造成了"属人世界"、"价值体系"的异化，而其异化发展到极致之点，就是《资本论》开篇讲的，近代资本主义生产方式造成的"商品堆积"、"商品世界"、"商品生产者社会"；而未来远景、根本出路、价值目标，则是根本超越"商品世界"的"自由人联合体"，代表一种现代创新的价值体系。

这不是价值观念的个别改变，而是整个价值体系的总体创新。

在《资本论》第一篇中，先后把现代资本主义生产方式构成的复杂社会系统，称之为"商品堆积"、"商品生产者社会"、"商品世界"：

> 资本主义生产方式占统治地位的社会的财富，表现为"庞大的商品堆积"，单个的商品表现为这种财富的元素形式。因此，我们的研究就从分析商品开始。
>
> 在产品普遍采取商品形式的社会里，也就是在商品生产者的社会里，作为独立生产者的私事而各自独立进行的各种有用劳动的这种质的区别，发展成一个多支的体系，发展成社会分工。
>
> 把劳动产品表现为只是无差别人类劳动的凝结物的一般价值形式，通过自身的结构表明，它是商品世界的社会表现。因此，它清楚地告诉我们，在这个世界中，劳动的一般的人类的性质形成劳动的特殊的社会的性质。①

与此相呼应的，是《1857—1858年经济学手稿》，把这个"商品世界"，称之为"普遍的社会物质变换，全面的关系，多方面的需求以及全面的能力的体系"②，相当接近于近代资本主义价值体系。

由于商品是天生的平等派，因而资本主义雇佣劳动，摆脱了此前奴隶制、农奴制的人身依附关系，个人获得了人权、个人活动与选择的相对自由天地。然而，由于资本垄断了劳动条件，因而雇佣劳动工人，形式上是自由平等的，实际上却是从属于资本的。随着资本垄断的高度发展，工人对资本的从属，从形式上的从属，进而发展到实质上的从属。

在这种"商品世界"、"商品生产者社会"的价值系统中，商品拜物教、货币拜物教、资本拜物教背后的金钱关系，成为人与人社会关系的狭隘桎梏。

那么，根本超越这种近代资本主义异化劳动、价值体系的未来远景是什么呢？《资本论》第一章最后一节《商品的拜物教性质及其秘密》，提

---

① 马克思：《资本论》第1卷，人民出版社1975年版，第47、56、83页。
② 《马克思恩格斯全集》第46卷上册，人民出版社1979年版，第104页。

出了未来构想,本质特征是"自由人联合体":

> 最后,让我们换一个方面,设想有一个自由人联合体,他们用公共的生产资料进行劳动,并且自觉地把他们许多个人劳动力当作一个社会劳动力来使用。在那里,鲁滨逊的劳动的一切规定又重演了,不过不是在个人身上,而是在社会范围内重演。鲁滨逊的一切产品只是他个人的产品,因而直接是他的使用物品。这个联合体的总产品是社会的产品,这些产品的一部分重新用作生产资料。这一部分依旧是社会的。而另一部分则作为生活资料由联合体成员消费。因此,这一部分要在他们之间进行分配。这种分配的方式会随着社会生产机体本身的特殊方式和随着生产者的相应的历史发展程度而改变。①

什么是"自由人联合体"?所谓"自由人",就是指不仅有了个人的人权自由,而且整个工人阶级、劳动群众,掌握了国家政权,创新了国家制度,又掌握主要生产资料、劳动条件、土地、工厂。所谓"联合体",就是说不仅是汪洋大海中的个别合作社、合作企业、合作制,而且尽可能在全社会范围内,组织起来,联合劳动,独立自主,形成一个劳动社会化、自主化的共同体。

在《资本论》中,"自由人联合体"讲得比较抽象,而在1871年巴黎公社伟大尝试中,马克思看到了其实践中的最初萌芽形态,在《法兰西内战》中作了初步阐发:

> 公社的真正秘密就在于:它实质上是工人阶级的政府,是生产者阶级同占有者阶级斗争的产物,是终于发现的可以使劳动在经济上获得解放的政治形式。
>
> 他们叫喊说,公社想要消灭构成全部文明的基础的所有制!是的,先生们,公社是想要消灭那种将多数人的劳动变为少数人的财富

---

① 马克思:《资本论》第1卷,人民出版社1975年版,第95页。

的阶级所有制。它是想要剥夺剥夺者。它是想要把现在主要用作奴役和剥削劳动的手段的生产资料、土地和资本完全变成自由的和联合的劳动的工具,从而使个人所有制成为现实。但这是共产主义、"不可能的"共产主义啊!然而,统治阶级中那些有足够见识而领悟到现存制度已不可能继续存在下去的人们(这种人并不少),已在拼命地为实行合作制生产而大声疾呼。如果合作制生产不是一个幌子或一个骗局,如果它要去取代资本主义制度,如果联合起来的合作社按照共同的计划调节全国生产,从而控制全国生产,结束无时不在的无政府状态和周期性的动荡这样一些资本主义生产难以逃脱的劫难,那么,请问诸位先生,这不是共产主义、"可能的"共产主义,又是什么呢?①

马克思关于"自由人联合体"的闪光思想,加上对巴黎公社实践尝试的理论总结,引起了恩格斯的高度关注。因而,在马克思写了《法兰西内战》20 年后,在恩格斯写的1891 年单行本《导言》中,再次提出了"社会主义=大合作社=自由人联合体"的理论构想:

> 其实在1871 年,甚至在巴黎这个手工艺品生产中心,大工业也已经不再是什么例外了,所以公社的最重要的法令,就是要把大工业以致工场手工业组织起来,这种组织工作不但应该以每一工厂内工人的联合为基础,而且应该把所有这些合作社组成一个大的联社;简言之,这种组织工作,正如马克思在《内战》中完全正确地指出的,归根到底必然要导致共产主义,即导致与蒲鲁东学说正正相反的方面。②

马克思、恩格斯关于工人阶级取得国家政权与劳动条件、生产资料之后,可以通过合作制的联合劳动,逐步走向"自由人联合体"的闪光思想,并不是倏忽而逝的思想闪电。探索新经济政策道路的晚年列宁,在《论合作社》这篇最后之作中,继承发展了马克思、恩格斯这个闪光思想,

---

① 《马克思恩格斯选集》第 3 卷,人民出版社 1995 年版,第 59、60 页。
② 《马克思恩格斯选集》第 3 卷,人民出版社 1995 年版,第 11 页。

甚至提出了一个高度浓缩的全新命题、著名论断，工人夺取政权取得革命胜利之后，文明合作社工作者的制度就是社会主义：

在生产资料公有制的条件下，在无产阶级对资产阶级取得了阶级胜利的条件下，文明的合作社工作者的制度就是社会主义的制度。①

过去在谈论社会主义模式时，人们大半只知道以"国家垄断制为核心实质的传统计划经济的苏联模式"；殊不知，还存在一个以"自主劳动合作制"为核心实质的、社会主义的"马克思模式"，同时，这也是"恩格斯模式"、"列宁模式"。

这种"自由人联合体构想"、"自主劳动合作制"模式，不仅是一种未来社会主义运行模式、生产方式，而且意味着一种超越资本垄断、商品世界的全新价值体系。

第二节　价值主体的重新建构
——从资本主宰下的孤立个人到人类社会的自由个性

马克思价值观还要求在价值主体上实现划时代的重大创新，不仅根本超越古代社会、中世纪的国家主体论，而且根本超越近代社会的资本主体论，从资本主宰下的、市民社会中原子式的孤立个人上升到自主劳动的现实个人，最终发展为联合劳动的自由个性。

《1844年经济学哲学手稿》从哲学高度提出，现实个人、特殊个体是社会存在物，也是"社会的自为的主体存在"：

首先应当避免重新把"社会"当作抽象的东西同个体对立起来。个体是社会存在物。因此，他的生命表现，即使不采取共同的、同他

---

① 《列宁选集》第4卷，人民出版社1995年版，第731页

人一起完成的生命表现这种直接形式，也是社会生活的表现和确证。人的个体生活和类生活不是各不相同的，尽管个体生活的存在方式是——必然是——类生活的较为特殊的或者较为普遍的方式，而类生活是较为特殊的或者较为普遍的个体生活。

因此，人是一个特殊的个体，并且正是他的特殊性使他成为一个个体，成为一个现实的、单个的社会存在物，同样，他也是总体，观念的总体，被思考和被感知的社会的自为的主体存在，正如他在现实中既作为对社会存在的直观和现实享受而存在，又作为人的生命表现的总体而存在一样。

人以一种全面的方式，就是说，作为一个总体的人，占有自己的全面的本质。人对世界的任何一种人的关系——视觉、听觉、嗅觉、味觉、触觉、思维、直观、情感、愿望、活动、爱，——总之，他的个体的一切器官，正像在形式上直接是社会的器官的那些器官一样，是通过自己的对象性关系，即通过自己同对象的关系而对对象的占有，对人的现实的占有。①

而后，1845、1846 年写成的《德意志意识形态》中，马克思、恩格斯把现实个人，作为唯物史观的研究起点、历史活动主体，并且区分了"真实集体"与"虚假集体"，本质区别就在于是否有助于个人主体的自由发展：

> 个人力量（关系）由于分工而转化为物的力量这一现象，不能靠人们从头脑里抛开关于这一现象的一般观念的办法来消灭，而是只能靠个人重新驾驭这些物的力量，靠消灭分工的办法来消灭。没有共同体，这是不可能实现的。只有在共同体中，个人才能获得全面发展其才能的手段，也就是说，只有在共同体中才可能有个人自由。在过去的种种冒充的共同体中，如在国家等等中，个人自由只是对那些在统

---

① 马克思：《1844 年经济学哲学手稿》，人民出版社 2000 年版，第 84、85 页。

治阶级范围内发展的个人来说是存在的，他们之所以有个人自由，只是因为他们是这一阶级的个人。从前各个人联合而成的虚假的共同体，总是相对于各个人而独立的；由于这种共同体是一个阶级反对另一个阶级的联合，因此对于被统治的阶级来说，它不仅是完全虚幻的共同体，而且是新的桎梏。在真正的共同体的条件下，各个人在自己的联合中并通过这种联合获得自己的自由。

各个人的出发点总是他们自己，不过当然是处于既有的历史条件和关系范围之内的自己，而不是玄想家们所理解的"纯粹的"个人。①

在1845年春天写成的《关于费尔巴哈的提纲》中，马克思还提出了一个闪光思想，就是新唯物主义要超越费尔巴哈式的旧唯物主义，他们只能对资本主义生产方式下，市民社会中的单个人、孤立个人，作出感性直观，不能从总体上把握社会化的人类，而新唯物主义则有了全新的、更高的立足点：

直观的唯物主义，即不是把感性理解为实践活动的唯物主义至多也只能达到对单个人和市民社会的直观。

旧唯物主义的立脚点是市民社会，新唯物主义的立脚点则是人类社会和社会的人类。②

正是在马克思两部流传最广、影响最大的主要著作——《共产党宣言》和《资本论》中，特别突出地阐发了现实个人在未来社会中的主体地位。

《共产党宣言》在讲到未来社会中的，并没有像许多空想社会主义者那样，虚构想象出种种细枝末节，而只是讲了一句话，以揭示其本质特征，强调的首要原则，恰恰就是"每个人的自由发展"：

---

① 《马克思恩格斯选集》第1卷，人民出版社1995年版，第118、119页。
② 《马克思恩格斯选集》第1卷，人民出版社1995年版，第56、57页。

代替那存在着阶级和阶级对立的资产阶级旧社会的,将是这样一个联合体,在那里,每个人的自由发展是一切人的自由发展的条件。①

《资本论》把最大限度地追求价值增殖、剩余价值,作为资本主义生产方式的基本原则,而把"每个人的全面而自由的发展",作为未来社会的基本原则:

> 资本家只有作为人格化的资本,他才有历史的价值,才有像聪明的利希诺夫斯基所说的"没有任何日期"的历史存在权。也只有这样,他本身的暂时必然性才包含在资本主义生产方式的暂时必然性中。但既然这样,他的动机,也就不是使用价值和享受,而是交换价值和交换价值的增殖了。他狂热地追求价值的增殖,肆无忌惮地迫使人类去为生产而生产,从而去发展社会生产力,去创造生产的物质条件;而只有这样的条件,才能为一个更高级的、以每个人的全面而自由的发展为基本原则的社会形式创造现实基础。②

马克思不仅提出了个人主体的基本思想,而且提出了"重建个人所有制",作为实现其价值主体的经济基础、制度保证。

在《资本论》第一卷尾声之处,马克思郑重其事地提出了"重建个人所有制"的重要思想:

> 从资本主义生产方式产生的资本主义占有方式,从而资本主义的私有制,是对个人的、以自己劳动为基础的私有制的第一个否定。但资本主义生产由于自然过程的必然性,造成了对自身的否定。这是否定的否定。这种否定不是重新建立私有制,而是在资本主义时代的成就的基础上,也就是说,在协作和对土地及靠劳动本身生产的生产资

---

① 《马克思恩格斯选集》第 1 卷,人民出版社 1995 年版,第 294 页。
② 马克思:《资本论》第 1 卷,人民出版社 1975 年版,第 649 页。

料的共同占有的基础上，重新建立个人所有制。①

无独有偶，在《资本论》手稿中，马克思同样阐明了重建个人所有制的基本思想，并作为扬弃商品拜物教、货币拜物教、资本拜物教，确立劳动者个人主体地位的根本制度保证：

> 诚然，在资本主义生产方式下出现的情况是，资本家即非工人是这大量社会生产资料的所有者。实际上，在对工人的关系方面，他决不代表他们的联合，不代表他们的社会团结。因此，这一对立形式一旦消除，结果就会是他们社会地占有而不是作为各个私的个人占有这些生产资料。资本主义所有制只是生产资料的这种公有制的对立的表现，即单个人对生产条件的所有制（从而对产品的所有制，因为产品不断转化为生产条件）遭到否定的对立的表现。
>
> 西斯蒙第为之痛哭的所有制和劳动的这种分离，是生产条件的所有制转化为公有制的必要过渡阶段。如果单个工人作为单独的人要再恢复对生产条件的所有制，那只有将生产力和大规模劳动发展分离开来才有可能。资本家对这种劳动的异己的所有制，只有通过他的所有制改造为非孤立的单个人的所有制，也就是改造为联合起来的社会个人的所有制，才可能被消灭。②

第三节　价值本位的时代更新
——从人身依赖性、相对独立性到自由个性

马克思价值观的一个重大创新，在于他揭示了与社会经济形态、人的发展的三大历史形态相适应的，是三个时代不同的价值体系价值本位：

在前资本主义古代历史形态中，以人身依赖关系为价值本位——在近

---

① 马克思：《资本论》第1卷，人民出版社1975年版，第832页。
② 《马克思恩格斯全集》第48卷，人民出版社1986年版，第21页。

代资本主义历史形态中，以人对物（商品货币）的依赖关系为价值本位——在超越资本主义的未来社会形态中，以人的自由个性为价值本位。

马克思价值观的这个重要思想，萌发于《1844年经济学哲学手稿》之中，而简明表达，则是在资本论第一大手稿《1857—1858年手稿》开头部分的《货币章》中。

1857—1858年，发生了第一次全球性的资本主义经济危机。蒲鲁东的"劳动货币"理论，根本说明不了首次全球经济危机的历史必然性、危机深刻性、危机的全球普遍性。以批判蒲鲁东"劳动货币论"为契机，促使马克思在这一手稿写作过程中，首先写下《货币章》，借以揭示货币本质，在交换价值为基础的资产阶级社会中的社会职能，资本主义社会不同于古代社会，又不同于未来社会的本质特征，究竟是什么？

也正是在这里，他从世界历史高度，揭示了人的发展的三大历史形态，世界历史发展的三大形态，由此也揭示了三大时代、三大价值体系的三大价值本位：

> 人的依赖关系（起初完全是自然发生的），是最初的社会形态，在这种形态下，人的生产能力只是在狭窄的范围内和孤立的地点上发展着。以物的依赖性为基础的人的独立性，是第二大形态，在这种形态下，才形成普遍的社会物质变换，全面的关系，多方面的需求以及全面的能力的体系。建立在个人全面发展和他们共同的社会生产能力成为他们的社会财富这一基础上的自由个性，是第三个阶段。第二个阶段为第三个阶段创造条件。①

第四节　价值目标的根本革新
——从物质利益最大化到自由个性全面发展

马克思价值观强烈呼唤着人类发展价值目标的根本革新，在资本主义

---

① 《马克思恩格斯全集》第46卷上册，人民出版社1979年版，第104页。

生产方式与社会形态中，人们追求的最高价值目标，就是物质利益的最大化，资本利润的最大化，金钱收入的最大化，同时却造成了人的异化、片面化、工具化；新的时代新的价值目标，应当是从金钱本位，转向以人为本，追求自由个性的全面发展。

在《资本论》第一手稿《1857—1858年手稿》中，马克思深刻揭示出，以资本为基础、以资本利润、剩余价值为目标的生产方式，其本质特性就是追求物质利益，特别是资本赢利的无限性、最大化：

> 因此，如果说以资本为基础的生产，一方面创造出一个普遍的劳动体系，——即剩余劳动，创造价值的劳动，——那么，另一方面也创造出一个普遍利用自然属性和人的属性的体系，创造出一个普遍有用性的体系，甚至科学也同人的一切物质的和精神的属性一样，表现为这个普遍有用性体系的体现者，而且再也没有什么东西在这个社会生产和交换的范围之外表现为自在的更高的东西，表现为自为的合理的东西。因此，只有资本才创造出资产阶级社会，并创造出社会成员对自然界和社会联系本身的普遍占有。由此产生了资本的伟大的文明作用：它创造了这样一个社会阶段，与这个社会阶段相比，以前的一切社会阶段都只表现为人类的地方性发展和对自然的崇拜。只有在资本主义制度下自然界才不过是人的对象，不过是有用物；它不再被认为是自为的力量；而对自然界的独立规律的理论认识本身不过表现为狡猾，其目的是使自然界（不管是作为消费品，还是作为生产资料）服从于人的需要。资本按照自己的这种趋势，既要克服民族界限和民族偏见，又要克服把自然神化的现象，克服流传下来的、在一定界限内闭关自守地满足于现有需要和重复旧生活方式的状况。资本破坏这一切并使之不断革命化，摧毁一切阻碍发展生产力、扩大需要、使生产多样化、利用和交换自然力量和精神力量的限制。①

---

① 《马克思恩格斯全集》第46卷上册，人民出版社1979年版，第392、393页。

在《资本论》第一卷尾声之处，在《所谓原始积累》这一章中，马克思还借助他人之口，生动形象地揭示了资本的唯利是图本性，资本原始积累中的野蛮性、血腥性：

> 要使资本主义生产方式的"永恒的自然规律"充分表现出来，要完成劳动者同劳动条件的分离过程，要在一极使社会的生产资料和生活资料转化为资本，在另一极使人民群众转化为雇佣工人，转化为自由的"劳动贫民"这一现代历史的杰作，就需要经受这种苦难。如果按照奥日埃的说法，货币"来到世间，在一边脸上带着天生的血斑"，那末，资本来到世间，从头到脚，每个毛孔都滴着血和肮脏的东西。
>
> 一旦有适当的利润，资本就胆大起来。如果有10%的利润，它就保证到处被使用；有20%的利润，它就活跃起来；有50%的利润，它就铤而走险；为了100%的利润，它就敢践踏一切人间法律；有300%的利润，它就敢犯任何罪行，甚至冒绞首的危险。如果动乱和纷争能带来利润，它就会鼓励动乱和纷争。走私和贩卖奴隶就是证明。①

由此，马克思也深刻揭示出资本主义生产方式最为深刻的内在矛盾，一方面是追求物质利益、资本利润的最大化，另一方面集中造成了人的异化：

> 在现代世界，生产表现为人的目的，而财富则表现为生产的目的。事实上，如果抛掉狭隘的资产阶级形式，那么，财富岂不正是在普遍交换中造成的个人的需要、才能、享用、生产力等等的普遍性吗？财富岂不正是人对自然力——既是通常所谓的"自然"力，又是人本身的自然力——统治的充分发展吗？财富岂不正是人的创造天赋的绝对发挥吗？这种发挥，除了先前的历史发展之外没有任何其他前

---

① 马克思：《资本论》第1卷，人民出版社1975年版，第828、829页。

提，而先前的历史发展使这种全面的发展，即不以旧有的尺度来衡量的人类全部力量的全面发展成为目的本身。在这里，人不是在某一种规定性上再生产自己，而是生产出他的全面性，不是力求停留在某种已经变成的东西，而是处在变易的绝对运动之中。

在资产阶级经济以及与之相适应的生产时期中，人的内在本质的这种充分发挥，表现为完全的空虚，这种普遍的物化过程，表现为全面的异化，而一切既定的片面目的的废弃，则表现为为了某种纯粹外在的目的而牺牲自己的目的本身。①

因而，马克思立足现代科技革命发展趋势，指出未来社会价值目标，必须实现划时代的、根本性的重心转变，把每个人的个性自由、全面发展，当成最高目标：

> 随着大工业的发展，现实财富的创造较少地取决于劳动时间和已耗费的劳动量，较多地取决于在劳动时间内所运用的动因的力量，而这种动因自身——它们的巨大效率——又和生产它们所花费的直接劳动时间不成比例，相反地却取决于一般的科学水平和技术进步，或者说取决于科学在生产上的应用。
>
> 在这个转变中，表现为生产和财富的宏大基石的，既不是人本身完成的直接劳动，也不是人从事劳动的时间，而是对人本身的一般生产力的占有，是人对自然界的了解和通过人作为社会体的存在来对自然界的统治，总之，是社会个人的发展。②

而当马克思在思考未来社会价值尺度问题时，他却没有固守拘泥于劳动时间尺度、货币尺度，而立足于社会形态、价值体系的大变革，科技现代发展大趋势、新特点，充分看到个性自由、自由时间，在未来社会的重要价值尺度作用。

---

① 《马克思恩格斯全集》第 46 卷上册，人民出版社 1979 年版，第 486 页。
② 《马克思恩格斯全集》第 46 卷下册，人民出版社 1980 年版，第 217、218 页。

马克思揭示了资本发展总趋势，在这一历史过程中的内在矛盾与二重性：

> 资本本身是处于过程中的矛盾，因为它竭力把劳动时间缩减到最低限度，另一方面又使劳动时间成为财富的惟一尺度和源泉。因此，资本缩减必要劳动时间形式的劳动时间，以便增加剩余劳动时间形式的劳动时间；因此越来越使剩余劳动时间成为必要劳动时间的条件——生死攸关的问题。一方面，资本调动科学和自然界的一切力量，同样也调动社会结合和社会交往的力量，以便使财富的创造不取决于（相对地）耗费在这种创造上的劳动时间。另一方面，资本想用劳动时间去衡量这样造出来的巨大的社会力量，并把这些力量限制在为了把已经创造的价值作为价值来保存所需要的限度之内。
>
> 于是，资本就违背自己的意志，成了为社会可以自由支配的时间创造条件的工具，使整个社会的劳动时间缩减到不断下降的最低限度，从而为全体［社会成员］本身的发展腾出时间。但是，资本的不变趋势一方面是创造可以自由支配的时间，另一方面是把这些可以自由支配的时间变为剩余劳动。①

最终，马克思一语破的，指出了未来之路的财富的尺度，既不是金钱货币，也不是劳动时间，而是用于发展自由个性的自由时间：

> 那时，一方面，社会的个人的需要将成为必要劳动时间的尺度，另一方面，社会生产力的发展将如此迅速，以致尽管生产将以所有的人富裕为目的，所有的人的可以自由支配的时间还是会增加。因为真正的财富就是所有个人的发达的生产力。那时，财富的尺度决不再是劳动时间，而是可以自由支配的时间。以劳动时间作为财富的尺度，这表明财富本身是建立在贫困的基础上的，而可以自由支配的时间是

---

① 《马克思恩格斯全集》第46卷下册，人民出版社1980年版，第219、221页。

同剩余劳动时间相对立并且是由于这种对立而存在的。①

自由时间,这是自由个性的发展空间。

第五节 价值尺度的时代变迁
——从金钱尺度到自由时间

马克思价值观的又一重要理论创新,还在于他率先探讨了价值尺度的时代转换问题:在资本主义社会中,金钱货币不仅成了商品价值尺度,而且成了一般的、万能的价值尺度,成了衡量一切事物优劣得失的价值尺度,而货币中包含的价值量则取决于社会平均必要的劳动时间;而在未来新型社会中,最重要最根本的价值尺度既不是劳动时间,也不是货币数量、挣钱多少,而是决定于人的自由发展空间的自由时间。

马克思在《资本论》中,入木三分地揭示了资本的致富本性,货币增值怎样成为统摄一切的价值尺度:

> 资本家只有作为人格化的资本,他才有历史的价值,才有像聪明的利希诺夫斯基所说的"没有任何日期"的历史存在权。也只有这样,他本身的暂时必然性才包含在资本主义生产方式的暂时必然性中。但既然这样,他的动机,也就不是使用价值和享受,而是交换价值和交换价值的增殖了。他狂热地追求价值的增殖,肆无忌惮地迫使人类去为生产而生产,从而去发展社会生产力,去创造生产的物质条件……资本家只是作为资本的人格化才受到尊敬。作为这样一种人,他同货币贮藏者一样,具有绝对的致富欲。但是,在货币贮藏者那里,这表现为个人的狂热,在资本家那里,这却表现为社会机构的作用,而资本家不过是这个社会机构中的一个主动轮罢了。此外,资本

---

① 《马克思恩格斯全集》第46卷下册,人民出版社1980年版,第222页。

主义生产的发展，使投入工业企业的资本有不断增长的必要，而竞争使资本主义生产方式的内在规律作为外在的强制规律支配着每一个资本家。竞争迫使资本家不断扩大自己的资本来维持自己的资本，而他扩大资本只能靠累进的积累。①

马克思还从政治经济学角度，专门探讨了劳动时间，何以成为近代世界历史时代的价值尺度：

> 关键在于，满足绝对需求所需要的劳动时间留下了自由时间（自由时间的多少，在生产力发展的不同阶段有所不同），因此，只要进行剩余劳动，就能创造剩余产品。目的是要消除［必要劳动和剩余劳动的］关系本身；这样，剩余产品本身就表现为必要产品了，最后，物质生产也就给每个人留下了从事其他活动的剩余时间。
>
> 因此，劳动的尺度，劳动时间——在劳动强度相同的前提下——就是价值的尺度……劳动时间，或劳动量，是价值的尺度，——这无非是说，劳动的尺度就是价值的尺度。②

第六节 价值观念的时代更新
——从金钱拜物教到新型价值观

马克思价值观的第六个重大创新，就是揭示出整个人类社会的主流价值观念，将必然发生划时代的重大变革：在近代资本主义社会中异化劳动、全面异化，必定使整个社会的价值观中，使商品拜物教、货币拜物教、资本拜物教广泛流行，成为社会心理甚至意识形态中的主流价值观念；而伴随着社会主义社会变革的，必定是整个社会价值观念的深刻变

---

① 马克思：《资本论》第1卷，人民出版社1975年版，第649、650页。
② 《马克思恩格斯全集》第46卷下册，人民出版社1980年版，第114页。

革，新型价值观的主旨将是人类解放、自由个性，每个人的自由和谐全面发展。

异化劳动必然导致商品、货币、资本的拜物教。这一规定从经济异化回归到社会心理、意识形态。在早期手稿中，有对金钱异化、货币崇拜的抗议和讽刺，却缺少理论上的科学说明。到《资本论》中，商品拜物教、货币拜物教、资本拜物教已经作为一个范畴序列，从劳动过程的历史特点出发，揭示了产生这种畸形社会现象的实践根源和认识根源。早期手稿是从具体上升到抽象，从政治异化、思想异化（宗教异化）溯源到最本质的经济异化（劳动异化）。而到《资本论》中，思想行程已经反过来从抽象上升到具体，用最本质的劳动异化说明社会心理、意识形态中的异化现象。商品拜物教的实质和根源在于生产商品的劳动性质之中：商品形式呈现了一种颠倒的令人眼花缭乱的假象，使人与人之间的关系掩盖上物的外壳，使劳动的社会性质反映成劳动产品本身的物的性质，使生产者的私人劳动同社会劳动的关系反映成存在于生产者之外的物与物之间的社会关系——从而造成了商品的谜一般的神奇力量，造成了类似宗教崇拜的商品拜物教。货币拜物教的谜就是商品拜物教的谜，只不过随着商品转化为货币，人的社会关系裹上了金银的物质外壳，变得更加炫惑，更加耀眼。随着货币转化为资本，特别是生息资本、金融资本的形成，货币拜物教随之转化为资本拜物教。生息资本、金融资本则成了最完善的自动物神，自行增殖的价值，创造货币的货币。在金融资本这个形式上，再也看不到它起源于劳动的任何痕迹了，社会关系最终成为物同它自身的关系，拜物教至此彻底完成了。马克思劳动异化理论也以此作为归宿点，从经济领域、社会领域回归到思想领域，从抽象回归到具体。

当年，马克思、恩格斯曾在《共产党宣言》中旗帜鲜明地大胆预言：

> 共产主义革命就是同传统的所有制关系实行最彻底的决裂；毫不奇怪，它在自己的发展进程中要同传统的观念实行最彻底的决裂。[①]

[①] 《马克思恩格斯选集》第 1 卷，人民出版社 1995 年版，第 293 页。

要同哪些传统观念决裂呢？在《共产党宣言》中没有具体说明。而到《资本论》开篇的第一章结尾，专门写了一章《商品拜物教性质及其秘密》，看来，是把传统价值观念作为首当其冲的决裂对象，尤其是商品拜物教、货币拜物教、资本拜物教中集中映现出来的传统价值观念：

> 商品形式的奥秘不过在于：商品形式在人们面前把人们本身劳动的社会性质反映成劳动产品本身的物的性质，反映成这些物的天然的社会属性，从而把生产者同总劳动的社会关系反映成存在于生产者之外的物与物之间的社会关系。由于这种转换，劳动产品成了商品，成了可感觉而又超感觉的物或社会的物。
>
> 商品世界的这种拜物教性质，像以上分析已经表明的，是来源于生产商品的劳动所特有的社会性质。
>
> 只有当社会生活过程即物质生产过程的形态，作为自由结合的人的产物，处于人的有意识有计划的控制之下的时候，它才会把自己的神秘的纱幕揭掉。但是，这需要有一定的社会物质基础或一系列物质生存条件，而这些条件本身又是长期的、痛苦的历史发展的自然产物。①

代替传统价值观的，代替商品拜物教、货币拜物教、资本拜物教的，将是高扬自主劳动、自由个性、自由发展的全新价值观念。

第七节 人与自然的新型关系
——从异化对抗到和谐共处

马克思价值观的第七个重要理论创新，是要求根本改变资本造成的人

---

① 马克思：《资本论》第1卷，人民出版社1975年版，第88、89、97页。

与自然关系的异化对抗关系，建构人与自然和谐相处的新型关系。

有些人力图把马克思说成是企图为发展生产力而野蛮征服自然的始作俑者，这种说法是毫无根据的无知妄说。

实际上，早在《1844年经济学哲学手稿》中，马克思就已经提出"共产主义—完成了的自然主义—完成了的人道主义"，是三位一体的价值目标，旨在解决的根本问题之一，就是克服资本统治、异化劳动造成的人与自然的对立关系，危机状态：

> 共产主义是私有财产即人的自我异化的积极的扬弃，因而是通过人并且为了人而对人的本质的真正占有；因此，它是人身自身、向社会的即合乎人性的人的复归，这种复归是完全的、自觉的和在以往发展的全部财富的范围内生成的。这种共产主义，作为完成了的自然主义=人道主义，而作为完成了的人道主义=自然主义，它是人和自然界之间、人和人之间的矛盾的真正解决，是存在和本质、对象化和自我确证、自由和必然、个体和类之间的斗争的真正解决。它是历史之谜的解答，而且知道自己就是这种解答。
>
> 自然界的人的本质只有对社会的人来说才是存在的；因为只有在社会中，自然界对人来说才是人与人联系的纽带，才是他为别人的存在和别人为他的存在，只有在社会中，自然界才是人自己的人的存在的基础，才是人的现实的生活要素。只有在社会中，人的自然的存在对他来说才是自己的人的存在，并且自然界对他来说才成为人。因此，社会是人同自然界的完成了的本质的统一，是自然界的真正复活，是人的实现了的自然主义和自然界的实现了的人道主义。①

在《资本论》第一大手稿《1857—1858年手稿》中，马克思对于资本主义条件下，为什么会发生生态环境危机的深刻社会根源，第一次从理论思维高度作出深入剖析：

---

① 马克思：《1844年经济学哲学手稿》，人民出版社2000年版，第81、83页。

因此，如果说以资本为基础的生产，一方面创造出一个普遍的劳动体系，——即剩余劳动，创造价值的劳动，——那么，另一方面也创造出一个普遍利用自然属性和人的属性的体系，创造出一个普遍有用性的体系，甚至科学也同人的一切物质的和精神的属性一样，表现为这个普遍有用性体系的体现者，而且再也没有什么东西在这个社会生产和交换的范围之外表现为自在的更高的东西，表现为自为的合理的东西。因此，只有资本才创造出资产阶级社会，并创造出社会成员对自然界和社会联系本身的普遍占有。由此产生了资本的伟大的文明作用；它创造了这样一个社会阶段，与这个社会阶段相比，以前的一切社会阶段都只表现为人类的地方性发展和对自然的崇拜。只有在资本主义制度下自然界才不过是人的对象，不过是有用物；它不再被认为是自为的力量；而对自然界的独立规律的理论认识本身不过表现为狡猾，其目的是使自然界（不管是作为消费品，还是作为生产资料）服从于人的需要。资本按照自己的这种趋势，既要克服民族界限和民族偏见，又要克服把自然神化的现象，克服流传下来的、在一定界限内闭关自守地满足于现有需要和重复旧生活方式的状况。资本破坏这一切并使之不断革命化，摧毁一切阻碍发展生产力、扩大需要、使生产多样化、利用和交换自然力量和精神力量的限制。①

对于马克思主义生态观、自然观，人与自然和谐价值观作出独特理论贡献的，还有恩格斯。早在1844年至1845年初，青年恩格斯在《英国工人阶级状况》一书中，就根据调查研究、实证材料，率先揭示了资本主义在英国曼彻斯特造成的生态环境危机。

晚年恩格斯又在《自然辩证法》手稿中，率先提出生态危机论与生态价值观：

一句话，动物仅仅利用外部自然界，简单地通过自身的存在在自

---

① 《马克思恩格斯全集》第46卷上册，人民出版社1979年版，第393页。

然界中引起变化；而人则通过他所作出的改变来使自然界为自己的目的服务，来支配自然界。这便是人同其他动物的最终的本质的差别，而造成这一差别的又是劳动。

但是我们不要过分陶醉于我们人类对自然界的胜利。对于每一次这样的胜利，自然界都对我们进行报复。每一次胜利，起初确实取得了我们预期的结果，但是往后和再往后却发生完全不同的、出乎预料的影响，常常把最初的结果又消除了。美索不达米亚、希腊、小亚细亚以及其他各地的居民，为了得到耕地，毁灭了森林，但是他们做梦也想不到，这些地方今天竟因此而成为不毛之地，因为他们使这些地方失去了森林，也就失去了水分的积聚中心和贮藏库。阿尔卑斯山的意大利人，当他们在山南坡把在山北坡得到精心保护的那同一种枞树林砍光用尽时，没有预料到，这样一来，他们就把本地区的高山畜牧业的根基毁掉了；他们更没有预料到，他们这样做，竟使山泉在一年中的大部分时间内枯竭了，同时在雨季又使更加凶猛的洪水倾泻到平原上。在欧洲传播栽种马铃薯的人，并不知道他们随同这种含粉的块茎一起把瘰疬症也传播进来了。因此我们每走一步都要记住：我们统治自然界，决不像征服者统治异族人那样，决不是像站在自然界之外的人似的，——相反地，我们连同我们的肉、血和头脑都是属于自然界和存在于自然之中的；我们对自然界的全部统治力量，就在于我们比其他一切生物强，能够认识和正确运用自然规律。①

不仅如此，恩格斯还明确具体地分析了资本的唯利是图本性、资本的逻辑，怎样成为现代生态环境危机的主要社会根源、制度根源：

在西欧现今占统治地位的资本主义生产方式中，这一点表现得最为充分。支配着生产和交换的一个个资本家所能关心的，只是他们的行为的最直接的效益。不仅如此，甚至连这种效益——就所制造的或

---

① 《马克思恩格斯选集》第4卷，人民出版社1995年版，第383、384页。

交换的产品的效用而言——也完全退居次要地位了；销售时可获得的利润成了惟一的动力。

资产阶级的社会科学，即古典政治经济学，主要只研究以人生产和交换为取向的行为所产生的直接预期的社会影响。这同以这种社会科学为其理论表现的组织是完全相适合的。在各个资本家都是为了直接的利润而从事生产和交换的地方，他们首先考虑的只能是最近的最直接的结果。一个厂主或商人在卖出他所制造的或买进的商品时，只要获得普通的利润，他就满意了，而不再关心商品和买主以后将是怎样的。人们看待这些行为的自然影响也是这样。西班牙的种植场主曾在古巴焚烧山坡上的森林，以为木灰作为肥料足够最能盈利的咖啡树施用一个世代之久，至于后来热带的倾盆大雨竟冲毁毫无掩护的沃土而只留下赤裸裸的岩石，这同他们又有什么相干呢？在今天的生产方式中，面对自然界以及社会，人们注意的主要只是最初的最明显的成果，可是后来人们又感到惊讶的是：人们为取得上述成果而作出的行为所产生的较远的影响，竟完全是另外一回事，在大多数情况下甚至是完全相反的；需求和供给之间的和谐，竟变成二者的两极对立，每十年一次的工业周期的过程就显示了这种对立。①

第八节　人与人的新型关系
——从异化关系到人际和谐

马克思价值观不仅要求在人与自然关系上建构新型关系，而且要求以此为物质基础、经济基础，建构人与人的新型社会关系，超越劳动异化、交往异化过程中形成的人与人的异化对抗关系，走向合作劳动、共同发展的新型和谐关系。

---

① 《马克思恩格斯选集》第4卷，人民出版社1995年版，第385、386页。

作为一个德国人、德国古典哲学的传承创新者，马克思不仅要求像英国经验论者那样，集中关注现实个人，而且要求从孤立个人上升到系统整体把握，这就要求进而注意到劳动实践活动、社会交往活动，以及在活动中形成的社会关系、社会关系网络、社会关系系统，逐渐生成以生产关系为基础的社会关系复杂系统。

从《1844年经济学哲学手稿》到《资本论》，马克思发现，由于劳动和劳动条件的分离与异化，造成了私有制，产生了劳动异化、交往异化，从而在人与人之间形成异化关系，并在资本主义发达生产方式中，达到极致之点，两极分化达到登峰造极。

在《1844年经济学哲学手稿》，马克思提出异化劳动四个规定，其中第四个规定，最终落脚到人的生产关系、社会关系的异化上来：

> 人同自己的劳动产品、自己的生命活动、自己的类本质相异化的直接结果就是人同人相异化。当人同自身相对立的时候，他也同他人相对立。凡是适用于人对自己的劳动、对自己的劳动产品和对自身的关系的东西，也都适用于人对他人、对他人的劳动和劳动对象的关系。
>
> 总之，人的类本质同人相异化这一命题，说的是一个人同他人相异化，以及他们中的每个人都同人的本质相异化。
>
> 人的异化，一般地说，人对自身的任何关系，只有通过人对他人的关系才得到实现和表现。
>
> 还必须注意上面提到的这个命题：人对自身的关系只有通过他对他人的关系，才成为对他来说是对象性的、现实的关系。
>
> 总之，通过异化的、外化的劳动，工人生产出一个对劳动生疏的、站在劳动之外的人对这个劳动的关系。工人对劳动的关系，生产出资本家——或者不管人们对劳动的主人起个什么别的名字——对这个劳动的关系。①

---

① 马克思：《1844年经济学哲学手稿》，人民出版社2000年版，第59、60、61页。

由于固定资本的尺度、科学技术的发展、自动机器体系的发展，劳动与资本关系又发生了一个引人注目的新变化，这就是劳动对资本的从属关系，从形式上的从属，彻底走上了实质上的从属。1861—1863年间写成的《资本论》第二大手稿，具体分析了这种发展趋势：

> 一旦资本主义生产方式（即劳动对资本的实际上的从属）控制了农业矿业，主要衣着布匹的生产，以及运输，交通工具，它便随着资本的发展，或是逐渐征服只是形式上从属于资本主义生产的其他部门，或是逐渐征服还由独立手工业者经营的其他部门。这就是资本的趋势。
>
> 随着劳动在实际上从属于资本，在生产方式本身中，在劳动生产率中，在资本家和工人之间——在生产内部——的关系中，以及在双方彼此的社会关系中，都发生完全的革命。①

借1871年巴黎公社革命这个历史契机，马克思代表国际工人协会总务委员会起草的《法兰西内战》，既是工人阶级对这一革命首创行动的政治宣言，同时也是以自由平等的合作劳动为基础，开创新型人与人社会关系的宣言书：

> 这个事实表明，同那个经济贫困和政治昏聩的旧社会相对立，正在诞生一个新社会，而这个新社会的国际原则将是和平，因为每一个民族都将有同一个统治者——劳动！
>
> 当巴黎公社把革命的领导权掌握在自己手中的时候，当普通工人第一次敢于侵犯他们的"天然尊长"的执政特权，在空前艰难的条件下虚心、诚恳而卓有成效地进行他们的工作，而所得报酬最高额还不及科学界高级权威人士所建议的伦敦国民教育局秘书最低薪额的五分之一的时候——旧世界一看到象征劳动共和国的红旗在市政厅上空飘

---

① 《马克思恩格斯全集》第48卷，人民出版社1985年版，第20、25页。

扬,便怒火中烧,捶胸顿足。

这就是公社——社会解放的政治形式,把劳动从垄断着劳动者自己所创造的或是自然所赐予的劳动资料的那批人僭取的权力(奴役)下解放出来的政治形式。

……(因为公社并不代表一种特殊利益;它代表着"劳动"的解放,而劳动是个人生活和社会生活的基本的、自然的条件,唯有靠僭权、欺骗、权术才能被少数人从自己身上转嫁到多数人身上),但是,公社提供合理的环境,使阶级斗争能够以最合理、最人道的方式经历它的几个不同阶段。公社可能引起激烈的反动和同样激烈的革命。公社实现劳动的解放——它的伟大目标——是这样开始的……①

第九节 人与自我的新型关系
——从自我异化到自我解放

马克思价值观的第九个理论创新,还在于其要求根本超越资本主义异化劳动条件下人的自我异化,发财致富的贪欲过分膨胀,吞噬了人内心深处的真正自我,从而要求走向人与自我、灵魂与肉体、身与心关系的重新建构,从异化的、片面的、畸形扭曲的人,走向自由、和谐、全面、发展的一代新人。

在《1844年经济学哲学手稿》和《资本论》中,马克思揭示出,由于劳动和劳动条件的分离、异化,两极分化造成了人在异化劳动中的自我异化,其中异化劳动,四个规定的头三项,本质上讲的都是人的自我异化:劳动实践活动原本是自由自觉的活动,体现人的本质的自主活动,却变成了人为了挣钱谋生而被迫作出的行为抉择。

而在资本主义生产方式、劳动条件下,商品拜物教、货币拜物教、资

---

① 《马克思恩格斯选集》第3卷,人民出版社1995年版,第19、60、97、98页。

本拜物教不胫而走，必然而成为广泛流行的社会心理、社会思潮，使人难以自拔。

在这种劳动异化、交往异化，乃至国家异化、社会生活全面异化的社会条件下，金钱万能、金钱至上、金钱崇拜的思想潮流，势必到处泛滥，让人被裹挟而下，人性深处、心灵深处，不同程度存在的贪欲本性，使绝大多数人，很难做到保持清醒，横空出世，超凡脱俗，"出淤泥而不染，濯清涟而不妖"。

万能工具理性膨胀，人文价值理性萎缩，物质技术世界发达，但精神世界贫乏，人们发财致富兴致高涨，而道德理想境界低下——这种情况成为现代世界历史发展的一大突出矛盾，深层结构失衡。

比马克思·韦伯、爱因斯坦、哈贝马斯等人，更早、更深刻、更强烈地发出呼唤的，正是19世纪伟大哲人马克思。

什么叫"人的解放"，人的自我解放？马克思在不同场所、不同条件、不同语境下，表达了许多闪光思想，难以尽数。这里只是从以下十个层面，简要梳理一下其主要的来龙去脉，尤其是其中富于个性的闪光思想、闪光智慧。

（1）人的解放，首先是人的本质的解放，劳动的解放，从雇佣劳动走向自主劳动，乃至自由劳动。正如马克思指出的："不过，斯密在下面这点上是对的：在奴隶劳动、徭役劳动、雇佣劳动这样一些劳动的历史形式下，劳动始终是令人厌恶的事情，始终是外在的强制劳动，而与此相反，不劳动却是'自由和幸福'……在这些条件下劳动会成为吸引人的劳动，成为个人的自我实现，但这决不是说，劳动不过是一种娱乐，一种消遣，就像傅立叶完全以一个浪漫女郎的方式极其天真地理解的那样。真正自由的劳动，例如作曲，同时也是非常严肃，极其紧张的事情。"①

（2）人的解放，是人双手的解放、体力的解放，不再被迫从事繁重琐碎的体力劳动，而是借助于现代科学技术创新成果，成为名副其实的劳动主体，控制整个生产过程。

---

① 《马克思恩格斯全集》第46卷下册，人民出版社1980年版，第112、113页。

《资本论》第一手稿《1857—1858年手稿》作出了比较：

> "你必须汗流满面的劳动！"这是耶和华对亚当的诅咒。而亚当·斯密正是把劳动看作诅咒。在他看来，"安逸"是适当的状态，是与"自由"和"幸福"等同的东西……劳动表现为不再像以前那样被包括在生产过程中，相反地，表现为人以生产过程的监督者和调节者的身份同生产过程本身发生关系。（关于机器体系所说的这些情况，同样适用于人类活动的结合和人类交往的发展。）这里已经不再是工人把改变了形态的自然物作为中间环节放在自己和对象之间；而是工人把由他改变为工业过程的自然过程作为媒介放在自己和被他支配的无机自然界之间。工人不再是生产过程的主要当事者，而是站在生产过程的旁边。①

（3）人的解放，又是人大脑的解放，使人不仅从繁重体力劳动中解放出来，而且从纷繁重复的脑力劳动中解放出来，重点发展创造性劳动空间。

（4）人的解放，更是心灵的解放，思想的解放，精神的解放，从各种传统观念的束缚下解放出来；从长期广泛流行的商品拜物教、货币拜物教、资本拜物教的思想枷锁下，解放出来，从各种各样的名利欲望、金钱欲望的枷锁下解放出来。

（5）人的解放，还意味着从原有强制性劳动分工下的大解放。

劳动分工与商品交换，固然是以往社会发展生产力的一条主要途径，然而，强制性、固定性、狭隘性的专业分工，却使人患上了"分工痴呆症"，失去了自由、和谐、全面发展的可能性，马克思、恩格斯在《德意志意识形态》中的《费尔巴哈》章中，相当明确地指出了这一点，更指出了根本出路何在：

---

① 《马克思恩格斯全集》第46卷下册，人民出版社1980年版，第112、218页。

只要分工还不是出于自愿，而是自然形成的，那么人本身的活动对人来说就成为一种异己的、同他对立的力量，这种力量压迫着人，而不是人驾驭着这种力量。

而在共产主义社会里，任何人都没有特殊的活动范围，而是都可以在任何部门内发展，社会调节着整个生产，因而使我有可能随自己的兴趣今天干这事，明天干那事，上午打猎，下午捕鱼，傍晚从事畜牧，晚饭后从事批判，这样就不会使我老是一个猎人、渔夫、牧人或批判者。社会活动的这种固定化，我们本身的产物聚合为一种统治我们、不受我们控制、使我们的愿望不能实现并使我们的打算落空的物质力量，这是迄今为止历史发展的主要因素之一。①

（6）人的解放，意味着人的时间的大解放。千百年来，挣钱谋生，养活自己、养活家人的必要劳动时间，往往占据了整个生命时间长河的大半部分，闲暇时间、自由时间仅占生命的一小部分，人们很少能随心所欲地去干自己喜欢干的事、内心向往的事、最感兴趣的事。然而，在未来社会价值体系中，挣钱谋生，社会必要劳动时间固然还是必不可少的，但势必将下降到次要比重，甚至很少比重。

（7）人的解放，意味着个人发展空间的大解放。《资本论》的第一大手稿《1857—1858年手稿》，对于这个问题，有独到考察，认为在未来新社会，会使"以交往价值为基础"、以资本占有工人剩余劳动时间为目的的生产方式土崩瓦解，从而把"自由时间"还给广大普通劳动者，作为他们在文化、艺术上发展的广阔空间，那时将会有多少被埋没的艺术天才、文化天才、科学天才涌现出来：

现今财富的基础是盗窃他人的劳动时间，这同新发展起来的由大工业本身创造的基础相比，显得太可怜了。一旦直接形式的劳动不再是财富的巨大源泉，劳动时间就不再是，而且必然不再是财富的尺

---

① 《马克思恩格斯选集》第1卷，人民出版社1995年版，第85页。

度，因而交换价值也不再是使用价值的尺度。**群众的剩余劳动**不再是发展一般财富的条件，同样，**少数人的非劳动**不再是发展人类头脑的一般能力的条件。于是，以交换价值为基础的生产便会崩溃，直接的物质生产过程本身也就摆脱了贫困和对抗性的形式。个性得到自由发展，因此，并不是为了获得剩余劳动而缩减必要劳动时间，而是直接把社会必要劳动缩减到最低限度，那时，与此相适应，由于给所有的人腾出了时间和创造了手段，个人会在艺术、科学等等方面得到发展。①

（8）人的解放，还意味着人的需要、需要体系的大解放。对于这一点，马克思《1844年经济学哲学手稿》作出了很好的论述：

> 我们已经看到，在社会主义的前提下，人的需要的丰富性，从而某种新的生产方式和某种新的生产对象，具有什么样的意义。人的本质力量的新的证明和人的本质的新的充实，在私有制范围内，则具有相反的意义。每个人都指望使别人产生某种新的需要，以便迫使他作出新的牺牲，以便使他处于一种新的依赖地位并且诱使他追求一种新的享受，从而陷入一种新的经济破产。每个人都力图创造出一种支配他人的、异己的本质力量，以便从这里面找到他自己的利己需要的满足。②

很有意思的是，马克思区分了两种性质、作用不同的共产主义：一种是粗陋的共产主义，"还没有理解私有财产的积极的本质，也还不了解需要所具有的人的本性"；另一种则是科学的共产主义，既了解了私有财产本质，又了解了需要的丰富性：

> 由此可见，对私有财产的最初的积极的扬弃，即粗陋的共产主

---

① 《马克思恩格斯全集》第46卷下册，人民出版社1980年版，第218、219页。
② 马克思：《1844年经济学哲学手稿》，人民出版社2000年版，第120页。

义，不过是想把自己设定为积极的共同体的私有财产的卑鄙性的一种表现形式。

共产主义是私有财产即人的自我异化的积极的扬弃，因而是通过人并且为了人而对人的本质的真正占有；因此，它是人向自身、向社会的即合乎人性的人的复归，这种复归是完全的，自觉的和在以往发展的全部财富的范围内生成的。①

（9）人的解放，还意味着人的本性、审美理想追求的大解放。正是在《资本论》的最初手稿《1844年经济学哲学手稿》中，马克思作了出色的哲学论述：

动物只是按照它所属的那个种的尺度和需要来构造，而人懂得按照任何一个种的尺度来进行生产，并且懂得处处都把内在的尺度运用于对象；因此，人也按照美的规律来构造。

我们看到，富有的人和富有的人的需要代替了国民经济学上的富有和贫困。富有的人同时就是需要有总体的人的生命表现的人，在这样的人的身上，他自己的实现作为内在的必然性、作为需要而存在的。不仅人的富有，而且人的贫困，——在社会主义的前提下——同样具有人的因而是社会的意义。贫困是被动的纽带，它使人感觉到需要最大的财富即别人。因此，对象性的本质在我身上的统治，我的本质活动的感性爆发，是激情，从而激情在这里就成了我的本质的活动。②

（10）人的解放，最终意味着人的潜能、人的理想、人的自我创造可能性的大解放。正是在《1844年经济学哲学手稿》的近于尾声之处，马克思从世界历史发展高度，憧憬着人的发展远景，诠释出"改变世界——改变人的自我"双重创新思想主旨：

---

① 马克思：《1844年经济学哲学手稿》，人民出版社2000年版，第80、81页。
② 马克思：《1844年经济学哲学手稿》，人民出版社2000年版，第58、90页。

通过私有财产及其富有和贫困——或物质的和精神的富有和贫困——的运动，正在生成的社会发现这种形成所需的全部材料；同样，已经生成的社会，创造着具有人的本质的这种全部丰富性的人，创造着具有丰富的、全面而深刻的感觉的人作为这个社会的恒久的现实。

对社会主义的人来说，整个所谓世界历史不外是人通过人的劳动而诞生的过程，是自然界对人来说的生成过程，所以关于他通过自身而诞生、关于他的形成过程，他有直观的、无可辩驳的证明。

社会主义是人的不再以宗教的扬弃为中介的积极的自我意识，正像现实生活是人的不再以私有财产的扬弃即共产主义为中介的积极的现实一样。共产主义是作为否定的否定的肯定，因此，它是人的解放和复原的一个现实的、对下一段历史发展来说是必然的环节。共产主义是最近将来的必然的形式和有效的原则。但是，共产主义本身并不是人的发展的目标，并不是人的社会的形式。①

第十节 价值形态的现代升华
——从物欲世界到自由王国

马克思价值观的第十个重大创新，就是积极倡导整个人类世界价值形态的划时代重大变革：不仅要根本超越近代资本主义价值形态，而且借此要开创世界历史上全新价值形态，从物欲世界走向自由王国。

这一思想贯穿马克思毕生基本著作之中，形成一条缕缕不绝的思想红线，并且在《资本论》公开问世之后，变得更加鲜明可辨。

早在《1844年经济学哲学手稿》中，已经蕴涵着这种基本思想，把未来共产主义作为人与自然、人与人、人与自我关系中基本矛盾的全新解

---

① 马克思：《1844年经济学哲学手稿》，人民出版社2000年版，第88、92、93页。

决之道。

1845年《关于费尔巴哈的提纲》,不仅包含着新世界观萌芽,而且包含着新价值观萌芽,集中表现在画龙点睛的最后三条上。

1848年公开问世的《共产党宣言》,也是这种新世界观、新价值观的宣言书。

《1857—1858年手稿》提出人与世界三大历史形态学说,意味着价值形态的划时代变革。

1859年,马克思公开发表的《政治经济批判》序言,勾勒了对世界历史四大阶段的总体框架,并总体上称之为"人类社会的史前时期",要求开创真正的"人类社会":

> 大体说来,亚细亚的、古代的、封建的和现代资产阶级的生产方式可以看作是经济的社会形态演进的几个时代。资产阶级的生产关系是社会生产过程的最后一个对抗形式,这里所说的对抗,不是指个人的对抗,而是指从个人的社会生活条件中生长出来的对抗;但是,在资产阶级社会的胎胞里发展的生产力,同时又创造着解决这种对抗的物质条件。因此,人类社会的史前时期就以这种社会形态而告终。①

而在经恩格斯晚年整理加工的,马克思《资本论》手稿第三卷尾声之处,则区分了"必然王国"与"自由王国",把共产主义既作为社会经济形态的历史必然,又作为以人自身发展为主旨的价值目标、自由王国:

> 资本一方面会导致这样一个阶段,在这个阶段上,社会上的一部分人靠牺牲另一部分人来强制和垄断社会发展(包括这种发展的物质方面和精神方面的利益)的现象将会消灭;另一方面,这个阶段又会为这样一些关系创造出物质手段和萌芽,这些关系在一个更高级的社会形态内,使这种剩余劳动能够同一般物质劳动所占用的时间的较显

---

① 《马克思恩格斯选集》第2卷,人民出版社1995年版,第33页。

著的缩短结合在一起。

事实上，自由王国只是在由必需和外在目的规定要做的劳动终止的地方才开始；因而按照事物的本性来说，它存在于真正物质生产领域的彼岸。像野蛮人为了满足自己的需要，为了维持和再生产自己的生命，必须与自然进行斗争一样，文明人也必须这样做；而且在一切社会形态中，在一切可能的生产方式中，他都必须这样做。这个自然必然性的王国会随着人的发展而扩大……这个领域内的自由只能是：社会化的人，联系起来的生产者，将合理地调节他们和自然之间的物质变换，把它置于他们的共同控制之下，而不让它作为盲目的力量来统治自己；靠消耗最小的力量，在最无愧于和最适合于他们的人类本性的条件下来进行这种物质变换。但是不管怎样，这个领域始终是一个必然王国。在这个必然王国的彼岸，作为目的本身的人类能力的发展，真正的自由王国，就开始了。但是，这个自由王国只有建立在必然王国的基础上，才能繁荣起来。工作日的缩短是根本条件。①

1876年9月至1878年6月，恩格斯在马克思积极支持与亲自参与下，写作并发表了论战性著作《反杜林论》。1880年又在此基础上修改补充，发表了更具基本理论性的著作《社会主义从空想到科学的发展》。全书结尾，重申了《资本论》第三卷结尾时的基本思想，宣示了人类全新的价值形态，必将伴随未来社会经济形态，为人类世界历史开辟全新纪元、全新时代：

无产阶级革命，矛盾的解决：无产阶级将取得公共权力，并且利用这个权力把脱离资产阶级掌握的社会生产资料变为公共财产。通过这个行动，无产阶级使生产资料摆脱了它们迄今具有的资本属性，使它们的社会性有充分的自由得以实现。从此按照预定计划进行的社会生产就成为可能的了。生产的发展使不同社会阶级的继续存在成为时

---

① 马克思：《资本论》第3卷，人民出版社1975年版，第926、927页。

代的错误。随着社会生产的无政府状态的消失，国家的政治权威也将消失。人终于成为自己的社会结合的主人，从而也就成为自然界的主人，成为自身的主人——自由的人。

完成这一解放世界的事业，是现代无产阶级的历史使命。深入考察这一事业的历史条件以及这一事业的性质本身，从而使负有使命完成这一事业的今天受压迫的阶级认识到自己的行动的条件和性质，这就是无产阶级运动的理论表现即科学社会主义的任务。①

在马克思身后，恩格斯是否继续这种价值形态的创新观念呢？有些人提出这一问题，并且企图作出否定性回答。其实这种说法，是根本没有根据的，最有力也最权威的历史证据、历史文献，就是恩格斯晚年书信，1894年1月9日从伦敦写给意大利人朱泽培·卡内帕的信。

1894年初，意大利人卡内帕，请求恩格斯为即将出版的《新纪元》周刊写一段题词，以便用精炼的语句来表明未来的社会主义新纪元的基本特征，以区别于但丁所说的"一些人统治，另一些人受苦难"的旧纪元。恩格斯在回信中写道："我打算从马克思的著作中给您寻找一行您所要求的题词。马克思是当代惟一能够和伟大的佛罗伦萨人（指但丁。——本书作者注）相提并论的社会主义者。但是，除了从《共产党宣言》中摘出下列一段话外，我再也找不出合适的了：'代替那存在着阶级和阶级对立的资产阶级旧社会的，将是这样一个联合体，在那里，每个人的自由发展是一切人的自由发展的条件。'"② 这掷地有声的铿锵语言，多么鲜明地昭示着这位白发苍苍、处于生命最后一息的老人的赤子之心！

看来，从马克思到恩格斯，从早年的《1844年经济学哲学手稿》、《共产党宣言》，到后来的《资本论》、《社会主义从空想到科学的发展》，乃至恩格斯晚年的最后遗言，都在倡导一种以人为本的新型价值观，借以根本超越以往历代，而以现代资本主义为甚的物欲世界，以发财致富为最高价值目标的传统价值观。

---

① 《马克思恩格斯选集》第3卷，人民出版社1995年版，第759、760页。
② 《马克思恩格斯全集》第39卷，人民出版社1974年版，第189页。

2012年十八大、2017年十九大以来，习近平新时代中国特色社会主义思想，不仅把社会主义核心价值观与价值体系问题，提到一个前所未来的新高度，而且带头作出一个富于时代精神与民族特色的重大理论创新，就是提出构建21世纪人类命运共同体的历史新使命。

在这一闪光思想指引下，或许可以说，新世纪、新千年、新时代的新课题，就是根本超越西方近代500年长期流行的个人本位、自我中心、外在征服型、零和博弈型单主体性世界观、价值观，建构四大共同体：

一是多元一体的中华民族共同体；

二是和平共处、合作共赢的人类命运共同体；

三是人与自然可持续发展的生命共同体；

四是人机结合、人网结合、人与人工智能结合的新型共同体。

这种新型价值观代表了新纪元、新时代、新的时代精神、新的时代走向！

第十章　马克思人类解放、自由个性观
——21世纪创新理论首要源头与哲学基础

有人说，新世纪、新千年，是信息革命的时代；

也有人说，新世纪、新千年，是生态革命的时代；

可是我要说，新世纪、新千年，最本质的特征还是人类解放、自由个性，马克思思想正是开创这个新时代最重要的源头活水。

第一节　源头活水何处寻
——回到马克思，发展马克思

新世纪、新千年，理论创新、教育创新的首要理论源泉、哲学基础、思想指南是什么，何处寻？

不在别的什么地方，恰恰就在马克思首倡的人类解放、自由个性学说，每个人自由和谐全面发展的社会理想、教育主张、人学观点。

人的问题在当代社会主义实践和现代科技革命中，具有愈来愈迫切的实践意义，日益成为多学科的综合研究对象、当代世界范围内理论争论的焦点之一。

由于种种原因，马克思主义关于人的自由全面发展的学说，长期以来曾被片面狭隘地理解为仅仅是教育方针，大大缩小了它的科学价值和现实意义。改革开放新时期之初，有的同志论证了它是马克思主义的哲学学说[①]，

---

① 参见丁学良：《马克思的"人的全面发展观"概览》，载《中国社会科学》1983年第3期。

这就把它在马克思主义中的地位提高了一步。但是，问题还不能说得到了完全解决，不能说完全恢复了它在马克思主义中的应有地位。我们认为，人的自由、和谐、全面发展学说既不仅仅是教育学说，也不仅仅是哲学原理，这一学说贯通了马克思主义哲学、政治经济学、科学社会主义三个组成部分，是马克思主义科学理论的基本原则和理论真谛，是整个体系的理想目标和思想灵魂。

马克思创新理论的最大亮点与当代生长点，不仅在于他从新唯物主义世界观、历史观、价值观的哲学高度，提出了科学、技术、制度、文化的综合创新论，而且在于他更加深刻地指出了这种综合创新的最高宗旨、终极目标，乃是人的创新，人的本质与存在形态的根本创新，从人对人的依附性、人对物（金钱关系）的依附性，走向全面和谐发展的自由个性。

新世纪、新千年最大特征是什么？不仅仅是信息革命、生态革命，更重要的是人的革命，以科学、技术、制度综合创新为基础的人的创新。

在这里，我们试图恢复这一学说在马克思主义中的本来面目和科学含义，并初步阐发它对新世纪、新千年，我们创新理论与创新实践，社会主义改革创新乃至教育创新的巨大指导作用和现实意义。

第二节　人类解放、个性自由
——马克思主义理想目标和基本原则

我们常常讲共产主义远大理想，但是究竟什么是共产主义远大理想，它的科学含义、基本特征和本质之点究竟是什么，却至今还是一个值得认真探讨的重大理论问题。毫无疑问，我们应当从生产力、生产关系、分配方式、精神文化等角度多方面地探讨共产主义社会的基本特征。产品的极大丰富，"各尽所能，按需分配"的原则，共产主义的新型精神文明等等，都是构成共产主义理想目标的基本要素之一。但是，还有一个不容忽视的重要方面，就是从历史活动的主体——人的发展的角度，来揭示共产主义社会的基本特征。现在的问题在于，恰恰是对后一方面多年来我们重视得不够，甚至有所忽视。因而，我们认为有必要在这里着重谈谈问题的这一方面。

把人的自由全面发展作为科学社会主义的理想目标和基本原则之一，是19世纪到20世纪马克思主义始终一贯的基本思想。这一基本思想像一根红线一样，特别鲜明地贯穿在"马克思—恩格斯—列宁"的科学社会主义思想发展链条中。今天许多流行的教科书、小册子，常常忽视这一点，有时甚至把"人的自由全面发展"同个人主义、资产阶级自由化混为一谈。这种做法，往往导致钝化马克思主义的思想锋芒，降低马克思主义的思想深度，减弱马克思主义的号召力。更为值得注意的是，歪曲这一点，往往是西方"马克思学"、"列宁学"乘虚而入，制造"青年马克思与成熟马克思"、"马克思和恩格斯"、"列宁和马克思"对立的发难之处。为了澄清马克思、恩格斯、列宁这方面的思想实质，我们有必要作一番追根溯源的历史考察。

一、马克思前后期一以贯之的基本思想

西方"马克思学"制造了"青年马克思"与"成熟马克思"的对立。他们在谈论"人的问题在马克思思想中的命运"时，一个典型提法是："开始阶段：人是中心"，"结束阶段：人被废黜"[①]。很难说，这种说法是出于对马克思主义历史的无知，还是出于阶级偏见。"后期马克思"与"青年马克思"之间的这道思想鸿沟，完全是他们人为地制造的。

为了完整准确地把握马克思历史观的整体结构，必须注意到：社会发展规律问题是贯穿唯物史观的正主题，而人的历史发展规律则是其副主题。关于前一方面，今天人们谈论得已经不少；关于后一方面，却很少有人深入探讨过。实际上，马克思的历史观整体结构的形成，可以说经历了三个发展阶段。第一阶段是青年马克思的世界观转变时期，新世界观的天才萌芽与黑格尔、费尔巴哈的思想遗迹交织在一起，以"人的本质—人的异化—人的解放"为其哲学探索的主题。第二阶段，走向成熟思想和唯物

---

① 埃·伊格那托夫：《人道主义的自我解体——人的问题在马克思主义思想中的命运》，载美国《苏联思想研究》1980年第4期。

史观的马克思,以《关于费尔巴哈的提纲》中"人的本质是社会关系的总和"的科学论断为桥梁,从人的问题上升到从总体上揭示"社会本质—社会结构—社会发展"的一般规律,作为这一阶段历史观的主题。第三阶段,在后期的《资本论》及其三大手稿中,上述两条线索在更高的科学基础上融为一体,以社会发展规律为主线,以人的问题为辅线,全面展开了唯物史观的全部丰富内涵。在方法论上,三个时期贯穿始终的一根红线,则是个人与社会的辩证统一。综观马克思历史观发展的来龙去脉表明:唯物史观作为无产阶级认识世界、改造世界的世界观,重心首先在于从总体上揭示社会发展规律;个人的问题不仅是伦理学问题,而且是重大的社会认识问题和哲学问题,同样是唯物史观的重要内容;强调个人与社会、社会整体规律与个体发展规律的对立统一,是贯穿马克思唯物史观的辩证方法和思想精髓。

包含着上述两方面丰富内容的唯物史观,同时也就是马克思主义哲学中"关于人的科学"。这一点正是马克思和恩格斯、早期和后期,都一再加以强调的。

在以往的争论中,存在着两种倾向:多年来普遍流行的倾向是把唯物史观仅仅归结为关于社会规律的科学,完全否认人的问题在其中的重要地位;有的同志在努力纠正上述偏向的时候,则从一个极端走向另一个极端,把马克思唯物史观以致整个马克思主义,仅仅归结为单纯的"人学"。这两种看法都失之于偏颇,未能真正把握唯物史观的上述发展脉络和内在结构,未能真正抓住马克思历史主体观中个人与社会辩证统一的思想真谛。

正因为马克思历史观中贯穿着个人与社会的深刻辩证法,所以他把历史活动的主体——人的发展作为社会发展的重要尺度之一,从一定意义上来说,甚至是比生产力、生产关系、分配方式、精神文化更富于总体性的综合指示器。在探讨未来共产主义社会的本质特征时,他特别突出地首先着眼于历史主体——人的发展这一方面。

19世纪40年代马克思主义形成时期,就把人的自由全面发展确立为共产主义的理想目标之一。《1844年经济学哲学手稿》,作为马克思主义理论的最初发源地,第一次初步确立了这个理想目标。马克思区分了历史上从低到高的三种不同类型的共产主义:最初的、带有粗陋的平均主义倾向的共产主义,"想用强力抹煞天赋";接着是还具有政治性质的共产主义,即民主的或专制的共产主义;最后才是作为"历史之谜解答"的共产主义,它的理想目标在于"人以一种全面的方式,也就是说,作为一个完整的人,占有自己的全面的本质有"。① 这里的表述方式还带有一点费尔巴哈人本主义的思想遗迹,但马克思的形成之中的基本思想——共产主义同人的自由全面发展的内在联系,还是显而易见的。1845—1846 年写成的《德意志意识形态》,是第一次比较系统表述了唯物史观的、最早的马克思主义成熟著作。在这部著作中,这个理想目标开始和初步形成的社会经济形态学说融成一体。在这里第一次包含着从这一角度对共产主义作出的科学定义:共产主义社会,即个人的独创和自由的发展不再是一句空话的唯一的社会。同时这里还指出了,"这个由现代关系规定的任务是和按共产主义原则组织社会的任务一致的";一方面,私有制只有在个人得到全面发展的条件下才能消灭;另一方面,共产主义革命本身就是个人自由发展的共同条件。② 马克思主义社会的第一个伟大纲领性文件——《共产党宣言》,并没有像许多空想社会主义者那样列举未来社会的种种细节,而只是在科学预见中从特定角度提出了共产主义社会的一个基本特征,这个特征恰恰就是人的自由全面发展:"代替那存在着阶级和阶级对立的资产阶级旧社会的,将是这样一个联合体,在那里,每个人的自由发展是一切人的自由发展的条件。"③

马克思的后期著作,进一步把人的自由全面发展列为共产主义社会的本质特征和基本原则之一。《1857—1858 年经济学手稿》,是《资本论》创作中有决定意义的第一手稿。在这里,马克思把人的全面发展、自由个性的形成,看成是共产主义社会的本质特征之一。④ 这一科学思想同样写

---

① 《马克思恩格斯全集》第 42 卷,人民出版社 1979 年版,第 123 页。
② 《马克思恩格斯全集》第 3 卷,人民出版社 1961 年版,第 515—516 页。
③ 《马克思恩格斯选集》第 1 卷,人民出版社 1995 年版,第 294 页。
④ 《马克思恩格斯全集》第 46 卷上册,人民出版社 1979 年版,第 104 页。

进了马克思主义、科学社会主义的基本著作——《资本论》。《资本论》把未来共产主义的社会形式称为"自由人联合体",而把每个人的自由全面发展作为这一社会的基本原则:"……只有这样的条件,才能为一个更高级的、以每个人的全面而自由的发展为基本原则的社会形式创造现实基础。"① 在《哥达纲领批判》中,马克思列举了共产主义社会高级阶段的四个特征,同时提到了"个人的全面发展"。而且我们有一定理由认为,正是这一点成为贯穿四个特征的内在线索。旧式分工的消灭,劳动性质的转变,集体财富的涌流,"各尽所能,按需分配"原则的实行——共产主义经济形态的这些经济特征,不正是所有"个人的全面发展"的必要物质条件、社会条件吗?这不正是马克思几十年间一以贯之的基本思想吗?

二、恩格斯和马克思始终不渝的共同思想

西方"马克思学"家诺曼·莱文在《可悲的骗局:马克思与恩格斯的对立》一书中提出,说马克思与恩格斯共同创立了马克思主义,是一种可悲的骗局。他们两个人思想尽管有某些共同点,但是在一系列根本问题上是完全对立的。首先是哲学世界观上有尖锐分歧,这种分歧又最明显地表现在他们对共产主义的不同解释上。马克思受到费尔巴哈人本学人道主义的很大影响,他把共产主义解释成人的异化的终结、自由人类历史的开始,符合他以人为中心的社会观点。恩格斯在给共产主义下定义时,则完全忽视了人本学人道主义,而是从对技术、劳动和生产率的偶像崇拜出发的,把共产主义看成组织严密、产品丰富的庞大工厂。② 其实,在共产主义的理想目标和科学含义上,制造马克思与恩格斯的对立,才是真正可悲的骗局。

恩格斯在马克思主义形成时期,就为确立这个共产主义理想目标独立地作出了理论贡献。对历史文献的对比研究表明,《共产党宣言》在起草过程中三易其稿,而恩格斯和马克思关于共产主义理想目标的这一基本思想,是始终一致的。恩格斯在 1847 年 6 月之前所作的《共产主义信条草

---

① 马克思:《资本论》第 1 卷,人民出版社 1975 年版,第 95、649 页。
② 参见 [美] 诺曼·莱文:《可悲的骗局:马克思与恩格斯的对立》,克里奥书店 1975 年英文版。

案》，是第一稿。他在回答"共产主义者的目的是什么"的问题时，开宗明义地指出："把社会组织成这样：使社会的每一个成员都能完全自由地发展和发挥他的全部才能和力量，并且不会因此而危及这个社会的基本条件。"① 恩格斯同年10月底写的《共产主义原理》是第二稿，其中再次重申了这一项共产主义的原则和目标："根据共产主义原则组织起来的社会，将使自己的成员能够全面地发挥他们的得到全面发展的才能。于是各个不同的阶级也必然消灭。"② 由此可见，《共产党宣言》最后定稿的第三稿，把每个人的全面自由发展作为科学共产主义的本质特征和理想目标之一，这是恩格斯和马克思共同智慧的结晶。恩格斯后期同样始终如一地坚持这个共产主义的崇高理想。在后期的主要著作《反杜林论》、《社会主义从空想到科学的发展》中，恩格斯以画龙点睛之笔，再次申明了这个未来社会的崇高理想："……人终于成为自己的社会结合的主人，从而也就成为自然界的主人，成为自己本身的主人——自由的人。完成这一解放世界的事业，是现代无产阶级的历史使命。"③ 还有一个更为意味深长、令人信服的历史证据。1894年初，意大利人卡内帕，请求恩格斯为即将出版的《新纪元》周刊写一段题词，以便用精炼的语句来表明未来的社会主义新纪元的基本特征，以区别于但丁所说的"一些人统治，另一些人受苦难"的旧纪元。恩格斯在回信中写道："我打算从马克思的著作中给您寻找一行您所要求的题词。马克思是当代唯一能够和伟大的佛罗伦萨人（指但丁。——本书作者注）相提并论的社会主义者。但是，除了从《共产党宣言》中摘出下列一段话外，我再也找不出合适的了：'代替那存在着阶级和阶级对立的资产阶级旧社会的，将是这样一个联合体，在那里，每个人的自由发展是一切人的自由发展的条件。'"④ 这掷地有声的铿锵语言，多么鲜明地昭示着这位白发苍苍、处于生命最后一息的老人的赤子之心！

三、列宁始终坚持马克思恩格斯的社会理想

西方资产阶级"马克思学"、"列宁学"所炮制的另一个"可悲的骗

---

① 《马克思恩格斯全集》第42卷，人民出版社1979年版，第373页。
② 《马克思恩格斯选集》第1卷，人民出版社1995年版，第243页。
③ 《马克思恩格斯选集》第3卷，人民出版社1995年版，第760页。
④ 《马克思恩格斯全集》第39卷，人民出版社1974年版，第189页。

局",就是企图在共产主义的理想目标问题上,制造列宁和马克思的对立。按照他们的说法,恩格斯后期已经背离了马克思关于人的自由全面发展的未来社会理想目标,列宁则继续着恩格斯后期的思想路线,进一步远离了马克思的上述思想。他们断言:"列宁主义进一步使人遭到了贬黜……在这些著作中,对人的问题的兴趣的痕迹已荡然无存。"

问题的严重性还在于,在马克思主义者内部,在这一问题上也产生了种种模糊认识。至今我们还很少从这一角度,对列宁思想作出专门研究。有的哲学家主观片面地断言:哲学——历史问题,人道主义——人本主义问题基本上是处在列宁的哲学视野之外的。

列宁生前曾经两次亲自主持制定俄国共产党党纲,一次是在十月革命前,一次是在十月革命后。在确立共产主义理想目标、基本原则问题上,列宁主持制定的两个党纲的基本思想和马克思、恩格斯是一脉相承的,在全面阐明科学社会主义理想目标的时候,并没有忽视人的自由全面发展这一方面。

1902年初,列宁对普列汉诺夫等人起草的党纲草案的四次修改过程,令人信服地证明他在制定第一个党纲时是多么珍视"人的自由和谐全面发展"这个马克思主义理想目标。普列汉诺夫为即将召开的代表大会起草了俄国社会民主工党纲领草案。其中第八条谈到了无产阶级革命的目的在于"组织社会主义的产品生产代替资本主义商品生产以满足社会需要和保证社会全体成员的福利"。列宁就此提出了自己的不同意见。他先在"满足社会需要"上面批注道:"说得不清楚。"然后,列宁进而表明自己的看法:"这还不够(参看《爱尔福特纲领》:'最高的福利和全面和谐的完善')。"① 这是列宁1月初在此处所作的第一次修改。

1月底至2月初,列宁提出自己起草的党纲草案,在对此处作出第二次修改时,把社会主义理想目标的这一方面表述得更为明确了:"工人阶

---

① 参见《列宁全集》第6卷,人民出版社1959年版,第7页。列宁所用的俄文原文,原意为"和谐"。1959年的《列宁全集》第6卷汉译本(第一版),把这里译为"最高的福利和全面协调地改善物质生活",是不确切的。无论从列宁用的俄文原文来看,还是从《爱尔福特纲领》来看,最后强调的都是人的"全面和谐的完善",而不仅是"物质生活的改善"。

级要获得真正的解放，必须进行资本主义全部发展所准备起来的社会革命……以充分保证社会全体成员的福利和使他们获得自由的全面发展。"①

普列汉诺夫不同意列宁的草案，又拿出了自己的纲领草案第二稿，在这个地方仍然坚持自己的看法。列宁在2月底至3月初写成的《对普列汉诺夫的第二个纲领草案的意见》，针对这个地方提出了第三次修改意见："……本节末尾说'有计划地组织社会生产过程来满足整个社会及社会各个成员的需要'也不恰当。这还不够。也许托拉斯也能这样组织社会生产过程。如果这样说就更明确些：'由整个社会承担的'（因为这既包括计划性又指出计划的执行者），不仅满足社会成员的需要，而且充分保证社会全体成员的福利和自由的全面的发展。"②

由于列宁和普列汉诺夫在一系列问题上争持不下，于是达成妥协，委托一个委员会起草了纲领草案。这个草案把无产阶级政党的"最终目的"表述为："这个社会革命将消灭资本主义生产关系并以社会主义生产关系代替资本主义生产关系，即剥夺剥削者，把生产资料和流通资料转为公有制，有计划地组织社会生产过程来满足整个社会及其各个成员的需要。实现这一目的将解放一切被压迫的人们，从而消灭社会上一部分人剥削另一部分人的一切形式。"列宁针对这一表述，又提出了自己的第四次修改意见："不确切。资本主义也能'做到'这种'满足'，不过不是满足社会的全体成员，并且满足的程度也不相同。"最后，列宁强调："我已经提出了自己的反对意见——注意。"③ 列宁要求"注意"的，正是恢复马克思、恩格斯对共产主义理想目标的科学规定之一——"社会全体成员的自由全面发展"，反对降低共产主义的科学标准，反对模糊科学共产主义的这一巨大远景。

列宁这里对十月革命前制定的第一个党纲草案的四次修改，表明他是多么执着地坚持科学社会主义理想目标的这一方面。这不是一个无关紧要的枝节问题，也不是一个毫无实践意义的抽象问题，而是一个影响深远的

---

① 《列宁全集》第6卷，人民出版社1959年版，第11页。
② 《列宁全集》第6卷，人民出版社1959年版，第37页。
③ 《列宁全集》第6卷，人民出版社1959年版，第50—51页。

重大理论问题，是一个必须以严肃态度认真对待的原则问题。

十月革命后，在主持制定第二个党纲时，列宁仍然一如既往地要求体现"人的自由全面发展"这一基本原则和社会理想。这一点鲜明地体现在1919年党的第八次代表大会上列宁再次提出的修改党纲草案中："无产阶级的社会革命以生产资料和流通手段的公有制代替私有制，有计划地组织社会生产过程来保证社会全体成员的福利和全面发展……"① 在《共产主义运动中的"左派"幼稚病》这篇经典文献中，列宁同样强调了这一项共产主义远大理想："消灭人与人之间的分工，教育、训练和培养出全面发展的和受到全面训练的人，即会做一切工作的人。共产主义正在向这个目标前进，必须向这个目标前进，并且一定能达到这个目标，不过需要经过许多岁月。"②

辨认马克思、恩格斯、列宁的思想足迹本身并不是目的，它有助于我们更加全面地理解科学社会主义学说的思想实质、校准我们的理想目标和根本方向，纠正这方面的狭隘理解。

如果说，在夺取政权的战争年代，在改变所有制的变革时期，在未来社会理想问题上的模糊认识、理论疏忽，暂且还不会直接影响到实践后果的话；那么在今天全面深化改革新时期，这个重大理论问题就直接影响到我们社会主义实践的根本方向。当前蓬勃兴起的社会主义改革实践表明，鲜明而全面地确立这一本质特征、发展远景，已经不再是一个单纯的理论远景问题，它直接关系到我们对改革方向、改革道路作出的历史抉择。

第三节 人的自由和谐全面发展学说
——哲学底蕴与科学内含

"人的自由、和谐、全面发展"这个命题，在马克思主义理论中具有什么样的科学含义呢？这实际上是一个相当严肃、深刻、广博的理论课题。它直接牵涉到马克思主义哲学、政治经济学、科学社会主义理论，同

---

① 《列宁全集》第36卷，人民出版社1995年版，第96页。
② 《列宁选集》第4卷，人民出版社1995年版，第159页。

时也广泛地涉及伦理学、美学、教育学、思维科学、心理学、创造心理学、人类学、文化人类学等广阔知识领域。

对于这样一个重大的理论问题，决不应当企图用三言两语作出简单回答。中华人民共和国成立后的30多年中两次"左"倾思潮的大泛滥，几乎都伴随着对"人的自由全面发展学说"的主观片面理解。在1958年"大跃进"中，人的全面发展被曲解为"生产中的多面手，样样活计都能干"；而人的自由则被曲解为可以不顾客观规律，随心所欲地向自由王国飞跃，"人有多大胆，地有多大产"，"只要想得到，就能做得到"。十年动乱中，人的全面发展被说成是不论工农兵学商，都要学工、学农、学军、进行大批判，结果是，不读书、交白卷的人成了最好的学生，一字不识的人可以领导最高学府，知识分子"臭老九"下放农村放猪赶羊。历史的教训实在太深了。

由于种种历史原因，马克思、恩格斯、列宁、毛泽东都没有对这一学说作出完整系统阐述。因而，需要我们深入领会他们的思想脉络，独立地、创造性地作出理论概括。我们认为，"自由、和谐、全面"在这里是三个方面的科学规定，并不是可有可无的附加语、文学式的修饰语。同时，每个方面又包括若干层次的具体规定。

"人的自由发展"的科学含义在于，人作为主体，彻底摆脱了外部和内部的束缚，真正做到以发挥自己独特的创造性、展现自己的本质力量为目的。

这方面主要包括以下四个层次的具体规定。

第一层次，从人与客体、人与外部环境的关系来看，人处于主体的自由状态。也就是说，人真正确立起自己的主体地位，成为自然的主人，自己社会结合的主人，在把握客观规律、改造客观世界方面争得了自由。上面提到，恩格斯最为明确地指出了这个首要之点。这就解决了现代资本主义社会的严重弊端：物的关系对个人的统治，偶然性对人性的压抑。人的劳动成了自由劳动，人的实践活动成了自主活动，人成了自由人，社会成了自由人联合体。人的这种主体地位是在实践活动中历史地形成的。

第二层次，从人的行为动机和内在心理来看，人处于摆脱外物束缚的自由状态。这就是说，人对外部环境的自由内化为主体内部（心理活动）的自由状态，这才叫作人成为自己的主人。这并不是说，人作为自然界的一部分可以摆脱自然规律，人可以摆脱维持生存的物质生活资料的需要，而是说，人从事劳动活动、实践活动的动机、目的，不再是出于狭隘的谋生需要、名利欲念或慑于权势。列宁在说明社会主义文学应当是自由文学时，阐述了人的精神境界的这种自由状态：这个自由不仅是指摆脱了警察的压迫，而且是指摆脱了资本，摆脱了名利主义，甚至也是指摆脱了无政府主义的个人主义。①

第三层次，从人的主体活动的本质来看，处于发挥独特个性的创造活动的自由状态。人与环境的外部自由和主体内部的自由状态相结合，就升华为人的自由创造活动。人之为人，人的实践活动、认识活动不同于动物的本质特征，就在于人的主体能动性，而这种主体能动性的最高体现就是创造。正如列宁《哲学笔记》中所说："换句话说：人的意识不仅反映客观世界，并且创造客观世界，""这就是说，世界不会满足人，人决心以自己的行动来改变世界。"② 马克思关于"自由活动"的定义，是和"创造"直接相联系的，舍弃创造性不能叫作人的自由状态。他指出："在共产主义社会中，即在个人的独创的自由的发展不再是一句空话的惟一的社会中，""'自由活动'——在共产主义者看来这是'完整的主体'的从全部才能的自由发展中产生的创造性的生活表现。"③ 这种创造力量带有巨大的个性特色，因为每个人都有独特的天资禀赋、遗传因素、生活道路。千百年来，亿万普通劳动者的这种独特个性受到严重压抑，甚至在许多方面趋于泯灭。社会主义、未来社会绝不意味着抹杀人的个性，扼杀个人的进取精神、独创精神。绝不能把社会主义、共产主义与抹杀个性的平均主义混为一谈。相反，正是社会主义、共产主义才第一次为劳动人民的美好个性的自我表现，提供了真正广阔的活动舞台。

第四层次，从物质生产和人自身发展的关系来看，共产主义自由王国

---

① 参见《列宁选集》第1卷，人民出版社1995年版，第663、664页。
② 列宁：《哲学笔记》，中共中央党校出版社1990年版，第237、238页。
③ 《马克思恩格斯全集》第3卷，人民出版社1961年版，第516、248页。

是指在前者基础上向以人自身发展为目的自由状态的升华。以发展人自身能力为目的的创造活动的普遍化，就跃升到自由王国。在这方面有一个相当流行的传统见解，就是认为只要人在生产中、实践中掌握了客观规律、能动地改造自然，就意味着人类不断地从必然王国走向自由王国。这种见解忽视了马克思关于自由王国的严格科学定义，忽视了自由王国同人自身发展的直接联系。在马克思看来：在物质生产领域里人是可以取得一定自由的（人自由联合，控制人与自然的物质变换，消耗最小的力量，取得最高的经济效益）；但是，无论人们怎样掌握生产的客观规律，"这个领域始终是一个必然王国"。"事实上，自由王国只是在由必需和外在目的规定要做的劳动终止的地方才开始；因而按照事物的本性来说，它存在于真正物质生产领域的彼岸"①。那么，这个真正的自由王国究竟在哪里呢？"在这个必然王国的彼岸，作为目的本身的人类能力的发展，真正的自由王国，就开始了。"②

"人的和谐发展"，意味着人与自然、人与集体、自我与他人、个人自身的各方面的发展，处于协调一致、同步运动状态之中。这并不是说未来社会成了没有矛盾的"无差别境界"，而是说这些矛盾失去了原先有过的对抗性，采取了对立面和谐结合的特殊形式。

这里同样包含着几个不同层次的规定。

第一个层次，是个人与社会的协调发展。从总体上看，在"人—社会"的历史发展中，个人的个体发展史与社会的系统发展史，在发展方向上是基本一致的。但是在历史发展的一定阶段中，在以阶级对抗为基础的社会中，社会发展与大多数个人的发展处于直接的对抗之中，多数劳动者成了社会发展的垫脚石、牺牲品，少数人垄断了社会文明的发展成果。正如马克思所揭示的："'人'类的才能的这种发展，虽然在开始时要靠牺牲多数的个人，甚至靠牺牲整个阶级，但最终会克服这种对抗，而同每个人的发展相一致；因此，个性的比较高度的发展，只有以牺牲个人的历史

---

① 马克思：《资本论》第 3 卷，人民出版社 1975 年版，第 926、927 页。
② 马克思：《资本论》第 3 卷，人民出版社 1975 年版，第 927 页。

过程为代价。"① 正是在资本主义社会中，实际上是用最大限度地浪费个人发展的办法，来保证和实现人类本身的发展，人类文明史是一曲饱含血泪的历史悲歌，是血和火凝成的历史。"血沃中原肥劲草，寒凝大地发春华。"这种历史代价换来的是人类文明的高度发展，人类史上的春天——未来社会的到来。那时，再也不会有人成为社会发展的牺牲品，社会全体成员与整个社会、每个个人与人类历史发展将处于同步运动的优化状态之中，个人和社会都将得到加速度的发展。

第二个层次，是个人与集体的和谐发展。个人将从集体中汲取才智和力量，求得活动的舞台；而集体将由于丰富多彩的个性活动，变得内容充实，生机盎然。在这里，共产主义的集体是"真实的集体"，根本不同于以往的"虚假的集体"，因而个人与集体的关系获得了崭新性质。正如马克思所分析的：在过去的种种冒充的集体中，如在国家中，个人自由只存在于统治阶级规范内发展的少数个人中，而对于被支配阶级的大多数人说来，它不仅是虚幻的集体，而且是新的桎梏；在真实的集体的条件下，每个个人在自己的联合中并通过这种联合获得自由，获得全面发展个人才能的手段。②

第三个层次，是自我与他人的和谐发展。共产主义将结束人与人之间的对抗状态，构成人与人之间的新型社会关系。近代资产阶级思想家霍布斯引用的古代格言"人对人是狼"，存在主义者萨特所说的"他人是地狱"，不过是私有制社会中人与人关系的敌对现象的写照。列宁曾用一句格言概括了铲除私有制以后的共产主义新型社会关系：我为人人，人人为我。每个人的发展为所有人发展提供前提，社会所有人的共同发展又将成为推动每个人发展的强大动力。

第四个层次，就是每个人各方面发展的和谐结合。这就牵涉人的发展的全面性问题。

"人的全面发展"的科学含义在于，人作为主体的实践活动、社会关系、人的需要、各种能力、潜能素质的全面发展。

---

① 《马克思恩格斯全集》第 26 卷第 2 册，人民出版社 1973 年版，第 124、125 页。
② 参见《马克思恩格斯选集》第 1 卷，人民出版社 1995 年版，第 119 页。

最基本的一个层次，首先是人的活动，实践活动和创造活动的全面发展。人的生命首先表现为活动，而人的活动首先表现为劳动实践活动。人性就是随着历史实践历史地发展的。在生产力低下没有发达社会分工的人类史初期，由于人的活动的原始全面性，造成了人性上的"原始的丰富"。在生产力相对发展、社会分工走向发达的中期，人的活动天地变得狭小，人性也变得抽象化、片面化、贫乏化。而随着生产力的高度发展，人们将在新的基础上走向劳动活动、实践活动、创造活动的全面性，重新造就出未来社会的"丰富个性"、"全面发展的人"。人的活动的全面性将表现为脑力劳动与体力劳动、生产劳动与管理活动、物质生产活动与科学艺术创造活动、娱乐活动与享受活动的统一。也就是说，每个人不仅从事体力劳动，而且从事脑力劳动，不仅必须参加物质生活资料的生产劳动，而且有权参加社会经济生活、政治生活的管理活动；不仅参加物质生产活动，而且在创造性的精神生产活动中、在科学和艺术的殿堂中大显身手；不仅有充分的娱乐、休息活动，而且有高尚优雅的物质和精神的享受活动。在人生命活动的两大部分中，生产时间将愈来愈趋向于缩小，自由时间将愈来愈趋向于扩大。更重要的是质的变化：人们不再屈从于被迫分工和狭隘职业，每个人所从事的物质生产劳动将是自由选择的、多样化的、多方面的，人将由于自己的本质力量展现在劳动中，而享受到艺术的美感、创造的自豪。而在自由时间、自由活动中，人将按照自己的天赋、特长、爱好，自由选择若干领域，在科学、文化、艺术的广阔天地里纵情驰骋。那种被固定分工所终身束缚的狭隘的人、片面的人、畸形的人、患了"分工痴呆症"的人，将作为木乃伊送进历史博物馆。人的实践活动、创造活动的全面性，是人的全面发展的本质规定和深刻源泉。

第二个层次，是随着实践活动全面性而带来的人的社会关系的全面发展。也就是说，每个劳动者摆脱了压在头上的生活重担和历史惰性的习惯势力，既是普通劳动者，又是从事多方面积极活动的社会活动家；每个人摆脱了以往个体、分工、地域、民族的狭隘局限；积极广泛地参与各个方面、各个领域、各个层次的社会交往，造成个人社会关系的高度丰富。正如马克思所说："个人的全面性不是想象的或设想的全面性，而是他的现实关系和观念关系的全面性。"① 人的本质是现实的社会关系的总和，新型的"丰富个性"也就是崭新的全面的社会关系的结晶。

第三个层次，人的需要的全面发展。人的需要同样是历史的产物，是人走向文明的尺度。人的需要不同于动物的需要，文明人的需要不同于自然人、野蛮人的需要，全面发展的共产主义新人的丰富需要也不同于以往人的狭隘片面需要。人的需要如同人和社会的历史发展一样，呈现出上升的阶梯。马克思把人的需要的丰富性、普遍性，看作是社会主义的前提和财富："社会主义形态的前提是工人有较高的生活需要"②，"如果抛掉狭隘的资产阶级形式，那么，财富岂不正是在普遍交换中造成的个人的需要、才能、享用、生产力等等的普遍性吗？"③ 绝不能把社会主义和平均主义、禁欲主义混为一谈，不能用灰暗贫乏的单一色调描绘共产主义新人的需要，更不能要求未来的丰富个性过着灭绝七情六欲的、僧侣式的生活。在社会主义、未来社会条件下，人的需要呈现出空前未有的多样性、全面性、丰富性、高涨性。全面发展的丰富个性的需要，呈现为多层宝塔式的需要体系。作为塔基的最低层次，是对维持生存的生活资料（衣食住行）的需要；其次，是对终生不断接受教育、提高智力、发展能力的发展资料的需要；再次，是对于参加各种社会交往（爱情关系、家庭关系、朋友关系、民族关系……），建立各种人际关系和交流沟通各种信息的交往资料的需要；再上层，还有对于各种过去视为奢侈品的高档消费品、享受资料的需要；更上层，人们还有按照美的规律来改造世界、塑造自己、美化生活、美化环境、美化容貌的需要；最上层作为塔顶的是，人们有使自己的本质力量在劳动实践中凝练、在科学艺术创造中升华，以便做到充分的自我实现、自我创造的需要。马克思要求预见到，在未来社会中，"富有的人和富有的人的需要代替了国民经济学上的富有和贫困"④。他高度评价了人的需要的丰富性对共产主义社会和人的历史发展的巨大积极意义：人的

---

① 《马克思恩格斯全集》第46卷下册，人民出版社1980年版，第36页。
② 转引自《马列著作编译资料》第15辑，人民出版社1981年版，第21页。
③ 《马克思恩格斯全集》第46卷上册，人民出版社1979年版，第486页。
④ 马克思：《1844年经济学哲学手稿》，人民出版社2000年第3版，第90页。

需要的丰富性，也就决定了生产的某种新的方式和生产的某种新的对象；人的这种丰富需要在社会主义前提下的意义，就在于它标志着人的本质力量的新的证明和人的存在的新的充实。①

第四个层次，人的能力的全面发展。马克思科学地预见到，在共产主义自由王国里，发挥和发展人的能力将成为目的本身，个人能力的发展将呈现出前所未有的普遍性和全面性。② 丰富多彩的活动，广泛普遍的社会联系，多样性的需要，最后结晶和升华为人自身的多方面的能力。

（1）首先是人的体力将得到充分发展，因为有充裕的闲暇时间从事体育活动，同时把劳动活动作为体力和智力活动来享受。

（2）人的智力得到充分开发，灌输型的旧式教育将让位于开发型的新式教育，一方面广泛吸收人类文化史上的全部优秀遗产和最新科学成果，另一方面则更加注重于知识转化为能力，特别是转化为自己的智力结构和一般发展能力。

（3）人从事操作和控制的技术能力提高了，人们将普遍接受具有现代科学水平的综合技术训练，而不是目前流行的较为狭隘的职业教育，微电子技术将从儿童时期就得到普及，手脑单一发展的人将由手脑并用、同步发展的人来代替；

（4）由于共产主义美好理想的召唤，劳动条件的改善，美育的普遍开展，人的审美能力也大大提高了。人将"按照美的规律建造"，按照美的内在尺度来创造。艺术因素、美的创造、审美享受，这些曾一度从劳动实践中分化出来的升华物，将会重新还原到劳动活动、创造活动中去，创造着具有美好情操和深刻的美的感受力的丰富个性。

（5）一旦摆脱生活重担的压迫、狭隘物欲的束缚、死记硬背的旧式教育，人的自由创造力将得到巨大发挥。人的想象力将插上翅膀，幻想的能力将大大增强，创造性的灵感将会像泉水一样涌流出来。而这种幻想力在科学创造和艺术创造中的巨大作用是举世公认的。上述种种能力的总和，

---

① 马克思：《1844年经济学哲学手稿》，人民出版社2000年第3版，第80页。
② 参见马克思：《资本论》第3卷，人民出版社1975年版，第927页；《马克思恩格斯全集》第46卷上册，人民出版社1979年版，第109页。

也就构成了人的能力发展的普遍性和全面性。

最后一个层次，在个体中沉睡着的人类潜能、种属能力将得到充分发展。中国有句饱含哲理的古话：人为万物之灵。每一现代人身上，都凝聚着自然界亿万年进化的精英，也凝聚着人类千百万年文明进程的历史结晶。马克思反对把人与自然过程割裂。在人本身的自然中，特别是人脑这块特殊物质上，体现着自然界进化阶梯的最高层次，在这个生命之树的最高枝头上盛开着人类智慧之花。在每个人的机体内，就像在原子核里一样，蕴藏着物质力量和精神力量的巨大潜能，一旦释放出来就会产生巨大能量。马克思还反对把个人与人类社会进化的历史进程相割裂。现代的个人不是孤立的鲁滨逊，而是人类社会、人类文明进化过程的缩影。人类千百万年能动地改造世界的实践成果，人类历史上创造的精神文明和物质文明，人类社会的灿烂文化成果，通过遗传基因和文化教育的继承性这两个信息传递渠道，积淀、烙印在每个个人的头脑中，在相当程度上决定着个体的生理结构、心理结构、思维结构、语言结构、智能结构。这就进一步强化了人类个体内蕴藏的巨大潜能，个人身上的这种潜能好比巨大的能源，只要有适当的引燃物，就可以释放出巨大能量，也就是转化为载有人类种属能力的、人所特有的身体素质、感觉能力、思维能力、情感意志、想象能力。反之，如果没有适当的引燃物，这种潜能就会继续沉睡下去，以至于萎缩、退化，甚至完全泯灭。印度的狼孩，不过是后一种命运的典型。千百年来被剥削被压迫的下层劳动者中，不知有多少政治天才、科学技术天才、艺术创作天才被埋没，被扼杀。社会主义、共产主义将给人们发挥一切潜能提供最好的引燃物，这首先就是指人的自主的全面实践活动，将会深深地开掘出个人机体内部蕴藏着的人类本质、能力、天资、禀赋。这也就是马克思所说的，人的实践活动"使自身的自然中沉睡着的潜力发挥出来，并且使这种力的活动受他自己控制"[①]。这并不意味着人变成了超人，变成了三头六臂、法力无边的神，而是意味着由于唤醒了个人机体内蕴藏的人类潜能，"劳动者在有计划地同别人共同工作中，摆脱了他

[①] 马克思：《资本论》第1卷，人民出版社1975年版，第202页。

的个人局限,并发挥出他的种属能力"①。未来新人将是超越自我的人。

总之,自由、和谐、全面发展的未来社会一代新人,将具有崭新的劳动方式、交往方式、生活方式、思维方式,将在道德、智力、体力、劳动技能、审美教养等方面都得到发展,成为集崇高理想和实践活动、渊博学识和美好道德、现代技术和审美情趣、健康体魄和优良气质的和谐发展于一身的新人。

第四节 人的解放的历史条件
——时代潮流与时代精神

建立未来社会自由王国,实现人的自由、和谐、全面发展,就标志着人的解放的完全实现。也就是如同马克思、恩格斯所说的,结束了"人类社会的史前时期",进入了最终脱离动物界的"真正的人类社会"。实现人的解放和人的全面发展,是历史活动和历史过程,需要一定的、客观的历史条件。正如马克思深刻指出的:"'解放'是一种历史活动,而不是思想活动,'解放'是由历史的关系,是由工业状况、商业状况、农业状况、交往关系的状况促成的","只有在现实的世界中并使用现实的手段才能实现真正的解放"。②马克思主义关于理想目标和人的自由全面发展的学说,不同于以往的那些乌托邦式的美好幻想的根本之点,就在于它立足于现实,它把这个理想目标建立在社会发展客观规律基础之上,科学地揭示出实现这个最终目的的历史条件和现实道路。

在对待实现"人的全面发展"这个理想目标的历史条件问题上,存在着两种倾向。一种倾向是,否认实现人的自由全面发展具有严格的客观历史条件,认为可以全然不顾我国当前所处的社会发展阶段和当代中国国情,立即实现这个共产主义理想目标。实质上却是通过小生产者的狭隘眼

---

① 马克思:《资本论》第1卷,人民出版社1975年版,第366页。
② 《马克思恩格斯全集》第42卷,人民出版社1979年版,第368页。

光的哈哈镜，曲解这个理想目标，把它变成一种令人啼笑皆非的滑稽剧。另一种倾向则是，从思想理论上断然否认人的自由全面发展是共产主义理想目标之一，不去深入研究人的解放的历史条件，在实践上则不去为实现这个最终目的作出努力、创造条件，甚至与此背道而驰，设置种种障碍。我们之所以在经济上和政治上一度形成了一种过于集中的僵化模式，上述两种错误倾向往往成为其重要的理论根源、认识根源之一。

问题在于，创造实现人的自由全面发展的历史条件，已经变成我们今天应当着手进行的实际工作，应当成为社会主义的根本的、长远的发展方向。我国是一个社会主义国家，目前还处于初级的、不发达的或不完全的社会主义发展阶段；也就是处于未来社会的最初阶段，那么理所当然就应当在一定程度上（不完全、不充分）体现未来社会的多方面本质特征，就应当逐步朝着这个远大理想的方向前进。我们的社会主义现代化建设就是为实现这个远大理想创造条件，我们今天进行的改革就是为了扫除这条道路上的种种障碍。千里之行，始于足下。正因为这个远大目标不是一蹴而就的，我们更应该从脚下做起。也许可以说，社会主义从初级到高级、从不完全到完全、从不发达到发达的发展过程，也就是逐步实现人的自由全面发展的历史过程。因而我们谈论的实现人的解放的历史条件，并不是遥遥无期的抽象空谈，而是现在就要着手创造的历史条件，是现在一切实际工作的努力方向。

这种历史条件究竟是什么呢？

第一，实现人的自由全面发展的物质基石——高度发展的生产力，实现科技革命，生产的社会性、科学性、主体性，人化自然的全面发展，充裕的自由时间。

大力发展生产力，使人们完全摆脱贫困状态，这是实现人的全面发展的最根本的物质前提。处于贫困状态中的人，是谈不上全面发展的。终日为衣食住行、日常生活而忧虑的人，很难腾出时间充分发挥自己的个性和特长。"当人们还不能使自己的吃喝住穿在质和量方面得到充分供应的时候，人们就根本不能获得解放"。① 也只有发展生产力，才能使人成为自然

---

① 《马克思恩格斯全集》第42卷，人民出版社1979年版，第368页。

的主人。因此，马克思一再重申：发展社会生产力，创造生产的物质条件，只有这样的条件才能为人的全面发展创造现实基础。

为了造成现代化生产力就要实行科技革命，使生产具有社会性、科学性、主体性。生产力自身的发展是一个动态系统。现代生产力的发展主要不是依靠增强人的直接劳动。科学日益转化为直接生产力，科技革命成了带动生产力迅猛发展的火车头。现代科技革命正在给人的劳动方式带来深刻变革，创造着使劳动真正成为个人的自我实现的三个条件：（1）劳动具有社会性，打破了自然经济的狭小界限，生产资料归社会所有，生产以社会的方式进行，产品直接服务于全社会；（2）劳动具有科学性，成为科学在工艺上的应用；（3）劳动具有主体性，不是生产和自然支配人，而是人支配生产和自然力。现代科技革命正在使人的劳动方式，有可能摆脱以往的直接性、繁重性、简单重复性。过去人与物一起直接参加劳动过程，而人工智能的发展、微处理机的广泛应用，使人有可能摆脱劳动过程的直接性。"工人不再是生产过程的主要当事者，而是站在生产过程的旁边"，"以生产过程的监督者和调节者的身份同生产过程本身发生关系"[①]——马克思的这种科学预见，正在成为生活现实。由于电子计算机和自控化机器系统的广泛应用，有可能使人摆脱劳动的不堪忍受的繁重性，其中既包括繁重的体力劳动，也包括繁重的脑力劳动。由于机器人、电脑、机械手的普遍应用，也可能消除劳动过程的简单重复性。那些简单重复、枯燥无味的机械动作、机械运算，可以统统包给机器人或电脑来承担，而人只担负那些富于创造性、独创性的角色，使人的劳动真正变成自由创造。昔日，科学技术发展是劳动分工的产物，是使人走向片面化的动因；今天，科技革命反过来成了消灭凝固分工的强大杠杆，促使人走向全面化的动力。

"人化自然"的全面发展，是人走向全面发展的物质前提之一。当人通过实践活动作用于他身外的自然并改变自然时，也就同时改变他自身的自然。正如普列汉诺夫正确指出的，这种实践观、人化自然观是贯穿《资本论》的基本思想。人的感觉、人的意识的生成和发展，正在于有了特殊

[①] 参见《马克思恩格斯全集》第46卷下册，人民出版社1980年版，第218页。

的对象，即劳动实践的产物——人化了的自然界。人化自然是人类文明发展水平的指示器，是人类本质力量展现的指示器，也是人争得自由和全面发展的程度的指示器。人的全面发展，自由个性的生成，有赖于"人化自然"的全面发展，人与自然和谐统一关系的建立。正如马克思所说的：共产主义既是完整的、全面的人的生成，又是人与自然之间矛盾的真正解决，这是一个过程的两个方面。值得注意的是，现代科技革命预示了"人化自然"全面发展的崭新阶段，因而也展示出人的全面发展的美好远景。20世纪以来的科学技术革命；在人化自然方面表现出以下四个方面的大趋势：（1）人化自然向微观世界发展，先后突破了原子—原子核—基本粒子三个物质层次，实现了人工控制的原子裂变和聚变，开始人工合成新的元素，开发和利用原子能。（2）人化自然向宇观世界发展，开始制造人造卫星，载人宇宙飞船，做登月飞行，采用几十个星际飞行器，飞越金星、火星、水星、木星、土星上空，人类实践活动的踪迹开始突破地球的局限。（3）人化自然向生命奥秘进军，揭示出遗传信息的物质载体，破译了生物遗传密码，人工合成核糖核酸，并趋向于人工合成生物大分子，开始走向生物遗传工程、人工控制生物遗传变异的发展方向。（4）人化自然向模拟人自身，模拟人最复杂的智能活动的方向发展，制造了数以万计的机器人，会走路，会操作，会推理，会听话，具有人手、眼、足、脑的多种功能，人工智能控制下的自控化机器系统已成为现代机器进化的主导方向。现代科技革命中人化自然的这些大趋势，不仅大大增强了人的体力，而且大大强化了人的智力，使人的主体地位、主体能动性空前增强了。人化自然的实践活动，像一把双锋利剑，一方面有力地改造着自然，另一方面又深刻地改造着人自身。

随着现代科技革命的开展和劳动生产率的提高，充裕的自由时间将为人的自由全面发展提供广阔空间。人的生命活动，从时间上可以区分为劳动时间和自由时间。时间不仅是人生命的尺度；而且是人发展的空间，而自由时间则是人自由发展的空间，是人在科学、艺术、社会交往方面施展自己创造能力的广阔天地。在生产力和劳动生产率低下的状况下，人们为起码的物质生活资料从早忙到晚，自由时间很少，自由发展也就只有狭小的空间。随着生产力的提高、工作日的缩短,自由时间不断延长,人自由发展的空间不断扩展。因而,马克思在谈到人的全面发展的未来社会时指出:"这个自由王国只有建立在必然王国的基础上,才能繁荣起来。工作日的缩短是根本条件";由于"直接把社会必要劳动缩减到最低限度,那时,与此相适应,由于给所有的人腾出了时间和创造了手段,个人会在艺术、科学等等方面得到发展"。① 今天,我们为了摆脱贫困,还必须把劳动时间作为价值尺度,把物质财富作为致富目标。而对未来社会来说,自由时间才是人的财富的主要体现和真正源泉。自由时间的延长,是人走向全面自由发展的客观尺度和根本条件。

第二,实现人的自由全面发展的社会条件——消灭剥削和私有制,建立新型社会关系,发展共产主义新型文明,消灭三大差别,消灭凝固化的传统分工。

消灭剥削和私有制,是一个最起码的社会前提。正是剥削制度,窃取了广大劳动者的物质成果——剩余劳动,也窃取了劳动者创造的自由时间——自由发展空间。而这种剥削制度正是建立在私有制的基础之上。私有制是万恶之源,它使人变得狭隘、自私、对他人冷漠无情,造成了人与人之间的阶级对抗。因而,共产主义首先意味着消灭私有制。但这并不意味着剥夺个人的一切所有权。共产主义的公有制很可能是个人、集体、社会三个层次共同占有生产资料的社会所有制。因此,马克思才把未来社会共产主义所有制,也叫作在对"生产资料共同占有的基础上,重新建立个人所有制"②。

建立和发展新型社会关系,这是全面发展的新人成长的主要土壤。既然"人的本质是一切社会关系的总和",那么,全面发展的新人在本质上也就是新型社会关系总和的产物,是以团结一致、和谐发展为本质特征的新型社会关系的产物。社会主义、共产主义,从本质上说,意味着全部旧的社会关系的革命改造,一种新型社会关系的建立。列宁正是在这一意义

---

① 马克思:《资本论》第 3 卷,人民出版社 1975 年版,第 927 页;《马克思恩格斯全集》第 46 卷下册,人民出版社 1980 年版,第 219 页。
② 参见马克思:《资本论》第 1 卷,人民出版社 1975 年版,第 832 页。

上说,"建立新的更高的社会联系",是社会主义的"二位一体"的任务,"这是最能收效最高尚不过的工作"。①

发展社会主义新型文明,是造就新人的坚实基础。文明,包括物质文明和精神文明,是人们改造客观世界的实践活动的物质成果和精神成果,是人本身的物质力量和精神力量的结晶。同时,每个时代的物质文明和精神文明,又像一幅画面的巨大背景一样,投影在每一个人身,决定着这个时代的具体的人性。在文化低下、文明不发达的野蛮时代,只能大量产生愚昧无知、眼界狭小的半野蛮状态的人;在资本主义文明高度发达的时代,只能大量产生出片面发展的、异化的人;只有在社会主义、新型文明的时代,才能产生出一代理想远大、视野宽广的完整的人、解放的人、自由的人。这里的新型文明,是高度的物质文明和精神文明的统一体。而高度的精神文明,又是现代化水平的科学文化知识和以共同社会理想为核心的思想道德的统一体。

在社会化大生产基础上,在前进中消灭三大差别是又一重要社会条件。在这里必须强调两点:是以社会化大生产为基础,而不是以现有的、落后的、半自然经济的小生产为基础;是使后进者向先进者进化,而不是硬使先进者向后进者退化。也就是说:是使从事简单繁重的体力劳动者向现代化的"脑力劳动无产阶级"(马克思语)进化,而不是使脑力劳动向笨重的体力劳动退化;是使乡村都市化、小城镇化,日益具备城市的文明设施,而不是城市人口"上山下乡";是农业的机械化、工业化、科学化,农民的工人化、"脑力劳动无产阶级化",而不是在落后的小生产基础上的亦工亦农,小农业和小手工业的自然结合。只有这样,才能真正形成现代新人的"丰富个性",而不是退回到"原始的丰富"。

在社会分工和科学技术高度发展的基础上,打破强制凝固的旧式分工,是实现人的自由全面发展的最直接的社会条件。在这一问题上,我们既要坚持马克思主义创始人的基本原理,又需要根据新鲜实践做出某些独立探索。马克思的提法是:分工不仅使物质活动和精神活动、劳动和享

---

① 《列宁选集》第4卷,人民出版社1995年版,第13页。

受、生产和消费由不同的人来分担这种情况成为可能,而且成为现实,要使各种因素彼此不发生矛盾,只有消灭分工。① 对于这里的"消灭分工"的提法,需要作出更为确切的新的说明。历史发展的辩证法是:没有分工的原始状态——强制凝固的、高度发达的社会分工体系——消除旧式分工的自由人联合体。在这种自由人联合体中,生产过程不会退回到没有分工协作的原始混沌状态。相反,劳动过程本身的专业化程度还可能日益提高,劳动技术分工还可能分化得更为细致。因而,我们认为,需要创造性地运用《资本论》中的劳动二重性理论,探讨劳动分工的二重性,即有必要分清以下两种不同范畴:分工的社会形式和分工的技术形式。无论从理论上还是实践上看,需要消灭的是分工的传统社会形式,而不是劳动分工的技术形式。需要打破的旧式分工的社会形式的特点是:(1)分工是强制的,每个劳动者没有充分的权利根据自己的兴趣、爱好、特长,自由地选择专业或职业;(2)分工是凝固的,每个人的工作范围不能经常流动,往往使人长期甚至终生从事一种职业;(3)分工有社会地位的高低贵贱之分,把人分成"劳心者"和"劳力者",治人者和治于人者,管理者和被管理者;(4)分工是极其片面单一的,使人单面畸形发展,如同得了"分工痴呆症"。但这并不妨碍在如下新的意义上,还存在着劳动分工的技术形式,或者叫作"不是本来意义上的劳动分工形式":(1)每个人可以自由选择一个或几个便于发挥自己特长的专业领域;(2)由于技术、科学、艺术的高度发达,还需要培养各个领域里有特殊造诣的专门家;(3)在巨大的系统工程中,从技术形式上来讲,可能需要愈来愈细致、和谐、自觉的分工和合作。只有消除旧式社会分工之日,才是自由全面发展的新人诞生之时。

第五节　个人发展的三大形态
——自由个性的历史前提

人的自由全面发展的历史前提——从人的依赖关系出发,经过以物的

---

① 参见《马克思恩格斯选集》第 1 卷,人民出版社 1995 年版,第 82—85 页。

依赖性为基础的人的独立性，最后才能上升到全面发展的自由个性。

人的发展，是一个自然的历史过程。这并不是否认人通过实践活动而进行着能动的自我创造，而是说人的历史发展是有客观规律可循的，必然要经历一些不以人的意志为转移的历史阶段。人的历史发展过程同社会的历史发展过程，是统一的，实质是一个过程的两个方面。这个统一的过程就是——人的历史的、社会的实践活动、交往活动、语言符号活动的不断展开。这一过程，从系统发生史的宏观角度来考察，就是社会发展史；从个体发生史的微观角度来考察，就是人的发展史。要达到人的全面发展，以下发展阶段是历史的必由之路。

第一阶段是以人对人的依赖关系为特征的，与此相对应的主要经济形式是自然经济，生产方式、社会经济形态是原始公社制和奴隶制、封建制。这一阶段又分为上述三个时期，各有不同特点。在第一时期原始公社制度下，个体与氏族、部落融合在一起，人处于血缘关系的自然联系之中，个人还没有完全分离出来，还谈不上有什么独立个性发展。在第二时期奴隶制下，奴隶在人身上完全依附于奴隶主。在第三时期封建制下，农民在人身上还部分依附于封建地主。这三个时期从人的历史发展角度之所以构成一个阶段，是由于它们有某些共同特征：没有发达的社会分工，基本上是自给自足的自然经济，商品交换不发达；在上述经济基础上，造成人之间基于血缘关系或人身依附关系的依赖性；由于采取自给自足的生活方式，单个人还显得比较全面，可以称作"原始的丰富"，不过在人身依赖关系的襁褓里的人，还很难谈得上自由全面发展。

第二阶段的特征是，以人对物的依赖关系为基础的人的独立性，与此相应的主要经济形式是市场经济，资本主义的生产方式和社会经济形态体现了人的这一历史发展阶段的典型特征。这一时期人的历史发展的进步在于：分工造成了生产的迅速发展，出现了以八小时工作日、普选权、普及教育为标志的近代文明；人从血缘关系、依附关系的枷锁下解放出来，获得了人身自由，个性解放、个性自由、独立个性一度成了激动人心的时代主题；人打破了亲族、地域的狭隘界限，建立起普遍的商品交换、多方面需求和多方面能力的体系。然而，私有制使资本主义文明带上了野蛮的一面，人的历史发展中存在着严重的阴暗面：日益发达的凝固化的社会分工，使人变成片面的人、贫乏的人、异化的人；近代文明大厦的发展是建立在大多数人牺牲自身的完整性的基石上的，大多数劳动者成了单纯的劳动工具、赚钱工具，牺牲了自己的自由时间和自由发展；人的独立性是以对物的依赖性为基础的，因而造成人的贬值，商品拜物教、金钱拜物教的盛行；一方面物质财富开始丰裕、堆积起来，另一方面则是人的精神世界的贫乏、孤寂、无聊，成为现代资本主义发达国家特有的"精神危机"。

第三阶段的特征，是全面发展的自由个性，与此相应的主要经济形式是在共同占有主要生产资料基础上重建个人所有制，这是一代新人形成的社会基础。这一阶段是前两个阶段历史发展的结果，特别是第二阶段发展的直接继续。马克思在《资本论》第一手稿中，对于人的历史发展规律、自由个性形成的历史前提，作了一个极其凝练的高度概括："人的依赖关系（起初完全是自然发生的），是最初的社会形态，在这种形态下，人的生产能力只是在狭窄的范围内和孤立的地点上发展着。以物的依赖性为基础的人的独立性，是第二大形态，在这种形态下，才形成普遍的社会物质变换，全面的关系，多方面的需求以及全面的能力的体系。建立在个人全面发展和他们共同的社会生产能力成为他们的社会财富这一基础上的自由个性，是第三个阶段。第二个阶段为第三个阶段创造条件。"① 人类的历史发展也有自己的婴儿期、童年期、青春期。只有解去人的依赖关系的幼时襁褓，又超越依赖物的拐杖、蹒跚行走的童年阶段，才会迎来矫健英姿、葱俊诱人的青春期——一代现代新人生成的时代。

上述三个方面的总和，就构成了实现人的自由全面发展的物质基础、社会条件、历史前提。

毫无疑问，我们距离完全具备上述历史条件、达到这个未来社会理想目标，还有漫长的历史道路。同样毋庸置疑的是：这个目标并不是缥缈虚无、可望而不可即的海市蜃楼，社会主义制度的建立和现代科技革命的洪流，已经使我们站在奔向这个目标的起跑线上。"路漫漫其修远兮，吾将

---

① 《马克思恩格斯全集》第46卷上册，人民出版社1979年版，第104页。

上下而求索"。我们今天正在开创的改革开放之路，不仅是为了探索富于中华民族特色的社会主义建设道路，而且是为了探索走向每个人的自由全面发展的理想之路。

第六节　为人的自由全面发展扫清道路
——全面深化改革新阶段的新使命

社会主义制度的建立，从根本上说，开辟了发展社会主义生产力、逐步实现人的自由全面发展的道路。问题在于，由于种种复杂的历史原因，我们在一段时期里形成了一种过分集中、缺少活力的僵化模式。

为了真正认清这种僵化模式的根本弊端，有必要从"主体—客体"、"人—物"的双重角度进行分析。也就是说，这种僵化模式存在着相互联系的两大弊端：一是使"物不能尽其用"，阻塞了社会主义商品生产发展的渠道，在一定程度上阻碍了物质生产力的发展；二是使"人不能尽其才"，压抑了广大劳动者、劳动集体（企业）的主动性、积极性、创造性，阻碍了社会主义条件下充分开发人的主体生产力的历史进程。对于前一方面的弊端，已经是众所瞩目，而对更为重大、更为根本的后一方面弊端，则还没有引起足够的重视。问题在于，不根本解决"人尽其才"的问题，就不可能彻底解决"地尽其力、物尽其用"的问题。

改革的基本任务是要从根本上改变原有的僵化模式，建立起富于中国特色和盎然生机的社会主义经济体制，发展社会主义的生产力。在确定改革任务时，也需要注意到"主体—客体"、"人—物"两个方面。改革要成功要彻底，不能只着眼于物，更重要的还要着眼于人。改革的主攻方向也应当包括物和人这两个方面：一是经济上对内对外实行开放政策，使我们的企业和整个经济都充满活力；二是在人的问题上也应当实行开放政策，调动起广大工人、农民、知识分子的积极性、创造性。上述两个方面是相互联系的，在一定意义上，后一方面更为重要，更为根本。原因就在于，人是最重要的生产力，经济活力的源泉还在于人的活力，搞活经济的关键还在于焕发人的积极性，开掘人的自由全面发展的深刻源泉。

邓小平同志高瞻远瞩地指出了人的问题在经济改革中的重要性。他在谈到《中共中央关于经济体制改革的决定》时，富于远见地揭示出人才问题在经济体制改革中的全局性、决定性意义："这个文件一共十条，最重要的是第九条……第九条，概括地说就是'尊重知识，尊重人才'八个字，事情成败的关键就是能不能发现人才，能不能用人才。"① 在一定意义上可以说，现代化的关键是人，搞活经济的关键也是人。二者的关键都在于人的积极性、创造性的发挥，优秀人才的发现和重用，人在自由全面发展道路上的前进。

下面，我们探讨一下，改革在促进人的自由全面发展上的历史使命、内在机制和发展方向。我们认为，要使改革成功，就应当使改革从经济、政治、文化上为人的自由全面发展扫清道路，铺下基石。

第一，改革的根本任务是发展生产力，摆脱普遍贫困状态，发展社会主义市场经济，增强劳动自主性，这将为走向人的自由全面发展提供重要的经济前提。

发展生产力是社会主义阶段的根本任务，也是改革的根本目的。通过改革来促进人走向自由全面发展道路，是发展生产力的根本途径之一，和上述根本任务是完全一致的。上面讲的生产力，实际上指的是社会生产力系统，包括两大要素：一是物质生产力，二是个人一般生产力。正是马克思富有远见地指出，现代社会的发展趋势是，个人的充分发展是最大的生产力，个人的一般生产力在现代社会生产力系统中的地位日趋重要："在这个转变中，表现为生产和财富的宏大基石的……是对人本身的一般生产力的占有，""真正的财富就是所有个人的发达的生产力"，"增加自由时间，即增加使个人得到充分发展的时间，而个人的充分发展又作为最大的生产力反作用于劳动生产力。"②

当前改革的重大目标之一就是使中国人民摆脱普遍贫困状态，这将是使人民再次获得解放的"第二次革命"。党中央为改革和中国经济社会发

---

① 《邓小平文选》第3卷，人民出版社1993年版，第91页。
② 《马克思恩格斯全集》第46卷下册，人民出版社1980年版，第218、222、225页。

展规划了战略目标：一心一意搞现代化经济建设，到本世纪末初步摆脱贫困落后状态；再经过二三十年的努力奋斗，达到中等发达国家的水平；到建国一百周年时，力争接近世界发达国家的水平。这是目标宏大的新的长征。为了达到这个战略目标，我们还确定了对外开放的基本国策：千方百计地利用先进国家的资金、技术、智力、管理技巧，迎接当代科技革命的挑战，抓住这个机会赶上去。实现这个战略目标，是又一次伟大的革命。第一次革命是中国共产党领导中国人民推翻了三座大山——帝国主义、封建主义、官僚资本主义，从剥削压迫下面解放出来，建立了人民民主专政和社会主义制度。第二次革命的对象不同了，我们要推翻的是另外的三座大山——经济上的贫穷、科学技术上的落后，文化上的愚昧无知。这两次革命之所以深得人心，不可逆转，其深刻根源就在于它们有共同方向：它们都是中国共产党领导下的、扎根中国大地的人类解放运动，都历史地具体地反映了走向人的自由全面发展的时代要求和必然趋势。

改革开辟了一条通过发展市场经济来建设社会主义的新道路，这是打破广大农村的半自然经济、引导八亿农民走上自由全面发展的必由之路。按照马克思关于人的三大社会形态的理论，人的历史发展要经历循序渐进的三个阶段：人对人的依赖性—以人对物的依赖性为基础的人的独立—全面发展的自由个性。与此相应的是三种主要经济形式：自然经济—商品经济—产品经济。当代各国社会主义实践证明：一个国家可能在无产阶级政党领导下，不经过完整的资本主义发展阶段，直接从资本主义不发达状况走上社会主义道路；但是，却不可能在经济上跳过市场经济这个必经阶段，从半自然经济一步登天地直接跨越到完全社会主义的产品经济；因此，一个原先经济文化落后的发展中的社会主义国家，不能采取国家直接组织生产和分配的产品经济形式，而应当选择有计划地发展社会主义市场经济的道路。从人的历史发展的角度来看，也就是说，人不可能从半自然经济状态下的狭隘依赖关系，直接跳跃到产品经济形式下的自由个性。因而，在农村必须打破那种名为"一大二公"、实为自然经济的僵化模式，大力发展各种专业户，大力发展商品生产，大力发展社会分工，推广联产承包责任制。这就开始打破几千年来中国农村的自给自足的半自然经济的狭隘格局，使农村经济开始向专业化、商品化、现代化方向发展。这对于长期处于半自然经济枷锁下的农民来说，是继从封建土地关系下解放出来之后的又一次解放，使他们也向着自由全面发展的方向迈出了一步。当然这还只是开始起步，要真正接近这个目标，还要因势利导，走很长的路。

按照我国生产力发展的实际水平，使劳动者和生产资料，劳动活动与自主活动，个人利益、企业利益和国家利益直接结合起来，增强劳动的自主性，这是经济改革的主旨所在，也是对于人走向自由全面发展的主要推动。从根本上说，社会主义公有制的建立，也就是劳动者和生产资料、劳动活动与自主活动、个人利益与社会利益直接结合的自主劳动的开始。但是，完全实现劳动的自主化，是一个和劳动社会化、科学化相统一的漫长历史过程。僵化模式的出现是这条道路上的一段曲折，在一定程度上造成了上述因素的割裂，阻塞了劳动自主化的历史进程，因而压抑了企业和劳动者的积极性、进取性，阻塞了我们发挥社会主义制度优越性的根本途径。社会主义经济活动的主体，在任何时候都是一个包含三个层次的矛盾综合体：国家（或社会）、企业（或劳动集体）和个人。改革改变的不是社会主义所有制的根本性质，而是社会主义所有制的具体形式。正是由此产生一系列重大变化：（1）劳动者和生产资料相结合的主要中介不再是上层的国家，而是比较切近的企业或劳动集体，因而更趋向于直接结合；（2）不再由国家直接组织生产和分配，而是由企业、劳动集体或专业户自行组织生产和消费，企业、劳动集体、专业户的劳动有了更多的独立性和自主性；（3）国家、集体、个人利益的一致，责、权、利的直接结合，是建立各种经济责任制的基本原则，个人劳动与物质成果紧密联系在一起，每个劳动者也表现出较多的主动性、积极性、自主性。这是向劳动自主化迈进的重大一步，成为推动人走向自由全面发展道路的原动力。

第二，改革的政治目标是建设社会主义的高度民主与法治国家，努力克服官僚主义和封建主义，逐步实现直接民主与间接民主的结合，并且起用一代新的人才，这是走向人的自由全面发展道路的重要政治保证。

在努力建设社会主义的高度民主这个政治目标上，充分体现了改革同人的自由全面发展方向的一致。当前改革重心在经济改革，但同时也是政治改革。改革既然深深地触动社会生活的经济基础，同时就势必给社会关系、政治关系带来深刻变革。同时，为了保证经济改革有一个安定团结的政治环境，从组织上、政治上保证改革顺利进行，必然要求政治改革同经济改革配套进行，同步发展，稳步前进。社会主义高度民主是新型社会关系在政治上的集中体现，因而势必构成政治改革的中心环节、主要目的。社会主义民主是高于资本主义民主的新型民主，这是就本质上来讲的。社会主义民主不是一生下来就那么完善的，有许多旧的地基需要长期清除，新的民主形式需要在实践中探索和创造。新型民主发展的特点和方向是民主的普遍化、多面化——党和国家政治生活的民主化，经济管理的民主化，整个社会生活的民主化。同时，还要求把民主制度化、法律化、持久化。另外，还要发展无产阶级平等，真正做到"在法律面前人人平等"、"在真理面前人人平等"。显然，发展这种新型民主，是使人走向自由、和谐发展的重要政治前提。

发现人才，使用人才，起用一代新人，是改革的政治目标之一，同时这也是改革顺利进行在政治上、组织上的重要保证之一。

第七节　教育创新，培养新人
——改革新阶段的支撑点和归宿点

习近平总书记系列重要讲话，用"四个全面，五位一体"的新提法，来概括十八大、十八届三中全会开始的中国改革新阶段。而中国改革开放要开创新阶段、新局面、新天地，根本的支撑点和归宿点，说到底还是用教育创新培养一代新人。

建设新型精神文明，提倡"尊重知识，尊重人才"，"创作自由，学术自由"，"狠抓教育，开发智力"，造就有理想，有道德、有文化、守纪律的新人，这就为人的自由全面发展创造着思想文化前提和历史条件。

改革的总体目标之一就是建设高度发达的社会主义精神文明，这将为人的全面发展奠定重要的思想文化基础。个人是社会的存在物，个人是时代的一面镜子，从一个特定角度反映出那个时代的文明程度和精神风貌。个人的心理、气质、素养，像缩影一样，凝聚着养育着他的那个时代、那个民族的物质文明和精神文明。当然，社会主义、共产主义新人的成长也有其特殊规律：以往的社会经济形态会自然而然地、自发地产生出适合它们自己的人和个性；而全面发展的新人的成长，既是一个自然的历史过程，又是一个自觉的过程，二者的统一就在于新型精神文明的建设过程。这就使新人的精神世界的问题、新型精神文明的发展问题，在社会主义改革和社会生活中，具有特殊的意义。

"尊重知识，尊重人才"正在成为改革洪流中的一个中心口号，为一代全面发展的新人的成长开辟着道路。人才是现代化灵魂，人才是现代化成败关键——这一点愈来愈为众人瞩目。改革将打破"万马齐喑究可哀"的局面，迎来"不拘一格降人材"的生机。尽管一开始出现的多半还只是有一技之长的"偏才"，单面发展的"奇才"，但最终将会合乎规律地推动人走向全面发展。

在党的领导下实行"创作自由"、"学术自由"的方针，有助于使脑力劳动率先成为一种表现个性、发展个性的自主劳动。让精神劳动成果真正像百花一样各具异彩、争芳斗妍，才能真正出现人才辈出、星汉灿烂的鼎盛局面，才能迎来中华民族文明的真正复兴。改革像一阵喜人的东风，向人们报道了春天的信息。

"狠抓教育，开发智力"是改革中的一项重大措施，也是对人的全面发展确有重大意义的战略措施。僵化经济体制的根本弊端之一，就是在相当程度上忽视教育事业、智力开发，不但与发达国家相比有很大差距，甚至还不如许多发展中国家。不妨看一组大略统计数字。在20世纪70、80年代，中、印、美三国的教育经费分别占国民生产总值的1.3%、2.8%、5.9%，每十万人口中的大学生数分别为128、664、5492。在自然经济状态下，教育的社会功能似乎主要是关系到维持政权、社会风化。现代科技革命又赋予教育以新的社会功能：（1）不仅科技成为直接生产力，教育和一般智力也在相当程度上转化为直接生产力，教育成了"第三产业"的一支大军。马克思曾作出这种科学预见："固定资本的发展表明，一般社会知识,已经在多么大的程度上变成了直接的生产力,从而社会生活过程的条件本身在多么大的程度上受到一般智力的控制并按照这种智力得到改造。"①(2)人才开发、智力开发已成为当代主要富源。在第一次产业革命中,土地肥沃、水中渔产丰富等生活资料富源,起决定作用;在第二次产业革命中,矿产、能源等生产资料的富源,曾起决定作用;在第三次产业革命中,"科学—信息—人才"已经变成了有决定意义的第三类富源。(3)在当代世界范围内的经济竞争中,教育成了经济实力的决定性因素之一。国家的兴衰荣辱,在很大程度上决定于信息的竞争,人才的竞争,教育的竞争,智力的竞争。发展教育、发展智力已成为立国之本,强国之术,兴邦之道。(4)发掘人类智能成为当代教育的重要使命。人类的体力、感觉力、意志力固然也有潜力可挖,但智能是人类潜能素质的最深厚泉源。现代脑科学表明,人脑的潜力还有很大一部分没发掘出来,即使是最出色的科学家,也只是利用了大脑潜能的一小部分。改革自觉顺应了历史发展的这种新潮流,从着眼于21世纪的战略眼光来抓教育、抓智能。通过狠抓教育、深入开掘人类智能,将使现代中国人开出人类智慧的最美花朵,结晶为比四大发明更为举世瞩目的现代文明成果。这将为一代新人的成长铺下宽广的路基。

把造就"有理想、有道德、有文化、有纪律"的社会主义新人作为根本任务之一,历史地具体地体现了人的全面自由发展的理想目标。邓小平同志在阐述建设有中国特色的社会主义时,把培养新人的问题提到了应有高度:"在社会主义国家,一个真正的马克思主义政党在执政以后,一定要致力于发展生产力,并在这个基础上逐步提高人民的生活水平。这就是建设物质文明……与此同时,还要建设社会主义的精神文明,最根本的是要使广大人民有共产主义理想,有道德,有文化,守纪律。"②这就把社会主义精神文明的建设同发展生产力一样列为基本任务之一,把培养一代新人作为社会主义精神文明建设的核心问题,把"有理想、有道德、有文化、守纪律"作为社会主义新人全面发展的基本标志,把"人的自由全面

---

① 《马克思恩格斯全集》第46卷下册,人民出版社1980年版,第219—220页。
② 《邓小平文选》第3卷,人民出版社1993年版,第28页。

发展"的共产主义理想目标的这一方面具体化为当前的实践目标。当然，这里所讲的社会主义新人，同自由和谐全面发展的、作为自由个性的未来社会新人相比，还有一定差距。但是二者的方向是根本一致的，甚至可以说，"有理想、有道德、有文化、有纪律"的社会主义新人，就是有丰富个性的、全面发展的未来社会新人的雏形或初级阶段。

改革造就新人，新人推动改革，新时代、新局面、一代新风的开创和一代新人的涌现，总是相辅相成、相得益彰的。这是历史发展中的一条规律，映现出社会历史发展与人的历史发展的一致性。恩格斯揭示了欧洲文艺复兴运动与人的历史发展的这种一致性：这是一次人类从来没有经历过的最伟大的、进步的变革，是一个需要巨人而且产生了巨人——在思维活动、热情和性格方面，在多才多艺和学识渊博方面的巨人的时代。今天的社会主义改革、建设有中国特色的社会主义的伟大实践，是一个更加波澜壮阔的社会变革，是更加宏伟壮丽的历史工程，它迫切需要而且必将造就出更多理想高尚、才华横溢、独具个性的社会主义新人，推动着人的解放、人的全面发展的历史洪流滚滚向前。

中国特色社会主义的发展方向，也就是人走向自由、和谐、全面发展的金光大道。方兴未艾的社会主义改革，既是社会主义制度向前发展、走向自身完善的关键一步，又是向着人自由全面发展方向迈进的重要一步。我们应当从理论上和实践上自觉地把"社会变革—人的发展"这两个方面统一起来，从而使我们的改革取得双重成效：不仅解决发展社会主义生产力的根本任务，而且解决人的自由全面发展问题；不仅恢复社会主义经济体制的生机活力，而且恢弘和提高社会主义的政治声誉和理想光辉；不仅促成中华民族的经济起飞、富国兴邦，而且使我们开辟的社会主义道路在整个进步人类面前具有巨大的感召力。

500年前，公元1500年前后，西方文艺复兴的潮头迎来了世界历史走向近代化、工业化、全球化的时代变迁。

500年后，在新世纪、新千年的世界历史新起点上，我们有理由期待着，中国全面深化改革与教育创新强大潮流，必将迎来东方文艺复兴的伟大时代！

正是马克思关于人类解放、自由个性的哲学箴言,为新世纪、新千年的时代潮流,为改革创新、教育创新的时代精神,提供了最有活力的理论来源,最为坚实的哲学基础,最有启迪作用的思想指南;

新时代中国特色社会主义的理论创新与实践创新,正是马克思主义、科学社会主义走出低谷、走向复兴的新时代潮头,东方文艺复兴的伟大时代潮头。

日出东方,天下太平;

日出东方,天下为公;

日出东方,天下大同!

让我们举起双手,共同迎接这新的日出、新的希望、新的光明、新的时代!

索　引

外国人名

G. 古德　10
Mark Perlman　161
R. 布坎南　235
R. 兰多尔　185
T. B. Bottmore　5
阿·费克　234
阿尔都塞　3
阿里夫·德里克　260，261，262
埃·伊格那托夫　388
爱德华·S. 赫尔曼　266
爱琳娜（爱琳娜·马克思）　226，241，246
爱因斯坦　241，247，248，249，376
奥·乌提舍诺维奇　230
奥尔良公爵　183
奥吉亚斯　112
巴贝夫　341，343
巴加图利亚　40，252
俾斯麦　172，188，189，329

波列尼　113
波佩　109，111，113，116，121，146
波绪　113
布朗基　185，187，188，341，343，344，345，346，347，348
布鲁诺　111，145
布热津斯基　269
查·赖尔　234
查力斯·洛克　266
成吉思汗　120
达·芬奇　111，112，145
达尔文　126
达兰贝尔　113
丹尼尔·别尔努利　113
丹尼尔逊　224，243，244
德鲁克　158
恩格斯　2，3，4，5，11，29，30，34，39，40，41，42，43，44，45，46，47，48，50，51，52，55，56，61，

索 引

62，63，66，67，68，69，72，73，74，75，76，77，78，79，80，81，82，83，84，86，97，98，99，100，101，107，108，109，110，111，112，113，114，115，116，118，119，121，122，123，127，128，129，130，132，133，136，137，138，142，143，144，146，147，148，149，150，151，152，154，164，166，168，169，170，171，172，173，177，178，179，181，182，183，184，187，188，190，191，192，196，198，203，211，212，216，217，218，220，221，223，224，225，226，228，229，230，234，237，238，239，240，241，242，243，245，246，249，252，253，254，255，256，257，258，259，260，261，263，278，279，282，284，285，286，287，288，289，290，291，292，293，294，295，296，297，298，299，300，301，302，304，305，306，307，308，309，310，312，313，314，317，318，319，320，323，324，325，326，327，328，329，330，331，333，334，335，336，337，338，339，341，342，343，344，345，346，347，348，349，352，354，355，356，357，358，359，360，361，363，364，365，366，367，370，371，372，374，375，376，377，378，379，382，383，384，388，389，390，391，392，393，394，395，396，397，399，401，402，404，405，406，408，410，412，414，419，420

费·莫尼 224

费尔巴哈 2，4，7，9，10，11，12，13，29，39，40，41，42，43，44，50，51，55，62，63，66，67，68，69，71，72，74，75，78，80，83，84，88，94，103，104，154，164，239，283，289，299，301，306，318，324，325，357，377，382，388，389，390，391

冯·沙培尔 319

弗·阿·左尔格 190

弗里德里克·詹姆逊 260

弗里曼 140，141

傅立叶 41，252，376

富尔德 183

伽利略 111，145

哥白尼 110，111，144，145

格拉德·博克斯贝格 265，266

格兰特·艾伦 234

格劳秀斯 285，288

格林 228，231

古姆普洛维奇 288

广松涉 10

哈贝马斯 376

哈克斯特豪森 224

哈拉德·克里门塔 266

哈拉尔特·舒曼 266

海德格尔　10，55，57，60
汉斯·彼得·马丁　266
赫鲁贝克　233
赫斯　13，41
黑格尔　4，5，6，7，8，9，11，13，
　　19，22，24，25，26，27，28，29，
　　30，50，53，54，55，56，58，71，
　　94，167，168，252，253，254，278，
　　280，281，284，295，299，303，
　　307，308，311，314，316，317，
　　318，319，320，321，323，326，388
胡克　111
霍布斯　217，288，323，399
基诺·卡朋尼　231
吉登斯　268
卡尔·毕歇尔　231
卡尔·弗腊斯　233
卡尔德纳斯　230
凯里　308
康德　25，26，27，28，29，31，36，
　　156，252，254，320，350
康健尔　346
柯瓦列夫斯基　105，215，218，219，
　　220，221，230，231
库兹涅佐夫　248
拉菲特　183
拉萨尔　169，171，177，178，185，
　　187，188，189，213
朗格　231
李卜克内西　190，239
梁赞诺夫　4
卢梭　285，288，320

鲁·耶林　231
路·弗里德兰德　231
路·亨·冯·雅科布　174
路·库格曼　172
路德　43，44，50，51，112，227，239，
　　306
路易·勃朗　341，343
罗兰·罗伯森　250，267
马基雅弗利　112
马克思　1，2，3，4，5，6，7，8，9，
　　10，11，12，13，14，15，16，17，
　　18，20，22，25，29，30，33，34，
　　37，39，40，41，42，43，44，45，
　　46，47，48，49，50，51，52，53，
　　54，55，56，61，62，63，65，66，
　　67，68，69，72，73，74，75，76，
　　77，78，79，80，81，82，83，84，
　　85，86，87，88，89，90，91，92，
　　93，94，96，97，98，99，100，101，
　　103，104，105，106，107，108，
　　109，110，111，112，113，114，
　　115，116，117，118，119，120，
　　121，122，123，124，125，126，
　　127，128，129，130，131，132，
　　133，134，135，136，137，138，
　　139，140，141，142，143，144，
　　145，146，147，148，149，150，
　　151，152，153，154，155，156，
　　157，158，159，160，161，162，
　　163，164，165，166，167，168，
　　169，170，171，172，173，174，
　　175，176，177，178，179，180，

181，182，183，184，185，186，
187，188，189，190，191，192，
194，195，196，198，199，200，
202，203，204，205，208，209，
210，211，212，213，214，215，
216，217，218，219，220，221，
222，223，224，225，226，227，
228，229，230，231，232，233，
234，235，236，237，238，239，
240，241，242，243，244，245，
246，248，249，250，251，252，
253，254，255，256，257，258，
259，260，261，262，263，264，
266，270，271，275，276，277，
278，279，280，281，282，283，
284，285，286，287，288，289，
290，291，292，293，294，295，
296，297，298，299，300，301，
302，303，304，305，306，307，
308，309，310，311，312，313，
314，315，316，317，318，319，
320，321，322，323，324，325，
326，327，328，329，330，331，
332，333，334，335，336，337，
338，339，340，341，342，343，
344，345，346，347，348，349，
350，351，352，353，354，355，
356，357，358，359，360，361，
362，363，364，365，366，367，
368，369，370，371，372，373，
374，375，376，377，378，379，
380，381，382，383，384，386，
387，388，389，390，391，392，
393，394，395，396，397，398，
399，400，401，402，403，404，
405，406，407，408，409，410，
412，414，415，418，419，421

马克思·韦伯 376

马里奥特 113

马赛克·德普勒 108

马歇尔·迈克卢汉 250

马志尼 185

毛勒 227，228，229，230，233，306，307

梅恩 105，217，230

梅林 105，217，230

蒙塔朗贝尔 112

摩尔根 105，127，128，129，130，141，154，215，216，218，219，220，286，305

莫斯特 190

牛顿 113，247

诺曼·莱文 213，215，220，226，241，391

欧勒 113

欧文 47，235

培根 111，119，120，152

蒲鲁东 2，120，149，185，187，188，228，343，354，360

普列汉诺夫 66，67，393，394，406

陶贝特 40

提奥多尔·拉维特 250

瓦特 123，125

维·伊·查苏里奇 223

维特根斯坦 11

魏德迈 340，341，345，346

沃康松 118，148

沃勒斯坦 251，265

熊彼特 86，107，130，140，141，153，154，155，156，157，158，159，160，161，162

亚当·斯密 139，174，175，186，201，280，325，377

亚里士多德 13，53，54，57，281，305

杨东莼 286

伊戚希 188

尤·冯索登 174

约·比·朱克斯 234

约·拉伯克 217

约·兰克 233

约·里·格林 231

约飞 248

约翰·别尔努利 113

约翰·菲尔 216

詹姆斯·凯尔德 232

詹姆斯·穆勒 168

中国人名

安同良 140

邓小平 14，35，36，141，196，197，199，201，202，264，414，419

丁学良 386

郭丽兰 43

何畏 157，161

洪银兴 107，140

胡善君 266

胡宗泽 268

黄枏森 52

黄卫平 261，262

江泽民 36，141，202

孔子 65，236

梁光严 250，267

廖进中 269

刘丕坤 5

刘盛际 248

毛泽东 15，141，264，396

聂锦芳 40

钱学敏 52

钱学森 17，52

孙承叔 89，164

汤在新 299

汪澄清 153

王东 43，66，89

王宁 250，266

王雪华 187

吴敏燕 66

习近平 14，15，36，107，141，276，349，385，417

索 引

许建东　266

薛晓源　250，266

杨静远　346

杨振宁　248

余叔通　187

俞可平　251，260，261，262

袁冬梅　269

张栗　286

赵光武　52

赵力涛　268

专业词汇[①]

手稿

  恩格斯修改稿　52

  逻辑改编版　5

  马克思原始稿　43，44，46，47，48，50，52

  原始文本版　5

  《1844年经济学哲学手稿》　2，3，4，5，7，8，9，41，52，88，89，91，92，94，103，164，168，175，281，311，351，355，356，360，369，373，375，379，380，381，384，389，401

  《1857—1858年经济学手稿》　103，106，131，212，299，352，390

  《1861—1863年经济学手稿》　108，133

  《俄国与东方国家村社制度、土地关系、发展道路笔记》　219

  《工艺史笔记》　115

  《国际关系体系——世界历史笔记》　172，173，218，237，246，331

  《国家与文明起源笔记》　173，214，215，218，219，220，222，237，246

  《西方发展与社会主义道路笔记》　225

自然

  征服自然　32，33，34，36，65，114，369

  改造自然　32，32，32，32，34，36，65，281，318，398

  利用自然　32，182，361，370

  人本天末　34

  人的自然化　6，9

  人化自然　6，9，24，30，34，58，89，90，91，102，158，351，405，406，407

  人为自然立法　26，34，36

  天本人末　33，34

  天人融合　34

  调节控制自然　32

[①] 主词条按照我理解的本书思想主旨的逻辑结构编排，次级词条按照逻辑与拼音规则混合编排。

自然的人化 6,9,15

存在

　个别性存在 53

　系统性存在 53,56

　实物性存在 53,56

　语言符号性存在 53

　实体性存在 53,60

　关系性存在 53,60

　单主体性存在 53,63

　互主体性存在 53,63

　静态性存在 53,54

　过程性存在 53,54

主体

　个人主体 54,356,358,359

　社会主体 19,20

　国家主体 175,176,177,179,205,206,355

客体

　可观察客体 20

　理论思维客体 20

　单个客体 20

　系统客体 20

　现实客体 20,21

　理想客体 20,21,24

　客体主体化 23,24,30,31

　主体客体化 23,24,30

中介系统

　语言符号系统 14,21,22,56,57,58

　工具操作系统 14,21,22,24,32,58

　社会关系系统 14,21,23,58,373

人

　感性对象 74

　感性活动 11,57,74

　人的本质 6,8,9,12,13,22,23,62,63,94,102,282,346,369,373,375,376,379,380,381,387,388,389,401,402,408

　人的解放 76,156,160,195,259,376,377,378,379,380,381,388,404,405,420

　人类解放 189,332,367,386,387,415,421

　人类命运共同体 276,385

　人与人 8,15,34,36,60,62,63,81,89,90,91,95,98,106,203,280,281,282,283,288,352,367,369,372,373,374,381,385,395,399,403,408

　人与自然 8,15,16,19,24,25,32,33,34,36,62,63,71,89,90,91,102,128,268,280,281,282,283,288,368,369,370,372,381,385,398,403,407

　依附 95,250,251,265,269,292,306,352,387,411

　依赖 80,81,91,94,95,96,133,137,188,254,255,256,258,333,359,360,379,410,411,412,415

索 引

奴役 93，95，96，99，100，103，154，177，338，354，375

独立 4，5，6，9，12，20，21，23，40，57，58，68，75，80，83，84，86，87，92，93，94，95，96，114，118，121，124，127，129，132，133，137，146，151，166，174，177，191，203，206，219，225，239，258，262，280，285，289，292，298，299，302，314，316，317，324，352，353，357，359，360，361，370，374，391，396，409，411，412，415，416

分裂异化关系 95

地域性的个人 75，256，258

现实的个人（现实个人） 68，69，71，72，73，74，94，106，167，355，356，357，373，

一般人 56，69，74，242

世界历史性的个人 75

主人 62，96，103，292，298，373，384，392，396，397，406

统治从属关系 95

自然血缘关系 95

自我创造 24，30，380，401，411

自我解放 375，376

自由个性 94，95，96，210，332，355，359，360，361，364，365，367，368，386，387，390，407，410，411，412，415，420，421

自由联合关系 95

交往

交往形式 68，70，71，76，80，81，82，84，258，271，301，318，323

普遍交往 75，255，256，258

社会交往 17，57，58，68，70，76，77，158，160，258，364，373，400，401，407

世界交往 75，77，256，259

实践

实践的自然前提 6

实践的本质内容 6

实践的歪曲形式 6

实践的未来表现 6

实践前提论 14

实践中介论 14

实践逻辑论 14

实践目的论 14

实践逻辑 14，25，30，31

实践活动 6，7，8，9，11，12，13，14，15，16，17，18，19，20，22，23，24，25，27，28，30，31，32，33，34，49，56，57，58，59，63，69，75，89，90，91，158，254，258，271，280，281，357，373，375，396，397，399，400，403，404，406，407，409，411

生产

大生产 93，116，118，181，182，409

生产方式 76，80，93，93，98，98，98，114，114，117，120，120，123，123，123，125，128，129，

134，138，138，149，149，150，150，150，150，151，151，181，216，238，240，253，254，257，258，300，301，304，304，310，310，310，310，310，310，310，319，323，324，334，351，352，352，355，357，358，358，358，359，361，361，362，362，365，366，371，372，373，374，374，375，378，379，382，383，411，411

生产工具　76，126，286，334

生产关系　67，71，81，98，99，120，123，128，149，150，151，171，173，214，215，237，241，245，246，258，271，319，334，335，344，373，382，387，389，394

生产技术　124，128

生产力　19，32，33，67，68，70，71，75，76，77，78，81，82，98，99，100，101，113，120，127，128，139，149，150，151，160，179，180，181，195，196，197，199，200，254，255，256，257，258，259，271，272，287，309，318，319，326，334，358，359，361，362，363，364，365，366，369，370，377，382，387，389，400，401，405，406，407，408，413，414，416，418，419，420

生产资料　15，79，92，96，99，128，132，134，139，180，199，287，301，353，354，355，359，361，362，370，383，394，395，406，408，412，416，419

物质生产　21，29，68，70，71，73，78，79，80，81，95，96，99，102，117，128，139，199，216，301，319，335，366，368，379，383，397，398，400，413，414

精神生产　21，58，68，70，78，79，301，400

协作　95，100，131，132，133，134，136，154，156，343，358，410

劳动

非劳动　379

工业劳动　32，77

雇佣劳动　93，168，169，170，171，172，180，188，225，245，292，299，352，376

活劳动　92，93

机器劳动　123，150

解放劳动　186，194，195，197，207

劳动的社会性　90，203，367，368

劳动的物质性　90

劳动二重性　8，15，88，89，90，91，157，182，183，200，204，257，270，271，277，278，279，280，281，282，283，288，289，294，295，302，351，410

劳动分工　68，70，76，285，377，406，410

劳动工具　17，21，22，121，145，

索 引

150, 412

劳动力　15, 93, 125, 134, 137, 180, 274, 299, 353

劳动社会化　31, 57, 65, 139, 175, 180, 185, 187, 195, 196, 197, 201, 204, 207, 353, 416

劳动时间　93, 100, 110, 122, 148, 363, 364, 365, 366, 378, 379, 407, 408

劳动条件　92, 93, 98, 100, 180, 198, 287, 351, 352, 353, 354, 362, 373, 375, 402

劳动者　76, 90, 91, 92, 93, 98, 99, 100, 103, 132, 139, 168, 195, 197, 199, 202, 206, 207, 256, 347, 359, 362, 375, 378, 397, 398, 400, 403, 408, 409, 410, 412, 413, 416

脑力劳动　76, 286, 377, 400, 406, 409, 418

农奴劳动（奴隶劳动）　78, 376

农业劳动　32, 77

商业劳动　77

体力劳动　76, 93, 286, 376, 377, 400, 406, 409

异化劳动　2, 6, 7, 9, 88, 89, 91, 92, 93, 105, 139, 160, 168, 169, 203, 352, 366, 367, 369, 373, 375

自身劳动　78

自由劳动　92, 93, 98, 376, 396

自主劳动　180, 189, 355, 368, 376, 416, 418

资本

商品　18, 90, 95, 110, 122, 132, 133, 137, 138, 148, 170, 171, 180, 181, 196, 199, 203, 210, 258, 273, 278, 279, 281, 282, 326, 350, 351, 352, 355, 359, 360, 365, 366, 367, 368, 372, 375, 377, 393, 411, 412, 413, 415, 416

货币　106, 137, 138, 170, 180, 182, 183, 187, 190, 203, 204, 255, 269, 273, 279, 282, 328, 351, 352, 359, 360, 362, 363, 364, 365, 366, 367, 368, 375, 377

资产者　83, 168, 169, 234, 300, 324, 333, 343

无产者　168, 169, 262, 333, 336

商业资本　179

产业资本　179

金融资本　179, 182, 183, 198, 203, 204, 266, 272, 273, 367

剩余价值　85, 86, 87, 92, 93, 98, 154, 163, 164, 165, 166, 167, 180, 211, 238, 242, 278, 282, 299, 358, 361

资本二重性　183, 200, 201, 257, 279

资本主体化　205, 206

资本逻辑　163, 200, 202

驾驭资本　194, 198, 200, 201, 204,

207
规范资本 195，200，204，205
发展资本 200，201，204
国家
国家本质 280，282，283，288，289，291，292，293，294，302
国家的观念 83
国家类型 280，304，305，307，310
国家体系 64，171，172，173，190，191，194，219，288，306，327，328，329，330，332
国家职能 280，283，289，294，295，296，298，299，348
国家主体化 175，176，177，179，205，206
国有化 190，196
暴力机器 283，288，289，291，292，293，295，302，303
法的观念 83
公共管理 295，312，313
公共权力 283，287，288，289，290，291，292，293，294，295，296，298，302，303，312，314，315，335，383
现代国家 170，177，178，191，203，303，304，305，307，308，309，311，312，313，314，315，318，320，321，322，323，324，325，326，327，329，332，334，337
虚假共同体 71，84
以法治国 198，320，322
政治统治 292，295，298，299，302，303，333，334，346

社会
社会存在 8，33，55，58，67，69，73，78，79，319，355，356
社会分工 18，68，69，75，114，133，138，352，400，409，410，411，412，415
社会关系 12，14，15，19，21，22，23，32，34，58，62，74，75，81，89，91，96，98，103，117，120，149，151，167，169，180，182，183，203，204，268，271，272，280，281，282，283，284，288，312，315，316，339，344，352，367，368，372，373，374，389，399，400，401，408，417
社会化 14，31，32，57，65，100，114，139，155，159，175，180，181，182，185，187，195，196，197，201，204，207，260，353，357，383，409，416
社会结构 66，67，68，70，71，80，81，176，301，389
社会实践 12，14，15，16，17，20，34，59
社会形态 70，86，87，88，96，97，98，100，101，102，103，104，106，137，360，361，363，382，383，412，415
社会意识 12，67，71，83，84，319
市民社会 8，13，63，68，70，71，80，81，82，83，84，138，167，

索引

170，176，244，245，246，284，289，300，312，313，315，316，317，318，319，324，325，326，355，357

市场

  世界市场　77，137，143，151，152，170，171，172，173，174，181，190，191，199，213，214，215，219，220，224，237，241，244，245，246，254，255，256，257，260，263，272，274，275，276，328，329，331，332

  市场经济　65，106，136，137，138，176，179，180，182，189，191，192，194，197，198，199，200，201，204，205，206，208，273，274，275，307，411，414，415

  市场体系　138，272，276

利益

  共同利益　75，80，83，285，289，291，298，300，302，324

  普遍利益　80

  特殊利益　75，80，285，375

  个人利益　416

  企业利益　416

  国家利益　416

技术

  产业革命　32，108，109，112，114，118，120，121，122，123，124，125，131，134，144，145，146，149，232，272，419

  工艺革命　150，151

  机器革命　121，149，150，151

  机器篇　86，108，109，110，113，115，116，117，119，121，122，124，140，141，142，144，145，148，149，150，151

  机械发明　151

  技术革命　122，130，150，273，407

  技术进步　107，121，122，140，141，146，148，363

  科学革命　108，114，150

创新

  创新国家　185，187，189，194，195，198，207，336

  技术创新　37，56，113，115，116，117，118，119，120，121，122，123，124，125，126，127，130，134，135，140，142，143，145，147，148，150，152，153，154，155，156，157，158，159，160，194，216，218，273，287，376

  制度创新　56，115，130，131，133，134，135，136，137，138，142，143，144，145，146，147，149，152，153，154，155，156，157，158，159，160，161，162，177，185，187，189，191，193，194，198，199，200，204，205，207，274，277，286，307，309，311，314，315，322，326，332，333，335，336，337，349

  综合创新　37，54，56，65，86，107，140，141，142，144，145，147，

148，149，150，151，152，153，154，155，156，157，158，159，160，162，198，214，246，250，274，275，387

价值

价值本位 359，360

价值尺度 23，61，62，363，365，366，408

价值观 32，36，37，59，64，65，106，208，210，267，268，269，350，351，355，359，360，365，366，367，368，370，372，375，381，382，384，385，387

价值观念 59，269，351，366，368

价值目标 206，351，360，361，363，369，382，384

价值体系 271，351，352，355，359，360，363，378，385

价值形态 350，351，381，382，383，384

自由

自由竞争 139，186，198，245，272，297

自由时间 100，363，364，365，366，378，400，405，407，408，412，414

自由发展 99，335，356，357，358，365，368，379，384，390，392，396，397，407，408，412，419

自由王国 381，382，383，396，397，398，402，404，408

异化

异化观 2，41，91，92，93，103，105，106

物化 18，21，22，25，58，92，203，281，363

国家的异化 202

劳动异化 41，92，93，180，202，203，204，367，372，373，376

民主的异化 202

全面异化 180，202，203，272，366，376

人的异化 160，180，361，362，372，373，388，391

思想异化 203，367

政治异化 203，367

自我异化 9，203，369，375，380

宗教异化 203，367

所有制

部落所有制 70，77，78，83，97

公社所有制 70，77，78，220，224

国家所有制 70，77，78，83

等级的所有制 70，77，78

私有制 71，75，77，78，81，82，83，95，127，128，138，154，216，228，255，257，284，286，287，289，290，291，293，296，300，305，306，323，324，325，358，373，379，390，395，399，408，411

制度

婚姻制度 217

家庭制度 56，154，217，287

索　引

亲属制度　217

村社制度　216，219，222，224，237，246

分工制度　135，136

工厂制度　134，135，136，146

经济制度　131，136，137，138，139，145，152，171，172，195，268

社会制度　131，138，139，143，144，159，161，219，240，267

国家制度　131，138，139，145，147，152，154，159，177，178，187，189，191，192，193，194，198，199，200，207，277，287，296，303，305，306，307，308，309，310，311，313，314，315，317，320，322，329，332，333，336，337，338，341，348，349，353

历史观

世界史观　51，88，163，164，165，210，211，236，237，238，239，240，245，249，261，263，276，304

现代史观　86，163，164，165，166，167，168，169，170，172，175，200，204，208，210，211，304

唯物史观　2，23，41，61，66，67，68，69，70，71，72，73，79，84，86，87，88，92，94，96，98，101，105，127，128，157，163，164，165，166，167，172，210，211，236，237，238，239，241，251，262，271，278，304，356，388，389，390

（本索引词条由杜永明编制）